金融市场学

（第二版）

主　编　殷剑锋
副主编　张红地　吴国祥　刘　钊

中国金融出版社

责任编辑：曹亚豪
责任校对：刘　明
责任印制：丁淮宾

图书在版编目（CIP）数据

金融市场学／殷剑锋主编．—2版．—北京：中国金融出版社，2020.8
ISBN 978-7-5220-0583-6

Ⅰ.①金…　Ⅱ.①殷…　Ⅲ.①金融市场—高等学校—教材　Ⅳ.①F830.9

中国版本图书馆CIP数据核字（2020）第061979号

金融市场学（第二版）
JINRONG SHICHANGXUE（DI-ER BAN）

出版
发行　中国金融出版社

社址　北京市丰台区益泽路2号
市场开发部　(010)66024766，63805472，63439533（传真）
网上书店　www.cfph.cn
(010)66024766，63372837（传真）
读者服务部　(010)66070833，62568380
邮编　100071
经销　新华书店
印刷　河北松源印刷有限公司
尺寸　185毫米×260毫米
印张　19.75
字数　414千
版次　2017年9月第1版　2020年8月第2版
印次　2024年7月第3次印刷
定价　58.00元
ISBN 978-7-5220-0583-6
如出现印装错误本社负责调换　联系电话(010)63263947

第二版前言

金融市场在现代市场经济体系中处于核心地位。金融市场学作为金融学专业的主干课程，旨在研究市场经济条件下各金融子市场的运行机制及其主体行为。全面介绍金融市场、透彻分析各金融市场参与主体的行为规律、深入探讨金融市场的交易机制是本教材编写的初衷。教材第一版出版以来，得到了广大读者的普遍好评。但两年多来，全球尤其是中国经济金融格局和金融市场发生了很大变化，主要表现为市场主体结构更加多元化，金融市场制度逐渐完善，金融市场监管理念与手段有了新的转变。这些最新理论和实践都应在教材中加以体现。因此，我们在总体编写思路、内容体系未做大幅度变动的基础上，对教材进行了补充和完善。本次教材修订工作由吴国祥提出总体思路，由刘钊具体实施。

金融市场的变化日新月异，即使经过本次修订，教材仍然存在不少缺陷，需要与时俱进不断完善，敬请广大专家与读者朋友不吝赐教，以正谬误，也为我们下一次修订奠定基础。

编者

2020 年 7 月

第一版前言

金融市场是金融体系中一个至关重要的组成部分，研究一个国家的金融体系，需要先从金融市场入手研究这个国家金融市场的组成、结构及其功能。

金融市场学是金融学专业的主干课程，对于培养高层次金融创新人才，帮助他们掌握金融市场运行规律及相关知识和技能、适应不断发展的社会要求具有重要作用。

本书充分吸收了 2008 年国际金融危机以来国内外金融市场理论研究和实践的最新成果，内容具有较强的前沿性、科学性、完整性和时效性。书中全面介绍了金融市场的各个子市场，透彻分析了各个参与主体的行为规律及其对金融市场的影响，深入阐述了金融市场的微观交易机制、定价机制和风险机制。本书在结构安排上力求简洁、紧凑，在写作上力求深入浅出、行文规范，每一章都附有学习目标和重要概念以方便教学。

全书共分十二章，张红地编写第一章、第二章，查宇申编写第三章，张远编写第四章，刘钊编写第五章、第六章，方晓编写第七章、第九章，王远卓编写第八章、第十章，王素娟编写第十一章，张怡姮编写第十二章。殷剑锋、张红地、吴国祥确定了写作大纲，张红地、王素娟对全书进行了总纂和统稿。

本书适合作为普通高等学校及成人高等学校的金融学、经济学、会计学、工商管理等专业的金融市场学课程教材，也可以作为银行、保险公司、证券公司等金融机构的培训教材。

编者

2017 年 7 月

目录

CONTENTS

第一章　金融市场概论

本章学习目标

第一，掌握金融市场的基本概念；第二，了解金融市场的基本结构和参与者；第三，了解金融市场的基本分类和作用；第四，了解金融市场的产生、演进及发展趋势。

金融市场是金融体系中的一个重要组成部分，研究一个国家的金融体系，需要先从金融市场入手，研究这个国家金融市场的结构组成和功能。了解金融市场的概念、作用、功能、构成和分类，了解金融市场的产生、演进和发展，是深入理解金融市场运行的基础。

第一节　金融市场概述

一、金融与金融市场

大家对金融市场并不陌生，翻开报纸、打开电视，就会看到各种股票、基金、外汇的信息。通过手机、互联网能更加便捷地查询金融市场的行情与变动。很多人也购买过股票、基金等，进行投资。这是对金融市场比较直观的看法，但要深入研究金融市场，需要先了解一下什么是金融，因为金融是金融市场建立的基础，先有金融才有金融市场，金融与金融市场的关系是先后的关系。

所谓金融，就是指流通中的资金借贷或者资本融通。金融需要解决的核心问题是在一个特定的环境下或者不特定的环境下对金融资源进行优化配置的问题。金融资源的配置一般可以通过行政手段和市场手段两种方式进行。一般情况下，市场配置金融资源是最合理和最经济的。但是，对于某些特殊领域和特殊行业以及部分特殊地区，金融资源的行政配置是必不可少的。

美国金融学家斯蒂芬·A. 罗斯在为《新帕尔格雷夫经济学大辞典》所撰写的词条中指出：“金融以其不同的中心点和方法论而成为经济学的一个分支……基本的中心点

是资本市场的运营、资本资产的供给和定价。其方法论是使用相近的替代物给金融合约和工具定价。当债务首次交易时，资本市场和金融学科便产生了。”从历史角度看，金融学大体上沿着三条路径发展：一是以货币理论和货币政策为依托的主流宏观货币经济学，分析对象为宏观经济金融现象，诸如货币与商业周期、货币与利率、货币与物价变动、货币政策的实施等，核心是探究货币数量的变化如何影响经济发展，它构成金融学的理论基础。二是以金融机构体系，即以银行与金融中介、银行与货币供应以及金融创新为依托的微观银行学或微观金融中介学。三是以货币市场、债券市场、股票市场、外汇市场为核心的金融市场学，这属于微观金融的范畴。后两者以及第一部分中的金融监管机构又被称为金融系统，即被看作是金融市场及其他用于订立金融合约和交换资产及风险的机构的集合，并构成金融学的核心。金融系统被看作是整个现代经济体系的心脏，同时也是微观金融的主体，是现代经济最重要的发明之一。

整个金融学就是在上述三条路径的相互交织、相互影响和推动下不断发展的。

金融市场是现代金融的重要组成部分，也是金融系统的核心。在市场经济条件下，联通居民个人、生产者及政府需要在金融系统或者之外调剂资金和借贷资金，这时，就形成了金融市场。金融市场在这里为资金持有者和资金需求者提供了一个交易的场所或者机制。

二、金融市场的概念

在经济体系中运作的市场基本上有三种类型：（1）产品市场；（2）要素市场；（3）金融市场（见图 1－1）。在产品市场上，比如菜市场，消费者向商家购买商品；在要素市场上，消费者向厂商出售生产要素——土地、劳动力等，比如在劳务市场上，

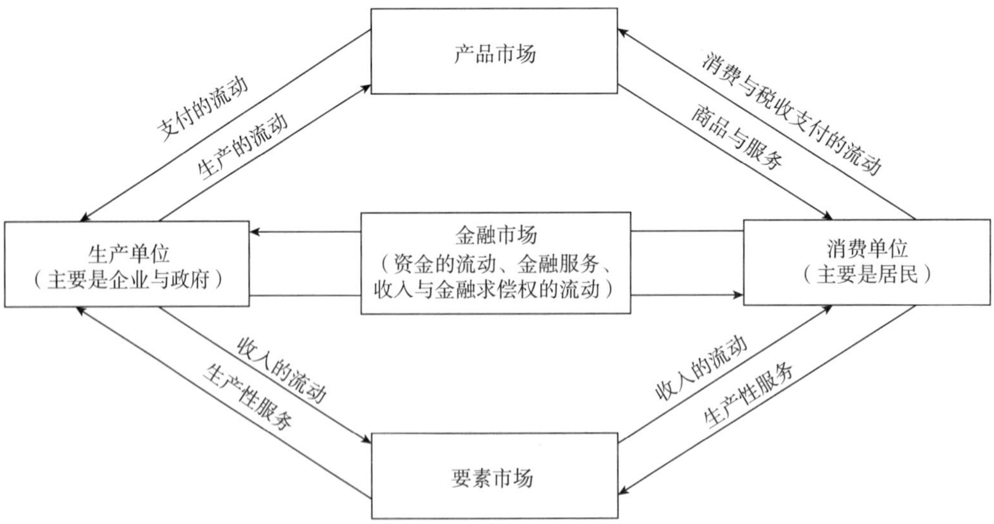

图 1－1　经济体系中市场的类型

出售的就是劳动力，同时，取得收入，比如工资、租金等。消费单位将把从要素市场上获得的收入中的大部分用于在产品市场上购买商品与服务。食物、住房、汽车等都是在产品市场上销售的商品与服务。这两个市场大家接触得较多，也比较好理解。而金融市场又是什么呢？下面我们就看一看金融市场的概念。

从狭义上讲，金融市场就是进行金融商品买卖交易的场所。所谓市场，当然是买卖双方聚集交易的地方，但是随着世界经济的飞速发展和科技进步的日新月异，交易手段也日益现代化，许多交易活动可以在无形的市场借助科技手段瞬间完成，并不一定要有固定的工作空间和设施。因此，物理场所的概念就难以覆盖金融交易的全部了。同时，金融市场上的金融商品范围也在不断扩大，金融创新浪潮风起云涌，新的金融工具层出不穷。金融商品的内容十分广泛，不仅指货币资金，还包括银行存贷款、保险、信托、黄金、外汇、货币头寸、票据、债券、股票、期货、金融衍生商品等。因此，金融市场应该同时有一个更广义的定义：金融市场是所有金融交易及资金融通的总和。这主要包括四层含义：其一，它是金融工具进行交易的有形市场和无形市场的总和。在通信网络技术日益发展和普及的情况下，金融市场不受固定场所、固定时间的限制，所谓场所已经发展成为一个惯用的经济领域，固定的工作设施和空间已经不是金融市场存在的充分必要条件了。其二，它表现金融工具供应者和需求者之间的供求关系，反映资金盈余者与资金短缺者之间的资金融通的过程。其三，金融工具交易或买卖过程中所产生的运行机制，是金融市场的深刻内涵和自然发展，其中最核心的是价格机制，金融工具的价格成为金融市场的要素。其四，由于金融工具种类繁多，不同的金融工具交易形成不同的市场，如债券交易形成债券市场，股票交易形成股票市场等，因此，金融市场又是一个由许多具体的市场组成的庞大的市场体系，这是金融市场的外延。

三、金融市场在经济中发挥的作用

在世界大部分经济体系中，市场执行着分配资源、生产商品与劳务这一复杂的任务。换句话说，它是社会为分配资源而建立的一个组织。通过市场形式，买者与卖者相聚在一起来交换商品、服务与资源。

市场决定着商品与服务的种类与数量。这是通过市场上提供的商品与服务的价格的变化而实现的。例如，如果某种商品或服务的价格上涨，就会刺激企业生产并向消费者供给更多的这种商品或服务。从长远来看，新的企业会进入市场来生产那些需求增加、价格上涨的商品与服务。与之相反，如果价格下跌，通常会导致某种商品与服务的生产减少，一些企业便会离开这个市场。

市场也分配收入。在典型的市场体系中，个人与企业的收入只由为消费者需求而生产的商品与服务所作出的贡献决定。市场以增加利润、提高工资和其他经济利益形式回报给个人与企业的是较高的生产率和对消费者需求的敏感。

金融市场在市场经济中的地位可以从两个不同层次来把握：第一，从金融业的角度看，金融市场在促进储蓄向投资转化这一机制中起着极其重要的作用，整个金融市场的发展历史就是不断提高这一转化机制效率和便利性的历史，金融工具和金融机构的发展，金融工具交易方式的演进都是这一历程的真实写照。第二，当我们将视野扩展到整个社会经济系统的时候，我们不难发现伴随着经济的全球化和一体化，出现了经济金融化的趋势。在这样的历史趋势中，金融市场成为市场机制的主导和枢纽。

（一）金融市场是储蓄向投资转化的关键环节

经济的基本功能是资源分配，包括土地、资金、劳动力及其他资源等。金融市场是在经济背景下运行的。一般情况下，社会经济部门分为家庭与企业两大部门，家庭向企业提供资本和劳动力等生产要素，企业用这些生产要素进行生产。企业由于使用了这些生产要素就要为提供这些生产要素的家庭支付一定的报酬或者费用，这些报酬或者支付被称为消费支付。假设家庭向企业提供100亿元，企业生产的商品及提供的服务也是100亿元，企业生产的所有产品和提供的服务全部为家庭所购买，则整个经济处于均衡状态。如果家庭的收入并没有全部用于消费，只消费了90亿元，储蓄了10亿元，则企业出售的商品及服务共90亿元，投资10亿元，而储蓄与投资的转化是通过金融市场来实现的。要解决储蓄和投资在部门之间的不平衡，就需要一个机制，将资金盈余部门的储蓄转化为资金短缺部门的投资，这一机制就叫作储蓄投资转化机制。

一般情况下，家庭向企业提供的生产要素是通过金融市场对等交换实现的。企业在商品劳务市场向家庭提供商品和劳务的同时，家庭对企业作出消费支出。家庭储蓄转化为对企业的投资则是通过金融市场的交易实现的。在金融市场上，企业通过向家庭借款等形式，使家庭的储蓄转变为企业投资。支付与投资的结果是资金不断地回流到企业，产品与服务不断地提供给家庭，刺激企业未来生产更多的产品、提供更多的服务，家庭提供更多的储蓄。在这一循环中，生产与投资是没有止境并不断循环的。

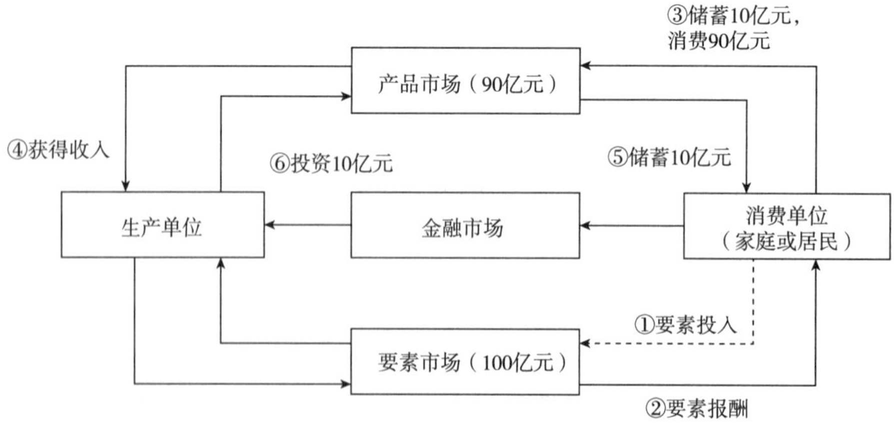

图1－2　金融市场是储蓄向投资转化的关键环节

市场在经济体系中的作用一般来说就是承担着分配资源、生产商品与劳务的任务。市场在本质上是社会未分配资源建立的一个机制或者组织。社会通过市场达到交换产品与提供服务及补充资源的目的。市场的性质决定商品与服务的数量与种类，提供的方式通过价格的变化来实现。

从金融市场整个演进历程来看，金融市场是金融机构和金融工具的统一体，任何时期的金融市场的形态同那个时代的金融机构以及金融工具的发育程度都是紧密相关的，因此，不能脱离特定时期金融机构和金融工具的特征来把握金融市场在市场经济中的地位。金融市场是储蓄者和投资者之间的传递机制。它通过各种金融技术、金融工具和金融机构，把成千上万的储蓄组织起来，并把这些储蓄输送到投资者手中，高度发达、影响广泛和运行灵活的金融市场在将储蓄转移给投资者的过程中起着相当重要的作用。如果金融传递机制不发达、不灵活或者不完善，那么资金从家庭储蓄流向商业投资的过程就会受到阻碍。一个有效的金融市场使得企业能够投资于未来，投资者通过金融市场能够获得增加厂房、设备以及提高生产率所需要的各种实物资源。由于这些实物资源的获得是稳定的、有保障的，这样企业就可以通过资金的融通来利用有利可图的机会，于是投资的规模就很大。没有投资的开展，没有生产要素的投入，就不会有国民产出的增加。因此，有效的金融市场对实体经济具有显著的作用。

从储蓄者的角度来看，从金融资产获得的收益意味着明天更高的消费。一个有效的金融市场鼓励节俭，它允许个人通过延迟的当期消费来获取未来更多的财富。客观上讲，有效的金融市场为整个经济系统积累了更多的剩余，它使得经济系统得以在更大的规模上展开再生产，从而推动社会经济的进步。

（二）经济金融化使金融市场成为市场机制的主导和枢纽

古典经济学认为，金融部门是实体经济部门的附属品，经济决定金融，货币被看作是面纱，对实体经济不产生影响。随着社会经济货币化程度的提高，金融部门在社会经济系统中所扮演的角色越来越重要。从今天金融活动的实践来看，金融部门不再是面纱了。金融市场发育的好坏能直接影响到整个社会经济系统的正常运转。越来越多的人意识到经济与金融相互渗透，密不可分，是一个整体。今天的市场经济又被人称作金融经济。它表现在以下几个方面：经济关系日益金融化，社会财富日益金融资产化，融资非中介化、证券化趋向越来越明显。

金融市场在市场机制中扮演着主导和枢纽的角色，发挥着极为关键的作用。在一个有效的金融市场上，金融资产的价格和资金的利率能及时、准确和全面地反映所有公开的信息，资金在价格信号的引导下迅速、合理地流动。金融市场作为货币资金交易的渠道，以其特有的运作机制使千百万居民、企业和政府部门的储蓄汇成巨大的资金流推动和润滑着商品经济这个巨大的经济机器持续运转。金融市场还以其完整而又灵敏的信号系统和灵活有力的调控机制引导着经济资源向着合理的方向流动，优化资源的配置。

四、金融市场的功能

金融市场的出现和存在必须解决好三个问题：金融资产的创造和分配，金融资产的流动性，以及金融资产交易的便利性。这就涉及金融市场的功能。金融市场的功能可以从微观和宏观两个层面进行分析，具体来讲，在现代经济中，金融市场有7个基本功能（见表1－1）。

表1－1 金融市场的功能

名称		具体表现
微观经济功能	聚敛功能	发挥资金“蓄水池”的作用
	财富功能	为未来的商品与服务支出需求提供储备购买力的手段
	流动性功能	通过将证券与其他金融资产转化为现金余额，提供筹资手段
	交易便利性功能	便利金融资产的交易，降低交易成本
宏观经济功能	分配功能	实现资源的配置、财富的再分配和风险的再分配
	调节功能	为政府的宏观经济政策提供传导途径，促进市场参与者的自我完善
	反映功能	反映上市企业的经营管理情况、发展前景和宏观经济运行状况

（一）金融市场的微观经济功能

金融市场的出现和演进，从根本上看是为了解决储蓄如何便利而高效地向投资转化的问题，包括了三个紧密相关的环节：第一，货币资金如何从资金供给方传递到资金需求方。第二，资金供给方出让资金的使用权时，除了关注资金的安全性以外，就是关注流动性。如果让渡了资金的使用权以后很难收回，人们就不会将资金投入金融市场而愿意持币观望。第三，金融市场之所以具有生命力是因为它的有效性和完全性能够降低资金融通的成本。换句话说，金融市场的出现和存在必须解决好金融资产的创造和分配、金融资产的流动性以及金融资产交易的便利性这三个问题。

1. 聚敛功能

金融市场的聚敛功能是指金融市场发挥着资金“蓄水池”的作用。它通过创造多种多样的金融工具并为之提供良好的流动性满足资金供求双方不同期限、收益和风险的要求，为资金供应者提供适合的投资手段，从而引导众多分散的小额资金汇聚成为可以投入社会再生产的大规模资金。金融市场之所以具有资金的聚敛功能，另一个原因是金融市场的各参与方能够根据发行人和投资人的需要设计出各种不同的金融工具，并且通过金融机构的努力，将这些金融工具销售到各种不同类型的投资者手中，从而在资金的供给方与需求方之间建立起资金传递的机制。例如，在货币市场与资本市场上销售的债券、股票与其他金融理财产品为公众的储蓄提供了一条有利的出路，储蓄通过金融市场流向投资，就能够生产更多的商品与服务，提高人们的生活水平。

2. 财富功能[①]

金融市场上销售的金融工具为选择储蓄的那些投资者提供了一条极好的储存财富、保有资产的途径，直到需要资金时才进行支出。尽管我们也可以选择以“实物”形式（如汽车）储存财富，但是这些实物必须折旧，并且具有带来资本损失的可能性。债券、股票与其他金融工具则能创造财富，它们带来资本损失的风险因其自身流动性强而小于储存财富的其他形式。

3. 流动性功能

对于以金融工具形式储存的财富，金融市场提供了以很小的损失将这些工具转化为现金的手段，即金融市场为持有金融工具但是又需要货币的储蓄者提供了流动性。在现代社会中，狭义的货币主要由现金和在银行的存款组成，它是唯一的具有完全流动性的金融工具。货币能够随时支出而不需要转化为其他形式。但是，货币在金融市场交易的所有资产中赚得的收益率是最低的，它的购买力受到通货膨胀的影响。这就是为什么储蓄者一般会最低限度地保持货币持有量，而持有其他金融工具，直到他们真正需要可支出的资金。所有金融市场都能够提供某种形式的流动性，流动性成为金融市场的生命力的表现。

4. 交易便利性功能

金融市场将买者和卖者聚集在一起，其结果是便利了金融资产的交易，降低了交易的成本，促进了金融市场的发展。当买者和卖者比较分散的时候，收集交换信息必须付出成本，这样买者就难以找到卖者，交换就难以完成。金融市场的作用就在于，通过提供交易场所，无论是有形的还是无形的，将资金供求双方聚集在一起，从而减少信息收集的障碍，方便了金融交易的开展。金融机构由于专门从事金融交易，因此成为金融市场上交易双方信息交换的中心，它能清楚地知道谁需要资金、谁能够提供资金。专业化分工使其得以以较低的成本进行大规模的交易，信息的充分性提高了交易的安全性，从而促进了金融工具的创造和分配；金融机构自身也从事金融工具的交易，使得投资者在买卖金融工具时能够迅速地找到对方，客观上加强了金融市场的流动性。

（二）金融市场的宏观经济功能

从经济系统运行的整体上看，金融市场提供了以下几种经济功能：分配功能、调节功能和反映功能。

1. 分配功能

金融市场的分配功能表现在三个方面：一是资源的配置，二是财富的再分配，三是风险的再分配。资本总是在追逐利润，金融工具价格的波动反映了不同部门的收益

① 财富是持有的所有资产价值的总和。净财富等于一个经济单位持有的所有资产减去它所欠的债务（负债）。财富与净财富都是由当前储蓄加上以前积累的财富获得的收入形成的，用符号表示为：$\Delta W_t = S_t + r_t \cdot W_{t-1}$。其中，$\Delta W_t$表示财富在现阶段的变化，$S_t$表示当前储蓄额，$r_t$表示积累财富的当前平均收益率，$W_{t-1}$表示持有的所有积累财富的最初价值。社会以股票、债券与其他金融工具形式持有的财富量是相当大的。

率的差异，金融工具的交易客观上有助于将资源从低效部门转移到高效部门，从而实现稀缺资源的合理配置和有效利用；在经济金融化的时代里，金融资产成为社会财富的重要存在形式，金融资产价格的波动，改变了社会财富的存量分布，即实现了社会财富的再分配；金融资产的定价遵循“无套利均衡”原则，金融资产价格的确定实际上反映了风险和收益的动态均衡。金融市场的参与者根据自身对风险的态度选择不同的金融工具，风险厌恶者可以通过出让收益的方式将风险转嫁给风险偏好者，从而实现风险的再分配。

2. 调节功能

金融市场的调节功能一方面体现在为政府的宏观经济政策提供传导途径。金融市场的存在为政府实施宏观调控创造了条件。存款准备金政策、再贴现政策和公开市场操作等货币政策工具的实施都必须以金融市场的良好发育为前提。另一方面体现在对金融市场参与者自我完善的促进上。投资者为了自身的利益会谨慎地挑选投资对象（用脚投票），企业只有通过科学管理，保持良好的发展势头，才能继续生存并发展壮大，否则就难以在金融市场上继续筹集资金。这实际上也反映了金融市场对国民经济活动的自发调节。

3. 反映功能

金融市场被称为国民经济的“晴雨表”，这实际上指的就是金融市场的反映功能。交易所里证券价格的波动，反映出上市企业的经营管理情况及发展前景；货币供应量的变化反映出宏观经济运行的状况；发达的电信系统能够广泛收集和传播信息，将全球金融市场连成一体，使人们及时了解世界经济发展变化情况。

五、经济体系中的资金流量

经济的基本功能是分配稀缺资源，利用诸如土地、劳动力、管理技术与资本生产社会所需要的商品与服务。正如彼得·S. 罗斯在《货币与资本市场》一书中所描述的那样，经济也由此形成了生产—支付的流动（见图1－3）。我们也可以将经济体系中的支付与生产的流动描述成生产单位（主要是企业与政府）和消费单位（主要是居民）之间的循环流动（见图1－4）。在现代经济中，居民向企业与政府提供劳动力、管理技术、自然资源，以工资和其他支付形式获得收入，并将获得的大部分收入再向企业和政府购买商品与服务。支出的结果是资金作为其收入流回到生产单位，刺激它们在未来生产出更多的商品与服务。生产与收入的循环流动是相互依存、没有止境的。

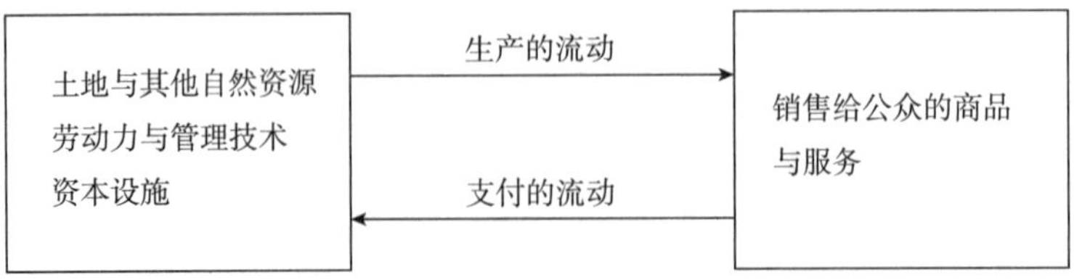

图1－3　经济体系

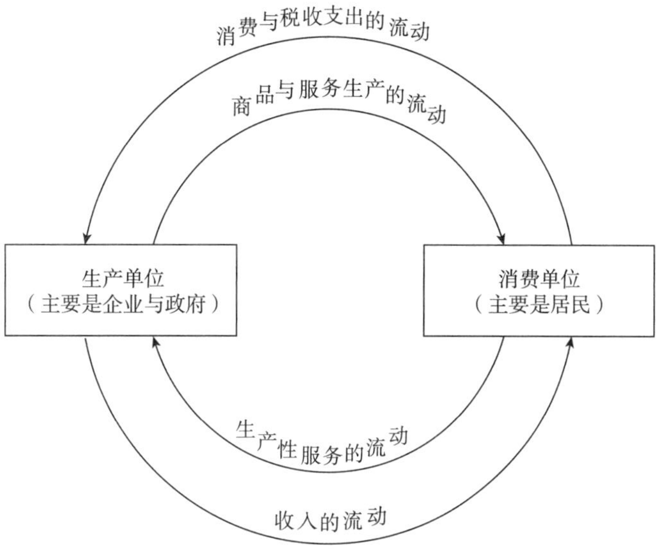

图1－4　经济体系中收入、支出与生产的循环流动

第二节　金融市场的构成

金融市场是由金融市场的基本要素构成的。金融市场和其他商品市场一样，也有交易者（买者与卖者），有交易的对象，有交易的中介机构和交易的具体形式。金融市场上的各种交易者被称为金融市场主体；金融市场的交易对象被称为金融市场客体或工具；金融市场交易的中介机构被称为金融市场媒体；金融市场交易的具体形式被称为金融市场组织方式。金融市场主体、金融市场客体（工具）、金融市场媒体和金融市场组织方式，构成了金融市场四大要素。

一、金融市场的参与者

金融市场主体和金融市场媒体合称为金融市场参与者，即参加金融市场交易和促成交易顺利达成的组织、机构和个人。

（一）金融市场主体与金融市场媒体

金融市场主体即金融市场的交易者。这些交易者或是资金的供给者，或是资金的需求者，或者以双重身份出现。这一时期的资金短缺者，可能成为另一个时期的资金盈余者，这样的关系转换随时随地都在发生。对于金融市场来说，市场主体具有决定意义。一般而言，市场主体的多寡决定了金融市场规模的大小。一个多样化的、交易量巨大的金融市场，是经济活跃和发达的重要条件。金融市场自身是否发达，根源在于社会生产力发展水平，但在金融市场上，则表现为是否拥有足够的市场主体，是否拥有大量的、多样化的买主和卖主，或者说是大量的筹资人和投资人。金融市场主体较多，则金融市场上的任何细微变化，都能引起大量的交易对手介入，从而保持市场的繁荣与稳定。

金融市场媒体是指那些在金融市场上充当交易媒介，参与交易并促使交易完成的组织、机构和个人，也就是金融市场中介。金融市场媒体同金融市场主体一样，都是金融市场的参与者，但同市场主体存在明显不同：金融市场媒体（不管是中介机构还是经纪人）参与金融市场活动时，并非真正意义上的货币资金供给者或需求者，而是以金融市场中介活动为主业，以赚取佣金为直接目的。显而易见，两者在金融市场上的作用是不同的。

（二）金融市场参与者的分类

1. 基于金融活动特点的分类

金融市场交易活动按其性质大致可以分为以下几类：筹资活动、投资活动、套期保值活动、套利活动以及监管活动。于是金融市场的参与者也相应可以分为筹资者、投资者（投机者）、套期保值者、套利者和监管者五大类。

筹资者与投资者的划分是基于在资金融通过程中所处的不同的资金供求地位。筹资者与投资者的区别是相对的、具体的，换句话说，离开了具体的金融交易就无法区分谁是筹资者、谁是投资者。事实上，任何金融市场主体都不会总是充当筹资者或者投资者，在一次具体的金融交易中，很难对二者的动机进行准确区分，较为常见的情况是它们同时扮演投资者和筹资者的角色。一般情况下，人们倾向于根据持有金融工具的期限长短来区分投资者与投机者。筹资者和投资者应当是金融市场最早的参与者，它们之间资金的传递正是金融市场需要解决的基本问题。人们试图区分投资者与投机者的主要原因在于传统的观念对投机者持负面评价，实际上，事物的存在总有其合理性，投机者的存在加快了市场失衡的调节速度，从某种意义上看也是有其可取之处的。

投机者、套利者、套期保值者的区别在于它们所从事的金融活动的性质不同，更准确地说应当是它们在金融交易中采取不同的策略，持有不同的资产结构，从而面临不同的风险和收益。在理解这三类市场参与者的区别之前，我们首先应当明确：金融工具的价格是随时都在发生波动的，无论你持有何种金融资产，只要它的净头寸不为零，那么持有者就面临资产价格波动的风险。而这种风险将会带来两种后果，一种是获利，另一种就是亏损。这样，我们首先就明确了，持有了净头寸不为零的金融资产就带有了投机者的特征。而套期保值者在持有金融资产的同时会进行反向的对冲操作。这样，在一定的时点上套期保值者并不拥有金融资产的净头寸，因此也就无须面对金融资产价格波动的风险，无论将来该项金融资产的价格如何波动，对于套期保值者而言，其收益是固定的。套利者的基本思路是利用金融市场定价过程中对均衡价格的短暂而微小的偏离，购进价格被低估的金融资产，出售价格被高估的金融资产。套利者的存在加快了金融市场的调节速度，如果金融市场定价的偏离无法及时地得到纠正，那么对于套利者而言，金融市场就成为一台自动取款机，源源不断地向套利者提供"免费的午餐"。金融市场有效性越高，套利的机会就越少，套利的空间也就越小，而套利者则往往利用巨大的财务杠杆放大套利的空间来保证自己的盈利水平。

监管者是指对金融市场实施宏观调控和监管的中央银行和其他金融监管机构。由于监管的目的并非营利，所以，其参与市场交易的行为方式同普通的市场主体是不同的。

2. 基于自身特性的分类

基于自身特性，金融市场的参与者可分为五个部门：政府部门、工商企业、家庭、金融机构以及中央银行。由于上述五个部门在专业化分工中所处的地位不同，因此，它们在金融市场中扮演的角色也就不尽相同，大体上可以划分为非金融中介的市场主体和作为金融中介的市场媒体，显然后者与金融市场的联系更加紧密。

非金融中介的市场主体包括政府部门、工商企业、家庭。它们在金融市场上同时扮演投资者和筹资者的角色，因而是市场主体。对于政府部门而言，需要通过发行政府债券或地方政府债券来筹集资金，用于基础设施建设、弥补财政预算赤字，成为筹资者；国家财政筹集的大量的资金又使之成为资金的供给者。对于工商企业而言，它们募集短期资金用于日常的周转，募集长期资金用于扩大再生产，成为金融市场上的筹资者；同时，它们在生产经营过程中常常伴有大量的、暂时闲置的资金，成为金融市场上的投资者。此外，工商企业为了控制财务风险，也在金融市场上进行套期保值活动。尽管政府部门和工商企业同时扮演着两种角色，但是从资金的宏观分布格局上看，它们主要是筹资者。对于家庭而言，尽管它们也有着资金的需求，但一般数额比较小，因此，它们主要是金融市场上资金的提供者。

金融中介性媒体不仅包括存款性金融机构、非存款性金融机构以及作为金融市场监管者的中央银行，而且包括金融市场经纪人。存款性金融机构主要包括商业银行和信用合作社，吸收各类存款是这类金融机构的主要资金来源。非存款性金融机构主要有保险公司、证券公司、各类投资基金等，它们的资金来源不是吸收公众存款，而是发行各类契约型金融工具。相对于非金融中介的市场主体而言，金融中介机构在金融市场中还起到了以下几方面的作用：（1）作为信用中介和期限中介，起到资金的汇集和分配的作用。（2）相对于个人投资者而言，金融中介进行的是专业化和规模化的经营，从而在分散风险中实现了规模经济效益，这是金融中介在金融市场上重要的经济功能之一。金融中介机构通过汇集资金供求的信息，提供专业化的金融服务，降低了金融市场运作的成本。在金融中介机构之间，由于其资金的来源情况不同，它们所从事的金融业务也存在着差异。经纪人在充当金融中介性媒体时也发挥着不可替代的作用，不过因为其并非以中介机构的面目出现而经常被忽视。

二、金融市场的交易对象

金融市场的参与者进行金融交易的目的是货币资金融通，而资金的融通又是建立在信用关系的基础之上，信用关系基础上的资金融通必须借助某种金融工具才能得以实现，这说明信用关系的建立和终止都是通过金融工具的取得和出让来完成的，金融工具于是成为信用关系的化身，成为金融市场上的客体或交易对象。

（一）金融工具的演进

金融工具又称为信用工具。信用工具是表示债权债务关系的凭证，是具有法律效力的金融契约。在金融市场形成以前，信用工具就已产生。它是商业信用发展的必然产物，由于商业信用的局限性，这些信用工具只能存在于商品买卖双方之间，并不具有广泛的流动性。随着商品经济的进一步发展，在商业信用的基础上，又产生了银行信用和金融市场。银行信用和金融市场的产生与发展反过来又促进了商业信用的发展，使信用工具成为金融市场上的交易对象，激发了信用工具潜在的重要性。

金融工具的发展不能脱离金融市场发展的整体水平，也不能脱离金融机构的发展演变，金融市场和金融机构的发展水平制约着金融工具的发展进步。反过来也一样，新型金融工具的出现往往推动着金融市场和金融机构的发展，将整体金融服务水平推向新的阶段。从这个意义上说，金融市场、金融机构和金融工具三者是不可分割的整体。

在金融市场发展的不同阶段，货币资金的融通依据不同的信用关系，借助不同的金融工具，采用不同的金融交易方式，而与之相适应的金融市场也表现出不同的形态。在金融市场的原始阶段，由于商品经济很不发达，社会经济的货币化程度不高，人类经济的活动范围十分有限，金融交易多通过私人直接进行，资金的供求双方直接实现资金的融通。因此，这个阶段的金融工具虽然是原始和简单的，但相对于今天金融活动的严密细致，这种做法仍然有其可取之处：手续简便，成本低廉。需要强调的是，这种交易是建立在交易双方相互熟悉的前提下的，其代价就是融资的范围具有极大的局限性，只能满足小额的、非经常性的资金需求。

当小生产转化为以专业化分工为基础的社会化大生产时，这种资金借贷模式就受到了强烈的挑战。私人间直接的资金借贷之所以能够发生是因为交易双方之间存在着某种相互熟悉的关系，或者是存在商业上的往来。相互熟悉的人总是会受到地域和空间的限制，商业上的往来最多只能产生商业信用，两者都无法满足社会化大生产时代大规模、经常性的资金需求。在这样的背景下，金融机构逐渐发展成为金融交易的主要承担者。充当信用中介的金融机构成为资金供求双方汇集的场所，社会开始要求金融机构解决其资金的余缺问题。交易双方相互之间不熟悉却要进行资金的融通，必然要求对金融工具进行改良。人们需要能够清楚表明信用关系存在的法律契约，商业票据、银行票据、存款凭证等也就应运而生。正是由于有了金融机构的参与，并且有了相关法律制度的保障，金融工具的交易变得顺畅，持有者可以随时转让而不至于发生困难，原来私人间的信用关系转化为社会认可和保护的信用关系，金融也便发展到一个新的阶段。

商业票据、银行票据和存款凭证等金融工具的广泛使用是金融机构发展的产物，金融机构的出现解决了过去由于资金供求双方相互不了解而造成的资金融通的障碍，将融资活动从一种私人间的交易变成社会范围的金融交易。这种交易模式提高了资金融通的效率，满足了社会化大生产对大规模资金的需求。但是，资金的供求双方也为此付出了代价，那就是金融机构由此获得了大量的利差。随着社会经济的进一步发展，人们对货币资金的需求越来越多元化，信用关系也越来越复杂，金融机构及其现有的金融工具便难以满足这种需求。与此同时，资金供应者也希望增加收益，资金需求者则希望降低融资成本，绕过金融机构直接到金融市场上融资成为人们新的选择。在这样的历史背景下，一方面出现了新的金融机构来满足这种要求，另一方面出现了更多新的金融工具来实现这种要求，金融市场也就发展到新的阶段。在现代经济条件下，金融工具的内容已经十分丰富，主要由各种票据、契约、货币头寸和各类有价证券组成。

（二）金融工具的特性

金融工具在金融市场上发挥着两个方面的重要作用：一是促进资金从盈余方向需求方流动，以投资于有形资产；二是通过金融工具的交易，使收益和风险在资金的供求双方之间重新分布。金融工具方便了资金供求双方根据自己的偏好进行资金的调剂。为此，金融工具必然具有一些重要的特性，即期限性、收益性、流动性和安全性。

期限性是指债务人在特定期限之内必须清偿特定金融工具的债务余额的约定。金融工具都有期限规定，如政府发行的国债就有半年、一年、三年、五年之分。但金融工具的偿还期限有长有短，短的如隔夜拆借的货币头寸，长的如股票，期限是不确定的无限长，一个人在购买了某只股票后就不能要求企业在若干时日内退还其投入的本金。短期金融工具多以各类票据为代表，长期金融工具则多为有价证券。

收益性是指金融工具能够定期或不定期地给持有人带来价值增值的特性。金融工具的收益有两种形式，一种直接表现为利息或者是股息、红利等；另一种则是金融工具买卖的价差收益。金融工具对持有人来说是有别于建筑物、土地、机器设备等有形资产的金融资产，金融资产的价值与有形资产的物理形态没有关系，只代表对未来利益的法律权利。金融资产与有形资产又是密不可分的，即通过发行债券或股票等金融工具可以获得有形资产；金融资产的未来收益则通过特定的有形资产来产生。这种关系揭示了金融资产收益的源泉。不同的金融工具其收益大小是不同的，这就要对它们的收益率进行比较。收益率是持有一种金融工具所得的回报与投入本金之间的比率，分为持有期收益率和到期收益率。持有期收益率是指在持有某种金融工具期间所得到的收益率；到期收益率则是指持有某种金融工具到期为止所得到的收益率。由于金融工具的期限性，持有人并非都将某种金融工具持有到期为止，比如一张三年期的10000元债券，持有人在持有一年时便将其卖出，所获得的收益率只能是持有期收益率而非到期收益率。比较不同金融工具之间的收益率是投资者最重要的技术工作。

流动性是指金融工具转变为现金而不遭受损失的能力。金融工具的流动性解决了投资者市场退出的问题。投资者如果不能够方便地在金融市场上将金融工具转换为现金，就会影响其投资于其他金融工具的信心。一国的法定货币和银行活期存款的流动性最高，通常在流动过程中不会遭受什么损失。其他一些金融工具，要将它们转化为现金，就可能遭受或多或少的损失。比如当你在急需现金时卖出你所持有的股票，不仅要缴纳一定的印花税，还要向证券营业部门缴纳一定的手续费。更糟的情况是，当所持股票被深度套牢时，完成变现后有可能连本金都不能收回。金融工具是信用关系的载体，金融工具的流动性越强，其流通的范围就越广。影响金融工具流动性高低的要素主要有两个：发行人的信誉和偿还期的长短。一般而言，发行人的信誉越高，转手时就越容易，流动性也就越强；金融工具的偿还期越长，未来不可预知的要素也就越多，流动性也就越弱。

安全性是指投资于金融工具的本金和收益能够安全收回而不遭受损失的可能性。金融工具通常存在着两类风险：一类是债务人不能按期还本付息的履约风险，或称信用风险或违约风险。另一类是市场风险，即因市场利率上升而导致金融工具市场价格下跌的风险。此外，金融工具的风险性还在于其所带来的未来现金流量往往是不确定的。这种不确定性除了价格变化的影响外，还与标价的币种有关。一般来说，金融工具的安全性取决于以下几个方面：一是发行人的信用状况。如果发行人具有极高的信誉，财务健全、资金雄厚并且拥有按时偿债的良好记录，比如政府、银行或者知名的大公司，其安全性就相对较高。二是发行人的经营状况。发行人经营状况的好坏直接决定其是否有能力清偿债务和偿还债务的意愿。三是金融工具本身的设计。金融工具作为信用关系的载体，在设计上必须具体而且明确，避免在法律上发生纠纷。

任何金融工具都是以上四种特性的组合，也是四种特性相互之间矛盾的平衡体。一般来说，期限性与收益性正相关，即期限越长，收益越高，反之则相反。流动性、安全性则与收益性负相关，安全性、流动性越高的金融工具其收益性越低。反过来也一样，收益性高的金融工具其流动性和安全性就相对要差一些。正是期限性、流动性、安全性和收益性相互间的不同组合导致了金融工具的丰富性和多样性，使之能够满足多元化的资金需求和对“四性”的不同偏好。

三、金融市场组织方式

有了交易参与者和交易对象，只是有了形成市场的可能性，还需要有一种形式把交易双方和交易对象结合起来，实现转让交易对象的目的。金融市场的这种形式便是市场的组织方式。金融市场组织方式主要有两种，一种是拍卖方式（Auction），另一种是柜台方式（Over－the－Counter）。

（一）拍卖方式

在以拍卖方式组织的金融市场上，所有的金融交易都采取拍卖的方式成交。金融交易中的拍卖和其他商品拍卖一样，都是买卖双方通过公开竞价的方式来确定买卖的成交价格。目前，公开竞价主要有两种方式：一种是人工拍卖；另一种是计算机自动撮合。

拍卖方式分为单向拍卖和双向拍卖。单向拍卖中的交易双方，一方是一个交易群体，即一批要购买或出售同一金融工具的交易单位，而另一方只有一个交易单位。双向拍卖市场是“多对多”的结构，交易双方都是交易群体，交易双方在买卖某种金融工具时，分别提出各自的报价和条件。

（二）柜台方式

柜台方式与拍卖方式不同。它不是通过交易所把众多的交易集中起来，以竞价方式确定交易价格，而是通过作为交易中介的证券交易公司来买卖金融市场工具。金融市场工具的实际买卖双方都分别同证券交易公司进行交易，或将要出售的工具卖给证券交易公司，或从证券交易公司那里买进想要买的工具。

在以柜台方式组织的金融交易中，买卖成交价格不是通过竞价方式实现的，而是由证券交易公司根据市场行情和供求关系自行确定的。

第三节 金融市场的分类与结构

金融市场是一个发展和变化的市场，它是一个由许多具体的市场组成的庞大的金融市场体系。所以，金融市场存在按照不同的标准进行分类的问题。各国在金融结构方面存在许多差异，因此，研究金融市场的结构，对判断一个金融市场的发展程度，确定金融市场的发展特点及完善对金融市场的管理，具有重要意义。

随着金融工具的多样化及交易方式的复杂化，金融市场也变得日益庞大。金融市场既然是一个巨型的体系和系统，就要站在不同的角度进行全面研究。对金融市场不同分类的研究，有助于更充分地理解金融市场，可以更好地发挥金融市场的重要作用。

一、按交易对象划分

交易对象是金融市场最重要的一个组成部分，如果按照交易对象划分，金融市场可以分为货币市场、资本市场、外汇市场、保险市场、金融衍生工具市场等。

（一）货币市场

货币市场是指以期限在 1 年以内的金融工具为交易对象的短期金融市场。其主要功能是保持金融工具的流动性，以便随时将金融工具转换成现实的货币。它一方面满足了借款者的短期资金需求，另一方面也为暂时闲置的短期资金供给找到了出路。货币市场主要进行国库券、商业票据、银行承兑汇票、可转让大额定期存单、回购协议等短期金融工具买卖和货币头寸的调剂。许多国家将银行短期贷款也归入货币市场的业务范围。货币市场的交易量十分庞大，短期金融工具可以随时在发达的二级市场上出售变现，具有很强的流动性，其功能近似于货币，故称为货币市场。又由于该市场主要经营短期资金的借贷，故也称为短期资金市场。

货币市场一般没有正式的组织，其交易活动不是在特定的场所中集中开展，而是通过电信网络形式完成。因此，货币市场是一个无形的市场。市场交易量大是货币市场区别于其他市场的重要特征之一，巨额交易使得货币市场事实上成为一个批发市场。货币市场也是一个公开市场，任何人都可以按照统一的市场价格进行交易，而不是根据交易对手的不同提供不同的价格，这说明货币市场同时也是一个富有竞争性的市场。

（二）资本市场

资本市场是指以期限在 1 年以上的金融工具为交易对象的中长期金融市场。其主要功能是筹集中长期资本。一般来说，资本市场包括两个部分：一是银行中长期存贷款市场，二是有价证券市场。但人们通常将资本市场等同于证券市场。这主要是由于证券交易是世界各主要国家资本市场上交易的主要对象。此外，融资证券化特别是长期融资证券化已发展成为世界金融市场的一种潮流，也是构成这一现象的另一个原因。

资本市场通常被细分为债券市场、股票市场，证券投资基金市场则被作为债券市场和股票市场的自然发展与延伸。

表 1－2　货币市场与资本市场的功能

货币市场与资本市场体系最重要的功能：便利储蓄向实际（非金融）投资转化，从而经济能够增长，生活水平能够提高	
储蓄随经济进行储蓄的单位变化	实际（非金融）投资随经济进行投资的单位变化
1. 企业当前储蓄＝销售总额－营业支出（包括营业税）＝当前留存（未分配）盈利＋非现金支出（特别是折旧）	1. 企业当前实际投资＝设备的购买＋存货的购买＋新的经营设施的建设
2. 居民当前储蓄＝个人收入－当前消费支出（包括税收）	2. 居民当前实际投资＝耐用家用商品的购买＋住房＋公寓＋其他住宅的建设
3. 政府当前储蓄＝当前预算收入（包括征税与用户费）－当前预算支出	3. 政府实际投资＝新的公共设施的建设

注：1. 金融体系的运作使企业、居民与政府的计划储蓄和企业、居民与政府的计划投资平衡。

2. 金融体系也使储蓄的补充与借款成为可能，这样，资本商品与存货的投资和股票、债券及其他金融资产的金融投资能够按投资者希望的标准发生。

（三）外汇市场

外汇市场也是进行各种短期金融资产交易的市场。其与货币市场的不同之处在于货币市场交易的是同一种货币或以同一种货币计值的票据，而外汇市场则是以不同种货币计值的两种或两种以上支付凭证之间的交换。在货币市场上所有的贷款和金融工具的交易都受政府法令条例管制。但在外汇市场上，一国政府只能干预或管制本国的货币。

狭义的外汇市场指的是银行间的外汇交易，包括同一市场各银行间的交易、中央银行与外汇银行间的交易以及各国中央银行之间的外汇交易活动，通常被称为批发外汇市场（Wholesale Market）。广义的外汇市场是指由各国中央银行、外汇银行、外汇经纪人及客户组成的外汇买卖、经营活动的总和，包括上述批发外汇市场以及银行同企业、个人间外汇买卖的零售市场（Retail Market）。

（四）保险市场

保险市场是指从事因意外灾害事故所造成的财产和人身损失的补偿，以保险单和年金单的发行和转让为交易对象的一种特殊形式的金融市场。

（五）金融衍生工具市场

金融衍生工具市场是指以衍生性金融工具为交易对象的金融市场。它是金融创新浪潮和金融市场不断深化的产物。金融衍生工具市场通常又被细分为金融期货市场、金融期权市场、金融互换市场和金融远期市场。

二、按中介机构的特征划分

按中介机构的特征划分，金融市场可分为直接金融市场和间接金融市场。直接金融市场和间接金融市场的差别在于中介机构在交易中的地位和性质。

（一）直接金融市场

直接金融市场是指由资金供求双方借助金融工具直接进行融资所形成的市场。比较典型的直接金融市场包括债券市场、股票市场等。

在直接金融市场上，筹资者发行债务凭证或所有权凭证，投资者出资购买这些凭证，资金就从投资者手中直接转到筹资者手中，不需要通过信用中介机构。直接金融虽然不通过信用中介机构，但也存在很多市场中介机构，比如投资银行等，这些机构并不作为资金的中介，而仅仅充当信息中介和服务中介，为资金余缺双方的资金融通牵线搭桥、提供服务。

（二）间接金融市场

间接金融市场是指以银行等金融机构作为信用中介进行融资所形成的市场。比较典型的间接金融市场包括银行存款市场、银行贷款市场等。

在间接金融市场上，资金供给者首先把资金以存款等形式借给银行等金融机构，二者之间形成债权债务关系，再由银行等金融机构把资金提供给需求者，又与需求者形成债权债务关系，通过信用中介的传递，资金供给者的资金间接地转到需求者手中。

三、按金融工具交易方式和次数划分

按金融工具交易方式和次数划分，金融市场可分为初级市场和次级市场。

（一）初级市场

初级市场是新金融工具发行的市场，又称为一级市场。没有金融工具的发行，自然不会有金融工具的买卖和流通，初级市场的重要性和基础作用不言自明。金融工具发行者与投资者的多寡，是决定初级市场规模的主要因素。

金融工具的发行有两种主要方式：一是将金融工具销售给特定的机构；二是将金融工具广泛地发售给社会公众。前者称为私募发行，其发行对象一般为机构投资者，后者称为公募发行，其发行对象为社会公众。考虑到公募发行涉及的范围大，影响面广，而且社会公众相对于机构投资者来说无法对发行人进行充分了解，一般来说，政府都对公募发行实行比私募发行严格得多的管制以保护中小投资者的利益。由于公募发行要花费更多的精力，因此其成本比私募发行要高。而且，由于手续复杂，公募发行需要花费的时间也较长。

金融工具的发行大多数借助于金融机构的帮助来完成。根据金融机构在发行中的地位以及金融机构与发行人的风险划分的不同，我们还可以将金融工具的发行分为包销和代销两种。所谓包销，是指金融工具的发行人与银行等金融机构协商，由银行等承销机构按照商定的条件把全部金融工具承接下来负责对公众销售。包销期满后，不论金融工具是否被推销出去，承销机构都要如数付给发行人应得资金。代销则是发行人自己承担全部发行风险，只将公开销售事务委托给投资银行等办理的一种方式，代销商销多少算多少，只收取手续费等费用，不承担任何风险。此外还有自销的方式，即发行人通过私下洽商的方式直接将金融工具销售给为数不多的个人及团体投资者。

（二）次级市场

次级市场即金融工具流通的市场，又称为二级市场。次级市场的作用在于为金融工具提供良好的流动性，投资者可以随时购买自己中意的金融工具，也可随时将所持有的金融工具在次级市场出售变现。需要进行投资而未进入初级市场者，也可在次级市场上圆梦。而买卖双方的经常转换，使金融工具更具流动性，从而在社会范围内使资源得到充分利用。

初级市场与次级市场是密不可分的。初级市场是次级市场的基础和前提，没有初级市场就没有次级市场，每一种金融工具都必须进入初级市场。次级市场则是初级市场存在与发展的条件，比较重要的金融工具还要借助次级市场来流通。虽然进入次级市场的金融工具只是金融工具总量的一部分，但由于只有次级市场才赋予金融工具以流动性，因此，次级市场的存在与发展以及规模大小，被视为金融发达与否的重要标志。以金融发达的美国为例，流动性证券约占金融工具总额的2/3。它使国家货币当局得以开展公开市场业务，实施货币政策，也使社会经济状况和企业经营水平通过证券价格的变动得以反映，为社会大众提供了一个经济“晴雨表”。

四、按交割方式划分

按交割方式划分，金融市场可以分为现货市场、期货市场和期权市场。

现货市场是指随交易协议达成而立即交割的市场，实际上是在3天内进行交割。

期货市场是指交易协议虽然已经达成，交割却要在某一特定时间进行的市场。在期货市场上，成交和交割是分离的。在期货交易中，由于交割要按成交时的协议价格进行，而证券价格的或升或降，就可能使交易者或获得利润或蒙受损失。因此，买者和卖者只能赌自己对市场的判断，完全依靠投机心理，或者说是以投机来引导投资。

期权市场即各种期权交易的市场，是期货交易市场的发展和延伸。期权交易是指买卖双方按成交协议签订合同，允许买方在交付一定的期权费用（或保险费）后，即取得在特定的时间内，按协议价格买进或卖出一定数量的金融工具的权利。但在合同生效前，购买期权的一方如不行使该权利，期权合同则自动失效。期权交易虽然不一定都要付诸实行，但放弃的一方已为此付出一定代价。

五、按交易与定价方式划分

按交易与定价方式划分，金融市场可分为公开市场、议价市场、店头市场和第四市场。

公开市场即由众多市场参与者以拍卖方式交易和定价的市场。这类市场一般是有组织的和有固定场所的有形市场，交易在众多交易主体之间以公开竞价拍卖方式进行，金融工具只卖给出价最高的买主，众多的经纪人居间促成交易，交易价格也由此形成。股票交易所是其典型代表。

议价市场是指没有固定场所、相对分散的市场，交易双方的买卖活动通过直接谈判方式而自行议价成交。这类活动一般多在公开市场外面进行，属于场外交易市场。

店头市场又称柜台市场，是指未上市的证券或不足一个成交批量的证券进行交易的市场。有人称其为第三市场。店头市场历史相当悠久，早在1792年，美国纽约金融市场渐趋繁荣，许多商人看到经营证券有利可图，便纷纷买进证券留在手里，待别人要买时以高出买进的价格在柜台上出售，从中获取盈利。据说许多证券公司甚至跨国公司，都是由这种交易发展而来的。美国的柜台市场已成为仅次于纽约证券交易所的大市场。店头市场作为证券市场的一个独特形式，与证券交易所那样高度制度化、组织化的市场形成鲜明对照。尽管有人称其为场外市场，但其与以场外交易为特征的议价市场也略有区别。店头市场以“柜台”和店内交易为特征，而不像议价市场那样不择场所。不过，“议价”成交的特点倒是二者共同具备的。

第四市场是指作为机构投资者的买卖双方直接联系成交的市场，一般是通过电脑通信网络如电脑终端机，把会员联结起来，并在办公室内利用该网络报价、寻找买方或卖方，最后直接成交。第四市场的运行，需要发达的科技和通信手段作基础，而且也只有在商品经济高度发达的地方才能产生。机构投资者的交易一般数额巨大，利用第四市场交易，可以大大节省手续费等中间费用，筹资成本的降低足可弥补联网的花费，而且不为第三者所知，使交易活动处于保密状态，也不会因交易量大而影响市价，从而对日后的继续交易带来意想不到的好处。因此，第四市场的发展蕴含着极大的潜力。

议价市场、店头市场和第四市场，都是不需要经纪人的市场。

六、按金融工具的属性划分

按金融工具的属性划分，金融市场可分为基础金融市场和衍生金融市场。

基础金融市场是指以一切基础金融工具为交易对象的金融市场，也是货币市场、债券市场、股票市场和外汇市场等的总和。基础金融工具又称原生金融工具，货币头寸、票据、债券、股票、保险单、外汇等都是此类工具，其主要职能是沟通储蓄向投资的转化或作为清偿债权债务关系的凭证。

衍生金融市场是指以衍生金融工具为交易对象的金融市场。所谓衍生金融工具，是在原生金融工具基础上派生出来的金融工具，包括金融期货、金融期权、金融互换、金融远期等。衍生金融工具的价格以原生金融工具的价格为基础，主要功能在于管理与原生金融工具紧密相关的金融风险。

七、按金融交易作用范围划分

按金融交易作用范围划分，金融市场可分为国内金融市场和国际金融市场。

国内金融市场是指金融交易的作用范围限于一国之内的市场，它除了包括全国性的、以本币计值的金融工具交易的市场以外，还包括国内的地方性金融市场。国内金融市场的参与者都是本国的自然人和法人，交易工具也多由国内发行。

国际金融市场是指金融工具的交易要跨越国界进行的市场，也包括区域性的金融市场。区域性的金融市场同国际金融市场一样，金融市场的参与者分属许多国家和地区，交易对象也以多种国际货币标价。二者的区别只在于，区域性金融市场的活动范围是某一地区，如东南亚地区、中东地区，而国际金融市场的活动范围立足于整个世界。值得注意的是，国际金融市场中有一种是以证券交割地点之外的别国货币为买卖或借贷对象的市场，称为境外金融市场或离岸金融市场，如欧洲美元市场。离岸金融市场基本不受所在国的金融监管机构的管制，并可享受税收方面的优惠待遇，资金出入境也相对自由。离岸金融市场是一种无形市场。

国内金融市场是国际金融市场形成的基础，国际金融市场是国内金融市场发展到一定阶段的产物。从国际经验看，一国的国内金融市场能够成长为国际金融市场，需要具备以下几个条件。第一，健全的货币制度，以保证本国的货币能够被广泛地使用而成为国际支付的工具。第二，自由的外汇市场以保证境外资金自由出入。第三，在国际贸易中拥有相当的份额，从一定意义上说，国际金融市场本是国际贸易活动的产物。正是为了解决国际贸易中出现的货币兑换、贸易融通等问题才推动了国际金融市场的发展。第四，拥有大量的专门从事国际金融交易的机构。

除上述分类外，还可按其他标准对金融市场进行划分，比如根据有无固定的场所划分，金融市场可分为有形市场和无形市场等。

八、将金融市场各子市场联结在一起的因素

金融市场体系由若干具有自身特点的子市场组成。在某种程度上，各子市场因投资者的偏好和法规与管制而相互隔离。然而，当利率与金融工具的价格在金融体系的某一部分发生变化时，所有的金融市场最终都要受到影响。这就意味着，尽管金融市场被分成许多不同的部分，却因为某些因素的作用，使金融市场上的各个子市场紧密联结在一起。这些因素主要是：

（一）信贷

信贷是基础性的金融工具，在金融市场上，借款人可以从一个市场转移到另一个市场，去寻求最有利的信贷条件。比如，一家石油公司在资本市场利率过高时，就选择货币市场上的短期贷款为一个钻井平台融资，而当资本市场条件变得较为有利时，再为该项目寻求长期融资。借款人或资金需求者在市场间来回转移的做法，有助于金融体系的各个部分紧密地结合在一起，而且也有助于不同市场的成本趋于平衡。

（二）投机与套利

投机与套利源于资金供求双方对利润的追求。金融市场上的投机者不断地从其对未来市场发展的预测中寻找获利的机会，在这个前提下，投机者往往赌定某种或某几种金融工具的价格或利率将向某方向变动，从而以自己的资金作赌注进行投机交易。在利润的驱使下，投机者变成了风险的追逐者。投机者通过买进其认为价格被低估的金融工具，卖出其认为价格被高估的金融工具，从而在金融市场上履行着平衡金融工具价格的重要功能。

还有一个使金融市场联结在一起的因素是投资者。投资者十分关注套利资金的盈利机会，把资金从一个市场转移到另一个市场，客观上有助于保持市场之间价格的一致性，也有利于其他金融工具购买者花很小的努力就能发现最好的价格。

（三）完美而有效的市场

所谓完美市场，是指在这个市场上进行交易的成本接近或等于零，所有的市场参与者都是价格的接受者。在这个市场上，任何力量都不对金融工具的交易及其价格进行干预和控制，任由交易双方通过自由竞争决定交易的所有条件。

如果金融市场上金融工具的价格可以准确反映其内在价值和完全反映所有可获得的信息，说明金融市场完全达到了一个令人满意的理想状态，这种由交易价格完全反映所有信息的市场，就是有效市场。在有效市场上，任何可能影响证券价格或利率的信息都不会被浪费，所有金融市场都被密切地联结在一起。

（四）不完美与不对称的市场

金融市场固然有接近完美而有效的时候，但大多数情况下，却是不完美的和不对称的，也并非各个金融市场部分都是完全竞争的，人们可以很容易地举出一些事件说明市场不是有效的，相反，缺乏透明度、市场毫无理由地大起大落、操纵市场、幕后交易等不法行为甚至金融丑闻时有发生，人们难以相信信息会包含在股价里，说明金融市场的运行与管制仍有待改善。此外，信息不对称在金融市场交易中广泛存在，金融工具的购买者所需要的信息并不都能轻易而廉价地获取，一些参与者利用其占有的特殊信息获得超额利润。当市场上信息不对称较为严重时，优质的金融工具就会退出市场，劣质的金融工具则充斥市场，出现类似于“劣币驱逐良币”的现象。

第四节　金融市场的产生、演进与发展趋势

一、金融市场的产生与演进

（一）金融市场的产生

金融市场的形成以内在基本要素的形成为前提，也就是说，必须以金融市场的主体与金融市场的客体以及实际的交易活动为要件。

学术界一般认为，金融市场首先形成于 17 世纪初的欧洲大陆。在这之前，早在古罗马时期，地中海沿岸的贸易活动就已有相当规模，并开始使用各种票据结算，汇票便是这一时期意大利人的一个发明。13 世纪到 14 世纪，欧洲大陆出现了商品集散地和贸易交易所，这种经济贸易的发展，促使资本主义生产方式在欧洲萌芽，并且引发第一次工业革命（1540—1640 年）。与工业革命相伴的金融革命，成为金融市场产生的历史动因。

在一个社会体内一定会出现部分机构和居民资金盈余，部分机构和居民资金短缺。

这样，金融市场就必然会出现，因为资金盈余机构和居民要寻求场所投资，以此来增加自己的资本收入；资金短缺机构和居民则要设法在金融市场筹集资金。在金融市场中，由于投资和筹资的沟通，商品经济选择了信用形式，金融市场随之产生。

欧洲经济贸易的飞速发展，扩大了商品经济对金融的内在需求，从而引起金融自身的革命。首先是银行业的变革。14 世纪与 15 世纪之交，是银行产生的年代，标志着金融关系发生了根本的变化。1397 年成立的梅迪西银行和 1407 年成立于热那亚的圣乔治银行，开创了新式银行的先河。此后，欧洲大陆尤其是西欧各国的银行业迅速发展。但由于仍处于初创时期，银行倒闭时有发生，频频诱发金融危机，从而也孕育了新的金融革命——债券与股票的产生与流通。正如美国学者金德尔伯格所说：（英国）金融革命的实质就在于国债的偿付，其结果“在于资本市场的扩大使政府债务具有流动性”。

16 世纪初，资本主义还处在原始积累时期，西欧出现了证券交易活动。比利时的安特卫普和法国的里昂被认为是出现证券交易活动最早的地区。1608 年，荷兰建立了世界上最早的证券交易所，即阿姆斯特丹证券交易所。1611 年建成的阿姆斯特丹证券交易所大厦，被认为是世界上最早的证券交易所大厦，标志着金融市场已经形成。

金融市场是在银行迅速发展的条件下产生的。金融市场的发展除了金融工具所具备的天生优点外，主要还有以下几点原因：第一，社会经济行为主体对金融的需求是多种多样的，银行已不能全部满足。第二，即使是发达的银行信用自身也有许多难以克服的缺点，银行在应对市场方面具有信息完整性传递的先天不足缺陷，而这些缺陷正好可以通过金融市场予以圆满解决或弥补。第三，金融市场更能适合社会大众对安全性、流动性和盈利性的多元性选择。当然，我们也不能因此而否认金融市场与银行业之间的互相促进与共同发展。

（二）金融市场的演进

全球金融市场已有四五百年的历史，但现代意义上的金融市场则是在 20 世纪五六十年代以后快速建立和发展起来的。

从近代历史看，18 世纪 60 年代，英国兴起了产业革命，并陆续波及欧洲大陆的其他国家，直到 19 世纪，产业革命在世界范围内基本完成。产业革命促使机器生产代替手工业生产，大大提高了生产的社会化程度。欧美各国为了筹集产业资本，竞相在伦敦发行公债。英国国内也掀起了一个设立股份公司的高潮，从而使英国证券市场上的股票交易和债券交易具有相当的规模。与此同时，世界各主要资本主义国家也都或先或后发展了各自的证券市场。德国工业革命以后，以铁路发展为动力的各种产业相继兴起，柏林成为德国证券市场的中心。为了同英国相对抗，发展股份经济作为国家政策被德国强制推行，致使私人企业纷纷改组为股份公司，股票市场随之壮大起来。但是，德国的股票基本上都是通过银行认购的，在动员更多的交易者进入市场方面存在局限性，从而与其他国家的证券市场大不相同。

美国的产业资本是在从英国引进生产技术及生产设备的基础上形成的。同德国一样，美国也积极利用股份公司制度。早在1725年，美国纽约证券交易所就已经设立，当时主要从事小麦、烟草等商品交易，只从事少量的证券买卖。到了18世纪末，美国证券市场才进入急剧发展时期。当时美国适逢独立战争，发行了巨额国债。为了买卖这些国债，美国东北各州分别成立了证券交易所。随后，各种股票也进入了交易市场。到1817年纽约证券交易所正式组建时，美国的证券市场已粗具规模。自19世纪30年代开始，美国各州的州债大量发行，逐渐吸引了外国资金尤其是英国资金的流入，进而使美国金融市场成长为国际性的金融市场。

法国的证券交易历史悠久，17世纪路易十四时代已颁布有关证券交易的法令。此后，巴黎还曾一度与伦敦争夺过欧洲及世界金融中心的地位。

日本的证券市场大约形成于明治时期，较欧洲证券市场滞后200多年。由于日本经济中的重要产业被财阀所控制，因而其证券市场也是封闭性的和排他性的，各种证券不过是财阀抽取利润的工具而已。

总而言之，在第一次世界大战以前，尽管世界各国金融市场的发展极不平衡，但就世界范围而言，是处在缓慢发展时期，直到第一次世界大战才使这种局面有所改变。

第二次世界大战结束是全球金融市场发展的转折时期。其中最主要的变化是，英国在工业生产和国际贸易上的头等地位被美国所取代，各国在世界经济中的地位及利益格局也都发生了很大变化。在此期间，陆续发生了因战争爆发而关闭股票交易所的事件（1914年），以及因过度投机而引发数次“泡沫”事件，如1920年伦敦股票市场的崩溃、1920年和1929年纽约股票市场的两次大崩盘等，可谓金融市场多灾多难的时期。

随着第二次世界大战的结束，世界政治经济格局发生了重大改变，金融市场进入了急剧变革的时期。大的国际金融市场先后形成，新的金融市场不断地产生和发展，发展中国家的金融市场纷纷建立，全球金融市场出现一体化等趋势。

（三）旧中国金融市场的产生与发展

旧中国金融市场的雏形是在明代中叶以后出现在山西、浙江一带的钱业市场。所谓钱业市场，即钱庄与业主之间兑换货币和调剂资金余缺的市场。这种早期的金融市场兼有早期银行与早期金融市场的功能。这与欧洲金融市场的形成大致在同一时期。但由于受两千多年封建社会和自然经济的桎梏，以及不断的战乱，新的资本主义生产方式胎死腹中，缓慢发展的商品经济不能产生对金融业的强烈需求，钱业市场也最终未能发展为现代金融市场。

如同旧中国的银行是舶来品一样，旧中国的金融市场也是帝国主义殖民的产物。1840年鸦片战争以后，旧中国的封建经济制度迅速瓦解，自给自足的自然经济遭到破坏，外国金融势力也随之侵入，外国银行纷纷来华设立机构，金融市场才逐渐形成。

旧中国最早的证券是1872年（清同治十一年）由李鸿章、盛宣怀等兴办的轮船招商局发行的股票和1894年（清光绪二十年）由户部“息借商款”发行的债券。清朝末年，随着市场上股票和债券的增多，在上海出现了证券买卖活动，这些证券买卖活动多由一些钱商、茶商、皮货商以及商品经纪人兼营，因而交易是零星的、分散的，而且一般都是现货交易。1918年，我国历史上第一家证券交易所——北京证券交易所成立，这是北洋政府1914年颁布《证券交易所法》的直接结果。接着，1920年上海证券物品交易所、上海华商证券交易所陆续开业，1921年天津证券花纱粮食皮毛交易所股份有限公司也获准营业。由于业务兴旺、收益较多，吸引了众多的投资者，证券金融市场迅速发展起来。当时，仅上海市的证券交易所就有140多家。

1921年，由于发生了信交风潮，90%的证券交易所倒闭，中国的金融市场遭受了一次严重打击。抗日战争期间，敌伪支持证券交易所恢复，使证券交易出现了第二次高潮，但终因战事吃紧、政局不稳而萧条。日本投降后，国民党政府为吸引游资而力促证券交易的恢复，但终因恶性通货膨胀无法收拾而不了了之，直至全国解放。

旧中国的金融市场，由于其带有半殖民地半封建的时代烙印，加上一直为战争所困扰，经济发展自身又缺乏需求动因，故而一直处于风雨飘摇、半死不活、时续时断的状态之中。这说明，商品经济没有发展到一定阶段，金融自身没有实质性的发展，仅凭人力是不能促使金融市场快速发展的。

（四）新中国的金融市场

1949年新中国成立以后，经过几年的经济恢复，开始全面实施社会主义计划经济体制，生产统一计划，物资统一分配，资金统一调拨，商品统一供应。因此，金融市场难以深入发展。

改革开放以来，我国经济体制发生了根本变化，特别是提出改革旧的传统的计划经济制度、建立社会主义市场经济体制之后，金融市场作为市场经济的重要组成部分，也迅速形成和发展起来。

货币市场方面：1984年，我国开始允许金融机构间相互拆借资金以调剂余缺，形成了同业拆借市场。1985年，我国在全国范围内开展了商业汇票承兑贴现业务，并允许商业银行向中央银行进行再贴现，标志着票据市场的初步形成。1994年，为适应市场经济发展的需要，我国建立了全国统一的同业拆借市场。同时，票据市场迅速扩大。自20世纪70年代票据业务诞生开始，我国陆续建成中国票据网、电子商业汇票系统。

债券市场方面：自1981年以来，我国每年都发行大量国债（国库券），结束了开始于20世纪50年代末的长达20年的“无债”时代。1982年，为满足信贷资金之外的生产资金需求，企业债券开始发行。但起初债券并不能流通转让。从1988年开始，我国允许部分国库券上市流通，说明债券交易市场初步形成。2005年以来，银行间债券市场实行备案制，建设步伐明显加快。目前，我国已经形成了以银行间债券市场为主导，包括交易所市场、商业银行柜台市场在内的多元化、分层次的债券市场体系，债券市场托管余额超过90万亿元，成为全球第二大债券市场。

股票市场方面：1984 年，北京成立了全国第一家股份有限公司——北京天桥百货股份有限公司，公司发行了定期 3 年的股票。随后，上海飞乐音响公司部分公开向社会发行了不偿还股票，从而拉开了股票交易的序幕。1990 年 12 月和 1991 年 4 月，上海证券交易所和深圳证券交易所相继正式开业，我国股票集中交易市场正式形成，标志着我国股票市场进入了一个新阶段。2005 年我国进行了股权分置改革，结束了上市公司两类股份、两种价格并存的历史。近年来，在先后设立了中小板、创业板、新三板后，我国于 2019 年 6 月在上海证券交易所推出科创板，开始探索股票市场注册制改革，逐步形成了多层次的股权市场体系。目前，沪深两市上市公司近 3700 家，总市值 54 万亿元，成为全球第二大股票市场。

保险市场方面：从 1979 年恢复国内保险业务开始，我国保险市场不断发展壮大。2018 年末，我国原保险保费收入 3.8 万亿元，保险密度为 2724 元/人，保险深度为 4.22%，成为全球第二大保险市场。

外汇市场方面：从 1986 年起，我国开始办理外汇调剂业务；1988 年，我国设立了 10 个外汇调剂中心，初步建成了外汇调剂市场。自 1994 年 1 月 1 日起，我国实行人民币汇率并轨，并成立了全国外汇交易中心，为建立全国统一的外汇市场奠定了基础。2018 年，我国的各类外汇交易产品累计成交 29 万亿美元。2019 年 8 月末，我国的外汇储备余额为 3.1 万亿美元，多年位居全球第一。

我国社会主义金融市场自产生以来发展很快，因为它是以世界金融市场 400 多年的发展历史为参照的，可以结合本国实际，不受金融市场形成发展顺序、模式的束缚，在短期内取得了丰硕成果，已基本建成了与中国特色社会主义相适应的现代金融市场体系。

二、金融市场的发展趋势

金融市场的形成与发展经历了一个从低级到高级、从萧条到繁荣、从无序到有序、从弱小到强大的自然发展过程，也是一个从分散的市场到统一的市场、从国内市场向国际市场不断发展的过程。自 20 世纪 70 年代开始，金融创新和金融改革在世界范围内全面推开，出现了经济全球化、金融国际化的浪潮，金融市场有了长足的发展。但是，伴随着经济全球化和金融国际化以及 2008 年以来国际金融危机的出现，金融市场也出现了新的发展趋势。

（一）金融市场出现了国际化和全球一体化的趋势

在经济全球化和金融国际化的背景下，国家和地区之间相互独立和分割的金融市场迅速连为一体，正朝着一个全球一体化的金融市场发展。各国和各地的金融中心正在连成一片，在全球出现了金融市场一体化的趋势。不仅金融市场的交易开始国际化，而且交易主体也已经开始国际化。金融交易市场国际化、交易主体国际化，使得跨国购买国际金融产品变得非常顺利，全球利率市场化速度加快，各国金融市场之间的联系加深甚至同步。一体化的结果是投资人可以在全球金融市场之间顺利转移资金，方便地进行多币种、多渠道、多种金融工具的交易和投资，并以此促进国际资本流动，同时，使得金融市场的风险也较容易地从一个国家（地区）向另一个国家（地区）的金融市场传导。

（二）金融市场组织有了空前的发展和变化

由于国际化趋势的出现，金融市场的参与者在金融市场的活动明显增强，令人瞩目的是金融市场中个人投资者的作用越来越被机构投资者所替代，机构投资者成为影响证券市场走向的主要力量，全球金融市场呈现“机构投资主导化”的倾向。尽管个人投资者的数量占金融市场总数量的绝对份额在不断增加，但其交易比重在不断减少和下降，机构投资者在金融市场因为批发交易量的增加显得更为重要。在这个世界统一的金融市场，发行和流通多种金融工具，不同国家的金融交易可以在一天之内完成，并导致世界各地利率趋同。金融市场参与者的作用发生了很大变化，各国普遍放松了对市场参与机构的监管，促使参与金融市场交易的机构数量大幅度增加。金融市场交易变化更大。因为新的交易工具层出不穷，可满足不同交易者的不同需求，满足不同投资的不同需求，吸引了更多的投资者进入金融市场。

（三）新兴国家金融市场有了极大发展

随着新兴国家经济快速发展，金融市场也随之快速发展，大部分新兴市场国家都建立了国际金融中心。比如，非洲 1/4 的国家都建立了证券交易所，并且成为这些国家重要的资金筹集渠道；在加勒比地区和北非出现了区域性的国际金融中心，并且取得了令人瞩目的成就。再比如，海湾六国中的巴林是其中最小的国家，1971 年 4 月才宣布独立，独立后的巴林从自己的国情出发，走金融立国的道路和经济多样化发展的道路，1975 年公布了离岸银行条例，标志着巴林离岸金融市场的形成。随后，巴林采取了一系列鼓励措施，如外汇自由流动、免缴存款准备金、实行自由利率等，吸引了大批国外金融机构。目前，巴林已经成为海湾地区最重要的国际金融中心。

（四）国际融资证券化趋势明显增强

证券化是指随着金融结构的变化，作为一种持续性的融资手段的证券化和贷款债权的证券化。融资手段的证券化是指传统的通过银行来融通资金的方式开始逐渐向通过金融市场发行证券的方式转变，主要表现在商业票据、债券、股票等有价证券发行的扩大以及国际证券市场重要性的增加。贷款债权证券化则是指金融机构以贷款债权作为担保的证券发行，即以证券交易转让贷款债权，使得贷款债权具有流动性。证券化在美国非常流行，目前欧洲及亚洲大部分国家也在大力推进资产证券化。我国从 2005 年开始试点，近年来资产证券化发展非常迅速，目前已经成为金融机构融资最主要的手段之一。

（五）金融创新增加了金融市场的不可控制性和不可预测性

20 世纪 70 年代以来，美国在全世界金融领域进行了多项创新，并且引领和推动了全球金融创新的浪潮，并在此基础上推动了金融自由化，推出了很多新的金融产品。比如，在货币市场上，推出了大额可转让存单（CD）、再购回协议、货币市场基金等；在资本市场上，创造了浮动利率证券。金融市场上工具的创新使得金融市场的运行和风险具有极大的不可预测性和不可控制性，而且由于金融市场的国际化，一国金融市场的风险可以迅速传导至另一个国家甚至全球。2008 年由美国次债危机引发的国际金融风险最终导致国际金融危机，影响深远。虽然金融市场的创新使得投资需求得到了极大满足，但是也使得传统的货币市场和资本市场之间的界限变得模糊不清，中央银行对市场的调控能力在减弱。这最终导致全球金融市场的风险可控性减弱、管理难度加大。

本章重要概念

金融市场　金融工具　货币市场　资本市场　外汇市场　保险市场　初级市场　次级市场　基础金融市场　金融衍生工具市场

第二章　金融资产与资金价格

本章学习目标

第一，掌握金融资产的概念、要素、性质及其作用；第二，了解金融资产的创造及资产的非中介化；第三，熟悉几种常见的投资组合理论及资产定价模型；第四，了解资金流量表的构造、分类及记账方法。

本章将重点讨论金融市场的交易对象——金融工具。金融工具对出售者来说，是筹措资金的工具，构成出售者的负债；对购买者而言，则是投资的工具，构成购买者的资产，也就是金融资产。金融资产的定价是金融理论中最重要的问题之一，而利率则是金融市场的核心价格。

第一节　金融资产的一般理论

本节将重点介绍金融资产的概念、要素、性质和作用，并研究它们之间的相互关系和作用。

一、金融资产的概念

（一）资产的概念与含义

金融资产是资产的一部分。资产是包括了金融资产的大概念，金融资产是小概念。西方经济学通常将资产定义为“由企业或个人拥有，并具有价值的有形的财产或无形的权利。资产之所以对持有者有用，主要是因为它是未来事业的硬件，或者是因为它可以取得未来的利益”。资产的价值是指“某一种货物或劳务在市场上所表现的价格”。资产的“未来事业的源泉和利益被统称为收入”。

我国学术界通常将资产定义为“在交换中有价值的任何所有权”，或“由个人、家庭、企业或政府部门拥有或者控制的能以货币计量的经济源泉，包括各种财产、债权和其他权利”。资产的“有价值”或能以货币计量就是指在市场上表现出的资产的价格。资产的“经济资源”也就是创造未来财产、收入或提供利益。

资产一般有如下含义：第一，资产是一种经济资源，它能为企业、个人或政府部门的经济活动提供物质基础或贡献力量，即为持有者获得未来利益；第二，资产必须是持有者能实际拥有或者控制的，它是针对持有者而言的，不能为持有者控制的经济资源不构成其资产；第三，资产是能以货币计量的。

资产分为有形资产和无形资产。有形资产是指有特定物质形态的资产，如住宅、机器等，它们本身具有价值。无形资产是指没有特定的物质形态，代表一定的价值，但能为持有者带来一定收益的资产，如股票、债券、商誉、专利等。

（二）金融资产的概念

金融资产就是无形资产中的一种，是指对财产或所得具有索取权的、代表一定价值的、与金融负债相对应的无形资产。

金融资产主要具有以下特征：

第一，金融资产是一种无形资产，区别于有形的实物资产。与金融资产相对应的一个概念是实物资产。金融资产是指代表未来收益或资产合法要求权的凭证，不是看得见摸得着的实物资产。实物资产的多少表征了社会财富的多少，但金融资产的多少并不直接表征社会财富。从资产负债表的角度来看，实物资产只出现在资产一边，而金融资产则出现在左右两边，并且有一部分可以相互抵消。

第二，金融资产是具有索取权的资产，区别于本身创造价值的真实资产。金融资产的价值都是由其背后的实物资产决定的，它本身并没有价值，假如其背后的实物资产灭失了，那么与之对应的金融资产也就一钱不值了，就像如果上市公司破产了，它的股票就不再值钱一样。

第三，金融资产是与金融负债相对应的无形资产，区别于商誉、专利、财务证券、证据证券等其他无形资产。金融资产包括现金、存款、贷款、票据、股票、债券、保险单、外汇、应收账款等。金融资产作为无形资产与其他无形资产的区别主要表现为，金融资产与金融负债具有对应性，金融资产是在资金流通过程中产生的。如前所述，在资金流通过程中，筹资者向投资者融通资金，得到了资金，但要出具凭证；投资者付出了资金，但得到了凭证。筹资者出具凭证而筹措的资金，构成了其金融负债；投资者付出资金而得到的凭证，便构成了其金融资产。任何一笔金融资产都会产生相应的金融负债，等量的金融资产等于等量的金融负债，二者总是相伴产生的。也可以说，金融资产就是投资者所持有的筹资者所发售的负债的资产。而其他无形资产，诸如商誉、专利、提货单等财物证券和发票等证据证券，虽然能以货币计价，也能给持有者带来利益，但它们不会形成另一个发售者的负债，因此，它们不属于金融资产的范畴。

国际货币基金组织对金融资产的定义在2000年版《货币与金融统计手册》中表述如下：“金融资产定义为经济资产的一部分——机构单位独自或共同对某种存在行使所

有权，在一个时期内持有或使用资产会给它们带来经济利益。多数金融资产是当一个机构单位提供资金时，通过契约而无条件地获得对其他机构单位经济资源的要求权。债权人或债务人关系构成了金融工具的资产和负债两个方面。货币性黄金（Money Gold）和特别提款权也被视作金融资产，尽管它们没有相应的债务。”需要特别注意的是，在这一定义中，充当货币手段的黄金和国际货币基金组织分配给成员国的特别提款权是作为特例被列入金融资产范围之内的。

二、金融资产的要素

作为融通资金工具的金融资产，一般包括以下内容或者反映以下事实的发生：

（一）金融资产的发售者

金融资产是发售者筹集资金出具给投资者的证明。融通资金到期后，投资者要向筹资者收回资金，也就是向金融资产的发售者收回资金。这样，金融资产必须标明发售者。例如，现钞的发售者是中央银行；存款的发售者是商业银行和其他金融机构；贷款的发售者是企业和个人；债券的发售者是企业、银行和政府；股票的发售者是股份公司；保险单的发售者是保险公司；外汇的发售者是外国中央银行；等等。如果金融资产不标明发售者，没有债务人和投资人，便构不成债权债务关系和投资关系，也不是真正意义上的金融资产。

（二）金融资产的价格

从融资的角度来说，金融资产价格就是买卖金融资产融通资金的数额。金融资产价格有票面价格和市场价格之分。一般情况下，金融资产的价格是指金融资产的市场价格或实际价格。金融资产的票面价格，是指金融资产票面标明的金额。如某债券面额为100元，这就是某债券的票面价格；某股票票面金额为200元，这就是某股票的票面价格。金融资产的市场价格，就是金融资产在市场上出售或购买的货币额，即实际融通资金的数额。例如，某债券票面价格虽然是100元，它实际出售的价格可能是110元（溢价），可能是90元（折价），也可能是100元（平价）。市场价格才是金融资产实际融通资金的数额。这样看来，似乎金融资产票面价格无多大意义，实际上区别很大。金融资产票面价格的主要作用在于它是还本或投资的依据。金融资产虽然按市场价格出售，但债券还本时，要依据债券的票面价格；股票分红时，也是依据票面价格。此外，金融资产票面价格与市场价格有着内在的联系。金融资产的市场价格从理论上说，是金融资产收益与市场利率之比。而金融资产收益是金融资产票面价格与市场收益之比。在金融资产收益和市场利息率不变的情况下，金融资产的市场价格与票面价格成正比例变化。金融资产若无价格，不在市场上买卖，不表明资金融通的数额，也就不成为金融资产。金融资产价格是金融资产构成要素之一。

（三）金融资产的期限

金融资产的期限是指金融资产记载的还本付息的期限。由于金融资产是融通资金的工具，因此，金融资产的期限就是融通资金的期限。金融资产融通资金的期限大体上分为固定期限和无期限两种。固定期限的金融资产就是金融资产记载了到期还本付息的时间，比如，债券要标明还本付息的时间，票据也要载明票据的到期日。无期限的金融资产是指金融资产不记载到期日，如现钞、股票等。从金融资产买卖形成的角度来看，金融资产的期限也是金融资产形成的必备条件之一。任何人购买金融资产，都把现实的货币收入限定在金融资产标明的期限内让渡给出售者，变成未来的货币收入，并要求所购买的金融资产在限定期限时带来的货币收入高于付出的价格，多出的部分作为让渡货币资金的补偿。金融资产的期限越长，要求补偿的价值就越大，金融资产的收益就越高。

（四）金融资产的收益

金融资产的收益是指金融资产所带来的未来收益，即大于购买金融资产的货币收入。人们购买金融资产的目的就是获得未来的收益。若金融资产不能带来未来的收益，即金融资产所代表的资金的融通无任何代价或收益，这是与资金的本质相矛盾的。资金的让渡要为所有者带来收益，而使用资金就要付出一定的代价。资金融通的代价或收益，体现在各种资产上。有些金融资产本身标明其收益率，如存款、贷款、债券等要标明利息率。一般来讲，随着时间的推移，持有金融资产时间越长，即让渡资金的使用权时间越长，则金融资产的收益就越大。有些金融资产本身并未标明其收益率的大小，如现钞、股票等。但这些金融资产一定会获得收益（也可能会有负收益），只不过它们的收益率不固定而已。现钞的收益主要取决于“内在存款利息”，即预期价格下跌给持有者带来的收益以及支付方便给持有者带来的效益。股票的收益取决于发售单位经营状况、分配状况及市场行情变化等因素。由于股票没有标明收益的大小，而又带来一定的收益，所以股票成为最有吸引力的投机对象之一。

（五）币种

大多数金融资产都以某种货币发行，如以人民币、美元、港元等货币发行。也有一些发行人为了满足投资者减少外汇风险的要求，发行双重货币证券。例如，有些债券在支付利息时用一种货币，偿还本金时则用另一种货币。另外，一些债券还允许投资者选择支付利息和偿还本金时所使用的货币。

三、金融资产的性质

与其他资产相比，金融资产具有如下性质：

1. 货币性

货币性是指充当交换媒介的能力。金融资产中的现金和可开支票的活期存款本身就是流通手段，我们通常称它们为货币。有些金融资产虽然不是货币，但是其性质很接近货币，可以用较少的费用和时间把它们转化为货币，如活期存款、部分短期货币型理财产品、短期国库券等。金融资产都不同程度地具有货币性，并且各种金融资产的货币性强弱不同，因而在研究货币供应量时，将它们划分为不同的层次。由于世界各国的金融制度不同，经济发展情况也不同，有的金融资产列入了货币供应量的范围，有的并未列入货币供应量的范围。但金融资产具有货币性则是其自身具有的一个基本事实。

2. 可分性

可分性是指将资金划分为金额均等、权益同一的若干单位，用金融资产来表示。金融资产具有很好的可分性。银行存款几乎是无限可分的。债券也可以分割为金额不等的若干面值。股票在市场上购买最少要“一手”，不同股票的“一手”是不同的，有的一手是100股，有的一手是500股。金融资产的可分性具有以下意义：

（1）能够使金额较大的筹资量分散到众多的投资者，起到扩大发行面、分散债务的作用。

（2）有利于吸收社会零散资金，使许多分散的、小额的零星资金可以通过购买金融资产而发挥资本的作用。

（3）有利于金融投资组合，使投资者可以选择不同种类、不同单位的金融资产，实现金融投资的最佳组合。同时，金融资产既可分割为小单位，也可组合为大单位，分合自如，调整灵活，大大方便了金融资产发行、投资、买卖和流通。

3. 可逆性

可逆性是指金融资产具有重新转换成现金的性质。银行活期存款有很好的可逆性，因为它不需要支付交易费用。它们有的表现为利息的减少，如定期存款提前支取；有的表现为买卖差价，如转手国库券和企业债券；有的表现为佣金，如转手股票。交易费用从根本上说，体现的是交易成本、时间成本和风险成本。这里交易成本是指市场运作发生的费用，如市场人员的工薪、通信和其他办公费用等；时间成本是指由交易所需时间带来的利息或股息损失等；风险成本是指转手时可能存在信用风险和通货膨胀风险。一般来说，金融资产有较好的可逆性，这是金融资产与实物资产的一个重要区别。

4. 虚拟性

金融资产特别是股票代表一定价值，可以出售，并能给持有者带来收益，它确实是一种资产。但它不是真实资产，而是虚拟的，或者说仅是观念的。这主要是因为：

（1）金融资产本身不是劳动生产物，无社会劳动凝结，本身没有价值，仅代表一定的价值，即代表真实资产的价值，是附在真实资产上的影子。没有真实资产的存在，金融资产本身就失去了存在的意义。

（2）金融资产本身不能在再生产过程中发挥作用，而真正起作用的是发售金融资产筹集资金购买的真实资产。比如股份公司出售的股票，出售时所筹集资金已经用于购买设备、原材料等真实资产，并现实地参加了生产和流通。但同时，购买股票者掌握着代表真实资产的股票。这样，同一资产获得了两重的存在，既当作实际在生产流通中发挥作用的真实资产而存在，又当作金融资产的价值而存在。前者是真实的资本，后者是前者的“纸质的副本”，是观念上的资产，无疑是虚拟的。

（3）金融资产本身不能创造价值。从表面来看，金融资产能为其持有者带来收益，好像它本身具有增值的能力。其实金融资产为其持有者带来的收益，并不是它本身创造的，而是对其依附的真实资产创造收益的分割。

金融资产的虚拟性不仅表现在质的方面，还表现在量的方面。金融资产的虚拟性在量的方面表现为它的变化具有“水分”，不能反映真实资产价值量的变化。金融资产的量等于金融资产发售量乘以价格。因此，金融资产量的变化取决于金融资产发售量和金融资产价格水平。金融资产量的变化在某种情况下可能反映真实资产量的变化，如参加交易的真实资产增加。但是在很多情况下，金融资产量的变化并不反映真实资产量的相应变化，比如存贷款和现金的变化。存款、贷款和现金是由基础货币和货币乘数决定的。基础货币的多少由中央银行直接操控，而货币乘数大小的变化取决于企业、银行和居民的行为。因此，货币供应量的变化决定于企业、银行和居民的行为。这样，存贷款和现金的变化在某种程度上已经不反映真实资产量的变化，通货膨胀就是最明显的例证。再比如，金融资产中的有价证券从发行量来看，大额可转让存单、银行同业拆借资金等所代表的资产完全是虚拟的，并不反映真实资产量的变化。还有，从有价证券价格水平来看，我们知道有价证券的行市是由它们所带来的收入、借贷利息率及有价证券的供求状况来决定的，而不是由真实资产量的变化所决定的。因为，在真实资产量没有任何变化的情况下，有价证券的价格也会发生变动，从而金融资产总量也会发生变动。

5. 风险性

风险性是指金融资产不能恢复它原来投资价值的可能性。在商品经济中，任何资产都具有风险性，但都没有金融资产的风险性大。金融资产风险性大的根源在于它的虚拟性，它可以脱离真实资产的变动而狂跌或暴涨。金融资产的风险可分为信用风险和市场风险两种。信用风险是由于金融资产的发售者破产或违约，而不能偿还原先投入的资本。如债券发售者违约不能按期还本付息，发售股票的公司破产资不抵债使股东遭受风险。市场风险是金融资产因市场价格变动而产生的风险。金融资产的价格下跌会给持有者带来损失。金融资产的两种风险都与其期限、收益不确定性相关。一般来说，金融资产风险性大小与发售者的信誉与实力成反比，与其期限成正比，与其流动性成反比。

四、金融资产的作用

金融资产在合理配置资源、提高经济运转效率、缓解经济波动、调节经济方面发挥着重要作用。

1. 融通资金的媒介

金融资产最重要的作用是为筹资者提供筹资的可能，为投资者提供投资机会，实现资金的融通，从而使资源得到最充分的利用。金融资产融通资金的职能是通过金融资产买卖而实现的。筹资者通过发售金融资产筹集到所需的资金，投资者通过购买金融资产，把暂时闲置的剩余资金转移给筹资者，并投放到实际生产过程中去。金融资产在融通资金方面发挥着桥梁纽带作用，这一活动也是金融资产的创造过程。

2. 分散风险的工具

金融资产的第二个作用是充当分散投资风险的工具，使经济运转过程不至于因风险过分集中于某个环节而时刻受到崩溃的威胁，从而充分调动投资者的积极性。在金融资产的买卖过程中，金融资产购买者在分享一部分投资收益的同时，也有条件地分担了整个投资所面临的投资风险。这样，金融资产购买者本身也变成了风险投资者，使经济活动中风险承担者的数量大大增加，从而减少了每个投资者所承担的风险量，使整个经济的抗风险能力增强。金融资产购买者尽力选择收益高风险小的金融资产，将货币投入经济效益好的项目或公司上，从而促成了资源的合理配置。同时，甘愿冒风险获得潜在高收益的投资者购买高风险金融资产，把货币投入那些代表技术发展趋势的新项目上，从而保证了技术发展对资金的需求，使经济获得不断进步的动力。

3. 调节经济的手段

金融资产的第三个作用就是充当调节社会总需求，从而调节社会经济的手段。保持社会总需求与供给的基本平衡，是社会经济正常运转的基本要求。金融资产发售者特别是货币当局和财政部门可以通过发售钞票、票据、债券及购买贷款等金融资产，扩大社会的总需求。当总需求大于总供给存在通货膨胀问题时，金融资产的发售者可以少发、不发或部分偿付金融资产，从而减少社会的总需求。

以上是从宏观的角度考察金融资产充当调节经济手段的作用。从微观方面考察，金融资产具有自发地调节需求，从而调节经济的功能。比如商业票据，它是在调节需求的过程中被创造出来的。此外，消费信用金融资产等也具有自发地调节需求的作用。

第二节 金融资产的创造

金融资产不同于实物资产，不是劳动的直接产物。那么金融资产是怎样创造出来的呢？我们以两部门为例，看一下金融资产的创造过程。

我们将金融资产分为货币资产和其他金融资产两大类。这两类金融资产的创造过程是不同的。这种分类对了解金融资产的创造原理是非常必要的。我们首先来看其他金融资产的创造。

一、其他金融资产的创造

其他金融资产是如何被创造出来的呢？让我们用一个简单的融资体系来说明这个过程。在这个体系中，仅有两个经济单位：家庭和企业。假设这个融资体系是封闭的，没有与其他单位的交易往来。每个单位都持有一定的资产，这些资产是多年积累的结果。例如，家庭积累了家具、衣服、电器以及食物、住房等其他资产。企业拥有要销售的商品存货、机器设备、建筑以及各种形态占用的其他资产。

这两个单位的资金头寸以平衡表的形式给出（见表2－1）。这个平衡表是一个财务报表，反映在某一时期家庭和企业的资产、负债和净值。资产表示家庭和企业积累的资金运用；负债和净值表示积累的资金来源，家庭和企业就是利用它们获得其现在持有的资产。净值账户反映了每一经济单位一定时期积累的全部储蓄。平衡表总是平衡的，即总资产（累计的资金运用）必须等于总负债加净值（累计的资金来源）。

表2－1　简单的融资体系中各单位的平衡表

家庭平衡表　　单位：元

资产		负债与净值	
累计的资金运用		累计的资金来源	
现金	13000	净值	20000
家具	1000		
衣服	1500		
电器	4000		
其他资产	500		
总资产	20000	总负债与净值	20000

企业平衡表　　单位：元

资产		负债与净值	
累计的资金运用		累计的资金来源	
商品库存	10000	净值	100000
机器设备	25000		
建筑	60000		
其他资产	5000		
总资产	100000	总负债与净值	100000

在这个例子中，家庭持有的总资产为20000元，包括现金、家具、衣服和电器等。因为家庭的财务报表必须平衡，所以总负债和净值相加也为20000元。本例中这些碰

巧都来源于净值（累计的储蓄）。企业持有的总资产为100000元，包括企业的机器设备、建筑物等。企业当前唯一的资金来源是净值（企业的储蓄），价值也为100000元。

在表2－1所示的两张平衡表中，家庭和企业都没有任何未付的债务（负债）。每个单位都完全自我融资，因为每个单位都在当前收入范围内储蓄和支出，而不是通过借款获得资产。这就是内部融资，即每个单位都利用自己当前的收入和累计的储蓄获得资产。就家庭而言，从每一时期的收入中拿出某些部分存起来，而不是将所有的收入都支出在当前消费上。企业也不是将所有的当前收入都花掉，而是在它的净值账户上保留一些当前收益。对大多数企业和家庭而言，内部产生的资金仍是获得资产最重要的资源。但家庭、企业完全靠内部融资，在现代信用经济中是不多见的特例。

假设在这个融资体系中，企业希望购买新设备——钻机。然而由于通货膨胀和关键原材料的短缺，新钻机的成本迅速提高。内部资金来源已不足以弥补购买设备的全部成本。这种情况下怎么办？企业有四种可能的选择：一是延期购买设备，直到积累了足够的储蓄；二是出售一些现有资产以筹措所需的资金；三是借入全部或部分所需的资金；四是发行股票。

在这里，时间是一个决定性的要素。第一种选择——延期购买设备可能将导致销售和利润的损失。一个竞争性的公司可能会急于提前扩大经营，抢占市场上的某些份额。而且，在通货膨胀环境下，将来购买钻机一定比现在购买花费更多。第二种选择——出售一些现有资产以筹措所需的资金虽然是可能的，但这需要花费时间，而且存在因低价销售而遭受损失的风险。第三种选择——借款，有迅速筹措到资金的好处。如果企业对承担债务利息有疑虑，它可以做第四种选择——发行股票，但是股票融资通常比借款更昂贵，而且需要更多的时间去安排。

如果企业决定借款，则只能由家庭来提供。企业从事外部融资，向家庭发行证券，表示一笔货币的贷款。总之，任何经济单位希望增加其资产持有量，但是又缺乏必要的资源去这样做，那么，它可以通过发行金融债务来筹措追加资金。购买者便把发行债务的凭证视为金融资产。

假设企业决定发行一笔负债（债务凭证）借入10000元来支付新的钻机款。因为企业对发行的债务凭证承诺到期偿还并支付有吸引力的利率，所以家庭愿意取得它作为一笔金融资产。这笔资产是无形的，它仅仅到期偿还10000元并按期得到一定的利息。这笔资金的贷款与金融资产的创造将影响这两个经济单位的平衡表。如表2－2所示，家庭用部分累积的现金购买企业的债务凭证，它的总资产未变化，但资产结构发生了变化，现金资产由13000元变为3000元，债权（借款凭证）增加10000元。这部分债权就是增加的金融资产，由于借款和获得生产性实际资产的联合作用，企业总资产和总负债增加。

从上面的过程可以看出，只要存在资金需求，通过金融工具的发行，投资者进行购买，增加了金融债权的过程，就是金融资产的创造过程。

表 2－2　简单的融资体系中各单位的平衡表

家庭平衡表　　单位：元

资产		负债与净值	
累计的资金运用		累计的资金来源	
现金	3000	净值	20000
债权凭证	10000		
家具	1000		
衣服	1500		
电器	4000		
其他资产	500		
总资产	20000	总负债与净值	20000

企业平衡表　　单位：元

资产		负债与净值	
累计的资金运用		累计的资金来源	
商品库存	10000	负债	10000
机器设备	35000	净值	100000
建筑	60000		
其他资产	5000		
总资产	110000	总负债与净值	110000

以上我们分析的是企业在选择第三种融资方式——借款时的情况。如果企业选择通过发行股票的方式进行筹资，而家庭也进行购买的话，则家庭的资产负债表上，新增加的股票所有权被记为金融资产，金融资产同样也就被创造出来了。而企业的资产负债表上，净值也将增加 10000 元。不过企业通过发行股票融资成本会高些，时间也会长些，其优势是会增加企业的财务力量。

二、货币资产的创造

在上面的例子中我们是假定在现金等货币资产存在的前提下，论述其他金融资产如债权凭证（债券）等是怎样被创造出来的。货币是银行发行的凭证，它是通过银行资产运用业务被创造出来的。商业银行和其他金融机构创造存款货币，中央银行创造基础货币，银行体系共同创造货币资产。我们可以通过下面三个例子来说明货币资产的创造原理。

【例 2－1】商业银行创造存款货币

假定商业银行的法定存款准备金率为 10%，不保留超额准备金，也没有现金从商业银行体系中流失出去。商业银行甲的资产负债表如表 2－3 所示。

表2－3 商业银行甲的资产负债表 单位：亿元

资产		负债	
存款准备金	10	存款	100
贷款	90		
合计	100	合计	100

商业银行甲向中央银行借款10亿元，则其资产负债表如表2－4所示。

表2－4 商业银行甲的资产负债表 单位：亿元

资产		负债	
存款准备金	20	存款	100
贷款	90	借款	10
合计	110	合计	110

这时，商业银行甲的存款准备金超过了10%的规定，产生了超过9亿元的超额准备金。商业银行甲要把这部分超额准备金贷放出去。此时，商业银行甲的资产负债表如表2－5所示。

表2－5 商业银行甲的资产负债表 单位：亿元

资产		负债	
存款准备金	11	存款	100
贷款	99	借款	10
合计	110	合计	110

商业银行甲贷款给某企业9亿元。该企业将其用于购买在另一商业银行（商业银行乙）开户的某企业的原材料。出售原材料的某企业把销货款存入商业银行乙。假设商业银行乙的资产负债表如表2－6所示。

表2－6 商业银行乙的资产负债表 单位：亿元

资产		负债	
存款准备金	15	存款	150
贷款	135		
合计	150	合计	150

由于商业银行乙吸收了9亿元存款，则其资产负债表如表2－7所示。

表 2－7　商业银行乙的资产负债表　　单位：亿元

资产		负债	
存款准备金	24	存款	159
贷款	135		
合计	159	合计	159

由于同样的原因，商业银行乙要把超额准备金 8.1 亿元贷放出去，则其资产负债表如表 2－8 所示。

表 2－8　商业银行乙的资产负债表　　单位：亿元

资产		负债	
存款准备金	15.9	存款	159
贷款	143.1		
合计	159	合计	159

如此继续下去，则商业银行新增存款总额为

$$10 \times 1/10\% = 100 \text{（亿元）}$$

【例 2－2】中央银行创造基础货币

假设中央银行的资产负债表如表 2－9 所示。

表 2－9　中央银行的资产负债表　　单位：亿元

资产		负债	
商业银行贷款	1000	商业银行存款	500
再贴现	200	流通中的货币	800
购买政府债券	100		
合计	1300	合计	1300

假设中央银行对经济金融形势进行分析后认为应该放松银根，对商业银行贷款 200 亿元，则中央银行的资产负债表如表 2－10 所示。

表 2－10　中央银行的资产负债表　　单位：亿元

资产		负债	
商业银行贷款	1200	商业银行存款	700
再贴现	200	流通中的货币	800
购买政府债券	100		
合计	1500	合计	1500

中央银行可以通过资产业务创造基础货币。而基础货币特别是存款准备金即商业银行在中央银行的存款的增加，会使商业银行超额存款准备金增加，这又是商业银行

增加贷款的基础。

【例2－3】银行体系共同创造货币资产

如果说前面我们举例说明商业银行创造存款货币、中央银行创造基础货币，是侧重说明货币资产的创造过程，那么从银行体系的资产负债业务考察，则银行资产业务创造货币的关系更直接和明显。银行体系的资产负债表如表2－11所示。

表2－11　银行体系的资产负债表

资产	负债
A1 各项贷款	L1 各项存款
A2 票据贴现	L2 流通中货币
A3 购买债券	L3 资本金
A4 其他借款	L4 其他收入
A5 其他占款	L5 其他负债
A 合计	L 合计

根据资产负债平衡原理，则总资产A＝总负债L。我们可以分析总资产A的增加及总负债L的增加对货币形成的影响。（1）在总资产A不增加的情况下，总负债L进而货币不会增加。这是因为，若总资产A不增加，就意味着总负债L只能是各项目内部的变动，不会使总负债L增加。（2）当总资产A增加时，总负债L也相应增加。在银行负债中，基础项目是各项存款L1和流通中货币L2，其他项目都是从这两个项目中引申出来的，或是变动过程中的项目。如果我们把负债项目中的其他项目简化，则银行体系资产负债关系为：总资产A＝各项存款L1＋流通中货币L2，即资产＝货币。

三、金融脱媒

“脱媒”（Disintermediation）一般是指在进行交易时跳过所有中间人而直接在供需双方间进行。在金融领域，金融脱媒是指“金融非中介化”，即存款人可以从投资基金和证券中寻求更高回报的机会，而公司借款人可通过向机构投资者出售债券获得低成本的资金，削弱了银行的金融中介作用。

金融脱媒化是市场经济和金融市场发展到一定阶段的必然产物，也是金融行业所呈现出的发展趋势和方向。金融脱媒最早出现在美国。大萧条时期，美国联邦储备委员会颁布了Q条例，该条例要求商业银行不得对活期存款公开支付利息，并设置了定期存款和储蓄存款的利率上限。在大萧条时期，Q条例的实施有利于将融资成本维持在较低的水平，有助于恢复和重建美国的金融秩序，对第二次世界大战后美国经济的恢复和发展也有重要的现实意义。经过十几年的恢复与发展，美国经济逐渐走上繁荣，与此同时，通货膨胀率也开始居高不下，甚至曾一度突破20%，而Q条例对银行存款利率上限进行严格的限制，导致投资者饱受财产流失的折磨，公众对银行存款的信心逐渐丧失。在这种环境下，投资者急于寻找其他投资渠道，以实现保值增值的目的，大批资金开始流出银行，这也是促使美国货币市场基金产生和发展的重要原因之一。此后，以葡萄牙、法国、意大利为代表的欧洲国家也相继出现了金融脱媒现象。

（一）金融脱媒的表现形式

从居民户的角度来看，金融脱媒表现为家庭金融资产构成从以银行储蓄为主转为以证券资产为主。

从企业的角度来看，金融脱媒表现为更多的企业选择通过股票、债券市场进行直接融资，因为活跃的资本市场将大大降低它们的融资成本和财务风险。

从银行的角度来看，一是由于证券市场的发展，一些业绩优良的大公司通过股票或债券市场融资，对银行的依赖性逐步降低，银行公司客户群体的质量趋于下降，对银行业的公司发展产生了一定的影响。二是随着大型企业集团财务公司的迅速崛起，企业资金调配能力加强，不仅分流了公司客户在银行的存、贷款量，而且开始替代银行提供财务顾问、融资安排等服务，对银行业务造成了强有力的冲击。三是短期融资券的发行造成了大企业客户的流失和优质贷款被替换，直接导致了贷款利息收入的下降。

（二）我国金融脱媒面临的问题

改革开放以来，中国社会经历了由“藏富于国”向“藏富于民”，由单独的间接融资到直接、间接融资并重的转变，这两个转变是市场化改革不断深化的客观要求，银行“脱媒”既是我国经济发展、放松管制和发展直接融资市场的必然结果，同时也对我国货币调控、银行监管及银行业务开展等带来了一系列挑战。

首先，尽管我国利率市场化已经基本完成，但由于银行利率尚未最终市场化，在储蓄分流加快，银行“脱媒化”发展的同时，不能利用利率手段吸引居民储蓄，将使各家银行资金来源锐减，削弱了其信贷投放能力。

国有控股银行纷纷通过加大收回再贷力度，挖掘存量资金潜力。中小银行由于存量资金潜力有限，资金来源骤减导致资金来源与运用的不平衡，已形成十分强大的经营和支付压力。对于中小银行，如果它们储蓄少增、贷款多增的趋势持续下去，势必会加大中央银行基础货币发行压力，埋下通货膨胀的隐患。

其次，在经济增长方式转型阶段，银行“脱媒化”、信贷投放趋于萎缩将影响中央银行的货币信贷政策与各商业银行的信贷投放行为，使中央银行货币政策反周期操作的有效性大大降低。

2008 年国际金融危机以来，中央银行连续多次降息，多次调整存款准备金率，银行利差进一步缩小，试图以此扩大居民消费及银行信贷投放，但结果不是十分理想，其中，银行“脱媒”、资金分流是十分重要的原因。

最后，银行“脱媒化”使股市风险加大，规范股市运作，推动中国证券市场的市场化已成为金融发展的焦点问题之一。

进入21世纪以来，随着金融市场化的快速发展，社会金融资产类型日渐增多。国债、国家投资债、投资公司债、金融机构及企业债券、股票、大额存单、各种理财产品等金融资产的出现为中国货币市场和资本市场的进一步发展奠定了基础。规范股市运作，防止信贷资金大量入市，已成为当前宏观经济政策的重要课题。

第三节 利率与资产价格计算

金融资产是金融市场的交易对象，而要进行交易，则必须确定价格，而要确定其价格，利率就是一个最为基础的因素。

利率的计算和资产价格有着密切的关系，利率会受到资金量和时间等的影响，资产价格还要受到持有资产时间的影响。

一、利息与利率

（一）利息

要理解利率，应首先从利息入手。西方经济学家威廉·佩第认为，利息是因为短暂放弃了货币的流动性而获得的报酬。而另一位经济学家约翰·洛克认为，利息是贷款人承担了本金亏蚀的风险所得的报酬并应与承担的风险大小相适应。凯恩斯认为，利息是在一定时期内放弃流动性的报酬。货币利息理论认为利息是借钱和出售证券的成本，同时又是贷款和购买证券的收益。

马克思在《资本论》中提出，利息的实质是利润的一部分，是剩余价值的特殊转化形式，在资本主义社会中，它体现了借贷资本家与产业资本家共同剥削工人剩余价值及瓜分剩余价值的关系。作为一种货币现象，中国学者认为在以公有制为主体的社会主义社会中，利息来源于国民收入或社会财富的增值部分。

在现实生活中，利息被人们看作收益的一般形态，导致了收益的资本化。

（二）利率及其计算

利率为金融资产利息与本金的比例，可表示为

$$利率=\frac{利息额}{借贷资本金}\times 100\%$$

利率有不同的分类方式。按利息发放的期限不同，利率可分为年利率、月利率及日利率，其中日利率也叫拆分；按利率的决定方式不同，利率可分为固定利率与浮动利率；按利率的真实水平不同，利率可分为名义利率与实际利率；按借贷主体不同，利率可分为中央银行利率、商业银行利率、非银行利率；等等。

（三）单利和复利

按照计息方式不同，利率可分为单利和复利。

单利是指仅按本金计算利息，所生利息不再加入本金重复计算利息，用公式表示为

$$I = P \times r \times n$$

$$S = P + I = P\ (1 + r \times n)$$

其中，S 为终值，P 为本金（面额），r 为利率，n 为计息期限，I 为单利利息。

【例 2－4】一份单利金融产品，面额（本金）为 100 元，年利率为 10%，计息期限为 3 年。

则其终值和单利利息分别为

终值：$130 = 100 \times (1 + 10\% \times 3)$

单利利息：$30 = 100 \times 10\% \times 3$

复利则是指将上一期利息转为本金，一并计算利息。其计算方法为

$$S = P\ (1 + r)^n$$

利息为

$$I = S - P$$

其中，S 为终值，P 为本金（面额），r 为利率，n 为计息期限，I 为复利利息。

【例 2－5】一份复利金融产品，面额（本金）为 100 元，年利率为 10%，计息期限为 3 年。

则其终值和复利利息分别为

终值：$133.1 = 100\ (1 + 10\%)^3$

复利利息：$33.1 = S - P = 133.1 - 100$

复利反映了利息的本质特性，利息的存在，表明社会承认资本依其所有权就可取得一部分社会产品的分配权利。只要承认这种存在的合理性，那么按期结出的利息自应属于贷出者所有并可作为资本继续贷出。因而，复利的计算方法反映了利息的本质特征，是更符合生活实际的计算利息的观念。

（四）现值与终值

终值（Future Value）是指当前一定量的金融资产按某一特定的利率换算的、在将来某一时点的价值，又称金融资产的未来值。其计算方法为

$$F = P\ (1 + r)^n$$

其中，F 为终值，P 为资产的当前价值，r 为利率，n 为计息期限。

如果我们把未来某一时点上的一定的货币金额看作是那时的本利和，就可按现行利率计算出要取得这样的金额在眼下所必须具有的价值。这个逆算出来的结果便是未来现金的现在价值，即现值（Present Value），也称贴现值。其计算方法为

$$P = \frac{S}{(1+r)^n}$$

【例2-6】一款复利金融产品在三年后终值价值为133.1元，其年利率为10%，计息期限为3年，其现值为

$$P = \frac{S}{(1+r)^n} = \frac{133.1}{(1+0.1)^3} = 100$$

二、投资组合理论

投资组合理论有狭义和广义之分。狭义的投资组合理论指的是马柯维茨（Markowitz）投资组合理论；而广义的投资组合理论除了经典的投资组合理论以及该理论的各种替代投资组合理论外，还包括由资本资产定价模型和证券市场有效理论（EMH）构成的资本市场理论。同时，由于传统的EMH不能解释市场异常现象，投资组合理论又受到行为金融理论的挑战。

1952年，马柯维茨提出了投资组合理论（MPT），主要包括均值方差分析方法和投资组合有效边界模型。这套理论在实践中证明是有效的，被认为是现代金融学的开端。马柯维茨经过大量观察和分析，认为若在具有相同回报率的两只证券之间进行选择的话，任何投资者都会选择风险小的。这同时也表明投资者若要追求高回报必定要承担高风险。同样，出于回避风险的原因，投资者通常持有多样化投资组合。马柯维茨从对回报和风险的定量出发，系统地研究了投资组合的特性，从数学上解释了投资者的避险行为，并提出了投资组合的优化方法。

一个投资组合是由组成的各证券及其权重所确定的。因此，投资组合的期望回报率是其成分证券期望回报率的加权平均。除了确定期望回报率外，估计出投资组合相应的风险也是很重要的。投资组合的风险是由其回报率的标准方差来定义的。这些统计量可描述回报率围绕其平均值变化的程度，如果变化剧烈则表明回报率有很大的不确定性，即风险较大。

从投资组合方差的数学展开式中可以看到投资组合的方差与各成分证券的方差、权重以及成分证券间的协方差有关，而协方差与任意两证券的相关系数成正比。相关系数越小，其协方差就越小，投资组合的总体风险也就越小。因此，选择不相关的证券应是构建投资组合的目标。另外，由投资组合方差的数学展开式可以得出：增加证券可以降低投资组合的风险。

基于回避风险的假设，马柯维茨建立了一个投资组合的分析模型，其要点为：

（1）投资组合的两个相关特征是期望回报率及其方差。

（2）投资将选择在给定风险水平下期望回报率最大的投资组合，或在给定期望回报率水平下风险最低的投资组合。

（3）对每种证券的期望回报率、方差和与其他证券的协方差进行估计和挑选，并进行数学规划（Mathematical Programming），以确定各证券在投资者资金中的比重。

三、资本资产定价模型

20 世纪 60 年代初期，金融经济学家们开始研究马柯维茨的模型如何影响证券估值，这一研究导致了资本资产定价模型（Capital Asset Price Model，CAPM）的产生。

资本资产定价模型试图解释不确定条件下未来支付的资产价格或者价值。这里的资产通常是指金融工具或某种证券，而价格是其市场均衡时的价格，即由市场需求与供给决定的价格。人们发现，低的资产价格蕴含着高的收益率，因此考虑用理论来解释为什么某些资产的支付比其他资产平均收益要高。

在确定性的市场里，资产定价问题很简单。通俗地讲，用无风险的收益率或回报率去折现资产的未来收益可以直接得出此种资产的现时价格。但是，实际上金融市场中有相当多的不确定性，从而形成了风险性。所谓风险，是指资产价格的未来变动趋势与人们预期的差异。在不确定性条件下，资产定价必须考虑到投资者对风险的态度，还要考虑投资者在收益与风险之间的权衡，或者为了补偿投资者承受的风险而对其给予额外的报酬，这正是风险溢价问题。为了对资产估值，必须说明资产支付的延迟和风险。然而，时间对资产定价的影响是不能不加以考虑的。另外，在确定资产价值的过程中对风险的修正是极为重要的。例如，在最近 50 年里，美国股票获得了大致平均 9% 的真实收益，其中仅有大约 1% 的收益归功于利率，而剩余的 8% ~22% 是持有风险所获得的溢价。不确定性，或者风险修正促使资产定价成为吸引人且富于挑战性的领域。

资产定价理论按照其逻辑分析基础可以分为演绎型和归纳型两大类。

第一大类是演绎型资产定价理论。演绎型资产定价理论按照两条发展线索又可以分为演绎 I 型和演绎 Ⅱ 型两个亚类。演绎 I 型资产定价理论是指以实用性、可计算性为指导原则（或者叫发展线索）发展起来的一系列定价模型。另一类模型是继承经济学中经典的瓦尔拉斯一般均衡传统、从理性人假设出发、在一般均衡框架下发展起来的各种资产定价模型。沿着这条理论发展线索所建立的模型被归类为演绎 Ⅱ 型资产定价理论。

第二大类是归纳型资产定价理论。在资产定价理论的庞大家族中，除了基于演绎逻辑所发展起来的演绎型资产定价理论之外，还有一大类是基于归纳逻辑发展起来的模型，统称为归纳型资产定价理论。

四、收益率曲线的运用

收益率是指投资的回报率，利率是所有投资收益的一般水平。在大多数情况下，收益率等于利率，但也往往会发生收益率与利率的背离，这就导致资本流入或流出某个领域或某个时间，从而使收益率向利率靠拢。比如，债券收益率在某一时期中的走势未必均匀，这就有可能形成向上倾斜、水平以及向下倾斜三种收益率曲线。

收益率曲线是分析利率走势和进行市场定价的基本工具，也是进行投资的重要依据。收益率曲线有很多种，如政府公债的基准收益率曲线、存款收益率曲线、利率互换收益率曲线及信贷收益率曲线等。国债在市场上自由交易时，不同期限及其对应的不同收益率，形成了债券市场的“基准利率曲线”。市场因此有了合理定价的基础，其他债券和各种金融资产均在这个曲线的基础上，考虑风险溢价后确定适宜的价格。

第四节　金融市场的资金流量分析

金融市场的交易对象是金融资产，而金融资产的运动最全面最直观的反映就是资金流量核算。

为进一步分析金融市场在经济活动中的作用，我们需要对资金在国民经济几个部门间的流动进行简单的分析。

一、部门资金平衡表

分析部门间的资金流动，首先要从部门资金平衡表的分析入手。每个部门的资金平衡表均由两部分构成，即资产、负债与净值，如表 2 – 12 所示。

表 2 – 12　部门资金平衡表

2005 年 12 月 31 日　　单位：亿元

实物资产	100000	负债	100000
金融资产	200000	净值	200000
货币	100000		
其他	100000		
总资产	300000	总负债与净值	300000

（一）资产

资金平衡表中的资产分为两大类：实物资产与金融资产。金融资产又分为两个组成部分：货币和其他金融资产。这种区分对于我们理解金融市场的作用非常重要。实物资产包括土地、商品存货、建筑和设备等，它们出现在一个经济单位的平衡表上。相反，金融资产却出现在一个以上经济单位的平衡表上。例如，一个企业账簿上记有应收账款作为金融资产，同时，作为负债出现在其他发行企业的账簿上，表现为应付账款。债券和股票也是一样。这些经济单位的实物资产和金融资产相加会产生不同的结果。所有经济单位的实物资产相加，就是多部门实物资产的总和；而所有经济单位的金融资产相加，将出现另一种结果。因为每一种金融资产都有一种相应的负债，在总和各个经济单位资金平衡表的过程中，金融资产会被负债所抵消。

把金融资产区分为货币和其他金融资产也很重要。货币是指在银行等金融机构的存款、钞票及辅币。其他金融资产是指票据、债券、股票等。这些其他金融资产在金融市场上是直接或间接融资的工具。当一个经济单位取得这些类型中的一种金融资产时，就为另一个经济单位提供了资金。但货币却不同，当一个经济单位得到货币时，对另一个经济单位来说在净值基础上是没有提供资金的。

资产代表经济单位或部门的资金运用。

（二）负债与净值

负债代表一个经济单位或部门欠其他经济单位的资金。当然，这个经济单位或部门的负债一定是其他经济单位的金融资产。净值代表经济单位一定时期内的全部储蓄，它是总资产和总负债的差额。

负债与净值代表经济单位或部门的资金来源。

（三）基本等式

一个经济单位或部门的资金平衡表必须平衡，也就是说，总资产必须等于总负债加净值。表 2－12 中，总资产（300000 亿元）就等于负债（100000 亿元）加净值（200000 亿元）。可是，对于一个部门（或一个经济单位）来说，净值总计不一定等于实物资产数，总债务也不一定事实上等于金融资产。例如在表 2－12 中，净值（200000 亿元）超过了实物资产（100000 亿元），负债（100000 亿元）少于金融资产（200000 亿元）。净值和实物比较，金融资产和金融负债比较是非常重要的。一个经济单位或部门资金平衡表的基本代数等式如下：

资产负债表左边与右边相对应，则

$$总资产 = 总负债 + 净值$$

因资产可分为实物资产与金融资产，则

$$实物资产 + 金融资产 = 负债 + 净值$$

对于部门或经济单位来说，实物资产 $\neq$ 净值，金融资产 $\neq$ 负债。但对整个经济而言，未偿付的金融资产是与负债相等的。因此

$$金融资产总额 = 负债总额$$

$$实物资产总额 = 净值（累计的储蓄）$$

表 2－12 是某一时点的平衡表。要反映资金流动的概念，我们可以对同一部门不同时期的平衡表进行对比，其中的资金变动差距和变动方向，就是资金变动量和变动方向。

表 2－13 是某部门 2005 年 12 月 31 日的资金平衡表。

表 2－14 则反映了部门资金平衡表的资金变动情况。

表 2－13　部门资金平衡表

2005 年 12 月 31 日　　单位：亿元

实物资产	200000	负债	200000
金融资产	400000	净值	400000

续表

货币	150000		
其他	250000		
总资产	600000	总负债与净值	600000

表 2-14　部门资金平衡表的变动

2004 年 12 月 31 日至 2005 年 12 月 31 日　　单位：亿元

实物资产	+100000	负债	100000
金融资产	+200000	净值	200000
货币	50000		
其他	150000		
总资产	300000	总负债与净值	300000

反映资金变动的平衡表也是平衡表。净值的增加可能来自总资产的增加或负债的下降，或两者的综合作用。实物资产的增加，可能来自金融资产的下降或负债与净值的增加，或两者的综合作用。总之，资金来源中某项目资金增加，或是由于资金来源中其他项目减少，或是由于资金来源项目增加。

比较表 2-12 与表 2-13，实物资产增加 100000 亿元，金融资产增加 200000 亿元，两者增加，都代表资金运用的增加。这些资金运用的增加是靠负债增加 100000 亿元和净值增加 200000 亿元来筹措的。负债的增加和净值的增加代表资金来源的增加。从资金变动来看，上述的基本等式关系仍然成立。

（四）储蓄、投资与资金流动

表 2-14 中对于每一项资金来源和运用都反映出了其性质。在平衡表的运用方，实物资产的增加叫作“投资”，货币额的增加称为“积聚”，其他金融资产的增加叫“贷出”。区别“积聚”与“贷出”很重要。因为“积聚”并不为金融市场提供资金，而“贷出”已经提供了资金。在平衡表中的来源方，债务增加属于“借入”，净值的增加叫作“储蓄”。

为了更清楚地反映储蓄、投资与资金流动的关系，我们把资金来源与运用分为“实物”与“金融”两部分（如表 2-15 所示），根据这种划分，储蓄代表“实物”来源，投资代表“实物”运用，借入代表金融来源，积聚和借出代表金融运用。

表 2-15　实物和金融资金来源与运用

单位：亿元

实物运用：投资	+100000	实物来源：储蓄	200000
金融运用		金融来源	
积聚	50000	借入	100000

续表

贷出	150000		
运用总数	300000	来源总数	300000

表2－15中，实物交易中的储蓄为200000亿元，投资为100000亿元，储蓄比投资多100000亿元。任何部门若储蓄比投资多，就是盈余单位，若投资比储蓄多就是短缺单位。显然，表2－15所列部门为盈余部门。我们再看表2－14中的金融交易部分。金融资金来源总数为100000亿元，资金运用总数为200000亿元，资金运用总数比资金来源总数多100000亿元，这个部门称为“净债权单位（部门）”或称“短缺单位（部门）”。相反，若资金来源总数多于资金运用总数，这个部门被称为“净借款单位（部门）”或“净债务单位（部门）”。

由上面的分析可以看出，一个部门的储蓄和投资不可能相等。有些部门如家庭是资金盈余部门，有些部门如企业是资金短缺部门。正是部门间储蓄与投资不相等，才使金融市场得以发挥作用。同样，从部门来看，金融来源与金融运用也不一定相等，有些部门如家庭是净债权单位，有些部门如企业是净债务单位。实物来源和运用与金融来源和运用之间存在以下关系：

1. 盈余部门（储蓄大于投资的部门）必须去掉积聚、贷出或偿还债务所产生的盈余。盈余部门的净债权数必须和盈余数相等。表2－15所列部门盈余100000亿元（储蓄200000亿元，投资100000亿元），拥有净债权头寸100000亿元（积聚50000亿元，贷出150000亿元，借入100000亿元），从而这个盈余部门是金融市场的供应者。

2. 短缺部门（储蓄少于投资的部门）必须通过非积聚卖出非货币的金融资产（包括收回贷款），或借入等融通资金途径去消除赤字。这里，“非积聚”是指减少拥有的货币额，卖出货币的金融资产（收回贷款），即减少这些资产，借入表示负债的增加。由此可见，短缺部门是金融市场的资金需求者。

从经济整体来看，上述关系非常重要。投资必须与储蓄相等；金融来源必须与金融运用相等。然而，金融市场研究者并不是对这些等式有兴趣，而是对部门之间的基本不相等情况感兴趣。正是这些不相等才产生了对金融中介的需求，金融市场才得以发挥作用。

二、资金流量的核算

（一）资金流量核算的起源与发展

资金流量核算，就是把国民经济划分为几个部门，从货币收支的角度系统地描述各部门资金来源和运用情况的方法体系。它是伴随着商品经济的高度发展，适应政府对宏观经济管理的需要而产生并逐步完善起来的。

1947年1月，在美国经济学年会上，美国经济学家、康奈尔大学教授柯普兰发表了《通过美国经济跟踪货币流通》的论文，引起了人们的关注，标志着资金流量核算的诞生。1952 年，在《美国货币流量的研究》一书中，柯普兰又发表了他编制的货币流量表，构成了现代资金流量核算的最初表式。这种分析核算方法很快被美国联邦储备委员会采纳，并于 1955 年编制了《美国资金流通（1939—1953）》的资金流量账户。

20 世纪 50 年代后期，世界经济出现了惊人的发展，资金运动的范围和流动速度都产生了急剧变化，要把握经济的这种变化，只有更多地借助资金流量表。所以，资金流量表受到不少国家青睐。英国、加拿大于 1959 年开始编制资金流量表。

1968 年，由斯通教授主持，联合国在对国民经济账户（SNA）进行修订时，把资金流量核算账户纳入 SNA，从而完善了 SNA，同时使资金流量核算逐渐国际化。许多国家纷纷仿效并结合本国的国情进行了修订和补充，建立了自己的资金流量表，并逐渐形成制度，定期发表有关数据。

为了把资金流量核算建立在坚实的基础上，1970 年美国证券交易委员会还作出决定，要求企业在提供收益表与资产负债表的基础上增加资金流量表。1971 年 3 月，美国企业会计师协会会计原则委员会规定，把能够系统揭示企业在一定时期内的资金变动情况和流动去向的资金表作为一项重要的财务报表内容。

资金流量核算的普遍推广及日趋完善为各国经济决策的科学化提供了可靠的方法与技术上的保证。20 世纪 70 年代，在西方发达国家，还出现了一批以资金流量核算的平衡关系为基本框架的资金流量计量模型，进一步开辟了资金流量表的应用领域。

我国的资金流量核算起步较晚，但发展较快。20 世纪 70 年代末，金融界和统计界的理论工作者将资金流量核算介绍到我国。20 世纪 80 年代中期，国务院国民经济统计核算领导小组办公室组织国家统计局、财政部、中国人民银行等单位合作编制了我国的资金流量表。20 世纪 80 年代末，资金流量已被纳入我国新的国民经济核算体系之中。目前，我国的资金流量核算表由国家统计局和中国人民银行共同编制，其中，实物交易核算部分由国家统计局负责，金融交易核算部分由中国人民银行负责。

（二）资金流量核算的对象和范围

在商品经济条件下，国民经济的运动总是表现为两种形式的运动：一是实物运动，即商品运动（包括社会产品和劳务），二是价值运动，即资金运动。前者形成商品流量，后者形成资金流量。这两种流量错综复杂地交织在一起，构成同一经济过程的两个相互联系的不同侧面。

资金运动和商品运动互相影响、互相制约。一方面，商品运动是基础。商品生产的发展水平，决定着货币交换的发展程度。商品生产的规模和增长速度，影响着货币购买力的总量乃至整个资金流量的规模。另一方面，资金运动又对商品运动起着积极的反作用。商品运动总是伴着资金的反方向运动。商品只有经过货币购买才能进入使用领域。

资金运动又具有相对的独立性，可以不依赖于商品运动而单独发生，如银行的存款和贷款、股票和债券的买卖、货币等金融资产无偿转移等金融交易活动，都没有对应的商品运动。随着金融市场的日益发展，资金运动的独立性越来越明显。

现实经济生活中，资金运动千姿百态，但都有一定的秩序，这就是国民经济运行中的资金运动过程。资金流量核算就是对资金运动过程进行系统描述。从图 2－1 可以看出，资金运动过程上连生产活动，下接资产负债变化。生产活动产生的增加值是资金流量的起点，它是国民收入初次分配的来源。国民收入初次分配后进入再分配，然后形成国民可支配收入。国民可支配收入一部分用于最终消费支出，剩余部分形成储蓄，就是可用于投资的资金。然而，各部门的储蓄与投资之间往往是不平衡的。储蓄大于投资的部门，其多余资金进入金融市场，成为金融市场的资金来源；储蓄小于投资的部门，其资金不足部分通过金融市场来筹措。资金流量的最后阶段是资本形成和金融资产、负债的变化。在资金运动过程中，进入金融市场的交易称为金融交易；其余称为实物交易。资金流量核算范围分为以下四种类型：

（1）全面反映所有金融交易和非金融交易，即包括中间产品、产品税、消费、投资所形成的资金流量。

（2）反映消费、投资等非金融交易和金融交易所形成的资金流量。

（3）反映投资交易和金融交易所形成的资金流量。

（4）只反映金融交易所形成的资金流量。

图 2－2 展示了资金流量核算范围四种类型之间的区别和联系。在实践中，我国采取的是第二种类型。

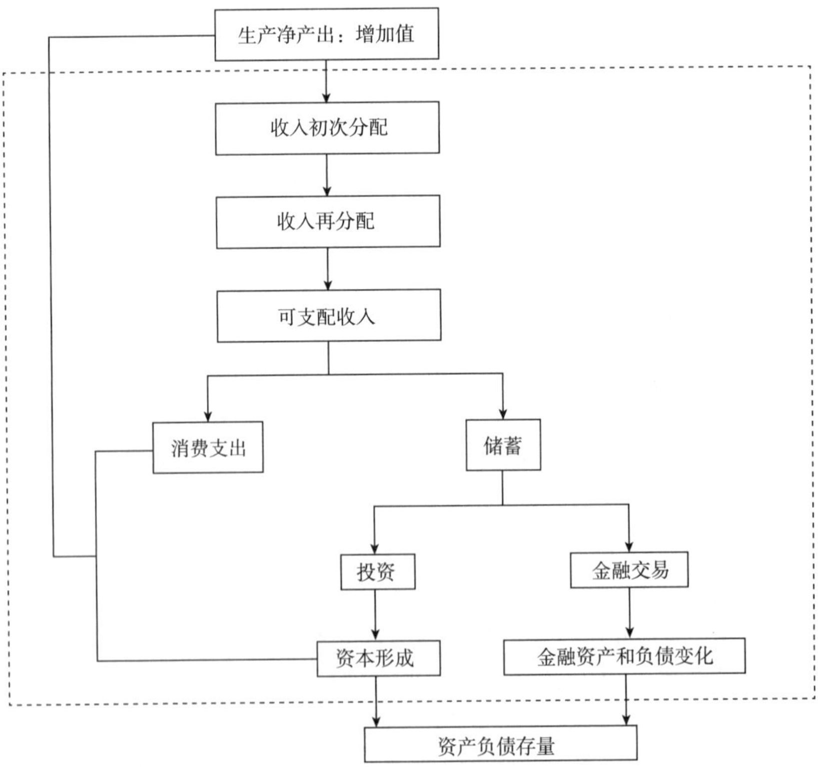

图 2－1　资金运动过程

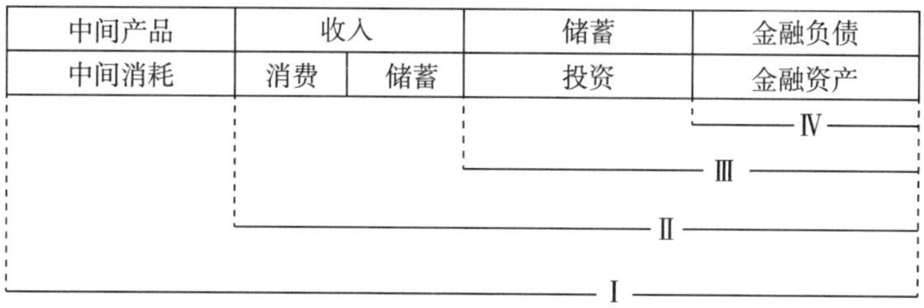

图2－2　资金流量核算范围类型

三、资金流量表的交易分类

如前所述，资金运动按交易活动的性质可分为实物交易和金融交易两大部分。

（一）实物交易类别

1. 收入初次分配和初次分配收入的形成

如前所述，各部门增加值是各部门通过生产活动创造的价值，但它并不等于各部门实际获得的可以支配的收入，需要经过分配及再分配后才能形成可用于最终使用的收入。根据性质不同，分配可以分为两个层次——收入初次分配、收入二次分配。初次分配首先是增加值在劳动力、资本要素等方面的分配，即个人获得劳动报酬，企业获得固定资产折旧和营业盈余，政府获得生产税净额（生产税扣除生产性补贴的余额）。各部门通过增加值初次分配所得的收入是初次分配收入的主要来源。初次分配收入的另一来源是财产收入。财产收入是进行金融投资、土地出租而获得的利息、红利、土地租金等收入，是使用这些财产的部门的支出。如不考虑国外交易因素，国内各部门的财产收入合计与支出合计相抵后为零，但各部门之间财产收入的分配相差很大，一个部门的初次分配收入等于由增加值初次分配所获得的收入和财产收入净额之和。

2. 收入再分配和可支配收入的形成

经过初次分配后，要对收入进行再分配。再分配是单方向的资金转让，包括各机构部门上缴的所得税即对收入所征收的税，以及各部门之间发生的经常性转移收支，如社会保险付款、社会补助等。经过以上的收入再分配，最终形成各部门可支配收入，即各部门可自由支配、用于最终消费和投资的收入。

3. 可支配收入的使用

可支配收入首先用于消费，包括居民个人消费和政府部门的公共消费。可支配收入扣除消费后的余额是总储蓄，总储蓄是各机构部门实现实物投资（固定资本形成和存货增加）的主要资金来源。除此之外，各机构部门用于实物投资的资金来源还包括资本转移，即一个部门无偿地向另一个部门提供用于固定资本形成的资金和实物，包括投资性补助及其他资本转移。各机构部门的储蓄加上资本转移净额就是该部门进行实物投资的自有资金来源总和，各部门完成的实物投资即资本形成总额往往与其自有资金来源并不相等，即出现资金余缺。某些部门总储蓄及资本转移净额之和大于其实物投资时，资金有余，多余部分转化为金融投资；另一些部门总储蓄及资本转移净额之和小于其资本形成总额，就需要通过融资弥补资金缺口，其净金融投资为负数，表明该部门核算期增加了负债金额。将国内各机构部门加总来看，国内净金融投资是负数，表示国内资金不足，国外资金净流入；国内净金融投资是正数，表明国内资金富余，有剩余资金流向国外部门。由此可以看出，上述各部门资金余缺是通过融资调剂达到平衡的。

（二）金融交易类别

1. 国内金融交易

反映国内金融交易的指标有通货、活期存款、定期存款、短期贷款、长期贷款、债券、股票等。按融资方式和融资期限不同，金融交易分为间接融资和直接融资。反映间接融资的指标有流通中货币、活期存款、定期存款、短期贷款、长期贷款。反映直接融资的指标有各种债券、股票。金融市场通过直接和间接的方式，对分散在各个机构部门的社会资金进行调剂。在间接融资方式下，金融机构扮演了筹集资金和运用资金的中介角色。直接融资是指企业、政府等从市场上直接募集资金，金融机构只是提供发行销售服务，不再起资金中间借贷人的作用。

2. 国外金融交易

国外金融交易包括国外金融资本往来指标。资本往来的收入反映我国利用外资的增加，资本往来的支出反映我国投资增加和对外金融债务的减少，并根据资金期限的长短分为长期资本往来和短期资本往来。

3. 国际储备资金

国际储备资金反映储备资金的变动情况。

四、资金流量表的部门分类

资金流量核算反映的是各交易主体之间的收支及借贷活动，反映了各交易主体之间的收入分配及债权债务关系，能体现这种关系的交易者应是拥有资产、承担债务、独立从事经济活动的经济实体。经济活动性质相同或相似的单位可归并为以下五个大的机构部门。

1. 非金融企业部门

非金融企业部门由从事非金融活动，并以营利为目的的常驻法人组成。非金融企业部门是从事实物和服务生产的主要部门，它在生产过程中创造的原始收入，通过初次分配，将劳动者报酬付给劳动者，纳税给政府，自己获得营业盈余和固定资产折旧。非金融企业部门是从事实物投资的主要部门，因而也是资金需求最大的部门，其不足的资金通过国内外金融交易取得。

2. 金融机构部门

金融机构部门由从事金融中介以及与金融中介密切相关的辅助金融活动的各类金

融机构，如中央银行、商业银行、其他金融机构和保险公司组成。金融机构在调剂社会资金中处于特殊地位，在筹集和调剂社会资金过程中起着核心作用，是社会资金运动的中枢。

3. 政府部门

政府部门由各种行政单位和事业单位组成。政府部门的主要职能是利用征税和其他方式获得的资金向社会公众提供公共服务；通过税收和转移支付，对社会收入和财产进行再分配；通过公共投资活动，为社会经济发展提供基础设施。政府部门在分配、调剂和运用社会资金中发挥了重要作用。

4. 住户（家庭）部门

住户（家庭）部门由城乡居民（包括个体工商户）组成。住户部门向其他部门提供劳动，并获得劳动报酬，或者以家庭为单位从事生产活动，并获得混合收入。住户部门是消费活动的主要承担者，其大部分可支配收入都用于消费，剩余部分少量用于住宅和其他实物投资，其余用于储蓄存款、债券、股票和其他金融投资。这一部门是资金富余的主要部门。

5. 国外部门

将与我国常住者发生各种经济往来的外国常住者归并在一起，就形成了国外部门。在资金流核算中，国外部门反映我国对外经济往来中的收支和借贷关系。

五、资金流量表的表式、记账方法和主要平衡关系

我们以中国资金流量表为例进行说明。中国资金流量表采用标准式矩阵表，它是以机构部门为列（宾栏）、交易项目为行（主栏）构成的。宾栏在每个机构部门之下都分别列出“运用”与“来源”两栏，相当于机构部门账户的借贷两方。主栏交易项目按交易的不同性质分为实物交易和金融交易两部分，这样就把资金流量表分为宾栏相同的两张表（见表2－16）。

表2－16　中国资金流量表（标准式矩阵表）

项目	非金融企业部门		金融机构部门		政府部门		住户部门		国外部门	
	运用	来源	运用	来源	运用	来源	运用	来源	运用	来源
一、实物交易										
净出口										
增加值										
劳动报酬										
二、金融交易										
通货										
存款										
贷款										

资金流量核算采用复式记账原理，对每笔资金流量都做双重反映。在实物交易方面任何一笔交易中，一个部门的收入，同时是对应部门的支出，支出额记在运用方，收入额记在来源方。在金融交易方面，一个部门金融资产的增加，同时必是对应部门负债的增加或金融资产的减少，金融资产的增加或减少记在运用方，金融负债的增加或减少记在来源方。这样，资金流量核算的收支流量始终保持借贷对应、收支相等的平衡关系，形成账户体系。资金流量核算正是通过这一账户体系把各部门间的收入分配和金融交易连成一体，使社会资金运动的来龙去脉一目了然。

资金流量表中有如下平衡关系：

资金总来源 = 资金总运用

总储蓄 = 可支配总收入 − 最终消费

净金融投资 = 总储蓄 + 资本转移净额 − 资本形成总额

净金融投资 = 金融资产增加 − 金融负债增加

以上平衡关系说明资本形成同金融交易是密切相通的。储蓄正是连接实物资金流量和金融资金流量的桥梁。在国民经济各机构部门中，除住户部门的投资来源于部门的储蓄外，其他机构部门的投资大部分来自住户部门的储蓄。从住户部门的储蓄到其他机构部门的投资的转变，正是借助于金融中介和金融交易才得以实现的。就整个国民经济而言，某一机构部门增加的金融资产必是另一个单位或部门增加的负债，反之则相反。一切国内部门之间的金融交易均会相互抵消，金融交易只起到资金融通作用，并不增加经济总体的实际资源。

六、资金流量表与金融资产

资金流量表全面地反映了资金在不同机构部门之间的流量和流向，以及资金的余缺情况，具有许多其他统计报表所不具有的功能。通过资金流量表，一是可以分析收入分配关系，如收入形成过程，各部门之间的分配关系，储蓄、投资、消费的平衡关系，财政收入占国民可支配收入的比例等；二是可以分析各部门资金的保证程度；三是分析各部门债务状况；等等。但对于金融市场来说，最重要的是分析融资方式及金融工具在金融市场中的作用。

本章重要概念

资产　金融资产　利息　利率　投资组合理论　资本资产定价模型　收益率曲线　国民经济部门　资金流量表　资金流量核算

第三章　货币市场

本章学习目标

第一，掌握货币市场的概念、特点、参与者及工具；第二，掌握同业拆借市场的概念、分类及特点，熟悉同业拆借市场的交易机制；第三，熟悉票据的特点及分类，掌握银行承兑汇票市场机制，了解商业票据的发行程序；第四，了解大额可转让定期存单市场、回购协议市场和国库券市场。

货币市场既从微观上为银行、企业提供了灵活的管理手段，又为中央银行实施货币政策以调控宏观经济提供了手段，为保证金融市场的发展发挥巨大作用。熊彼特有句名言：货币市场是现代经济体系的总部，一道命令从这里下达到经济的各个部门。货币市场包括短期国库券、大额可转让定期存单、票据、同业拆借市场等。此外，外汇市场和货币市场基金等也属于货币市场，不过由于这两个市场具有一定的特殊性，我们放在后面章节中加以论述。本章我们主要介绍同业拆借市场、票据市场、大额可转让定期存单市场、回购协议市场和国库券市场。

第一节　货币市场的概念及内涵

一、货币市场的概念及特点

（一）货币市场的概念

货币市场是指融通资金期限在 1 年以内的金融市场。根据融通资金的期限，具有高度流动性的金融工具，如短期国库券、大额可转让定期存单、票据、同业拆借市场的头寸等，可划为货币市场。货币市场的金融工具很容易转化为货币支付手段 M_1。货币市场工具的期限一般在 1 年以内，例如同业拆借的隔夜拆借，期限仅为 1 天。期限略长的货币市场工具在二级市场交易频繁，易于变现。这些金融工具被列入金融机构、其他机构以及个人的次级现金准备。由于货币市场上交易的金融工具最为接近于货币，货币市场的名称即由此而来。

（二）货币市场的特点

与股票、债券等资本市场相比，货币市场有较大的区别。

1. 中央银行的直接参与

这是货币市场最为显著的特点。货币市场是中央银行同商业银行及其他金融机构资金连接的渠道，中央银行通过进行公开市场操作买卖货币市场工具，调控货币供给量，影响利率水平。

2. 市场参与者不同

在股票市场以及债券市场中，交易双方多为公众、公司及政府，金融机构多作为市场中介沟通交易。然而在货币市场中，交易双方主要为金融机构。

3. 风险较小

与股票市场和债券市场的发行人相比，货币市场金融工具的发行人主要有三类：一是政府，二是金融机构，三是少量优质、资信程度较高的企业，相较于股票市场和债券市场，违约情况较少发生。

4. 市场组织形式不同

股票市场和债券市场主要由交易所市场以及柜台市场构成，货币市场是典型的柜台市场。目前尚未有国家的货币市场形成交易所一样的有组织的市场。

二、货币市场参与者及工具

货币市场的发行人仅限于信誉卓越、资金雄厚的借款人，如政府部门、银行和非银行金融机构以及少数大型公司。货币市场工具主要有银行间同业拆借资金、大型商业银行发行的大额可转让定期存单、短期国库券、商业票据、银行承兑汇票等。

货币市场工具具有以下几个特点：

第一，货币市场工具具有货币性的特点。如银行票据、大额可转让定期存单、同业拆借资金等，这些金融工具的共同特点是期限短、流动性强、二级市场交易活跃、易于转化为现款，发行这类金融资产的目的是解决短期周转资金不足问题。由于货币市场工具的这一特点，它们中有的被列入货币供应量的活跃层次，如大额可转让定期存单等，被一些国家直接归入广义层次的货币（M_3）。

第二，货币市场工具具有灵活性的特点。一是货币市场工具的交易方式灵活，如拆借资金既可以在有形市场上交易，也可以在无形市场上交易。二是货币市场工具品种多，具有不同的发行方式、偿还方式、期限和利率，发行者和投资者可以充分选择，满足各自的融资以及投资需求。

第三，货币市场工具具有同质性的特点。这主要表现为各工具之间的利率差异相当低，变动方向是相同的。这种同质性不仅有助于整个货币市场的稳定，也充分体现了市场机制对货币市场的制约效力。

三、货币市场与中央银行

中央银行是银行的银行，通过为商业银行提供资金支持，承担了国民经济中最后贷款人的角色。中央银行可以通过对商业银行和其他金融机构增加或减少再贴现和再抵押贷款来调控货币供应量。当中央银行增加再贴现和再抵押贷款时，商业银行的资金头寸随之相应增加，商业银行对国民经济各部门的贷款投放也随之增加，从而增加经济中的货币供应量；反之，当中央银行减少再贴现和再抵押贷款时，经济中的货币供应量将减少。

商业银行的头寸调整主要是通过货币市场进行的。中央银行通过货币市场进行公开市场业务操作，从而实现政策目标。商业银行从盈利和保值的角度考虑，很少保持大量的现金准备。当商业银行应付大额提存或放款时，需要通过货币市场变卖货币市场工具。反之，在现金资产增加时，商业银行买进货币市场工具。当中央银行通过公开市场操作，大量买进货币市场工具时，商业银行可以很容易卖出货币市场工具，以增加经济中各部门的货币供应量。反之，当中央银行大量卖出货币市场工具时，商业银行的货币资金来源就减少了，从而迫使其收缩放贷规模，减少经济中的货币供应量。

中央银行主要通过直接业务和回购协议及逆回购协议来进行公开市场操作。直接业务是指中央银行直接买进或卖出有价证券，其中主要是国库券。中央银行通过在二级市场与商业银行及证券公司买进和卖出国库券，来影响商业银行的准备头寸，同时显示中央银行的货币政策动态，使货币市场参与者清楚中央银行所希望的利率走势。例如中央银行购买证券，市场就增加对证券的需求，使得证券的价格上升而收益率下降。在这种情况下，市场利率会趋于下降。反之，市场利率会趋于上升。

回购协议也是一种极短时间内调整货币供应量的方式。当中央银行需要在短期内调整货币供应量以应对商业银行的储备头寸短缺时，中央银行可以直接购买国库券，一段时间后再卖出，然而这种操作方式可能导致市场利率不必要的波动。在这种情况下，中央银行可以利用回购协议购买国库券。与直接购买不同，回购协议规定，中央银行在以商定的价格从商业银行和证券公司购买国库券的同时，商业银行和证券公司需要在指定时间内将这笔国库券买回。

逆回购协议与回购协议相反。当中央银行认为商业银行的储备头寸在短期内产生大量剩余，但会在短时间内恢复正常时，中央银行会以逆回购协议的方式在二级市场向商业银行和证券公司出售国库券，并与购买人商定在之后几天的指定时间将国库券赎回。

中央银行通过公开市场业务来实现货币政策目标，调整货币供应量。与其他政策工具相比，公开市场操作有以下几个特点：

第一，公开市场操作是中央银行可以使用的最灵活的政策工具。公开市场业务的调控规模可大可小，能够进行经常性的、灵活的微调。与调整商业银行存款准备金比率这类牵扯面大的货币调控方式相比，通过公开市场操作，中央银行可以选择任意买卖证券的时机、规模，因而可以在短期内根据经济中对货币的供求变化适时地调整货币供应量。

第二，公开市场操作是一种主动的、直接的货币供应量调整方式。与之相对应，中央银行的再贴现额和再贴现利率是一种相对被动的调节工具，只有商业银行不得不依赖中央银行再贴现时，再贴现额和再贴现利率的调整才能较好地发挥作用。通过公开市场操作，中央银行可以主动买卖货币市场工具，以调节商业银行可以用于放贷的资金。

第三，中央银行作为货币市场的普通参与者经常参加货币市场的交易，使货币的调控有一种连续的作用。通过货币市场进行公开市场操作，中央银行货币政策可以悄悄地实现，一般不会引起其他货币政策工具运用时所引起的强烈的金融震荡。

第二节　同业拆借市场

一、同业拆借市场概述与分类

同业拆借市场也叫金融同业拆借市场，是指金融机构之间进行临时资金融通的市场。同业拆借的资金主要用于弥补短缺资金的不足及票据清算的差额，解决临时性的资金短缺需求。现如今，同业拆借市场已成为当今各商业银行以及非银行金融机构弥补资金流动性不足和充分有效运用资金、减少资金闲置的市场。

同业拆借市场的形成源于存款准备金制度的实施。最先实行存款准备金制度的中央银行是英格兰银行，存款准备金制度最初的目的在于限制银行信用的过度扩张以及保护银行体系的支付能力。美国 1913 年制定的《联邦储备银行法》第一次以法律的形式规定，作为联邦储备体系的会员银行，必须按规定的比率向联邦储备银行提交存款准备金。会员银行在联邦储备银行的存款，超过法定存款准备金的部分，被称为超额存款准备金。如果会员银行在联邦储备银行的存款没有到达法定存款准备金比率，联邦储备银行将予以处罚，包括罚款、警告、严格控制其投资等措施。

由于会员银行每日的负债结构及余额都在发生变化，在同业资金清算时经常会出现应收款大于应付款而形成资金头寸的盈余，或者出现应收款小于应付款而形成资金头寸的不足。由于资金缺口，导致法定存款准备金不足的银行，需要通过市场取得短期临时资金，以弥补法定存款准备金的不足。形成超额存款准备金的银行，为减少资金的闲置，会将暂时的盈余的资金寸头贷放出去，以获得利息收入。同业拆借市场也就由此应运而生。1921 年，纽约首先出现了会员银行之间的储备寸头拆借市场，后来逐渐发展为规范的联邦基金市场，成为美国主要的同业拆借市场。

在经历了20世纪30年代的经济大萧条之后，西方各国相继引入了法定存款准备金制度。与此相应，同业拆借市场在越来越多的国家得以形成和快速发展。现今的同业拆借市场，在交易内容、功能作用等方面都发生了深刻的变化。拆借交易不仅发生在银行之间，还出现在银行和其他金融机构之间。

同业拆借市场按组织形态分为有形和无形的拆借市场；按有无担保分为有担保拆借市场和无担保拆借市场；按期限不同划分为半天期拆借市场、一天期拆借市场和指定日拆借市场。

（一）有形拆借市场和无形拆借市场

有形拆借市场，主要是指有专门中介机构作为媒介，资金供求双方通过媒介进行资金融通的拆借市场。资金供求双方的信息都集中于拆借经纪公司或短期融资公司，这些机构可迅速为交易双方找到价格上和数量上合适的买主和卖主。通过中介机构进行资金拆借，除了可以降低成本、提高效率外，还可以保障同业拆借的有序和安全。

无形拆借市场，是指资金供求双方不通过专门的中介机构，而是通过现代化的通信手段直接进行联系和交易的拆借市场。一些大的金融机构，代理其他机构为交易双方传递信息，主要以电话、传真联系成交，从而形成无形的同业拆借市场。实际上，完全不通过任何形式的中介，资金供求双方直接联系和交易的情况不多，因为这样效率低，不经济也不安全。

（二）有担保拆借市场和无担保拆借市场

有担保拆借市场，是指主要以担保人和担保物作为防范风险的保障而进行资金拆借融通的市场。拆出资金方从拆入资金方买入银行承兑汇票、短期政府债券等货币市场工具。有担保的资金拆借，也有采用证券回购的方式进行的，即资金拆入方卖出相应的证券，同时签订回购协议，约定在一定期限之后按照相同的价格赎回这些债券，并支付相应的利息。

无担保拆借市场，是指拆借期限较短、拆入方资信较高，可以直接进行转账的资金拆借的市场。由于这类拆借资金融通期限往往过短，多为一天或者几天，确定担保和抵押在技术上有一定困难，因此只能建立在良好的资信和法律规范的基础上。当前，同业拆借基本上都是信用拆借，拆借活动在金融机构之间进行，市场准入条件较严格，金融机构主要凭借其信誉参与拆借活动。

（三）半天期拆借市场、一天期拆借市场和指定日拆借市场

半天期拆借市场分为午前交易和午后交易。前者是指金融机构上午9时开始所需资金拆入交易，并于当日午前清算时归还。后者是指在午前票据清算以后进行，在一天营业结束时归还。

一天期拆借市场一般在头天清算时拆入，次日清算前归还。一天期拆借市场是同

业拆借的主要形式。

指定日拆借市场在拆借协议中明确某一日为结算日，中途不可解约。这类拆借多需抵押。

二、同业拆借市场的交易机构

同业拆借市场是金融机构间进行资金头寸融通的市场。一般来说，能够参与同业拆借市场的交易机构大都为金融机构。同业拆借市场的交易机构可以分为三类，即资金需求者、资金供给者和中介机构。

（一）资金需求者

从多数国家的情况来看，同业拆借市场的资金拆入方多为大的商业银行。大的商业银行之所以成为同业拆借市场的资金需求方，主要源于：一方面，大的商业银行资产和负债的规模比较大，所需缴存的存款准备金比较多，同时所需的资产流动性需求也比较多，为了减少在中央银行的超额储备存款，以提高资金的利用率和盈利性，同时为了能够及时弥补资金寸头以及流动性不足，大的商业银行会更大程度地依赖于同业拆借市场，进行临时资金的拆借。另一方面，大的商业银行资金实力强，信誉高，因而更容易在同业拆借市场上得到资金的融通。

（二）资金供给者

一般来说，中小银行、证券公司、互助储蓄银行等金融机构是同业拆借市场的主要贷款人。由于同业拆借市场期限较短、风险较小，很多中小银行都倾向于把闲置资金投放于该市场，以提高资产的盈利能力和流动性，增加利息收入，降低资产的风险，实现流动性和盈利性的协调。

（三）中介机构

同业拆借市场中中介机构的存在，提高了交易效率，降低了交易成本。同业拆借市场中的中介机构可以分为两类：一类是专门从事拆借市场中介业务的专业经纪商，这些中介机构被称为短期融资公司；另一类是非专门从事拆借市场中介业务的兼营经纪商，大多由大的商业银行承担。因为这些大的商业银行在市场上资信好、信誉高，是值得信赖的。这些大的商业银行不仅充当经纪商，其本身也参与同业拆借市场的交易。

三、同业拆借市场交易机制

同业拆借市场的交易机制可分为两类，一类是通过中介机构进行的，另一类是不通过中介机构进行的。

（一）通过中介机构的同业拆借

在同一城市或同一地区的金融机构通过中介机构进行拆借的，多以支票作为媒介。当拆借双方协商一致后，资金的拆入银行签发自己的付款支票，支票面额多为拆入金额加上到下一个营业日为止的利息。拆入行以此支票与拆出行签发的以中央银行为付款人的支票进行交换。支票交换后，通知中央银行进行内部转账。

处于不同城市或地区的金融机构进行拆借的，拆借双方不需互换支票，在通过中介机构以电话协商成交之后，通过中央银行资金电划系统划拨转账。

（二）不通过中介机构的同业拆借

不通过中介机构的同业拆借，与前面所述的通过中介机构的同业拆借过程大同小异，不同的是不通过中介机构的同业拆借，交易双方直接洽谈协商，成交后互相转账，增减各自账上的存款。

四、同业拆借市场的支付工具、利率及期限

（一）同业拆借市场的支付工具

同业拆借市场的支付工具主要有支票、本票、承兑汇票、资金拆借、同业债券等。

支票是同业拆借市场最常见的支付工具之一。拆入机构开出本机构的支票，到次日弥补其当日所缺的资金寸头，通常被称为“明日货币”。

本票也是同业拆借市场最常见的支付工具之一。由资金短缺机构开出本票，凭本票向资金盈余的金融机构拆借。资金拆出机构收到本票后，将中央银行的资金支付凭证交换给资金拆入机构，资金拆入机构用于弥补其当日的资金头寸缺口。本票通常被称为“今日货币”。

承兑汇票，即资金拆入机构按照规定要求开出承兑汇票交给资金拆出机构，以此办理资金拆入，到期后由拆出金融机构凭承兑汇票收回款项。

资金拆借，即拆借双方协商后，由拆入机构出具“借据”交给拆出机构，拆出机构核对无误后划拨资金的一种工具。

同业债券是拆入机构向拆出机构发行的一种债券，主要用于拆借期限超过一个季度或金额较大的拆借，可在金融机构间转让。

（二）同业拆借市场的利率

同业拆借市场有两个利率，即拆入利率与拆出利率。拆入利率表示一家机构愿意借款的利率，拆出利率表示一家机构愿意提供贷款的利率。一般来讲，同一家机构的拆入利率要小于拆出利率，其差额是金融机构的收入。

被使用最广泛的同业拆借利率是伦敦同业拆放利率，即 LIBOR（London Inter Bank

Offered Rate），是指伦敦银行同业之间的短期资金借贷利率。LIBOR 是指定的报价银行在每日 11 时对外报出的平均利率。现在 LIBOR 已作为国际金融市场中大多数浮动利率的基础利率，是金融机构之间进行利率互换、远期交易等衍生品交易和换算不同货币间汇率水平的重要参照体系，是目前国际间最重要和最常用的市场利率基准。但是，由于 LIBOR 的确定缺乏市场基础，也受到越来越多的质疑。

在国际货币市场中除了 LIBOR 外，具有代表性的同业拆借利率还有新加坡银行间同业拆放利率（SIBOR）、纽约同业拆放利率（NIBOR）、香港同业拆放利率（HIBOR）等。

（三）同业拆借市场的期限

同业拆借市场的期限通常以 1 天或者隔夜为限，多则 1 ~ 2 周，一般不会超过 1 年，有少数同业拆借的期限接近 1 年。

五、同业拆借市场的特点

1. 融资期限较短。同业拆借的期限通常为一日或者几日，用来解决头寸临时不足或头寸多余而产生的资金融通问题。如今，同业拆借市场已成为金融机构弥补短期资金不足和进行短期资金运用的市场，成为解决或平衡资金盈利性与流动性矛盾的市场，从而临时调剂性市场也就变成了短期融资市场。

2. 具有严格的市场准入条件。对进入同业拆借市场的主体有严格的限制，同业拆借一般是在金融机构或指定的某类金融机构之间进行的。非金融机构包括工商企业、政府部门或非指定的金融机构不能进入。在有些国家或在某些特殊时期，政府也会对进入同业拆借市场的金融机构进行一定的资金限制。

3. 信用交易且交易数额较大。同业拆借一般不需要担保或抵押，是一种协议和信用交易关系。交易双方以自己的信用作为担保，严格遵守交易协议。

4. 利率由交易双方议定，可以随行就市。同业拆借市场的利率由资金供求双方协商。因此，同业拆借市场的利率是一种市场利率，一定程度上讲是市场化程度最高的利率，能够充分反映市场资金供求关系的变化。

5. 技术先进，手续简便。同业拆借市场是一种无形市场，交易主要采取电话协商的方式进行，洽商达成协议后，可以通过交易双方在中央银行的存款账户自动划款清算。

六、同业拆借市场的作用

1. 同业拆借市场的存在加强了金融机构资产的流动性，保障了金融机构运行的安全性。流动性风险是金融机构经营过程中面对的主要风险，由于同业拆借市场的存在，金融机构可以比较方便快捷地获得短期资金的融通，以满足金融机构对流动性的要求，并且无须以低价出售其资产作为代价。

2. 同业拆借市场的存在有利于金融机构提高其盈利水平。一方面，金融机构通过同业拆借市场将暂时盈余的资金拆借出去，获得利息收入，减少资金的闲置，增加资产的盈利水平。另一方面，由于同业拆借市场的存在，金融机构特别是商业银行无须保持较高的超额存款准备资金以满足法定存款准备金的要求，使得金融机构可以更有效地运用资金，增加盈利性资产的配置，提高总体盈利水平。

3. 同业拆借市场是中央银行实施货币政策的重要载体。同业拆借市场及其利率可以作为中央银行实施货币政策的重要传导机制。中央银行可以通过调整存款准备金率，来调节同业拆借市场利率，进而带动其他利率变动，控制商业银行的信贷规模。同时，同业拆借市场利率反映了同业拆借市场的资金供求状况，是中央银行货币调控政策的重要指标。

4. 同业拆借利率被视为基础利率，反映了社会资金的供求状况。同业拆借市场利率反映了金融市场以及整个社会的资金供求状况，对宏观经济起着重要的作用。有些国家将同业拆借市场利率作为货币调控的重要目标，并且各金融机构的存贷款利率都在同业拆借市场利率的基础上确定。

七、上海银行间同业拆借市场和利率

随着我国利率市场化进程的推进，货币市场和债券市场相继实现市场化，构建货币市场基础利率成为推进我国利率市场化的重要任务。2007 年，中国外汇交易中心根据中国人民银行的授权计算、发布中国货币市场基础利率——上海银行间同业拆放利率（Shanghai Interbank Offered Rate，Shibor）。Shibor 的定价机制借鉴了伦敦银行间同业拆放利率、新加坡银行间同业拆放利率等国际主要货币市场的一些通行做法。

Shibor 是根据信用等级较高的银行组成的报价团自主报出的人民币同业拆出利率计算得出的算术平均利率。Shibor 的品种包括隔夜、1 周、2 周、1 个月、3 个月、6 个月、9 个月及 1 年。中国外汇交易中心根据各报价行的报价，剔除最高、最低各两家报价，对其余报价进行算术平均计算，并于每日 11：30 通过上海银行间同业拆放利率网对外发布。

目前 Shibor 的报价行有 18 家，涵盖了国有大型商业银行、股份制商业银行、城市商业银行和外资银行等类型，报价行的差异化确保了报价的代表性，充分反映了市场价格。Shibor 已成为中国金融市场上的重要指标性利率，Shibor 随行就市、议价成交，比较充分地反映了货币市场资金供求状况，并且其利率变化趋势往往会影响整个资金市场的利率水平。同时，Shibor 在浮动利率债券、衍生产品定价上发挥了基础作用。

第三节　票据市场

一、票据的概念及内涵

票据是指由出票人签发的，无条件约定自己或委托付款人在见票时或指定日期支付一定金额，可流通转让的有价证券。票据是一种重要的有价证券，作为国际金融市场上流通的结算和信用工具，是货币市场上主要的交易标的之一。

（一）票据的特点

1. 票据是一种完全有价证券

有价证券分为完全有价证券和不完全有价证券。完全有价证券的证券本身和该证券拥有的权利在任何情况下都不可分离；不完全有价证券的证券本身和该证券拥有的权利可以剥离。票据的权利随票据的设立而设立，随票据的转让而转让。只有在权利行使之后，票据体现的债权债务关系才宣告结束。因此，票据是一种典型的完全有价证券。

2. 票据是一种设权证券

设权证券是指证券的权利的发生必须以制成票据为前提。票据所代表的财产权利，即一定金额的给付请求权完全因票据的制成而产生。因此，票据的制成并非用来证明已经存在的权利，而是创立一种新的权利。票据一旦制成，票据关系人的权利义务关系随之确立。

3. 票据是一种无因证券

无因证券是指证券上的权利只由证券上的文义确定，持有人在行使权利时无须负证明责任。票据的持票人只要持有票据就能享有票据所拥有的权利，不必说明取得票据行为的原因。票据债务人不能以票据所有权的变动，而拒绝履行其因票据行为而产生的付款义务。正是由于无因性，票据的流通与转让才成为可能。

4. 票据是一种要式证券

要式证券是指票据的制成必须遵守法律的规定。票据的制成和记载事项必须严格依据法律规定进行，并且票据的签发、转让、承兑、付款、追索等行为的程序和方式都必须依法进行。

5. 票据是一种文义证券

文义证券是指票据上的所有权利和义务关系均以票据上的文字记载为准。票据在流通当中，若发现文字内容有错误，不得用票据以外的证据方法予以变更或补充。这样做是为了保护持票人的权利，保证交易安全。

6. 票据是一种流通证券

票据权利可以通过一定的方式转让，一般包括背书或交付。票据的债权债务关系的转让，不必按照民法中有关债权转让的规定进行，因此票据具有高度的流通性。英美等国家以“流通证券”来形容票据。一般来讲，无记名债券通过交付就可以转让，记名票据的转让则需要背书。

7. 票据是一种返还证券

票据权利人实现了自己的权利，收取了票据上的金额之后，需要将票据归还给付款人。而在其他债权中，即使债权人不同时交还有关债权证书，也可以用其他的凭证作为收据来证明债务的履行。在票据债权中，若债权人不交还票据，票据债务人有权拒付票据。

（二）票据的种类

票据的基本形式有三类：汇票、本票和支票。

1. 汇票

汇票是由出票人签发的，委托付款人在见票时或者在约定的付款期无条件支付一定金额的书面凭证。

汇票有三方基本当事人，即出票人、付款人和受款人。出票人是票据关系中履行债务的当事人，是签发汇票并把它交付出去的人，承担汇票付款的责任。付款人，是指被指示付款的人，即受出票人委托向持票人进行票据金额支付的人。受款人，是指收受票款的人，即在票据关系中享有债权的人。受款人享有凭票付款权和票款的所有权。

按付款人的不同，汇票可以分为银行汇票和商业汇票。银行汇票是签发人为银行、付款人为其他银行的汇票；商业汇票是签发人为商号或者个人，付款人为其他商号、个人或银行的汇票。此外，按照汇票上记载的付款期限的长短，汇票可分为即期汇票和远期汇票；按照汇票记载权利人方式的不同，汇票可分为记名汇票、不记名汇票和指定汇票；等等。

2. 本票

本票又称为期票，是由出票人签发的，承诺自己在见票时无条件支付确定的金额给持票人或受款人的票据。本票具有三个特征：一是本票的基本当事人只有两个，即出票人和受款人；二是本票的付款人为出票人自己；三是本票的出票人承担无条件付款的责任，故没有承兑制度。按出票人的不同，本票可分为银行本票和商业本票。

3. 支票

支票是出票人签发的，委托办理支票存款业务的银行或其他金融机构，见票时无条件地即期支付一定款项给持票人或受款人的票据。有别于其他种类的票据，支票是即期票据，支票的付款人有资格限制，通常只能是商业银行。

二、银行承兑汇票市场

（一）商业承兑汇票与银行承兑汇票

承兑是承兑人对收款人的一种无条件支付票款的保证。承兑汇票是办理过承兑手续的汇票。在商品交易中，售货人向购货人索款而签发的汇票，经付款人承诺还本付息并签章后，就成为承兑汇票。

根据承兑人不同，承兑汇票分为商业承兑汇票和银行承兑汇票。由银行以外的付款人承兑的汇票称为商业承兑汇票。由银行承诺到期付款的票据，称为银行承兑汇票，银行是承兑汇票的第一付款责任人。银行承兑汇票市场，是以银行承兑汇票作为金融工具，通过银行承兑汇票的发行、承兑和贴现而实现资金融通的市场，是以银行信用作为基础的市场。

银行承兑汇票是为了方便商业交易活动而创造出来的一种信用工具，在跨国贸易中使用较为广泛。在跨国贸易中，交易双方对彼此的信用都缺乏了解，出口商担心进口商不能如期付款，进口商担心货款支付后，出口商不能按时保量发货。银行承兑汇票的存在，解决了国际贸易双方对彼此信用缺乏了解的问题。由于银行承兑汇票一般都是由国际上信誉很好的大型商业银行承兑的，在交易双方互不了解的情况下，可以通过银行承兑汇票避免相互违约的风险。

例如，进口商 A 要从出口商 B 进口一批产品，双方约定 90 天付款，使用信用证交易。进口商 A 要求本国银行按购货款数额开具一张不可撤销的信用证，作为向出口商 B 的保证，寄给出口商 B，并授权出口商 B 按出售价格开出以进口方开征行为付款人的远期汇票。货物装船后，出口商 B 开出以 A 国开证行为付款人的汇票，经 B 国通知行将汇票寄往 A 国开证行，要求承兑。A 所在国开证行，审核汇票无误后，在汇票正面加盖“承兑”图章，并填写日期。经承兑后，这张汇票就成为银行承兑汇票，进口商开证行成为不可撤销的付款人。出口商 A 的开证行将银行承兑汇票交由 B 国通知行退还给开出汇票的出口商。出口商收到汇票后，可以向通知行贴现，这样便可提前收回账款。通知行可以持有到期向 A 国开证行收款，也可以将汇票在金融市场上出售。

银行承兑汇票不仅在国际贸易中被广泛使用，也在国内贸易中使用。但总的来说，国际贸易中产生的银行承兑汇票占了大多数。银行承兑汇票最常见的期限有 30 天、60 天、90 天几种，也有期限为 180 天和 270 天的。交易单位一般为 10 万美元和 50 万美元。银行承兑汇票的违约风险较小，但存在利率风险。

（二）银行承兑汇票的流通转让

1. 背书

背书是指将票据权利转让给他人的行为。背书人需要在汇票背面签名或黏附于汇票背面的粘单上签章。被背书人是指接受汇票的人，一旦背书完成，被背书人即为持票人。

背书是以将票据权利转让给他人为目的的行为，经过背书，票据权利由背书人转移给被背书人。背书人是汇票的债务人，背书人要对其后手所持汇票承担承兑和付款的责任，并证明其前手签字的真实性和背书的连续性，以证明其权利的正当。如果被背书人向付款人要求付款时遭到拒绝，有权向背书人追索要款。汇票的背书人越多，汇票的负责人越多，汇票的担保性越强，持票人的权利就越有保障，汇票的流通性也就越强。

2. 贴现

贴现是指持票人为取得现款，将未到期的已承兑票据向银行做票据转让的行为，并贴付自贴现日至汇票到期日的利息。银行减扣贴息，支付给持票人现款。汇票贴现实质上是一种票据转让行为，通常情况下，银行承兑汇票可以在任何银行贴现，包括汇票承兑银行。

3. 转贴现

银行对承兑汇票贴现后，可选择将汇票持有到期，收回资金以及收到承兑手续费和贴现息的收益。如果在汇票到期日前需要资金，银行可选择将汇票在二级市场上出售，转让给其他金融机构，由其他金融机构买进。这就是转贴现。银行承兑汇票的转贴现行为非常普遍，银行和市场上的其他投资者往往利用银行承兑汇票进行多次转贴现，以保证资金良好的收益性和运用的灵活性。

4. 再贴现

再贴现是指商业银行或其他金融机构，以其持有的未到期的银行承兑汇票向中央银行再次贴现的票据转让行为，是中央银行对商业银行和其他金融机构融通资金的一种方式。通常情况下，票据经过再贴现即退出流通环节，中央银行通过再贴现调节市场资金状况。

（三）银行承兑汇票的作用

与其他货币市场信用工具相比，银行承兑汇票的一些特点受到借款者和投资者的青睐，同时它也是银行所欢迎的信用工具。

1. 从借款人角度分析

借款人通过银行承兑汇票融资的成本低于从传统银行渠道融资的利息成本和非利息成本之和。要求银行承兑汇票的企业实质上就是借款者，企业需要支付承兑银行手续费。当企业需取得现款时，向银行贴现，因此，其融资成本为手续费和贴息之和。传统银行贷款，除企业必须按照贷款利率支付贷款利息外，通常情况下，贷款银行还要求借款者保持一定的补偿性余额。这部分存款既非企业日常周转所需资金，也没有存款利息，构成企业的非利息成本。

借款者运用银行承兑汇票比发行商业票据有利。一方面，有资格发行商业票据的企业都是规模大的、信誉好的企业。许多企业因缺乏足够的规模和信誉而以竞争性价格发行商业票据筹款，这部分企业却可以通过运用银行承兑汇票解决资金融通的困难。另一方面，即便是少数可以发行商业票据的企业，其发行费用和手续费以及商业票据利息的成本，通常情况下要高于银行承兑汇票的筹资成本。

2. 从银行角度分析

一方面，银行利用银行承兑汇票可以增加营业收益。银行通过创造银行承兑汇票，不必动用现有资金即可赚取手续费。一些情况下，银行会用自己的资金贴现银行承兑汇票。但由于银行承兑汇票的二级市场交易活跃，银行承兑汇票易于变现，因此银行承兑汇票不会影响到银行的流动性，还提供了传统的银行贷款无法提供的多样化的投资组合。另一方面，银行通过创造银行承兑汇票可以增加其信用能力。一般来讲，各国银行法都规定了银行对单个客户的授信额度。但银行通过创造、贴现或出售符合中央银行要求的银行承兑汇票，对单个客户一般可以在原有基础上增加10%左右的授信额度。除此之外，出售合格的银行承兑汇票取得的资金不需要缴纳存款准备金。在信用紧缩时期，这一举措将刺激银行出售银行承兑汇票，引导资金从非银行部门流向银行部门。

3. 从投资者角度分析

银行承兑汇票具有较高的收益性、流动性和安全性。与投资于其他货币市场工具，如大额可转让存单等相比，投资于银行承兑汇票的收益相差不大。质量高的银行承兑汇票具有公开的贴现市场，方便于随时转让，具有高度的流动性。此外，银行承兑汇票的承兑银行对汇票有不可撤销的第一手责任，汇票的背书人负有第二手责任，银行承兑汇票转手的次数越多，负责人就越多。即使承兑银行到期拒绝兑付，汇票的持票人还可以向汇票的背书人或出票人索款，因此投资于银行承兑汇票安全性非常高。

三、商业票据市场

在美国、英国、日本以及我国台湾地区等，在票据市场上常用的一个工具是商业票据。在这里，要注意将商业票据与前面学过的商业汇票相区别。从概念上看，商业票据是指大公司作为出票人，以贴现的方式出售给投资者，到期按票面金额向持票人付现的一种无抵押担保的远期票据。不同于以商品销售为依据的商业汇票，商业票据仅以信用做保证，实质上是一种短期的无担保融资工具，一般由信誉好、势力雄厚的大公司和金融机构通过货币市场发行。商业票据进行交易的市场，就是商业票据市场。

（一）商业票据的形成和发展

商业票据是一种古老的商业信用工具，产生于18世纪，最初是随商品和劳动交易而签发的一种债务凭证。早期商业票据的发展和运用主要集中在美国，发行者主要是纺织品工厂、烟草公司等。随着美国制造业和其他高档耐用商品业开始兴盛，为刺激销售，大公司多采用赊销的方式，导致公司的周转资金不足，在银行贷款受限的情况下，开始发行商业票据。20世纪60年代，由于经济增长，企业迅速增加，资金短缺；工商界普遍认为发行商业票据比银行借款手续简单，发行利率低，不受银行干预；由于美联储实行Q条例的利率限制，很多使用银行短期贷款的公司无法从银行获得贷款，从而转向商业票据市场；商业银行为逃避 Q 条例的限制，以满足自身的资金需求，自己发行商业票据，商业票据的发行迅速增加。

商业银行曾经是商业票据的主要购买者，一是由于商业银行经常为自身的信托部门或信托部门的客户购买商业票据作为推销代理人。二是由于商业银行持有商业票据作为流动性资产的二级储备，在头寸不足时抛出商业票据补进头寸。现在商业票据的主要投资者是非金融企业、保险公司、地方政府、养老基金等。非金融公司在经营中经常有季度性临时性的资金头寸盈余，为避免资金闲置，这些非金融公司的一个通常做法就是投资于商业票据。

（二）商业票据市场的要素

1. 发行者

商业票据的发行随经济及市场状况的变化而变化。一般来说，市场利率较高时，发行数量较少，市场利率较低时，发行数量较多。从西方一些国家的经验来看，金融公司、非金融公司（如大企业、公用事业单位）及银行控股公司等，是商业票据的主要发行者。而实际上，真正能在商业票据市场上大量发行票据筹集巨额资金的公司不多。只有那些实力雄厚、商誉卓越的企业才具有大量发行商业票据筹集资金的条件。

2. 投资者

商业票据的主要投资者包括中央银行、商业银行、非金融性企业、保险公司、投资公司、地方政府、基金组织等。通常个人投资者较少，主要是因为商业票据的面值较大（通常为 10 万美元以上），个人无力购买。在美国，货币市场基金和银行信托是最主要的投资者，前者持有商业票据的存量超过 40%，后者的持有量在 20% 左右。

3. 面额及期限

在美国商业票据市场上，虽然有的商业票据的发行面额只有 25000 美元或 50000 美元，但大多数商业票据的发行面额都在 100000 美元以上。二级市场上商业票据的最小交易单位为 100000 美元。商业票据的期限较短，一般不超过 270 天，未到期的商业票据平均期限在 30 天以内，大多数商业票据的期限为 20 ~ 40 天。

4. 信用评级

未经评级的商业票据发行较为困难，特别是那些资信不为投资者所了解的票据。美国证券交易委员会认可两种合格的商业票据：一级票据和二级票据。要成为一级票据，必须有两家评级机构给予“1”的评级；要成为二级票据，必须有一家评级机构给予“1”的评级，至少还有一家评级机构给予“2”的评级。二级票据为中等票据，货币市场基金对其投资会受限。美国主要的评级机构有四家，分别为穆迪投资服务公司、标准 · 普尔公司、费奇投资公司和德莱 · 菲尔普斯信用评级公司。

5. 销售渠道

商业票据主要的销售渠道有两条：一是通过自身的销售能力直接出售；二是通过票据交易商间接销售。发行人采取何种渠道方式取决于发行人使用这两种方式的成本的高低。非金融性企业主要通过票据交易商间接销售，由于非金融性企业的主要目的是解决短期流动性不足，因而具有季节性和临时性。还有一些规模较大的公司，持有的商业票据的规模大，经常性发行商业票据，主要通过自己下属的金融公司直接销售。

6. 票据发行的非利息成本

（1）信用额度支持的费用。一般以补偿余额的方式支付，发行者需要在银行账户中保留一定金额的无息资金，有时则按照信用额度的 0.375% ~0.75% 一次性支付。

（2）代理费用。这是指商业银行代理发行及偿付的费用。

（3）信用评估费用。这是指发行者支付给信用评级机构的报酬。

（三）商业票据的发行程序

1. 直接发行

其发行程序是：（1）商业票据评级。（2）发行人公告发行商业票据的数量、价格、期限等。（3）投资者与发行人洽谈买卖条件，包括数量、票据期限等。在美国，直接发行人允许投资者指定票据到期日。（4）投资者买入票据，发行人卖出票据收进资金。

2. 通过交易商发行

这通常有三种形式：（1）助销发行，即商业票据交易商与发行公司事先商洽发行事项，再参照市场情况议定承销期限，全部由该交易商代办门市零售或通信销售，承销期满未售完部分全部由交易商按约定价格承购。（2）代销发行，即商业票据交易商与发行公司议定承销期限，依照发行公司指定的价格，由交易商代办门市零售或通信销售，承销期满未售完部分退回发行公司。（3）招标发行，即交易商以委托办理招标方式推销。代发行公司公开标售，未能售出部分，由发行公司自行处理。招标的商业票据通常不定底价，开标时按标价之高低依次得标，直到标售的票据售完为止。假如指定底价时，由已得标者所出标价高于底价的才算得标，否则，交易商必须根据市场情况建议发行公司修正底价，才能顺利筹集短期资金。

上述三种承销方式，因交易商承担风险、服务范围及发行成本不同，交易商收取的承销费用也高低不一，其中助销发行费用最高，其次是招标发行，最低为代销发行。

第四节　大额可转让定期存单市场

一、大额可转让定期存单市场的概念和内涵

大额可转让定期存单（Negotiable Certificate of Deposits，CDs）是银行发行的有固定面额、可转让流通的存款凭证。存单上印有票面金额、存入日、到期日和利息等，到期后按票面金额和规定利率提取本息，过期不再计息。存单的最短期限为 14 天，最长达 5 年之久。因而就其实质来讲，它是银行发给投资者的远期本票，即由银行做出

票人和债务人，约定期限，按一定利率偿付本息给投资人的债务凭证。大额可转让定期存单可以出售和认购，可以转让流通，从而形成了市场。

大额可转让定期存单产生于20世纪60年代，由美国花旗银行首先发行。20世纪60年代美国货币市场利率上升，然而美国的商业银行受Q条例的存款利率上限的限制，不能支付较高的市场利率。一些大公司为了增加临时闲置资金的利息收益，纷纷将资金投资于安全性较好又具有一定收益的货币市场工具，如商业票据、货币市场互助基金，银行的企业存款急剧下降。对此，美国花旗银行率先推出了大额可转让定期存单这种短期的有收益票据来吸引企业的短期资金。这一货币市场工具迅速在各大商业银行得到推广，并获得一些大型证券经销商的支持，开创了流动性较强的二级市场，使得存单持有人在急需资金时可以随时在市场上售出。因此，短时间内，大额可转让定期存单就发展成为美国货币市场上重要的交易工具。

（一）大额可转让定期存单的特点

与普通定期存款相比，大额可转让定期存单具有以下几个特点：一是发行人通常是资金雄厚的大银行。虽然小银行也发行存单，但其发行量和流通量远远小于大银行。二是金额较大。普通定期存款的金额可大可小，而大额可转让定期存单金额较大。例如，美国一般为10万~100万美元，日本规定的最低面额为1亿日元。三是普通定期存款的利率一般是固定的，而大额可转让定期存单利率既有固定的，也有浮动的，并且一般来说比同期限的普通定期存款利率高。另外，普通定期存款到期才能提取本息，提前支取要损失一部分利息，大额可转让定期存单则不能提前支取，但能在二级市场上转让。四是具有流动性。大额可转让定期存单一般不记名，可流通转让。而普通定期存款是记名的，不可流通转让。大额可转让定期存单的流动性是其颇受投资者欢迎的基本原因。

（二）大额可转让定期存单的种类

大额可转让定期存单可以分为以下几种不同类型。

1. 按利率不同，可以分为固定利率大额可转让定期存单和浮动利率大额可转让定期存单

固定利率大额可转让定期存单有固定的面额、固定的票面利率。利息通常按距到期日的实际天数计算，1年按360天计。期限在1年以内的大额可转让定期存单到期时偿还本息，期限超过1年的，每半年支付一次利息。

浮动利率大额可转让定期存单的利率主要是以货币市场上某一时间有相同期限放款的利率为基数，再加上一个预先确定好的浮动幅度来确定的。利息是分期支付的，上下浮动幅度视货币市场利率波动及发行人的资信不同而确定。

2. 按发行主体不同，可以分为国内存单、欧洲美元存单、扬基存单、储蓄机构存单

国内存单是历史最悠久也是最为重要的一种，它由国内银行发行。存单上注明

存款的金额、到期日、利率及利息期限。国内存单的期限由银行和客户协商确定，常常根据客户的流动性要求灵活安排，期限一般为30天到12个月，也有超过12个月的。

欧洲美元存单是美国境外银行发行的以美元为计价单位的一种可转让定期存单。欧洲美元存单市场的中心在伦敦，但欧洲美元存单的发行范围并不限于欧洲。

扬基存单的主要发行主体是欧洲和日本或加拿大等地著名的国际性银行在美国的分支机构，如巴克莱银行、东京银行等在美国的分支机构。扬基存单期限一般较短，大多在3个月以内。这一类存单的发行目的主要是为其国内总行经营跨国业务的客户提供融资便利。

储蓄机构存单是出现得比较晚的一种存单，是由美国的非银行存款机构（储蓄贷款协会、互助储蓄银行、信用协会）发行的一种期限较长的大额可转让定期存单。其中，储蓄贷款协会是主要的发行者。储蓄机构存单因法律规定或实际操作困难而不能流通转让，因此其二级市场规模很小。

二、大额可转让定期存单市场的构成与交易

（一）大额可转让定期存单市场的主要参与者

大额可转让定期存单市场的主要发行主体是大银行。大银行发行的存单占据了市场发行总量的绝大部分，其次是中小银行发行的存单。对商业银行而言，大额可转让定期存单是一种新的、有效的筹资工具，能够帮助商业银行吸收数额庞大、期限稳定的资金。大额可转让定期存单的创立，使商业银行的经营思路发生了很大的改变。过去商业银行注重资产管理，将注意力放在贷款和证券投资的管理上，商业银行流动性的管理主要依靠放款的调节以及买卖证券来完成。通过大额可转让定期存单的发行与交易，商业银行增加了资金来源，银行的经营策略也在资产管理的基础上引入了负债管理的理念。

大额可转让定期存单的大多数投资者是大企业，此外，一些金融机构、政府机构、外国政府、外国中央银行及个人也是存单的投资者。对于大企业而言，大额可转让定期存单为其闲置资金的利用提供了极好的选择。企业可将剩余资金投资于存单，并将存单的到期日同各项固定现金支付的日期链接起来。对于一些意外的资金需要，企业则可在急需资金时在二级市场出售大额可转让定期存单来获取资金。金融机构也是大额可转让定期存单的积极投资者，但主要不是自己持有，而是银行的信托部门将其受托基金投资于存单。银行被规定不允许购买自己发行的存单。政府机构闲置资金的一部分也用来投资于存单。对于投资者而言，大额可转让定期存单，既有定期存款的较高利息收入的特征，同时又有活期存款的可随时兑现的优点，能够满足大量短期闲置资金拥有者对流动性和收益性的双重需求。

（二）大额可转让定期存单的发行

1. 大额可转让定期存单的发行要素

发行大额可转让定期存单是商业银行的一种负债业务。在发行前，商业银行比较各种负债方案，通过权衡对存单发行方式进行选择。通常情况下，商业银行需要考虑的发行要素有：

（1）银行资产负债的差额及期限结构。在分析银行资产负债结构的同时，要预测负债的增长能否在数量上满足预期资产项目的资金需要，以及在期限上能否满足预期资产使用的稳定性要求。

（2）市场资金供求状况和利率变动情况。根据市场资金供应量来确定存单的发行规模，根据市场利率变动情况，判断利率未来走势。一般情况下，如果预期未来利率上升，存单期限可以稍长一些。反之，则短一些。

（3）发行人的资信等级。由于大额可转让定期存单是公开发行的，投资者特别重视发行人级别。一般来讲，发行人资信等级越高，发行利率越低。反之，发行利率较高。

（4）金融管理法规。各国对大额可转让定期存单有不同的法规要求，例如，有些国家对最低的存款金额有限制，因而发行的面额需要超过其限制金额。有的国家规定，存单的最高发行规模不能超过发行主体自有资本和盈余的一定比例。

2. 大额可转让定期存单的发行价格

大额可转让定期存单的发行价格主要取决于发行人的资信等级、发行时的市场利率水平、存单的期限、存单的流动性。大额可转让定期存单的发行价格主要有两种，一种是按面值出售，发行价即票面价值，到期偿还本金和利息；另一种是贴现发行，以票面额扣除一定贴现利息而发行，到期按票面价值进行偿还。

3. 大额可转让定期存单的发行方式

大额可转让定期存单的发行方式主要有直接发行和间接发行两种。直接发行即发行人直接在银行营业网点零售或开展通信销售。间接发行是通过承销商进行的发行。通常发行人首先公布发行存单的总数、利率、发行日期、存单的面值等，之后由一家或数家经销商组成承销团。发行人需要支付承销佣金、法律费用等，因此发行成本较高。

（三）大额可转让定期存单的流通

大额可转让定期存单的流通即对已发行但尚未到期的存单进行买卖。大额可转让定期存单的参与者有存单买卖者和经纪商。在一级市场购买存单的投资者如需资金，可以将存单在二级市场上转售给经纪商。经纪商买入存单后，可以持有到期，兑取本息，也可以在二级市场上出售，从而形成连续的市场转让。经纪商在大额可转让定期存单市场上起着重要的作用，它们一方面承担着发售存单的任务，另一方面不断充当存单转让中介，为存单的二级市场提供流动性。

大额可转让定期存单的转让价格取决于转让时的市场利率。投资者在二级市场转让存单时，当时的市场利率可能和存单的约定利率存在差异，这种差异就要求存单的转让价格根据市场利率的变动而进行相应的调整。一般情况下，当市场利率高于存单的约定利率时，存单转让价格可能低于存单的发行价格；反之，则可能高于存单的发行价格。

（四）大额可转让定期存单的风险和收益

对投资者而言，大额可转让定期存单的风险主要有两种：一是信用风险，二是市场风险。信用风险是指发行存单的银行在存单期满时无法偿还本息的风险。市场风险是指存单持有者急需资金时存单不能在二级市场上立即出售变现或以较为合理的价格出售的风险。尽管可转让定期存单的二级市场非常发达，但其发达程度仍比不上国库券市场，并非完全没有市场风险。

一般来讲，存单的收益率取决于三个因素：发行银行的信用评级、存单的期限以及存单的供求量。信用评级越高、期限越短、需求量越大，则利率越低。另外，收益率与风险往往呈正相关关系。大额可转让定期存单的收益率一般高于同期限的国库券的收益率，这主要是因为国库券的信用风险低且具有免税的优势，而且国库券的二级市场流动性高于存单市场。在四种主要存单中，欧洲美元存单的利率高于国内存单利率，扬基存单的利率和欧洲美元存单的利率相差不多，但平均来说，扬基存单的利率略低于欧洲美元存单的利率。其主要原因在于，扬基存单受美国条例和法令保护，投资者承受较小的国外政治或国家风险。另外，交易商从事扬基存单交易比欧洲美元存单交易更容易、成本更低。储蓄机构存单由于很少流通，因此利率难以和以上三种存单比较。

第五节　回购协议市场

一、回购协议市场的概念及特点

回购协议市场是指通过回购协议进行短期资金融通交易的市场。所谓回购协议，是指证券出售时，卖家与买家签订协议，约定在一定期限后按原定价格或约定的价格赎回所卖的证券。回购协议的期限从 1 日到数月不等。回购协议签订后，证券持有者通过出售证券来换取即时可用的资金。一般地，回购交易中所交易的证券主要为政府债券。回购协议期满后，证券卖出方再用即时可用的资金做相反的交易。表面上来看，资金需求者通过出售证券获得了资金，而实质上是资金需求者从短期金融市场上借入了一笔资金。对于资金借出者来说，它获得了证券短期的支配权，但这笔证券到期需要按照协议如数交还。出售证券的人实际上是借入资金的人，购入证券的人实际上是借出资金的人。在回购交易中，若证券的购回时间为 1 天，则被称为隔夜回购。如果时间长于 1 天，则被称为期限回购。

与回购协议相反方向的交易被称为逆回购交易。逆回购协议与回购协议实际上是一个问题的两个方面。回购协议是从资金需求者的角度出发，而逆回购协议是从资金供给者即买入证券资产的角度出发。在逆回购协议中，买入证券的一方同意按约定的期限以约定的价格出售其所买入的证券。从资金供给者的角度考虑，逆回购协议是回购协议的逆进行。

回购协议交易的特点是：金额大、风险小、期限短、收益低。与其他传统的金融活动相比，回购协议有以下几方面的优点：

1. 对于资金借出方来讲，回购协议可以降低其债务人无法按期还款的信用风险，并且避免卖出金融资产时因市场价格下降而引起的损失。

2. 对于资金借入方来讲，回购协议可以使其避免购回金融资产时因市场价格的上升而引起的损失，降低市场风险。

3. 对于商业银行来讲，回购协议的存在，一方面，可以使商业银行将大量的资产投资于国库券、银行承兑汇票等生息资产，降低超额存款准备金，增加盈利，同时避免以贴现的方式出售原有的金融资产或回收贷款，以弥补因发放贷款或因支付需求而产生的头寸短缺，增加银行资金运用的灵活度。另一方面，商业银行利用回购协议获得的资金无须缴纳存款准备金，从而降低了商业银行的筹资成本，增加了商业银行扩张业务的积极性。

4. 降低了银行间同业拆借的风险和成本，可以更好地引导信贷资金实施有效配置。

5. 中央银行通过回购协议可以保证对货币供应量的调节，同时降低公开市场操作的成本。

二、回购协议市场的形成及发展

（一）回购协议市场的形成

回购协议市场是在第二次世界大战后逐渐发展起来的。当时，随着证券发行量的增加，部分证券公司因募集的证券未能全部发售而导致库存的证券增加。在这种情况下，证券公司为筹集资金，以回购为条件，向其他金融机构出售这些库存证券。回购交易在美国出现之后，联邦储蓄银行规定回购协议的买方可以免交存款准备金，在此之后，回购协议市场逐渐开始发展。

20 世纪 60 年代后期，回购协议市场迅速发展，成为最大、最具流动性的货币市场之一。以日本为例，日本在建立国债回购交易市场时，将回购交易当作一种债券交易方式。由于其价格可以随行就市，根据市场供求关系进行上下浮动，避开了当时日本银行的利率管制，因此吸引了大量资金。回购交易不仅是许多非金融公司管理资金寸头、获得短期融资或者获取短期证券市场有效收入的有效渠道，同样也是商业银行、投资银行、基金管理公司等金融机构进行资产管理和融资的主要工具之一，因此，回购协议市场交易十分活跃，交易规模不断增加，每日的交易量达几千亿美元。回购协议市场的发展深刻地改变了金融机构对于资产管理的理念，显著增强了各种金融工具的流动性和资产组合的灵活性，大大提高了资金的使用效率，丰富了中央银行公开市场操作的手段。

（二）我国回购协议市场的发展历史和现状

我国的回购协议市场发端于20世纪90年代初，1993年以上海为试点开展银行间及证券中介机构间的国债回购协议交易。上海证券交易所和深圳证券交易所分别于1993年12月和1994年10月开展了以国债为主要交易品种的质押式回购交易。然而，由于场内市场的风险控制机制尚未建立，证券交易所的国债出现了风险事件。

因此，为促进货币市场的健康发展、推动政策性金融债券和中央银行融资券的流通转让，规范商业银行的债券回购业务，1997年中国人民银行发布了《关于银行间债券回购业务有关问题的通知》，规定商业银行需要通过全国银行间同业拆借中心开展国债、政策性金融债券和中央银行融资券的回购业务，不得在场外进行。

自1997年以来，随着全国银行间债券市场以及交易所债券市场的发展，债券回购的品种不断增加。2003年以前，债券回购的品种只能是国库券和中国人民银行批准发行的金融债券。为推动企业债券市场的发展和完善债券交易机制，证券交易所推出了企业债券的回购交易业务。目前全国银行间同业拆借中心的债券回购品种主要是国债、中央银行融资券和特种金融债券，证券交易所的回购品种为企业债和国库券。我国现有的交易品种包括R001、R007、R014、R021、R1M和R3M等多个品种。

尽管我国的回购协议市场得到了很大的发展，但和发达国家相比，还存在一定缺陷。目前，银行间回购交易的参与者仅限于金融机构，实际上回购交易适用于金融机构和非银行间回购交易主体之间的交易。虽然国债回购有国债作为质押，经常被投资者看作无风险品种，但在实践中，券商违规利用交易所回购规则挪用客户债券而导致结算违约的现象时有发生。由于在质押式回购协议中，融出资金的逆回购方只获得了债券的质押权，无权对债券进行处置，导致大量债券被冻结而无法流通。随着回购协议市场的发展，回购协议发生额的放大，市场上流通的债券存量减少，市场的流动性受限。在这种情况下，2004年5月，银行间债券市场正式推出买断式回购，同年12月，上海证券交易所推出国债买断式回购。买断式回购由于在质押时期债券的所有权发生了改变，解决了回购协议期间大量债券被冻结的问题，提高了市场的流动性。除此之外，由于买断式回购在回购期间债券的所有权发生了改变，因此赋予了回购协议的资金融出方一定的融资功能。

三、回购协议市场重要参与者及交易机制

回购协议市场的交易主体包括商业银行、非银行金融机构、企业和中央银行。商

业银行和非银行金融机构是回购协议市场的主要参与者。商业银行和非银行金融机构在短期资金不足的情况下，通过回购协议融入资金，弥补头寸不足；在短期资金盈余时，通过逆回购协议融出资金，增加资产的收益。商业银行和非银行金融机构根据自身的资金状况，成为回购协议市场主要的资金需求者与供给者。

企业作为回购协议市场的参与者，主要是资金供给者。企业将日常生产经营活动中可能存在的闲置资金通过回购协议贷给资金需求者，从而获得高于贷款利率的收益。政府及政府机构也作为资金供给者参与回购协议市场。政府和政府机构在该国法律的允许范围内，将暂时闲置的资金通过回购协议贷出，从而使资产增值。

中央银行参与回购协议市场的目的不同于其他市场参与者。中央银行参与回购协议交易不是为了获得收益，而是通过回购协议市场进行公开市场操作，从而有效实施货币政策。

四、回购协议的基本要素

回购协议的基本要素一般包括回购协议的证券品种和价格、回购协议的期限、回购协议的报价方式、回购协议的利率、保证金比例。

（一）回购协议的证券品种和价格

在证券回购协议中，可以作为回购协议的标的券种主要有国库券、政府债券以及如银行承兑汇票、商业票据、大额可转让定期存单等可流通证券。回购协议中，证券的定价方式主要有两种：一是净价定价法，也被称为“清洁定价法”。在净价定价法中，仅考虑证券的市场价格，不考虑证券回购期间产生的利息。二是总价定价法，也被称为“肮脏定价法”。总价定价法在考虑证券市场价格的同时，还要考虑证券在回购协议期间的利息。这两种方式均以交易开始日证券的市场价格为基础进行定价，所不同的是对回购协议期间证券利息的处理方式不同。

（二）回购协议的期限

回购协议的期限是指从卖方卖出证券时与买方签订回购协议到卖方最终将证券资产购回的这段时间。证券回购的期限一般较短，根据到期日的性质，证券回购可分为约定期限的回购和无固定到期日的回购。约定期限的回购，必须在约定日期进行证券的回购，约定的期限有 1 天、7 天、14 天、21 天、1 个月、2 个月、3 个月和 6 个月等。其中，1 天的回购协议又被称为隔夜回购。超过 1 天的回购协议则被统称为定期回购。在无固定到期日的回购协议中，交易双方无须预先通知对方即可结束回购协议。这种方式可避免双方不断更新回购协议，只要双方认同，回购协议会自动持续下去。

（三）回购协议的报价方式

回购协议通常是以年收益率进行报价的，有利于直接反映回购协议的成本和收益。

年收益率对于以券融资方而言，代表固定的融资成本，对于以资融券方而言，代表固定的收益。

（四）回购协议的利率

回购协议的利率衡量了回购协议中，以券融资方向以资融券方支付的报酬，反映了回购交易中贷款方承担的各种风险。在回购协议市场中，回购协议利率不统一。回购协议利率与协议中证券的自身利率无关，由多种因素确定。

（五）保证金比例

通常证券的购买方会在证券市场价格的基础上，削减一定比例后，将资金交予证券的出售方使用。被削减下来的部分作为证券出售方给予证券购买方的“保证金”。回购协议保证金的作用在于，防止因担保证券价格下跌，给证券购买者带来损失。保证金比例的确定对于回购协议市场十分重要。保证金比例过高，会增加回购协议市场的交易成本，不利于回购协议市场的发展；保证金比例过低，则无法保证证券购买方的利益。

五、回购交易的定价及风险

（一）回购交易的定价

回购协议市场没有集中的有形场所，交易以电讯的方式进行。在回购协议市场中，回购利率和风险是交易双方十分关注的因素。在回购交易中，约定的回购价格与售出价格之间的差额反映了资金募集方的利息支出，它取决于回购利率的水平。回购价格、售出价格和回购利率之间一般存在以下关系，即

$$RP = PP + I$$

$$I = PP \times RR \times T/360$$

其中，PP 为本金，RP 为回购价格，RR 为证券商与投资者达成协议时确定的回购利率，I 为应付利息，T 为回购协议的期限。

（二）回购交易的种类

根据质押证券的所有权是否由正回购方转移给逆回购方，回购交易可以分为封闭式回购和开放式回购两种交易方式。

封闭式回购是指在回购交易中，正回购方所质押的证券的所有权并未真正转让给逆回购方，而是由交易清算机构做质押冻结处理，并退出二级市场。回购期满后，正回购方按照事先约定的回购利率向逆回购方返还本金并支付利息后，交易清算机构对质押的证券进行解冻，质押证券重新回到二级市场交易流通。在回购期间，逆回购方不具有对质押的证券实施转卖、再回购等处置的权利。

开放式回购是指回购方在将证券卖给证券购买方的同时，约定在未来的某一时间，正回购方再以约定的价格从逆回购方买回相当数量同种证券的交易行为。与封闭式回购不同，开放式回购的交易双方对证券采取买断和卖断的方式。逆回购方拥有买入证券完整的处置权和所有权，因而赋予逆回购方在回购交易期间灵活运用质押证券的权利。在回购交易期间内，逆回购方可以根据资金管理的需求和市场情况将质押证券用于再回购或者在二级市场上交易。

封闭式回购是一种以证券作为质押的资金拆借方式，开放式回购是一种依附于证券买卖的融资方式。

（三）回购交易的风险

由于交易方式不同，封闭式回购和开放式回购交易者承担的风险也有所不同。

1. 封闭式回购风险分析

在封闭式回购交易中，质押的证券的所有权并未真正转让给逆回购方，而是由交易清算机构做质押冻结处理。这种做法在一定程度上牺牲了证券的流动性，但能够在一定程度上控制风险。封闭式回购的主要风险有信用风险和清算风险。

（1）信用风险。封闭式回购的主要信用风险来源于交易双方不履行回购协议中买回或卖回的义务，从而使对方遭受损失的可能性。一种情况是，如果证券卖方在回购到期后未能购回证券，若此时市场利率上升，证券价格下降，则买方只能拥有此证券，并承受损失。另一种情况是，如果市场利率下降，证券价格上升，证券买方在回购到期后不履行约定将证券卖回买方，则证券卖方承受损失。在实际业务中，一般通过设置保证金和根据抵押品市值调整回购价格或保证金的做法来减少信用风险。

（2）清算风险。在回购交易中，证券买方付款收取抵押证券，到期收回本金和利息，返还抵押证券，由于到期时间很短，交割实物证券的成本很高，一般采用账户划转的方式进行交割，并以证券保管凭单代替实物证券，这就带来了清算风险，即可能出现无足够抵押证券的买空卖空方式。许多国家要求证券第三方金融机构统一进行保管，保管凭单必须以真实额度证券为依据，以防止同一笔证券被用于多次回购协议。

2. 开放式回购风险分析

由于开放式回购交易过程更为复杂，因此，除了信用风险和清算风险以外，其风险还体现于开放式回购的卖空机制方面。

开放式回购的卖空机制体现在开放式回购协议一旦签订，逆回购方就拥有了正回购方所质押的证券的所有权，可以在回购协议到期前，对所拥有的质押证券进行再回购和卖出交易。尽管卖空交易的存在增加了质押证券的流动性，但也产生了更多的风险。

（1）提前卖出交易的价格风险。如果逆回购方预期未来质押证券的价格将会下降，逆回购方会进行质押证券的卖出交易。如果实际的证券价格变动方向和预期相反，逆回购方在回购协议到期时必须返还质押证券的情况下，只能以更高的价格从市场上买入质押证券以履行回购协议，从而承担一定的价差风险。

（2）再回购交易链断裂的风险。在开放式回购交易中，每一笔回购交易的逆回购方都拥有再回购交易的权利。因此，当整个再回购交易链中的任意回购方到期不能履行回购协议时，整个再回购交易链就会出现断裂，从而产生连锁的到期偿付困难。

（3）利用卖空交易，操纵市场投资的风险。如果不对卖空交易进行限制，资金雄厚的逆回购方，就会通过大量卖出证券有意压低质押证券价格，从而实现在协议到期前以低价购回所质押证券来履行协议。这种通过卖空交易操纵市场从而获利的行为，很有可能损害市场的健康发展。

六、回购协议市场利率

在回购协议市场中，利率是不统一的，利率的确定取决于以下多种因素。

1. 用于回购的证券质量。证券的信用度越高，流动性越强，回购利率就越低；反之，回购利率越高。

2. 回购期限的长短。一般而言，回购期限越长，不确定因素越多，回购利率相应提高。然而这并不是绝对的，实际中利率是可以随时调整的。

3. 交割的条件。如果采用实物交割的方式，回购利率会较低，如果采用其他交割方式，回购利率会相对高一些。

4. 其他货币市场的利率水平。回购协议的利率水平受其他货币市场子市场的影响，一般是参照同业拆借市场利率来决定的。证券回购在实务中是以一种较高信用的证券，特别是政府证券做抵押的贷款方式，风险相对较小，因而利率较低。当回购期限相同时，回购协议利率与货币市场其他利率的关系如下：国库券利率 < 回购协议利率 < 银行承兑汇票利率 < 大额可转让定期存单利率 < 同业拆借利率。

第六节　国库券市场

国库券是政府部门以债务人身份承担到期偿付本息责任的期限在 1 年以内的债务凭证。国库券市场即国库券发行与流通所形成的市场。

一、国库券的功能与国库券市场的特征

由财政部发行的短期债券一般被称为国库券。在我国，不管期限在 1 年以内还是在 1 年以上，由财政部门发行的政府债券均被称为国库券。然而在国外，一般期限在 1 年以上的政府中长期债券称为公债，只有期限在 1 年以内的政府短期债券才称为国库券。

（一）国库券的主要功能

国库券的主要功能体现在以下几个方面。

1. 满足政府短期资金周转的需要。政府部门弥补长期收支差额一般通过发行公债来筹措资金。但政府收支存在季节性变动，每一季度的预算即使平衡，其间可能也会出现资金短缺，需要筹措短期资金以进行周转。此外，在长期利率不稳定的情况下，政府不宜发行长期公债，如果公债利率超过未来实际利率水平，政府将承担不必要的高利率。在这种情况下，可以优先发行短期国库券，在长期利率稳定后再发行中长期公债。因此，国库券的发行可以满足财政部门临时性短期资金需求。

2. 为中央银行进行公开市场操作提供工具。国库券是中央银行进行公开市场操作的最佳品种，也是连接财政政策与货币政策的契合点。中央银行通过国库券市场上利率的变动，可以随时测定货币市场政策的执行情况，并通过公开市场操作来调节货币供应量，实现中央银行稳定通货的货币政策目标。

3. 为投资者提供低风险的投资工具。国库券具备安全性高、收益稳定、流动性强等特点，被市场投资者视为风险极低的投资工具。国库券同样是一种金融机构进行资产负债管理的有效工具，在很多金融机构，国库券被认为是仅次于现金的二级储备。

（二）国库券市场的特征

同其他货币市场信用工具不同，国库券市场具有一些比较明显的投资特征。

1. 违约风险小。由于国库券是由国家信用担保的债务，因而普遍被认为是没有违约风险的。与其相比，一些其他的货币市场信用工具，如商业票据、大额可转让定期存单等，都存在一定风险，尤其在经济衰退期。国库券无违约风险的特征增加了其对投资者的吸引力，并且这一特征间接影响到投资者对国库券的需求，因为各种法令和条例赋予了国库券特殊的地位，例如，银行利用国库券可以很容易地与企业及地方政府等部门进行回购协议交易。

2. 流动性强。由于国库券是一种高组织性、高效率和竞争性市场上交易的短期融资工具，因此国库券具有流动性强的特征。这一特征使得国库券能在交易成本较低及价格风险较低的情况下迅速变现。

3. 面额小。相对于其他货币市场票据来说，国库券的面额较小。在美国，1970 年以前，国库券的最小面额为 1000 美元。1970 年，国库券的最小面额升至 1000～10000 美元，目前为 100000 美元。其面额远远小于其他货币市场票据的面额。对很多中小投资者而言，国库券通常是他们能直接从货币市场上购买的唯一的有价证券。

4. 收入免税。有些国家规定投资国库券所获得的收益可以免缴个人所得税。这对于一些税收等级较高的投资者具有较大的吸引力。

二、国库券的发行与交易

（一）国库券的发行方式

国库券的发行数量主要取决于财政近期所需支出的款项数额、应付到期国库券的数额、货币政策的需要以及市场利率水平等因素。国库券的发行方式主要有四种，即公开招标方式、承购包销方式、随时出售方式和直接发行方式。

1. 公开招标方式，又称拍卖方式。在发行前，财政部门或代理财政部门发行的中央银行，根据近期资金的需求量、中央银行实施货币政策调控的需求，确定国库券的发行规模，邀请有资格参加投标的机构前来竞标，发行人按照一定顺序（价格从高到低，利率从低到高）将投资者的竞标价格或利率进行排列和选择，直到发行额满为止。投标又分为两种：一是竞争性投标。投资者报出认购国库券的价格和数量，发行人按出价高低的顺序依次卖出。竞争性投标分为单一价格（荷兰式）招标方式和多种价格（美国式）招标方式。按单一价格招标时，所有中标者都按最低中标价格获得国库券。按多种价格招标时，中标者按各自申报价格获得国库券。在竞争性投标方式中，由于竞争性投标者竞标价过高要冒认购价过高的风险，竞标价过低又要冒认购不到的风险，从而可以约束投标者合理报价。二是非竞争性投标。投资者报出认购国库券的数量，按照最高价和最低价的平均数购买。由于非竞争性投标中的投资者多为个人及其他小投资者，因此他们不会因报价太低而丧失购买机会，也不会因报价太高冒超成本认购的风险。非竞争性投标认购的国库券数额较小。在美国，每个投资者最多只能申购100万美元，非竞争性投标申购量通常占总发行量的10%～20%。

2. 承购包销方式。承购包销方式是指财政部门或代理财政部门发行短期国债的中央银行与某一承销团签订承销合同，商定双方满意的价格，承销团按照这一价格认购国库券后，再将国库券出售给二级市场的投资者。如果承销团未能将国库券全部售出，则需承购差额部分。这种承销方式的优点是发行时间短，发行效率高；缺点是发行人需要向承销机构支付一定的承销费和手续费。

3. 随时出售方式。随时出售方式又称连续发行方式，是指发行人不预先确定发行条件，而由代理机构或销售网点根据市场情况变化，随时改变发行条件的一种发行方式。这种发行方式的主要特点是发行条件灵活，但发行期限过长，不利于在短时间内完成国库券的发行。

4. 直接发行方式。直接发行方式是指发行人单方面确定国库券的发行条件，再通过多种渠道（如银行、证券公司的柜台等）向投资者直接出售国库券的方式。这种方式的发行时间长，发行成本高，发行效率低。

（二）国库券的收益

国库券以贴现方式发行，投资者的收益是债券的购买价与债券面值之间的差额。

国库券的收益率一般以银行贴现收益率（Bank Discount Yield）表示，其计算公式为

$$Y_{BD}=\frac{D}{F}\times\frac{360}{t}\times 100\%$$

其中，Y_{BD}为银行贴现收益率，D 为面值与价格间的差额，F 为票面价格，t 为距到期日的天数。

【例 3－1】一张面额为 10000 美元，售价为 9818 美元，到期期限为 182 天的国库券，其贴现收益率为

$$\frac{(10000-9818)}{10000}\times\frac{360}{182}\times 100\%=3.6\%$$

若已知某国库券的银行贴现收益率，可以计算出相应的价格，其计算方法为

$$P=F\times[1-Y_{BD}\times t/360]$$

用银行贴现收益率计算出来的收益率低估了投资国库券的真实收益率。真实收益率（Effective Annual Rate of Return）是指所有资金按实际投资期所赚的相同收益率再投资时，原有的资金在一年内的增长率。这种收益率计算方式考虑了复利因素。其计算公式为

$$Y_E=\{[1+(10000-P)/P]^{365/t}-1\}\times 100\%$$

其中，Y_E 为真实收益率。

【例 3－2】上例中国库券的真实收益率为

$$\{[1+(10000-9818)/9818]^{365/182}-1\}\times 100\%=3.75\%$$

在实践中，由于期限小于 1 年的债券的收益都是按照单利计算的，因此国库券的收益率更多地使用债券等价收益率（Bond Equivalent Yield）来计算，计算公式为

$$Y_{BE}=\frac{D}{P}\times\frac{365}{t}\times 100\%$$

其中，Y_{BE}为等价收益率，D 为面值与价格间的差额，P 为债券购买价格，t 为距到期日的天数。

【例 3－3】上例中国库券的等价收益率为

$$(10000-9818)/9818\times 365/182\times 100\%=3.72\%$$

由此可见，国库券的等价收益率低于真实年收益率，但高于银行贴现收益率。

（三）国库券市场交易

国库券的转让交易多在场外或柜台市场进行，主要采用委托及自营交易的方式。委托交易也称代理买卖，是指债券买卖双方委托各自的经纪人代理进行买卖。债券经纪人根据客户的委托代理买卖债券，从代理买卖中收取一定的佣金。在场所交易中，代理买卖债券的主要程序是：当客户需要买进或卖出某种债券时，即与经销商联系，经销商立即用电话向其他证券公司询问该种债券的买入价或卖出价，并通知客户。客户提供买入或卖出价格，发出买入或卖出的委托指令。之后，由作为代理商的证券公

司和有关证券公司协商，议定最好的买价或卖价，并按此价格成交，作为代理商的证券公司向客户收取合理的佣金。自营买卖，即交易商先用自己的资金买入债券，然后再以略高于买入时的价格卖出债券，从中赚取差价。

在国库券的二级市场交易中，“即将发行市场”（When－Issue Market）比较典型。这是一个国库券的远期市场，在国库券发行计划公布后，证券交易商与客户签订出售国库券的远期合同，在国库券投标日进行交割。这实际上是证券交易商将自己中标买进的国库券再按照合约的规定交给客户。这种交易方式使得证券交易商在国库券投标前掌握了能够出售的国库券的数量，使其在投资时做到有的放矢。

本章重要概念

货币市场　同业拆借市场　LIBOR　票据　汇票　支票　本票　银行承兑汇票　商业票据　背书　贴现　大额可转让定期存单　回购协议　国库券

第四章　债券市场

本章学习目标

第一，掌握债券市场的概念、特征与分类；第二，熟悉债券的发行市场和流通市场；第三，掌握债券的估价和收益原理；第四，了解中国政府债券市场的发展情况及特点；第五，了解中国企业债券和公司债券的发展情况及存在的问题；第六，了解中国金融债券的发展情况。

债券市场是金融市场中一个古老的市场，也是一国金融体系中不可或缺的部分。债券市场可以为全社会的投资者和筹资者提供低风险的投融资工具；债券的收益率曲线是社会经济中一切金融商品收益水平的基准。可以说，统一、成熟的债券市场是金融市场的基础。

第一节　债券市场概述

一、债券市场的概念与特征

债券是政府、金融机构、工商企业等机构直接向社会借债筹措资金时，向投资者发行，并且承诺按一定的利率支付利息并按约定条件偿还本金的债权债务凭证。债券购买者与发行者之间是一种债权债务关系，债券发行人为债务人，投资者（或债券持有人）为债权人。债券市场是发行和买卖债券的市场，它是一种直接融资的市场，即资金的需求者与资金的供给者，或者说资金短缺者与资金盈余者，不通过银行等金融机构的信用中介，而直接进行融资的市场。

（一）债券的内涵

作为债权债务凭证，债券上通常注明以下四个基本要素。

1. 债券的票面金额。债券的票面金额即借款的本金，是债券发行人承诺在债券到期日还给债券持有人的金额。不同的票面金额会影响债券的发行。如果票面金额过小，会增加发行债券的成本；如果票面金额过大，会影响小额投资者购买债券。另外，债券还会规定票面金额的币种。一般地，在本国发行的债券通常以本国货币作为计量单位，在国际市场发行的债券通常以发行地货币或国际通用货币作为计量单位。

2. 债券的票面利率。债券的票面利率也称名义利率，是债券的利息与债券票面价值的比率，通常用百分数表示。债券的票面利率一般标注为年利率，因此，若债券的付款频率不是一年一次，债券的票面利率就不等于实际收益率。债券发行人确定债券票面利率，主要考虑借贷市场利率水平、筹资者的资信、债券偿还期限长短、债券溢价发行还是折价发行等因素。

3. 债券的偿还期限。债券的偿还期限是债券从发行之日起至清偿本息之日止的时间。债券偿还期限在1年或1年以内的，称为短期债券；偿还期限在1年以上5年以下的，称为中期债券；偿还期限在5年以上的，称为长期债券。债券发行人确定债券偿还期限，主要考虑对资金需求的时限、未来市场利率的变化趋势和未来融资便利程度等因素。

4. 债券的发行人。债券的发行人是债券利息和本金偿还的义务主体。不同债券发行人的资信状况差别极大，因而债券发行人会对债券价值产生很大影响。如果债券发行人已经破产清算，尚未偿付的债券将会失去投资价值。

债券作为投资者向政府、公司或金融机构提供资金的债权债务合同，有时还包括以下要素：税前支付利息、求偿等级（Seniority）、期限性条款、抵押与担保及选择权（如赎回与转换条款）。

（二）债券市场的特征

债券作为一种重要的融资手段和金融工具，具有如下特征：

1. 安全性。与股票相比，债券通常有固定的利率，与企业绩效没有直接联系，收益比较稳定，风险较小。此外，在企业破产时，债券持有者享有优先于股票持有者对企业剩余资产的索取权。

2. 收益性。债券的收益性主要体现在两个方面：一是投资债券可以给投资者定期或不定期地带来利息收入；二是投资者可以利用债券价格的变动，买卖债券赚取差额。

3. 偿还性。由于债券体现的是债权人与发行人之间的借贷关系，债券一般都可以在流通市场上自由转让，具有很强的流动性，而这种流动性受所在国债券市场的发达程度、债券发行人的资信、债券偿还期限长短以及利息支付方式等因素的影响。

（三）债券与股票的区别

债券与股票一样，都是资本市场筹资的工具，但二者也有区别。

1. 发行主体不同。作为筹资手段，无论是国家、地方政府、团队机构，还是工商企业、公司组织都可以发行债券。而股票只能由一部分股份制的公司和企业发行。

2. 发行人与持有者的关系不同。债券是一种债权债务凭证；而股票是一种所有权凭证。

3. 期限不同。债券一般在发行时都明确规定了偿还期限，期满时，发行人必须偿还本金；而股票一经购买，则不能退股，投资人只能通过市场转让的方式收回资金。

4. 价格的稳定性不同。由于债券利息率固定，票面金额固定，偿还期限固定，其市场价格相对稳定；而股票无固定的期限和利息，其价格受公司经营状况、国内外局势、公众心理以及供求状态等多种因素影响，涨跌频繁并且振幅较大。

5. 风险程度不同。无论公司经营好坏，债券持有人均可按照规定定期获得利息，并且在公司破产清偿时享有比股东优先受偿的权利；但股票持有者，尤其是普通股票持有者，其获取股利的多少要取决于公司的经营状况。

6. 会计处理不同。发行债券被视为公司负债，其利息支出是公司的固定支出，可计入成本，冲减利润。而股票是股份公司为自己筹集的资本，所筹资金被列入资本，股票的红利则是公司利润的一部分，只有在公司盈利时才能支付。

二、债券的种类

债券因发行主体、期限、利率及筹资用途等不同，可从不同角度划分为不同的种类，并随着人们对融资需要的多元化，不断有新的债券形式产生。目前债券的种类主要有以下几种。

（一）按发行主体不同划分

按发行主体不同，债券可以分为政府债券、企业债券和金融债券。

政府债券是政府发行并负责还本付息的凭证。企业债券是由企业发行并负责还本付息的债券。金融债券是由银行或非银行金融机构发行的债券。

（二）按本金偿还方式不同划分

按本金偿还方式不同，债券可以分为以下几种：（1）到期还本债券，是指根据债券发行时的规定，由发行人在债券到期时一次性向债权人偿付本金的债券。（2）偿债基金债券，是指发行人根据债券契约规定在债券到期前的若干年间每年准备一定数量的基金用于偿债的债券。（3）分期偿还债券，是指发行人分期向债权人偿还本金的债券。（4）通知偿还债券，又称可赎回债券。这种债券附有可赎回条款，在债券到期前，发债人可按规定的条件通知债券持有人提前偿还本金和利息。

（三）按利息支付方式不同划分

按利息支付方式不同，债券可以分为以下几种：（1）一般付息债券，就是到期一并还本付息的债券。（2）分期付息债券，是指按发债时规定的利率标准每年支付利息的债券。（3）附息票债券，简称附息债券，是指附有在到息期（通常是每年的规定月份）领取利息的凭证的债券。(4）折扣债券，又称贴现债券，是指按低于债券面额的价格发行而到期时按面额偿还的债券。(5）贴水债券，是指实际利率因某种原因得到贴补而高于名义利率的债券。

（四）按偿还期限的长短划分

债券偿还期限的划分，不同国家的划分标准不完全相同。我国的规定是，债券偿还期限在1年或1年以内的，称为短期债券；偿还期限在1年以上5年以下的，称为中期债券；偿还期限在5年以上的，称为长期债券。

（五）按是否有抵押或担保划分

按是否有抵押或担保划分，债券可分为信用债券和抵押债券。

信用债券，是指凭发债者的信用能力而发行的债券，它没有特定的财产作为发债抵押。抵押债券，是指以特定财产为抵押而发行的债券。

（六）按是否记名划分

按是否记名划分，债券可以分为记名债券和无记名债券。

记名债券，是指在债券上记有债权人姓名的债券。无记名债券，是指在债券上不记载债权人姓名的债券。

（七）按发行地域划分

按发行地域划分，债券可分为国内债券、外国债券和欧洲债券。

国内债券是指在本国发行的债券。外国债券是指某一国借款人在本国以外的某一国家发行的以该国货币为面值的债券。欧洲债券是指借款人在本国境外市场发行的，不以发行市场所在国的货币为面值的国际债券。欧洲债券的特点是债券发行人、发行地点和债券面值所使用的货币分别属于不同国家。

（八）其他分类

按债券利率浮动与否，债券可分为固定利率债券、浮动利率债券、受益公司债券。按发行方式不同，债券可分为公募债券、私募债券、直接发行债券和间接发行债券。

第二节　债券市场交易

债券市场的交易包括债券发行市场和债券流通市场两方面的交易。

一、债券的发行市场

债券的发行市场也称为债券的一级市场，它是将新发行的债券从发行者的手中转移到初始投资者手中的市场。债券的发行市场可以增加债券市场的容量，为筹资者和投资者提供资金流通的场所。在债券发行过程中，主要考虑的因素有以下几个方面。

（一）债券的发行方式

按发行方式和认购对象不同，债券的发行可分为私募发行与公募发行；按其有无中介机构协助发行，可分为直接发行与间接发行。

1. 私募发行与公募发行

债券的私募发行，是指面向少数特定投资者的发行。私募发行的对象主要有两类：一是有所限定的个人投资者，一般情况下，限于发行单位内部或有紧密联系的单位内部的职工或股东；二是指定的机构投资者，如专业性基金（包括养老退休基金、人寿保险基金等），或与发行单位有密切业务往来的企业、公司等。

公募发行是指公开向社会非特定投资者的发行，充分体现公开公正的原则。相对于私募发行而言，对发行者来讲，其有利之处在于：一是可以提高发行者的知名度和信用度，从而有利于扩大筹资渠道，享受较有利的筹资条件；二是发行的债券可以上市转让流通，从而提高其流动性和吸引力；三是发行范围广泛，因而筹资潜力较大；四是发行者和投资者完全处于平等竞争、公平选择的地位，受投资者制约较少。

2. 直接发行与间接发行

债券不论是私募发行还是公募发行，按其是否需要中介机构予以协助发行，可分为直接发行和间接发行两种方式。一般而言，私募发行多采用直接发行方式，而公募发行则多采用间接发行方式。

直接发行是指债券发行人直接向投资者推销债券，而不需要中介机构进行承销。采用直接发行方式，可以节省中介机构的承销、包销费用，节约发行成本，但需要花费大量的人力和时间进行申报登记、资信评估、征募宣传、债券印制、收款等繁杂的工作，同时也需要设立一些发行网点和派出众多发售人员。对此，一些小公司往往难以承受。另外，发行人还要完全承担债券不能按时售完的发行风险。因此，选择直接发行方式的一般都是一些信誉较好、知名度较高的大公司、大企业以及具有众多分支机构的金融机构。

间接发行是指发行人不直接向投资者推销，而是委托中介机构进行承购推销。间接发行可节省人力、时间，减少一定的发行风险，迅速高效地完成发行。因为作为承购推销的中介机构，包括投资银行、证券公司、信托投资公司及专业的承销商都具有丰富的承销经验、知识和专门人才，具有雄厚的资金实力、较好的承销信誉、较多的承销网点，以及较灵通的信息，从而可以使发行推销工作准确、高效、顺利地进行。当然，选择间接发行方式，发行人要支出一笔较大的承销费用，从而增加发行成本。

（二）债券的承销过程

当债券的发行人选择间接发行方式时，就需要委托承销商等中介机构对其发行的债券进行承销。债券的承销过程主要包括三个要素：债券发行定价、债券的承销和相关承销成本的分配。

1. 债券发行定价

当首次进行债券发行时，如何对其进行定价是第一个必须要解决的问题。因为如果债券发行的息票利率过高，发行人可能会取消发行；而如果债券发行的息票利率过低，则很少有承销商愿意参与这种承销，因为在出售债券时，过低的息票利率将使债券很难推销出去。因此，承销商必须把息票利率设定为发行人愿意出售而投资者愿意购买的水平。它们有时采取“预先销售”（Premarketing）来确定投资者对所发行债券的兴趣，并确定债券被售出的可能价格。

承销商对债券价格的估计并不是抽象的，往往采取以下两种形式：

（1）当特定的发行人在未发行前以已公开交易的债券作为新发行债券定价基础时，承销商在可比性的基础上制定它的承诺价格。这一方法是使用具有可比风险和期限的公司作为选择对象，如果没有这样一个可比的经济实体，可以寻找一组经济实体，或现有经济实体的组成部分，经过若干指标的筛选后，可以看作与发行人具有可比性，比照其债券的价格对新发行债券定价。

（2）当无法获得这种可比性时，可以选择直接计算法。使用这种方法可以对任何债券的定价进行合理性的检验，对现金流量的估计，通过本章第三节的公式计算得出。

2. 债券的承销

债券的承销过程是通过主办承销商（Managing Underwrite）、承销辛迪加（Underwriting Syndicate）和销售集团（Selling Group）来完成的，具体的承销体系如图4－1所示。

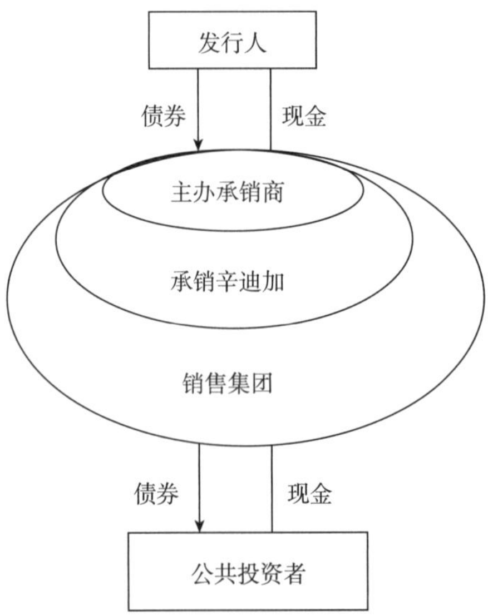

图4－1　债券承销体系

在这个体系中，主办承销商组成一个承销辛迪加和一个销售集团，其中每个销售集团成员被分配给暂时性的证券份额以向投资者出售。组成一个规模较大的销售集团可以更为广泛地向公众出售债券，以完成承销任务。当债券无法出售时，销售集团的成员只是将债券简单地返还给辛迪加，并不承担任何销售风险。而承销辛迪加的成员则同意购入无法很快出售给外部投资者的债券作为自己的存货，使自己的资本置于购买债券的风险之下。在一项交易完成之后，由承销辛迪加发布新债券的发行公告（Tombstone），具体报道发行企业、发行价格、承销辛迪加和销售集团成员等。

3. 相关承销成本的分配

如果发行的债券被全部售出，那么总的承销利差（给发行人的担保价格与商定零售价格之间的价差）就在参与者之间进行分配（承销人的收入就是发行人在发行债券时所支付的承销成本）。根据每个参与者在承销中所起的作用和所承担的风险，对发行人的承销成本进行分配。具体而言，主办承销商为发行做准备而获得收益；承销辛迪加的成员用它们的资本承担风险获得收益；销售集团成员因销售债券而获得收益。由于它们的作用和所承担的风险各不相同，所以报酬也不尽相同。对于发行人而言，支付给承销商的费用就是其发行成本，主要包括债券印刷费、发行手续费、宣传广告费、律师费、担保抵押费、信用评级和资产重估费用、其他发行费用等。

（三）债券的承销方式

如前所述，若债券发行人选择间接发行方式，就需要委托作为承销商的中介机构进行承销。承销商承销债券的方式主要有三种，即代销方式、余额包销方式和全额包销方式，或者称为推销、助销和包销。

1. 债券代销

债券代销方式也叫推销方式，是指债券发行者委托承销商代为向社会推销债券。受托的承销商要按承销协议规定的发行条件，在约定的期限内尽力推销，到销售截止日期，如果没有按照原定的发行数额售出，未售出部分仍退还给发行者，承销商不承担任何发行风险，而是由债券发行者承担发行失败的风险。同时，发行者要按协议规定支付承销商承销费用。正因为这种发行方式发行人要承担一定的发行风险，因此，只有信誉好的发行人或十分抢手的债券，才采用这种发行方式。

2. 债券余额包销

债券发行的余额包销方式也叫助销方式，是指由承销商按照已定的发行条件和数额，在约定的期限内向社会公众大力推销，到销售截止日期，如果有未售完的债券，则由承销商负责认购，承销商要按照约定的时间向发行者支付全部债券款项，在债券发行日期结束后，承销商还可以继续推销自己所认购的部分债券，或者作为投资来持有这部分债券。因为采取这种余额包销的承销方式，承销商要承担部分发行风险，可以保证发行人筹资用资计划的按时实现，因此，多为发行者所采用。

3. 债券全额包销

债券发行的全额包销方式，是指由承销商先将发行的全部债券认购下来，并立即向发行人支付全部债券款项，然后再按市场条件转售给投资者。采用这种发行方式，承销商要承担全部发行失败的风险，可以保证发行人及时筹得所需资金。

承销商为了分散所承担的发行风险和解决包销认购款不足的问题，往往会采取分销的方式。按照承销商承担风险的方式和程度不同，债券全额包销又可分为协议包销、俱乐部包销和银团包销等不同方式。

（1）协议包销，是指发行人与一个单独承销商签订包销协议，由其独立包销发行人待发行的全部债券。采用这种包销方式，发行风险全部由该承销商独立承担。当然，发行手续费也全部归该承销商独享。

（2）俱乐部包销，是指发行人与若干个承销商签订发行协议，由这些承销商共同包销所发行的全部债券。通过协议，具体规定每个承销商应包销的份额，并据此确定其承担的发行风险和应取得的发行费用。采取这种发行承销方式，其发行风险可由多个承销商共同承担，可以相对分散包销的风险，当然，其发行费也由参加包销的若干个承销商共同分享，风险分担、利益分享，或者叫作风险共担、利益同享。当发行债券数额较大、发行风险也很大时，往往会采用这种承销方式。

（3）银团包销，是指由一个承销商牵头，若干个承销商参与包销活动，以竞争的方式确定各自的包销额，并按其包销额承担发行风险，收取发行手续费。这种承销方式，多适用于债券发行数额较大，一个承销商难以独自完成或者不愿独自承担全部发行风险的情况。目前，这种方式在国际市场上采用较多。

二、债券的流通市场

债券的流通市场是指已发行债券买卖、转让、流通的场所。与债券的发行市场相比，债券的流通市场只代表债券债权的转移，并不创造新的实际资产或金融资产，也不代表社会总资本存量的增加。

（一）债券流通市场的构成

债券的流通市场主要是由证券交易所交易市场和柜台交易市场两部分组成。证券交易所交易又称为场内交易或上市交易，而柜台交易又称为场外交易。

1. 证券交易所交易市场

债券持有者通过证券交易所进行债券的买卖交易形成了债券的交易所交易市场。证券交易所是集中进行证券买卖的固定场所。债券只有经过批准才能在证券交易所进行交易，这称为债券上市。各证券交易所一般都有债券上市的标准，以作为审核债券能否上市的依据。一般来说，政府债券不经审核便可直接上市，而公司债券则必须符合一定的条件方可上市。这些条件主要包括：公司设立达到一定年限和资产净值达到一定金额；债券按面值计算的发行额达到一定金额并且期限通常在 1 年以上；债券必须是公开发行的，并且信用等级通常在 A 级以上；等等。已上市的债券若不再满足上述条件，交易所有权令其停止上市交易。

债券在证券交易所的交易采取公开竞价的方式，对于买卖双方而言是一种双向竞价（Free Double Auction），既有买者之间的竞争，也有卖者之间的竞争，还有买卖双方之间的竞争。买者尽可能以低的价格买入，而卖者则尽可能以高的价格出售。在这种竞买竞卖过程中，当某一价格为买卖双方所接受时，就会立即成交。而在任何时点上，在等待成交的限制指令价格之间的差则被称为买盘—卖盘价差（Bid - offer or Bid - ask Spread）。

证券交易所内的买卖主要通过各自的证券经纪商和交易商进行。经纪人在交易所进行交易时，遵循“价格优先”和“时间优先”的原则，以体现公开、公正、公平竞争的原则。报价较高的买者可以优先于报价低的买者买到证券；报价低的卖者可以优先于报价高的卖者卖出证券。在报价相同的情况下，则按委托指令发出时间的先后顺序成交。

2. 柜台交易市场

除证券交易所交易市场外，债券交易还存在场外交易市场。证券场外交易，是指在证券交易所外进行的证券交易。由于债券在交易所挂牌上市要符合一定的条件和规定，要经过较为严格的审核，而有些债券无法达到上市所规定的要求，为了满足其流动性的需要，就形成了场外交易。在西方国家，大部分公司债券都是在场外进行交易的。

（二）债券的交易方式

债券持有者与债券投资者（二级市场认购者）之间直接进行交易，在技术、成本、信息以及风险防范上，都存在一定的困难或障碍，因此，成交的机会不是很多，而且交易成本也比较高，所以直接交易方式很少被采用，在有些国家还被视为非法交易或“黑市交易”而加以限制和禁止。因此，本书主要介绍代理买卖和自营买卖这两种交易方式。

1. 代理买卖方式

代理买卖也叫委托买卖，是指债券买卖双方委托各自的经纪人代理进行买卖。也就是说，债券经纪人根据客户的委托代理买卖债券，从代理买卖中收取一定的佣金，即手续费。

在证券交易所内的交易中，代理买卖或委托买卖债券的程序按时间顺序大致可分为三大阶段、八个环节。

（1）第一阶段是准备阶段。进入交易所前必须经过以下三个环节：

一是联系证券经纪人。该经纪人必须是交易所会员，既熟悉业务，又有丰富的经验，一般都由证券公司来担任。

二是开户。投资者必须在找好的证券公司（经纪人）处开立委托买卖账户，填写证券买卖契约，写明投资者的真实姓名、地址、职业、工作单位、电话号码、主要经历、委托交易的内容。投资者根据所选用的交易方式，开立现金账户或保证金账户，若采用现金交易方式就开立现金账户，若采用信用交易方式则开立保证金账户。

三是委托。开户之后，客户随时可以采取面谈、电话、电报或书信等方式，委托证券公司买卖债券，对下列事项作出明确指令：

①买入债券还是卖出债券。

②买入或卖出债券的数量。

③债券名称（种类）。

④交易结算的方式和时间，即是现金结算还是转账结算，是当日、普通日还是特约日、发行日结算。

⑤委托价格，主要有三种：一为限价，即限定买卖的价格；二为市价，客户只提出买卖的种类和数量，不指定价格，由经纪人在交易厅内按当时的市场价格买入或卖出；三为中心浮动价，客户以限价为中心，给予一定的上下浮动幅度，允许经纪人在浮动幅度内执行委托。

⑥交易方式，是现金交易、信用交易，还是期货交易、期权交易。

⑦买入或卖出的时间，如开盘买卖还是收盘买卖的具体时间要求。

⑧委托买卖的有效时间，指明其委托指令是当日有效、周内有效、本月有效还是无限期有效。

（2）第二阶段是成交阶段。这是在交易所内完成交易需要经过的程序，主要有以下三个环节：

一是传递指令。场外证券公司接到客户的委托指令后，立即用电话或将委托单输入计算机终端，将交易信息传送给派往交易所的经纪人。经纪人接到委托指令后，按先后顺序登记委托登记簿。

二是买卖成交。交易厅的经纪人根据客户的买卖要求，按“价格优先，时间优先”原则，选择合适的买卖对象，决定成交的价格和数量。典型的债券买卖交易可分为三步：

①报价，又叫开价，就是在交易时公布债券的价格。

②竞价，又叫竞价买卖，是以拍卖的方式进行的，通常在多个卖者和多个买者之间展开竞争。在竞争买卖中，始终贯彻时间优先和价格优先的原则。

③成交，这意味着交易双方对买卖债券的种类、价格和数量都表示满意，并完成了必要的程序。成交的方式有两种：一种是以书面形式达成契约或协议；另一种是口头承诺，由于办理成交的都是交易厅内的经纪人，彼此非常熟悉，口头承诺也是成交常用的方式。

三是确认公布。成交后，经纪人一方面通过证券公司告知客户达成交易的情况，准备进行交割；另一方面要把成交的信息告诉交易所营业员，营业员把成交信息转告交易所有关机构确认，确认无误后通过电子计算机显示在交易厅的交易行情牌上，同时通过计算机把信息传送到证券公司（场外柜台）、市场信息公司、新闻媒介单位，及时予以报道。

（3）第三阶段是清算阶段。这是债券买卖成交以后需要经过的程序，主要有以下两个环节：

一是支付佣金。债券买卖成交后，客户应按规定向经纪人支付委托买卖的手续费，称为佣金。一般来说，佣金比率的大小与委托交易额成反比，交易额越高佣金比率越低，反之则相反。

二是债券交割。买卖双方达成交易后，就要进行款券的交割程序。一般是先在客户与证券公司之间进行，买入债券的客户将钱款交给证券公司，卖出债券的客户将债券交给证券公司，有时在委托时就已进行了这种传递。若客户在成交后的规定时间内不能交割款券，证券公司有权将购入债券卖出或将卖出债券买回，由此产生的损失由客户承担。客户和证券公司交割完毕，就要在证券公司之间进行交割。证券公司之间的交割一般在交易所的主持下进行。

2. 自营买卖方式

自营买卖，也叫自己买卖，即交易商先用自己的资金买入债券，然后再以略高于买入价的价格卖出债券，从中赚取价差。

在证券交易所内的交易中，自营买卖主要是那些取得自营商资格的交易商，在交易所中拥有席位和自营柜台，可以根据自己的分析、判断和预测，买进和卖出某些债券。当其预测某种债券的价格不久将上升时，就会先买入这种债券，当该种债券的价格果然上升时，其就会卖出这种债券，从中赚取价差收益。而当其判断某种债券的价格不久将下跌时，就会立即卖掉该种债券，卖一个相对好的价钱，当这种债券的价格果然下跌时，其就可以考虑再买进这种债券。

在交易所中，自营买卖在报价、竞价、成交等方面，与代理买卖基本相同，同样也要遵循"价格优先，时间优先"的原则。所不同的是，自营买卖没有委托、传递指令、支付佣金等环节。

在场外交易中，债券自营买卖主要是证券公司买进和卖出债券，因而形成债券的转让交易。具体主要通过两种方式进行：一是证券公司以批发价格从其他证券公司买进债券，然后再以零售价格将债券出售给客户；二是证券公司以零售价格从客户手中买进债券，然后再以较低的批发价格出售给其他证券公司，或再以较高的零售价格出售给客户，证券公司从买卖中赚取差价收入。

（三）债券的交易形式

债券流通市场上的交易形式主要有现货交易、期货交易、期权交易和回购协议等。

1. 现货交易

现货交易，是指交易双方在成交后立即交割，或在极短的期限内交割的交易方式。在实际交易过程中，从债券成交到最后交割清算，总会有一个较短的拖延时间，只是这段时间比较短。因此可以说，现货交易不完全是现金交易，不是一手交钱、一手交货。一般来讲，现货交易按交割时间的安排可以分为三种：（1）即时交易，即于债券买卖成交时立即办理交割；（2）次日交割，即成交后的第二天办理交割；（3）即日交割，即于成交后限定几日内完成交割。

2. 期货交易

期货交易，是指交易双方在成交后按照期货协议规定条件远期交割的交易方式，其交易过程分为预约成交和定期交割两个步骤。期货交易对冲交易多，而实际交割少，采取有形市场的方式，市场表现活跃，流动性好。进行债券的期货交易，既是为了回避风险、转嫁风险，实现债券的套期保值，同时，因其是一种投机交易，也要承担较大风险。因为债券的成交、交割及清算时间是分开的，清算时是按照买卖契约成立时的债券价格计算而不是按照交割时的价格计算。而在实际中，由于种种原因，债券价格在契约成立时和实际交割时往往是不一致的。当债券价格上涨时，买者会以较少的本钱获得较多的收益；当债券价格下跌时，卖者会取得较好的收益，而不致发生损失。通过对未来行市涨跌的预测，交易者做多头或空头交易是期货交易中最常用的两种交易方式。

3. 期权交易

期权交易，又称为选择权交易，是投资者在给付一定的期权费后取得的一种可按约定价格在规定期限内买进或卖出一定数量的金融资产或商品的权利。

4. 回购协议

回购协议，是指债券买卖双方按预先签订的协议，约定在卖出一笔债券后的一段时间内再以特定的价格买回这笔债券，并按商定利率付息。这种有条件的债券交易形式实质上是一种短期的资金借贷融通。这种交易对卖方来讲，实际上是卖现货买期货，对买方来讲，是买现货卖期货。

回购协议的期限有长有短，最短的为 1 天，称为隔夜交易，最长的也有 1 年的，一般为 1 个星期、2 个星期、3 个星期或 1 个月、2 个月、3 个月、6 个月。回购协议的利率由协议双方根据回购期限、货币市场行情以及回购债券的质量等有关因素来议定，与债券本身的利率无直接关系。

第三节　债券的估价和收益

一、债券的估价

（一）债券估价的含义

债券的价格也称为债券的内在价值（Intrinsic Value），它等于未来现金流的现值之和，即等于来自债券的预期货币收入的现值。投资者购买债券，可以获得稳定的利息收入并在到期时收回本金，但也要付出一定的成本，这就是购买价格。作为一种投资，现金流出是购买价格，现金流入是利息和归还的本金，或出售债券时得到的现金。债券未来现金流入的现值，称为债券的价格或债券的内在价值。如果不考虑风险问题，若债券的价值大于其市价（购买价格），才值得购买。债券的价值是债券投资决策使用的主要指标之一。

债券的价格依赖于两个因素：一是预期未来的现金流，即周期性支付的利息和到期偿还的本金。二是贴现利率，即投资者要求的收益率，它反映了货币的时间价值和债券的风险。贴现利率也是机会成本，即从相同期限和相同信用等级的可比债券中能够获得的当前市场利率。

（二）债券的基本定价公式

对于一般的按期付息的债券来说，其预期现金流量有两个来源：到期日前定期支付的息票利息和本金（印在债券上的面额）。其必要收益率可参照可比债券确定。因此，对于1年付息一次的债券，若用复利计算，其价格决定公式为

$$P=\frac{C}{1+r}+\frac{C}{(1+r)^2}+\cdots+\frac{C}{(1+r)^n}+\frac{M}{(1+r)^n}=\sum_{t=1}^{n}\frac{C}{(1+r)^t}+\frac{M}{(1+r)^n}$$

为简便计算，发行价格用 P 表示，C 为每年支付的利息，M 为票面价值，即为本金，n 为剩余年期数，r 为市场利率。故单利计算的价格决定公式也可表示为

$$P=\sum_{t=1}^{n}\frac{C}{1+t\times r}+\frac{M}{1+n\times r}$$

（三）几种典型债券的定价分析

1. 零息债券的定价

零息债券不进行任何周期性的利息支付，而是将到期价值和购买价格之间的差额作为投资者得到的利息。其期限通常不超过1年，一般为3个月、6个月和1年期。其发行一般都是折价发行，投资者以低于面值的价格购买债券，到期获得债券的面值，赚取的价差作为利息。

零息债券面值为 F，市场利率为 i，年期数为 n，D 为年期数对应的计息基数，例如设置1年为360天，则 $D=360$，则该债券的价格计算公式为

$$P=F-\frac{n}{D}\times i\times F$$

【例4－1】一张面值为1000元的零息债券，期限为4个月（121天），市场利率为7.5%，这里的计息基数为360天。则该债券的价格为

$$P=1000-\frac{121}{360}\times 7.5\%\times 1000=974.79\text{（元）}$$

2. 永久债券的定价

永久债券，顾名思义就是没有到期日的债券，即债券发行者不需要偿还本金，但要向投资者永久地支付利息。

假设一张永久债券每年支付的利息额为 C，每年的付息次数为 t，市场利率为 r，该永久债券的价格等于无数次利息的现值之和。

$$P=\frac{C}{t\times(1+\frac{r}{t})}+\frac{C}{t\times(1+\frac{r}{t})^2}+\cdots+\frac{C}{t\times(1+\frac{r}{t})^n}+\cdots=\frac{C}{r}$$

由公式可以看出，永久债券的价格只与每年支付的利息额和市场利率有关，与一年内的付息次数无关。

【例4-2】一张永久债券每年支付的利息额为80元，市场利率水平为7.5%，那么债券的价格为

$$P=80/0.075=1066.67（元）$$

3. 等额偿还债券的定价

等额偿还债券是指本息在债券到期日之前平均偿还的债券。设该等额偿还债券每年偿还本息总额为M，每年支付的次数为f，市场利率为r，债券剩余的偿还次数为n，其价格公式为

$$P=\sum_{t=1}^{n}\frac{M}{f(1+\frac{r}{f})^{t}}=\frac{M}{r}-\frac{M}{r(1+\frac{r}{f})^{n}}$$

【例4-3】一张期限为5年的等额偿还债券，每年等额偿还本息额为120元，1年支付两次，投资者要求的收益率为8%，债券的剩余偿还次数$n=10$，其价格为

$$P=\frac{120}{8\%}-\frac{120}{8\%\times(1+8\%/2)^{5\times2}}=486.49（元）$$

4. 附息债券的定价

附息债券是债券发行人承诺在债券到期日之前，按照之前的票面利率定期向投资者支付利息，并在债券到期时偿还本金的债券。附息债券是债券市场中最普遍、最具有代表性的债券。附息债券的期限一般在1年以上30年以下，但最长可到100年。付息频率一般为1年一次或半年一次。按照票面利率，附息债券分为固定利率债券和浮动利率债券。固定利率债券的利率在发行时就已经确定。浮动利率债券在发行时只是规定了基准利率（如欧洲债券市场一般采用LIBOR，我国目前采用1年期人民币定期存款利率）以及利差，浮动利率债券的利率为基准利率加上利差。债券发行时，根据起息日的基准利率和利差确定第一个计息期的利率，再根据第一个付息日时的基准利率和利差确定第二个计息期的利率……直到最后一次还本付息。2000年4月26日，国家开发银行发行的10年期浮动利率债券的基本利差为72.5个基点，基准利率为1年期存款利率，1年付息一次，起息日为2000年5月6日。2000年5月6日，1年期存款利率为2.25%，因此，该浮动利率债券第一个计息期的利率为2.975%。下面，我们主要讨论固定利率债券。

设面值为M的附息债券，剩余付息次数为n，1年付息次数为f，票面利息为C，则每期支付的利息额为$\frac{C}{f}$，附息债券的收益率为r，则其发行价格为

$$P=\sum_{t=1}^{n}\frac{\frac{C}{f}}{(1+\frac{r}{f})^{t}}+\frac{M}{(1+\frac{r}{f})^{n}}=\frac{C}{f}\left[1-\frac{1}{(1+\frac{r}{f})^{n}}\right]+\frac{M}{(1+\frac{r}{f})^{n}}$$

（四）债券价值的影响因素

1. 到期时间

从本节的公式可以发现，当市场利率 r 和债券的到期收益率 y 上升时，债券的内在价值和市场价格都将下降。当其他条件完全一致时，债券的到期时间越长，债券价格的波动幅度越大。但是，当到期时间变化时，债券的边际价格变动率递减。

【例 4－4】假定存在 4 种期限分别是 1 年、10 年、20 年和 30 年的债券，它们的息票率都是6%，面值均为 100 元，其他属性也完全一样。如果起初的市场利率为 6%，根据内在价值的计算公式可知这 4 种债券的内在价值都是 100 元。如果相应的市场利率上升或下降，这 4 种债券的内在价值的变化如表 4－1 所示。

表 4－1 内在价值（价格）与期限之间的关系 单位：元

相应的市场利率	期限			
	1 年	10 年	20 年	30 年
4%	102	116	127	135
5%	101	108	112	115
6%	100	100	100	100
7%	99	93	89	88
8%	98	86	80	77

资料来源：黄亚均．现代投资银行的业务和经营［M］．上海：立信会计出版社，1996.

由表 4－1 可知，当市场利率由现在的 6% 上升到 8% 时，4 种期限的债券的内在价值分别下降 2 元、14 元、20 元和 23 元；反之，当市场利率由现在的 6% 下降到 4% 时，4 种期限的债券的内在价值分别上升 2 元、16 元、27 元和 35 元。同时，当市场利率由现在的 6% 上升到 8% 时，1 年期和 10 年期的债券的内在价值下降幅度相差 12 元，10 年期和 20 年期的债券的内在价值下降幅度相差 6 元，20 年期和 30 年期的债券的内在价值下降幅度相差 3 元。可见，由单位期限变动引起的边际价格变动率递减。

2. 息票率

债券的到期时间决定了债券投资者取得未来现金流的时间，而息票率决定了未来现金流的大小。在其他属性不变的条件下，债券的息票率越低，债券价格的波动幅度越大。

【例 4－5】存在 5 种债券，期限均为 20 年，面值均为 100 元。唯一的区别在于息票率，它们的息票率分别为 4%、5%、6%、7% 和 8%。假设初始的市场利率水平为 7%，那么，可以利用复利计算公式分别计算出各自的初始内在价值。如果市场利率发生了变化（上升到 8% 和下降到 5%），相应地可以计算出这 5 种债券的新的内在价值。具体结果见表 4－2。

表 4－2　内在价值（价格）变化与息票率的关系

息票率	相应的市场利率下的内在价值（元）			内在价值变化率（7% 到 8%）	内在价值变化率（7% 到 5%）
	7%	8%	5%		
4%	68	60	87	－11.3%	＋28.7%
5%	78	70	100	－10.5%	＋27.1%
6%	89	80	112	－10.0%	＋25.8%
7%	100	90	125	－9.8%	＋25.1%
8%	110	100	137	－9.5%	＋24.4%

资料来源：黄亚均．现代投资银行的业务和经营［M］．上海：立信会计出版社，1996.

3. 可赎回条款

许多债券在发行时含有可赎回条款，即在一定时间内发行人有权赎回债券。这是有利于发行人的条款，因为，当市场利率下降并低于债券的息票率时，债券的发行人能够以更低的成本筹到资金。此时，发行人可以行使赎回权，将债券从投资者手中收回。尽管债券的赎回价格高于面值，但是，赎回价格的存在制约了债券市场价格的上升空间，并且增加了投资者的交易成本，降低了投资者的投资收益率。为此，可赎回债券往往规定了赎回保护期，即在保护期内，发行人不得行使赎回权。常见的赎回保护期是发行后的 5～10 年。

一般而言，可赎回条款的存在，降低了该类债券的内在价值，并且降低了投资者的实际收益率。并且，息票率越高，发行人行使赎回权的概率越大，即投资债券的实际收益率与债券承诺的收益率之间的差额越大。

4. 税收待遇

在不同的国家之间，由于实行的法律不同，不仅不同种类的债券可能享受不同的税收待遇，而且同种债券在不同的国家也可能享受不同的税收待遇。债券的税收待遇的关键，在于债券的利息收入是否需要纳税。由于利息收入纳税与否直接影响着投资的实际收益率，所以，税收待遇成为影响债券的市场价格和收益率的一个重要因素。例如，美国法律规定，地方政府债券的利息收入可以免缴联邦收入所得税，所以地方政府债券的名义到期收益率往往比类似的但没有免税待遇的债券要低 20%～40%。此外，税收待遇对债券价格和收益率的影响还表现在贴现债券的价值分析中。贴现债券具有延缓利息税收支付的优势，但对于美国地方政府债券的投资者来说，贴现的地方政府债券可以免缴联邦收入所得税，这使得贴现债券的税收优势不复存在，所以，在美国地方政府债券市场上，贴现债券品种并不流行。对于贴现债券的内在价值而言，由于具有延缓利息税收支付的待遇，它们的税前收益率水平往往低于类似的但没有免税待遇的其他债券，所以，享受免税待遇的债券的内在价值一般略高于没有免税待遇的债券。

5. 流通性

债券的流通性，或者流动性，是指债券投资者将手中的债券变现的能力。如果变现的速度很快，并且没有遭受变现所可能带来的损失，那么这种债券的流动性就比较高；反之，如果变现速度很慢，或者为了迅速变现必须为此承担额外的损失，那么，这种债券的流动性就比较低。

通常用债券的买卖差价的大小反映债券的流动性大小。买卖差价较小的债券的流动性比较高；反之，流动性较低。这是因为绝大多数债券的交易发生在债券的经纪市场。对于经纪人来说，买卖流动性高的债券的风险低于流动性低的债券，所以，前者的买卖差价小于后者。所以，在其他条件不变的情况下，债券的流动性与债券的名义到期收益率之间呈反比关系，即流动性高的债券的到期收益率比较低，反之则相反。相应地，债券的流动性与债券的内在价值呈正向关系。

6. 发债主体的信用程度

发债主体的信用程度是指债券发行人按期履行合约规定的义务，足额支付利息和本金的可靠性程度，又叫作违约风险。一般来说，除了政府债券以外，其他债券都有不同程度的违约风险。发债者资信程度高的，其债券的风险就小，投资者要求的收益率就低，因而其债券价格就高；而资信程度低的，其债券价格就低。所以在债券市场上，对于其他条件相同的债券，国债的价格一般高于金融债券，而金融债券的价格一般又高于企业债券。

债券评级是反映债券违约风险的重要指标。美国是目前世界上债券市场最发达的国家，所拥有的债券评级机构也最多。其中，最著名的两家是标准·普尔公司（Standard & Poor's，S&P）和穆迪投资者服务公司（Moody's Investors Services）。尽管这两家公司的债券评级分类有所不同，但是基本上都将债券分成两类：投资级或投机级。投资级的债券被评为最高的四个级别，例如，标准·普尔公司和穆迪投资者服务公司分别将AAA、AA、A、BBB和Aaa、Aa、A、Baa四个级别的债券定义为投资级债券，将BB级以下（包括BB级）和Ba级以下（包括Ba级）的债券定义为投机级债券。有时人们将投机级的债券称为垃圾债券（Junk Bonds），将由发行时的投资级转变为投机级的债券形象地称为“失落的天使”（Fallen Angels）。

既然债券存在着违约风险，投资者必然要求获得相应的风险补偿，即较高的投资收益率。所以，违约风险越高，投资收益率也应该越高。

（五）债券定价原理

1962年，麦尔齐（Malkiel）系统地提出了债券定价的五个原理。至今，这五个原理仍然被视为债券定价理论的经典。

定理一：债券的价格与债券的收益率呈反向变动关系。换句话说，当债券的价格上升时，债券的收益率下降；反之，当债券的价格下降时，债券的收益率上升。

定理二：当债券的收益率不变，即债券的息票率与收益率之间的差额固定不变时，债券的到期时间与债券价格的波动幅度之间成正比例关系。换言之，到期时间越长，价格波动幅度越大；反之，到期时间越短，价格波动幅度越小。

这个定理不仅适用于不同债券之间的价格波动的比较，而且可以解释同一债券的期满时间的长短与其价格波动之间的关系。

定理三：随着债券到期时间的临近，债券价格的波动幅度减少，并且是以递增的速度减少；反之，到期时间越长，债券价格波动幅度增加，并且是以递减的速度增加。

这个定理同样适用于不同债券之间的价格波动的比较，以及同一债券的价格波动与其到期时间的关系。

定理四：对于期限既定的债券，由收益率下降导致的债券价格上升的幅度大于同等幅度的收益率上升导致的债券价格下降的幅度。换言之，对于同等幅度的收益率变动，收益率下降给投资者带来的利润大于收益率上升给投资者带来的损失。

定理五：对于期限给定的收益率变动幅度，债券的息票率与债券价格的波动幅度之间呈反比关系。换言之，息票率越高，债券价格的波动幅度越小。

值得注意的是，定理五不适用于 1 年期的债券和以统一公债为代表的无限期债券。

二、债券的收益

人们投资债券时，最关心的就是债券的收益有多少。为了精确衡量债券的收益，一般使用债券收益率这个指标。债券收益率是债券收益与其投入本金的比率，通常用年率表示。债券收益与债券利息有所不同，债券利息仅指债券票面利率与债券面值的乘积。由于人们在债券持有期内，还可以通过债券流通市场进行买卖，赚取价差，因此，债券收益除利息收入外，还包括买卖盈亏差价。衡量债券收益率的指标主要有到期收益率和持有期收益率。

（一）到期收益率

到期收益率是使一种债券或其他金融资产的购买价格等于其预期的年净现金流（收入）的现值的比率。其公式为

$$P=\frac{l_1}{1+y}+\frac{l_2}{(1+y)^2}+\cdots+\frac{l_n}{(1+y)^n}+\frac{M}{(1+y)^n}$$

其中，P 为债券购买价格，l_n 为第 n 期利息收入，M 为债券面额。

【例 4－6】某投资者于 2005 年 3 月 1 日平价购买一张面额为 100 元的附息国债，其票面利率为 10%，每年 3 月 1 日支付一次利息，并于 2010 年 3 月 1 日到期。若该投资者持有这个国债直至到期日，其到期收益率通过公式可以计算出：

$$100=\sum_{n=1}^{5}\frac{100\times 10\%}{(1+y)^n}+\frac{100}{(1+y)^5}$$

用 $y=10\%$ 计算：

$$\sum_{n=1}^{5}\frac{100}{(1+10\%)^n}+\frac{100}{(1+10\%)^5}=\frac{10}{1.1}+\frac{10}{1.21}+\frac{10}{1.33}+\frac{10}{1.46}+\frac{10}{1.61}+\frac{100}{1.61}=100$$

可见，平价发行的每年付一次利息的债券，其到期收益率等于其票面利率。在计算

贴息债券的收益率时，只要将原有的计算债券价格的公式进行转换就可得到到期收益率。

$$单利收益率 = \frac{面额 - 市场价格}{面额} \times \frac{360}{距到期天数} \times 100\%$$

$$复利收益率 = \left(\sqrt[距到期年数]{\frac{面额}{购买价格}} - 1\right) \times 100\%$$

（二）持有期收益率

如果债券的购买者只持有债券的一段时间，并在到期日前将其出售，那么就出现了持有期收益率。持有期收益率的计算公式为

$$P = \frac{C_1}{1+h} + \frac{C_2}{(1+h)^2} + \cdots + \frac{C_m}{(1+h)^m} + \frac{P_m}{(1+h)^m}$$

其中，h 为持有期收益率，它是使一种债券的市场价格（P）等于从该债券的购买日到卖出日全部的净现金流（包括卖出价 P_m），其中投资者的持有期涵盖 m 个阶段；C_m 为第 m 期的利息收入。

现值表为计算到期收益率与持有期收益率提供了一个合理而准确的方法，但由于它是一个反复试验的过程，为了节省时间，证券交易商和有经验的投资者常常使用债券收益率表（见表4－3），该表给出了息票率、到期日和价格给定的债券的收益率。

假设投资者持有一张息票率为10%，票面额为100美元的债券，在确定的到期年数下，可以找到该债券的购买价格。如果10年期债券的购买价格为94.02美元，那么它的到期收益率就为11%。

表4－3　债券收益率表（息票率为10%的债券价格）　　单位：美元

到期收益率（%）	债券到期年数				
	5年	10年	15年	20年	25年
5	121.88	138.97	152.33	162.76	170.91
6	117.06	129.72	139.20	146.23	151.46
7	112.47	121.32	127.59	132.02	135.18
8	108.11	131.59	117.29	119.79	121.48
9	103.96	106.50	108.14	109.20	109.88
10	100.00	100.00	100.00	100.00	100.00
11	96.23	94.02	92.73	91.98	91.53
12	92.64	88.53	86.24	84.95	84.24
13	89.22	83.47	80.41	78.78	77.91
14	85.95	78.81	75.18	73.34	72.40
15	82.84	74.51	70.47	68.51	67.56

资料来源：夏德仁．金融市场学［M］．大连：东北财经大学出版社，2002.

第四节　中国政府债券

一、中国中央政府债券发展情况及特点

（一）发展情况

我国的中央政府债券市场发展，大致可以分为以下几个阶段。

1. 萌芽阶段（1950—1980 年）

中国政府于 1950 年发行的“人民胜利折实公债”成为新中国历史上第一种国债。1954 年至 1958 年，我国每年发行一期“国家经济建设公债”，发行总额为 35.44 亿元。1958 年后，国债被终止发行。1968 年，国家付清了全部内外债本息，进入了十年的既无内债又无外债的“债务空白期”。

2. 恢复阶段（1981—1987 年）

1978 年 12 月，党的十一届三中全会召开，明确把党和国家的工作重心转移到经济建设上来。为了调整和稳定经济，适当集中财力进行社会主义建设，国家又开始举借债务。1981—1987 年，国债年均发行规模仅为 59.5 亿元。这一期间国债发行采取行政摊派形式，面向国营单位和个人，发行后不能流通转让，且存在利率差别。此外，国债品种也比较单一，大部分为到期一次偿付的中长期零息国债。

3. 场外市场为主到场内市场为主阶段（1988—1996 年）

1988 年，国家分两批在 61 个城市进行国债流通转让试点，场外二级市场逐步形成，1990 年后，国债开始在交易所交易，形成场内交易市场。1991 年，我国开始试行国债发行的承购包销，1993 年 10 月，上海证券交易所推出国债期货新品种，但 1995 年“327 国债事件”的发生，致使国债期货交易于 5 月暂停，直到 18 年后的 2013 年 9 月才重新推出 5 年期的国债期货合约。1994 年，我国借助上海证券交易所的交易与结算网络系统，成功地发行了半年期和一年期的无纸化国债。1995 年，引进招标发行方式，以记账形式成功地发行了一年期国债。1996 年，我国国债“发行市场化、品种多样化、券面无纸化、交易电脑化”的目标基本实现。

4. 银行间市场为主阶段（1997 年至今）

1996 年底，中央国债登记结算公司成立，专门负责国债登记托管业务。1997 年 6 月，中国人民银行发出通知，要求所有商业银行从交易所国债市场撤出，开办银行间证券市场。商业银行持有的国债由中央国债登记结算公司托管，商业银行不能再购买和增加国债持有量。自 1998 年起，商业银行重新被允许购买和持有国债。之后，保险公司、基金等机构投资者陆续进入银行间市场。银行间市场已经成为中国国债市场的主要组成部分。

（二）国债的特点

国债作为中央政府债券，指的是中央政府以债务人的身份、以国家信用为担保发行的债券，具有自愿性、社会性、金融性等特点。

所谓自愿性，是指国债的发行和认购是建立在应债主体自愿承受的基础上的。应债主体是否购买国债以及购买多少，完全由其自主决定，政府部门不能凭借其拥有的权力强迫应债主体认购国债。所谓社会性，是指在国债发行中，认购国债的应债主体可以是社会的各机构和个人，发行人一般不得限制认购者的身份资格。所谓金融性，不仅表现在国债利率对基本利率形成有着至关重要的影响上，也不仅表现为在中央银行开展公开市场业务的条件下，国债交易直接影响着货币的投放量，还表现为国债本身就是证券市场的主要交易对象之一。

（三）国债的分类

按期限长短，国债可分为短期国债、中期国债和长期国债。各个国家确定短期国债、中期国债、长期国债的期限略有不同。短期国债，通常期限为 3 个月、6 个月、9 个月；中期国债和长期国债的期限在各国有所不同，比如美国的中期国债期限为 1 ~ 10 年，日本的中期国债期限为 2 ~ 5 年，美国的长期国债期限为 10 年以上。

此外，国债还有其他许多种类，如实物国债、折实国债、可流通国债、不可流通国债、无纸化国债、实物券国债、凭证式国债、记账式国债等。

（四）存在的问题

新中国成立以来，我国的国债市场建设虽然已经取得了一些成就，但是仍然存在着一些缺陷和不足：（1）国债品种主要以中长期国债为主，短期国债品种严重缺乏，国债期限结构不合理；（2）由于我国国债期限单一，交易主体单一，市场参与者的市场操作水平有限，国债市场的流动性不足；（3）我国没有一部系统规范国债市场行为的基本大法，国债市场仍处于多头管理的格局，容易出现监管重复和空白；（4）我国国债市场缺乏风险规避工具；（5）国债在交易所市场、银行间债券市场和柜台市场三个市场之间没有有效连通。

二、中国地方政府债券发展情况及特点

（一）发展情况

目前全世界已有多个国家发行地方政府债券。美国的市政债券代表着分权制国家的地方债券市场制度，日本的地方政府债券则代表了集权制国家的地方债券市场制度。此外，近年来在欧洲、阿根廷和巴西等国家和地区，地方政府债券市场也已具备一定规模。我国地方政府债券的发行经历了严禁地方债券发行、财政部代发地方债、地方

政府“自发代还”和地方政府“自发自还”四个时期。

1. 严禁地方债券发行时期

在我国，地方政府债券是以地方政府为发债主体，但往往也把地方企业发行的债券列为地方债券范畴。20 世纪 80 年代末至 90 年代初，我国许多地方政府为了筹集资金修路建桥，都曾经发行过地方政府债券。1993 年，地方政府债券被国务院明确叫停，原因是对地方政府承付的兑现能力有所怀疑。1995 年 1 月 1 日起施行的《预算法》第二十八条明确规定：除法律和国务院另有规定外，地方政府不得发行地方政府债券。“地方政府债券”的禁令一直保持至 2009 年。

2. 财政部代发地方债时期

2009 年，我国实施积极的财政政策，通过发行国债增加政府公共投资。同时，为应对国际金融危机、增强地方安排配资资金和扩大政府投资的能力，经国务院批准，财政部开始代理各地方政府发债，连续三年每年均安排了 2000 亿元地方债券的代发业务。在这一机制下，财政部代办还本付息，地方政府再向财政部偿还相关款项。这一阶段是由财政部代地方政府发债，不是真正意义上的地方政府债券。

3. 地方政府“自发代还”时期

2011 年 10 月 20 日，国务院批准了上海市、浙江省、广东省、深圳市开展地方政府自行发债试点，试点省市的地方发债额度仍包含在每年 2000 亿元的中央代发地方债内。自发代还，表明地方债发行端开始放开，但还本付息还是由财政部代办，因此，这被业内认为是“跨了半步”，但这突破了财政部代发模式，对于我国地方政府债券市场的发展具有标志性意义。

4. 地方政府“自发自还”时期

2014 年 5 月 22 日，财政部印发《2014 年地方政府债券自发自还试点办法》，继续推进地方政府债券改革，明确地方政府债券“自发自还”的新机制。试点地区按照有关规定开展债券信用评级，这是我国地方政府债券发展中的一大进步。2015 年 1 月 1 日，我国修订后的《预算法》开始实施，规定“经国务院批准的省、自治区、直辖市的预算中必需的建设投资的部分资金，可以在国务院确定的限额内，通过发行地方政府债券举借债务的方式筹措”。

（二）地方政府债券的特点

地方政府债券是指地方政府或政府公共机构发行的债券。地方政府发行公债的目的主要是为当地的交通、通信、教育、环保、市政建设等筹集资金。

地方政府债券具有以下几个特点。

1. 地方性

地方政府债券一般是在该发债政府的辖区内发行，由本辖区的各类机构和个人购买，所募集的资金用于满足该地方政府的财政开支需要和有关项目建设需要。因此，从发行人身份、目的、资金来源和资金用途等方面来说，地方政府债券都带有明显的地方特点。受此制约，一方面，各地方政府发行债券的期限、利率、数量、时间等不尽相同；另一方面，与国债相比，地方政府发行债券的数量较少而风险则相对较大。

2. 税收优惠

地方政府债券的持有者通过持有地方政府债券所得到的利息常常享有一些免税优惠待遇，实际上使投资此类债券的收益明显提高，从而促进了此类债券的发行。

3. 流动性较弱

地方政府债券作为一种证券，在发行后，虽然也可以进入证券交易市场，具有一定的流动性，但中央银行的公开市场业务不以它们为主要操作对象，因此，相对于国债来讲流动性较弱。同时，此类债券的利率也很难成为货币市场的基准利率。

（三）地方政府债券的分类

与国债相同，地方政府债券也可以按期限长短、发债目的等的不同，划分为不同的类型。但地方政府债券也存在一些特殊的类型，一般分为一般责任债券、岁入债券和混合及特种债券。

一般责任债券，是指由地方政府发行并以其征税能力为还本付息担保的债券。地方政府发行这种债券所筹集的资金，主要用于公用基础设施建设。一般责任债券，按偿债税收来源的不同，可分为无限税款债券、有限税款债券和特别税款债券。

岁入债券，是指由地方政府或其分支机构发行的，以特定的公共项目收益作为偿债保证的债券。岁入债券发行的目的通常是满足公共项目或公用事业企业对资金的需求。这种债务的本息偿还，不以地方政府的税收能力为保证，而以特定项目的收益为保证，就此而言，它类似于公司债券或企业债券。

混合及特种债券，是兼有一般责任债券和岁入债券特点的地方政府债券。这种债券的形式是多种多样的，一般的特点是政府对一部分本金和利息的偿付以税收收入作为保证，另一部分的偿付则由项目收入、商业性保险公司以及信贷支持资金予以保证。

（四）存在的问题

目前，我国地方政府债券的发展仍然缓慢，这主要是因为在地方政府债券发行的过程中，还存在着一些尚未解决的问题：第一，地方政府债券市场管理法治化程度不高。我国地方政府债券相关的系统性法律体系还没有建立起来，除了《预算法》对地方政府债券发行做了一些规定外，关于地方政府债券的其他法律制度基本上是空白。不完善的法律监管体系，造成地方政府债券市场违法行为得不到监管及惩罚，地方政府易受短期行为驱使，隐患较多，在投资人与地方政府产生权益矛盾时无法可依，也进一步影响了地方政府债券市场发展。第二，盲目过度负债。地方政府存在上项目和投资的内在冲动。第三，负债结构不合理。大量借助地方融资平台的基建项目，多为中长期负债，公益性强、预期收益低、回收期长。从产品结构上看，地方政府债券的种类也比较有限。

第五节　中国的企业债券

一、发展情况

纵观我国企业债券产生后三十多年的发展历程，可以分为以下几个阶段。

（一）自发阶段

从 1984 年开始，有些企业开始自发地向企业职工内部集资或者向社会公开发行债券。企业债券交易市场于 1986 年开始出现，沈阳市信托投资公司是第一家办理债券买卖、转让业务的区域性市场，其性质属于柜台市场。截至 1986 年底，企业债券累计发行规模达 100 亿元左右。

（二）早期发展阶段

1987 年 3 月 27 日，国务院颁布实施《企业债券管理暂行条例》，开始对企业债券进行统一管理。1987 年 3 月 28 日，国务院又发布了《关于加强股票、债券管理的通知》，强调了全民所有制企业可以发行债券，机关团体、事业单位、集体所有制企业以及公民个人不得发行债券等内容。自 1987 年开始，我国编制了初步的企业债券发行计划。

1988 年 9 月，国家计委在财政金融司成立债券处，主要负责编制国内债券发行计划。这一阶段，只有国有企业可以发行企业债券，其利率、期限都比较简单，企业债券的流通则主要通过各地信托投资公司的柜台业务进行。上海证券交易所、深圳证券交易所先后成立后，交易所债券市场开始运行。1992 年国务院证券委员会和中国证监会的成立则标志着中国资本市场开始逐步纳入全国性监管框架，全国性债券市场由此开始发展。

（三）清理整顿阶段

1993 年 8 月 2 日，为加强对企业债券的管理，《企业债券管理条例》颁布实施，规定债券发行受发行计划规模管理、筹集资金投向纳入固定资产投资计划、个体发行采取审批制等。

1994 年，根据《企业债券管理条例》的规定，大部分企业债券品种都被取消，可以发行企业债券的发行主体多为大型国有企业集团，资金投向也主要集中在道路、水电、能源等基础设施和公用事业项目上。

（四）持续发展阶段

1996 年和 1997 年，上海证券交易所、深圳证券交易所分别允许面值在 1 亿元以上的债券在交易所挂牌交易，并出台了《企业债券上市规则》《企业债券发行与转让管理办法》等规定，使企业债券的发行和流通进一步有规可循。1997 年 6 月 6 日，中国人民银行发布《关于各商业银行停止在证券交易所证券回购及证券交易的通知》，要求商业银行全部退出交易所市场，同时建立了全国银行间债券市场。我国债券市场分割的局面正式形成。这一阶段中，虽然取消了只有国有企业可以发行企业债券的要求，但在这期间实际上只有 2 家民营企业发行了企业债券。企业债券依旧具有准政府债券性质，而且市场规模较小，流动性较弱，成交率也低。

（五）规范发展阶段

2000 年以后，国家计委统一负责企业债券的发行管理工作，对企业债券发行管理采取了一些市场化、规范化的改革，企业债券市场化程度有所提高。2004 年 6 月 21 日发布的《国家发展和改革委员会关于进一步改进和加强企业债券管理工作的通知》成为现阶段企业债券发行管理的指导性文件。

在这一阶段中，企业债券的发行规模逐年增大，长期债券逐步增多，3 年、5 年、7 年、10 年、15 年和 20 年期债券等均出现在市场上，筹集资金的用途也出现多样化，不再仅仅限于固定资产投资，机构投资者成为企业债券市场的主要投资者，银行开始为企业债券发行提供担保，并成为担保的主要形式，券商积极参与企业债券的承销发行工作，市场创新增多，出现了无息债券、浮动利率、附可选择权利债券等品种，并于 2002 年首次采用了“路演询价”方式，企业债券上市交易增多。在这一阶段，社会各界对企业债券的弊端和问题有了更多的发现和认识，并更加明确了发展公司债券的重要性。

（六）企业债券和公司债券分开发展阶段

2007 年 8 月 14 日《公司债券发行试点办法》正式颁布实施，标志着企业债券和公司债券正式分开发展。2015 年 1 月 15 日，中国证监会发布了《公司债券发行与交易管理办法》，几乎将公司债券的全部品种纳入同一管理框架。

二、企业债券的特点

与国债和地方政府债券相比，企业债券具有一些明确的特征。

1. 风险较大

企业的偿付资金主要来源于企业的经营收入。由于企业在经营过程中面临着众多风险，一旦经营发生亏损，企业债券的利息支付就可能发生困难。即便是在企业有盈利的条件下，资金周转困难，也可能导致企业偿还债券本金的困难。在企业破产的情况下，投资者可能难以获得债券的利息，更可能损失债券的本金。因此，企业债券的风险远大于政府部门发行的债券。

2. 收益率较高

由于投资企业债券风险较大，发债企业获得债券资金后，有可能获得较高的利润率，所以，企业债券的收益率通常高于政府或政府部门发行的债券。

3. 债券品种多

不同的企业发行不同的企业债券，即使是同一家企业，也经常会发行在期限、利率、权益（如清算次序）、抵押担保方式等方面不同的债券。因此，企业债券的品种繁多。

三、企业债券的种类

在我国，企业债券的发行主体主要是中央政府部门所属机构、国有独资企业或国有控股企业。公司债券的发行主体是股份有限公司和有限责任公司。下面我们主要以公司债券为代表看一看分类情况。

公司债券除了可按债券期限、是否记名、利率是否浮动等方式分类外，还可按债券持有人可否参加公司利润分配、债券可否提前赎回、发债是否具有特殊目的等标准进行分类。

1. 按债券持有人可否参加公司利润分配划分

按债券持有人可否参加公司利润分配划分，公司债券可以分为参与公司债券和非参与公司债券。

参与公司债券是指债券持有者除了可获得规定的利息外，还可根据规定的条件参与发债公司利润分配的公司债券。非参与公司债券，是指债券持有人只能按规定的利率（固定利率或浮动利率）获取利息的公司债券。这种债券的持有人不能参与公司的利润分配。

2. 按债券可否提前赎回划分

按债券可否提前赎回划分，公司债券可分为可赎回公司债券和不可赎回公司债券两种。

可赎回公司债券是指在债券发行时，附有可提前赎回条款的公司债券。不可赎回公司债券，是指在债券发行时不附有可以提前赎回条款的公司债券，这种公司债券只能按规定时间偿付本息。

3. 按发债是否具有特殊目的划分

按发债是否具有特殊目的划分，公司债券可分为改组公司债券、调整公司债券、承担保证债券、延期公司债券、垃圾债券等。

改组公司债券，是指在公司改组或重整中为清理公司债务、调整公司产业结构而发行的公司债券。公司进行改组或重整时，一些公司往往通过重新发行公司债券的方式来促进公司债务关系的清理、资产结构的优化和经营成本的调整。

调整公司债券，又称为重整公司债券，是指经过重整的公司为了减轻债务负担，经债权人同意，为换回原来利率较高的旧债券而发行的利率较低的新债券。

承担保证债券，是指发行人为承担另一公司的债务或为另一公司提供偿债保证而发行的债券。通常的状况是，发行人通过购买、合并、控股等方式已取得了对另一公司的拥有权或经营权，为了承担该公司的债务，或保证该公司发行债券本息的偿还，需要发行新的债券。

延期公司债券，是指在到期无力偿债且不能发行新债来偿还旧债的情况下，发债人经债权人同意而延期还本付息（并可调整利率）的公司债券。

四、存在的问题

我国的企业债券经过多年的发展，取得了值得肯定的成绩，但也应该认识到，现阶段企业债券市场仍存在着一些问题：第一，与其他主要债券品种及股票等相比，发行规模偏小；第二，对企业债券发行的监管机制过于严格；第三，债券评级制度不完善；第四，信息披露制度不到位。作为证券市场不可或缺的组成部分，我国的企业债券市场还需要进一步完善和发展。

第六节　中国的金融债券

一、基本概念

金融债券是银行等金融机构作为筹资主体为筹措资金而面向个人发行的一种有价证券，是表明债务债权关系的一种凭证。它属于银行等金融机构的主动负债。

金融债券是我国独有的一个品种。说其是我国独有，不是说国外的金融机构不发行债券，而是因为国外的金融机构都是公司形式，其发行的债券都被归入公司债券，没有单独的金融债券的分类。

二、发展情况

中国金融债券的发行开始于北洋政府时期，后来，国民党政府时期也曾多次发行过“金融公债”“金融长期公债”和“金融短期公债”。新中国成立之后的金融债券发行始于 1982 年。该年，中国国际信托投资公司率先在日本的东京证券市场发行了外国金融债券。

之后，我国金融债券的发展经历了以下几个阶段。

1. 特定用途金融债券阶段

1985 年，为推动金融资产多样化，解决国有商业银行信贷资金不足的问题，国家决定由中国工商银行、中国农业银行发行金融债券，开办特种贷款。这是我国经济体制改革以后国内发行金融债券的开端。在此之后，中国工商银行和中国农业银行又多次发行金融债券，中国银行、中国建设银行也陆续发行了金融债券。1988 年，部分非银行金融机构开始发行金融债券。1993 年，中国投资银行被批准在境内发行外币金融债券，这是我国首次发行境内外币金融债券。

2. 政策性金融债券阶段

政策性金融债券是国家开发银行、中国农业银行、中国进出口银行发行的债券。由于三家政策性银行不能吸收公众存款，主要以发债的方式筹集资金。

1994 年，我国政策性银行成立后，一直就主要以发行债券的方式融资。

1999 年以后，我国金融债券的发行主体集中于政策性银行，其中，以国家开发银行为主，金融债券已成为其筹措资金的主要方式。比如 1999—2001 年，国家开发银行累计在银行间债券市场发行债券达 1 万多亿元，是仅次于财政部的第二大发债主体，通过金融债券所筹集的资金占其同期整个资金来源的 92%。

3. 发展创新阶段

2001 年后，金融债券的发行也进行了一些探索性改革：一是探索市场化发行方式，二是力求金融债券品种多样化。国家开发银行于 2002 年推出投资人选择权债券、发行人普通选择权债券、长期次级债券和本息分离债券等新品种。2003 年，国家开发银行在继续发行可回售债券与可赎回债券的同时，又推出可掉期国债新品种，并发行 5 亿美元外币债券。

近些年来，我国金融债券市场发展较快，金融债券品种不断增加，主要包括中央银行票据、证券公司债券、商业银行次级债券、保险公司次级债券、证券公司短期融资券、混合资本债券等。

三、金融债券的分类

按不同标准，金融债券可以划分为很多种类。最常见的分类有以下两种。

1. 根据利息的支付方式划分

根据利息的支付方式不同，金融债券可分为附息金融债券和贴现金融债券。如果金融债券上附有多期息票，发行人定期支付利息，则称为附息金融债券；如果金融债券是以低于面值的价格贴现发行，到期按面值还本付息，利息为发行价与面值的差额，则称为贴现债券。比如，票面金额为 1000 元，期限为 1 年的贴现金融债券，发行价格为 900 元，1 年到期时支付给投资者 1000 元，那么利息收入就是 100 元，而实际年利率就是 11. 11%。

按照国外通常的做法，贴现金融债券的利息收入要征税，并且不能在证券交易所上市交易。

2. 根据发行条件划分

根据发行条件不同，金融债券可分为普通金融债券和累进利息金融债券。普通金融债券按面值发行，到期一次还本付息，期限一般是 1 年、2 年和 3 年。普通金融债券类似于银行的定期存款，只是利率高些。累进利息金融债券的利率不固定，在不同的时间段有不同的利率，并且一年比一年高，也就是说，债券的利率随着债券期限的增加累进，比如面值为 1000 元、期限为 5 年的金融债券，第一年利率为 9%，第二年为 10%，第三年为 11%，第四年为 12%，第五年为 13%。投资者可在第一年至第五年之间随时去银行兑付，并获得规定的利息。

此外，金融债券也可以像企业债券一样，根据期限的长短划分为短期债券、中期债券和长期债券；根据是否记名划分为记名债券和不记名债券；根据担保情况划分为信用债券和担保债券；根据可否提前赎回划分为可提前赎回债券和不可提前赎回债券；根据债券票面利率是否变动划分为固定利率债券、浮动利率债券和累进利率债券；根据发行人是否给予投资者选择权划分为附有选择权的债券和不附有选择权的债券；等等。

四、金融债券的作用

金融债券能够较有效地解决银行等金融机构的资金来源不足和期限不匹配的矛盾。一般来说，银行等金融机构的资金有三个来源，即吸收存款、向其他机构借款和发行债券。存款资金的特点之一是在经济发生动荡的时候，易发生储户争相提款的现象，从而造成资金来源不稳定；向其他商业银行或中央银行借款所得的资金主要是短期资金，而金融机构往往需要进行一些期限较长的投融资，这样就出现了资金来源和资金运用在期限上的矛盾。发行金融债券可以有效地解决这个矛盾。债券在到期之前一般不能提前兑换，只能在市场上转让，从而保证了所筹集资金的稳定性。同时，金融机构发行债券时可以灵活规定期限，比如为了一些长期项目投资，可以发行期限较长的债券。因此，发行金融债券可以使金融机构筹措到稳定且期限灵活的资金，从而有利于优化资产结构，扩大长期投资业务。

本章重要概念

债券　债券代销　债券余额包销　债券全额包销　债券价格　到期收益率　持有期收益率　中央政府债券　国债　地方政府债券　企业债券　金融债券

第五章　股票市场

本章学习目标

第一，掌握股票一级市场和二级市场的作用；第二，了解股票的发行与上市；第三，熟悉决定股票价格的主要因素；第四，了解创业板和新三板市场的发展；第五，了解股票的投资分析方法。

股票市场是资本市场的重要组成部分。根据世界交易所联合会（WFE）发布的统计数据，2018 年底全球股市总市值达到 74.31 万亿美元。股票市场不仅是很多投资者关心的市场，也是一个适合创业、创新企业融资的市场。

第一节　股票市场概述

一、股票的概念和种类

（一）股票的概念

股票是一种有价证券，是股份有限公司签发的证明股东所持股份的凭证。

股份有限公司的资本划分为股份，每一股份的金额相等。公司的股份采取股票的形式。股份的发行实行公平、公正的原则，同种类的每一股份具有同等权利。股票实质上代表了股东对股份公司净资产的所有权，股东凭借股票可以获得公司的股息和红利，参加股东大会并行使自己的权利，同时也承担相应的责任与风险。

（二）股票的种类

股票的种类很多，分类方法也有差异。常见的股票类型如下：

1. 普通股票和优先股票

按股东享有权利的不同，股票可以分为普通股票和优先股票。

普通股票是最基本、最常见的一种股票，其持有者享有股东的基本权利和义务。普通股票的股利完全随公司盈利的高低而变化。普通股在公司盈利和剩余财产的分配顺序上列在债权人和优先股票股东之后，故其承担的风险也较高。

优先股票是一种特殊股票，在其股东权利和义务中附加了某些特别条件。优先股票的股息率是固定的，其持有者的股东权利受到一定限制，但在公司盈利和剩余财产的分配顺序上比普通股票股东享有优先权。

2. 记名股票和无记名股票

按是否记载股东姓名，股票可以分为记名股票和无记名股票。

记名股票是指在股票票面和股份公司的股东名册上记载股东姓名的股票。很多国家的公司法都对记名股票的有关事项作出了具体规定。我国《公司法》规定，公司发行的股票可以为记名股票，也可以为无记名股票。

无记名股票是指在股票票面和股份公司的股东名册上均不记载股东姓名的股票。无记名股票也称不记名股票，与记名股票的差别不是在股东权利等方面，而是在股票的记载方式上。我国《公司法》规定，发行无记名股票的，公司应当记载其股票数量、编号及发行日期。

3. 有面额股票和无面额股票

按是否在股票票面上标明金额，股票可以分为有面额股票和无面额股票。

有面额股票是指在股票票面上记载一定金额的股票。这一记载的金额也被称为票面金额、票面价值或股票面值。大多数国家的股票都是有面额股票。我国《公司法》规定，股份有限公司的资本划分为股份，每一股的金额相等。

无面额股票也被称为比例股票或份额股票，是指在股票票面上不记载股票面额，只注明它在公司总股本中所占比例的股票。无面额股票淡化了票面价值的概念，与有面额股票的差别仅在表现形式上，即无面额股票代表着股东对公司资本总额的投资比例。

（三）我国的几种股票类型

按股东的权利和义务关系，国外一般将股票分为普通股和优先股。而在我国股票市场上，对股票的分类方法比较特殊，常用的一个分类是按投资主体层次和性质分为国家股、法人股、社会公众股和外资股等不同类型。

1. 国家股。国家股是指有权代表国家投资的部门或机构以国有资产向公司投资形成的股份，包括公司现有国有资产折算成的股份。

2. 法人股。法人股是指企业法人或具有法人资格的事业单位和社会团体以其依法可支配的资产投入公司形成的股份。

3. 社会公众股。社会公众股是指社会公众依法以其拥有的财产投入公司时形成的可上市流通的股份。

4. 外资股。外资股是指股份公司向外国和我国香港、澳门、台湾地区投资者发行的股票。这是我国股份公司吸收外资的一种方式。外资股按上市地域，可以分为境内上市外资股（B股）和境外上市外资股（如在我国香港地区上市的H股、在纽约上市的N股、在新加坡上市的S股等）。

在历史上，由于我国经济体制转轨过程的特殊原因，还存在过流通股与非流通股的划分，这一现象被称作股权分置。2005年我国启动了股权分置改革，基本解决了非流通股的流通问题。

二、股票的一级市场

（一）股票一级市场的概念

按股票市场的结构层次，通常是指按股票进入市场的顺序而形成的结构关系划分，股票市场的构成可分为一级市场（Primary Market）和二级市场。

股票的一级市场又称为发行市场（Issuance Market）或初级市场，是发行人以筹集资金为目的，按照一定的法律规定和发行程序，向投资者发行新股票所形成的市场。发行新股票包括初次发行和再发行的股票，前者是公司第一次向投资者出售的原始股，后者是在原始股的基础上增加新的份额。

（二）股票一级市场的作用

股票一级市场的作用主要表现在以下三个方面：

1. 为资金需求者提供筹措资金的渠道。股票一级市场最重要的作用就是筹集资金。通过发行股票，股份公司可广泛地吸引社会暂时闲置的资金，在短时间内把社会上分散的资金集中成为巨大的生产资本。

2. 为资金供应者提供投资的机会，实现储蓄向投资转化。政府、企业和个人在经济活动中可能出现暂时闲置的货币资金，股票发行市场提供了投资机会，有助于实现社会储蓄向投资转化。储蓄转化为投资是社会再生产顺利进行的必要条件。

3. 促进资源配置的不断优化和经济发展。股票发行市场通过市场机制选择发行主体，产业前景好、经营业绩优良和具有发展潜力的企业更容易从股票市场筹集所需要的资金，从而使资金流入最能产生效益的行业和企业，达到促进资源优化配置、调整产业结构、促进经济发展的目的。

（三）股票一级市场的构成

股票一级市场由股票发行人、股票投资者和股票中介机构三部分组成。股票发行人是资金的需求者和股票的供应者，股票投资者是资金的供应者和股票的需求者，股票中介机构则是联系发行人和投资者的专业性中介服务组织。

1. 股票发行人。在市场经济条件下，资金需求者筹集外部资金主要通过两条途径：间接融资和直接融资。随着市场经济的发展，发行股票已成为资金需求者一个重要的筹资手段。

2. 股票投资者。股票投资者是指以取得股息或资本收益为目的而买入股票的机构和个人。股票发行市场上的投资者包括个人投资者和机构投资者，后者主要是证券公司、商业银行、保险公司、社保基金、证券投资基金、信托投资公司、企业和事业法人及社会团体等。

3. 股票中介机构。在股票发行市场上，中介机构主要包括证券公司、证券登记结算机构、会计师事务所、律师事务所、资信评级公司、资产评估事务所等为股票发行与投资服务的中立机构。它们是股票发行人和投资者之间的中介，在股票发行市场上占有重要地位。

三、股票的二级市场

（一）股票二级市场的概念

股票的二级市场又称交易市场、流通市场或次级市场，是已发行的股票通过买卖交易实现流通转让的市场。

一级市场与二级市场相互依存、相互制约，是一个不可分割的整体。股票一级市场是二级市场的基础和前提，有了一级市场的股票供应，才有二级市场的股票交易，股票发行的种类、数量和发行方式决定着交易市场的规模和运行。交易市场是股票得以持续扩大发行的必要条件，为股票的转让提供市场条件，使发行市场充满活力。此外，交易市场的交易价格制约和影响着股票的发行价格，是股票发行时需要考虑的重要因素。

（二）股票二级市场的功能

股票二级市场的主要功能是通过交易使股票具有较好的流动性和变现能力，加上股票自身所特有的权益，使股票不仅成为股份公司的主要筹资工具，而且成为投资者理想的金融资产之一。

股票二级市场还有一个重要功能就是宏观经济调节功能。股票交易市场上的价格是反映经济动向的"晴雨表"，它能灵敏地反映出资金供求、市场供求、行业前景和政治经济形势的变化，是进行经济预测和分析的重要指标。

对于企业来说，股权的转移和股票行市的涨落是其经营状况的指示器，还能为企业及时提供大量信息，有助于它们的经营决策和改善经营管理。

（三）股票二级市场的构成

与股票一级市场相比，股票二级市场的参与者较为复杂。在场内交易与场外交易的不同组织方式中，参与者也有所不同。

场内交易的直接参与者必须是交易所的会员，可以是股票经纪人或专业经纪人，也可以是证券商。而真正的股票买卖双方一般不能进入交易所进行直接交易，只能委托证券商或经纪人代为买卖。

场外交易的参与者主要有三类：（1）证券商，它们是专门从事有价证券发行和买卖的机构，各个国家和地区有不同的名称，如美国称为投资银行或投资公司，我国和日本称为证券公司，英国叫商人银行等。证券商不仅活跃在发行市场，成为发行者和认购者的中介，而且是流通市场的主要参与者，是证券卖出者和买入者的中介机构。（2）股票出售者，即出于各种原因把所持有的股票转让出去的人。（3）股票购入者，即愿意买入他人持有的股票的参与者。

第二节　股票的发行与上市

一、股票发行的管理制度

目前世界上各个国家和地区依据其证券市场成熟程度，以及法律背景、文化传统不同，对股票发行监管主要采取两种模式，也可以说股票发行制度主要有两种模式：一种是核准制，以欧洲各国为代表；另一种是注册制，以美国为代表。此外，除上述两种制度外，我国在股票市场发展初期，还实行过审批制。这是一种完全计划发行的模式，不具有普遍性。因此，我们主要学习核准制和注册制。

（一）核准制

核准制是指发行人申请发行证券，不仅要公开披露与发行证券有关的信息，符合公司法和证券法所规定的条件，而且要求发行人将发行申请报请证券监管机构决定的审核制度。证券发行核准制实行实质管理原则，即证券发行人不仅要以真实状况的充分公开为条件，而且必须符合证券监管机构制定的若干适合于发行的实质条件。只有符合条件的发行人经证券监管机构的批准方可在证券市场上发行证券。实行核准制的目的在于证券监管机构能尽法律赋予的职能，使发行的证券符合公众利益和证券市场稳定发展的需要。

（二）注册制

证券发行注册制实行公开管理原则，实质上是一种发行公司的财务公开制度。它要求发行人提供关于证券发行本身以及和证券发行有关的所有信息，不得有重大遗漏，并且要对所提供信息的真实性、完整性和可靠性承担法律责任。证券监管机构不对证券发行行为及证券本身作出价值判断，对公开资料的审查只涉及形式，不涉及任何发行实质条件。发行人只要按规定将有关资料完全公开，监管机构就不得以发行人的财务状况未达到一定标准而拒绝其发行。目前，澳大利亚、巴西、加拿大、德国、法国、意大利、荷兰、菲律宾、新加坡、英国和美国等国家，在证券发行上均采取注册制。

随着证券市场的发展与成熟，发行制度由核准制向注册制过渡是一个必然的趋势。2019 年 1 月 30 日，中国证监会发布了《关于在上海证券交易所设立科创板并试点注册制的实施意见》，有序推进设立科创板并试点注册制各项工作。2019 年 12 月 28 日我国通过的新修订的《证券法》，明确全面推行注册制。

二、股票的发行价格

股票的发行价格是指发售新股票时的实际价格。由于股票发行的目的不同、对象不同、发行方式不同以及股票种类不同，其实际发行价格也各不相同。但就总体上划分，股票的发行价格有以下几种。

（一）平价发行

平价发行即将股票的票面金额确定为发行价格。股票平价发行的优点是简便易行，缺点是不能针对市场股票价格水平及时合理地确定股票发行价格，即缺乏市场性。

（二）市价发行

市价发行也叫时价发行，即不是以股票面值，而是以流通市场上的股票价格（即时价）为基础确定发行价格。股票公开发行通常采用这种形式。

市价发行的价格一般高于票面金额，二者的差价称为溢价，溢价带来的收益归该股份公司所有。市价发行虽然是以股票交易市场上当时的价格为基准，但也不必完全一致。在具体决定价格时，还要考虑股票销售难易程度、对原有股票价格是否有冲击、认购期间价格变动的可能性等因素。

（三）中间价格发行

中间价格发行即股票的发行价格取票面金额和市场价格的中间值。这种价格通常在时价高于面额、公司需要增资但又需照顾原有股东的情况下采用。

（四）折价发行

折价发行即发行价格低于票面金额，是打了折扣的。折价发行有两种情况：一种是优惠性的，通过折价使认购者分享权益；另一种是该股票行情不佳，发行有一定困难，发行者与推销者共同议定一定的折扣率，以吸引那些预测行情要上涨的投资者认购。由于各国一般规定发行价格不得低于票面金额，因此，这种折扣发行需经过许可方能实行。

三、股票的发行方式

股票的发行方式，是指股票经销出售的方式。由于各国的金融市场管制不同，金融体系结构和金融市场结构不同，股票发行方式也有所不同。如果按照发行与认购的方式及对象，股票发行可划分为公开发行与非公开发行；如果按是否有中介机构（证券承销商）协助，股票发行也可划分为直接发行与间接发行（或叫委托发行）；若按不同的发行目的，股票发行还可以区分为有偿增资发行和无偿增资发行。

（一）公开发行与非公开发行

公开发行又称公募，是指事先不确定特定的发行对象，而是向社会广大投资者公开推销股票。

非公开发行又叫私募，是指发行公司只对特定的发行对象推销股票。非公开发行方式主要包括以发起方式设立公司、内部配股、私人配股等形式。

采取非公开发行的方式，不仅可以节省委托中介机构发行的手续费，降低发行成本，还可以调动老股东和内部职工的积极性，巩固和发展公司的公共关系。其缺点是：不公开发行的股票，不能公开在市场上转让出售，从而会大大降低股票的流动性和公司的社会性及知名度。

（二）直接发行与间接发行

直接发行又叫直接招股，或称发行公司自办发行，是指股份公司自己承担股票发行的一切事务和发行风险，直接向认购者推销出售股票的方式。一般情况下，只有在有既定发行对象或发行风险小、手续简单时，才考虑采取直接发行方式。

间接发行又叫委托发行，是指发行者委托证券发行承销中介机构出售股票的方式。这些承销中介机构负责办理一切发行事务，承担一定的发行风险并从中获取相应收益。所谓股票承销中介机构，是指在股票发行人与股票投资者之间通过自己的业务和技术手段，协助股票发行过程的完成。充当股票承销中介机构的主要是投资银行和证券公司。

（三）有偿增资发行与无偿增资发行

有偿增资发行，就是认购者必须按股票的某种发行价格支付现款，方能获得新发股票。一般公开发行的股票和私募中定向发行的股票都采用有偿增资的发行方式。采取这种方式可以直接增加股份公司的资本金。

无偿增资发行，是指股份公司将公司盈余结余、公积金和资产重估增益转入股本科目的同时，发行与之对应的新股票，分配给公司原有的股东，原有股东无须缴纳认购股金款。这实质上是一种增加内部股东积累，而不增加新股东，不公开发行新股票的发行方式，一般只在股票派息分红、股票分割和法定公积金或盈余转作资本时采用，其目的是增强股东信心和公司信誉等。

四、股票的承销方式

股票承销是指证券公司依照协议包销或者代销发行人向社会公开发行的股票的行

为。股票承销分为代销和包销两种方式，包销又可细分为余额包销和全额包销两种。

代销发行又称委托推销或尽力推销发行，即承销者在约定的发行日期内，按照规定的发行条件尽力推销股票，但不承担任何发行风险，在约定期限内能推销多少是多少，期满仍销不出去的股票要退还给发行者，即发行公司或公司发起人自行承担股票发行风险，只是将股票公开销售事务委托承销商办理。

余额包销发行也称为助销发行，即股票承销商与股票发行公司签订承销合同，承诺在约定期限内，如果股票不能全额售出，其余下部分将由承销机构全部认购。在这种方式下，承销机构承担部分股票发行的风险，因而，承销费用要高于代销方式下的费用；而对发行公司来讲，采取这种方式，可以保证股票发行按计划完成，可以及时筹到所需的资本。

全额包销发行也称为买断发行或直接包销，即股票承销商先以自己的名义和自己的资金，一次性买下发行公司计划发行的全部股票，然后再根据市场行情，在适当时机以略高于认购时的价格将所认购的股票转售给公众投资者，从中赚取买卖差价。采取全额包销方式发行股票，发行公司不仅可以及时取得所募资本，而且不必担心股票能否为公众所认购，不必承担股票的发行风险，股票销售风险完全由股票承销商承担。

五、股票上市

（一）股票上市的标准

股票上市是指已经发行的股票经证券交易所批准后，在交易所公开挂牌交易的法律行为。股票上市是连接股票发行和股票交易的“桥梁”。在我国，股票公开发行后即获得上市资格。

各国证券交易所关于股票上市标准的规定有所不同。一般来说，股票上市一般的要求有以下项目：

1. 资本额。要确定是否符合该国证券交易法规和证券交易所规定的有关上市公司的资本额。

2. 盈利能力。公司的盈利能力从根本上决定着股利支付的多少和股票价格的变化。

3. 资本结构。资本结构是指公司自有资金和借入资金的构成状况。借入资金多则负债比率大。负债比率的大小直接影响投资者收益的多少。

4. 偿债能力。偿债能力是否强，直接关系到股票的交易状况和股东利益。

5. 股权分散标准。证券交易所对公司的股权分散状况都有一个具体的要求，这项规定的目的在于赋予股票足够的流通性，以避免任何大股东直接影响股票价格。

6. 申请上市股票的市场价值。规定股票的市场价值甚至要比规定公司的资本额更为重要，因为它是公司信誉在股市上的直接综合反映。

（二）上市公司的信息披露

公司上市后，负有公开、公平、及时地向全体股东披露一切有关公司重要信息的持续性责任，以使上市公司的经营活动和重大事件置于投资公众的公开监督之下，使上市公司的股票能在有效、公开、知情的市场中进行交易。

上市公司信息披露的内容很庞杂，包括定期报告和临时报告两种。定期报告包括年度报告、中期报告和季度报告。临时报告是指发生可能对上市公司股票交易价格产生较大影响的重大事件，投资者尚未得知时，上市公司向管理机构和证券交易所报送的报告。

第三节　股票的流通市场

一、股票流通市场组织形式

股票流通市场的组织形式可以分为两种：场内交易和场外交易。

（一）场内交易

场内交易是指通过证券交易所进行的股票买卖活动。目前在世界各国，大部分股票的流通转让交易都是在证券交易所内进行的，因此，证券交易所是股票流通市场的核心，场内交易是股票流通的主要组织方式。

（二）场外交易

凡在证券交易所以外进行股票买卖流通的组织方式统称为场外交易。场外交易有各种形式，不同形式的交易又有不同的市场名称，同一形式在不同国家还有不同的称呼，常见的有非正式市场、自由市场、店头市场或柜台市场、第三市场、第四市场等。其之所以采用场外交易的组织形式，是因为股票在交易所内挂牌上市，必须遵守一系列严格而复杂的规定，以保障投资者的权益。这样，有的股票发行以后，因达不到在证券交易所内上市的要求，只能在场外交易。有的股票即使上市了，也会因各种原因在证券交易所以外成交。随着金融市场管制的放松和金融自由化的推进以及现代科技的不断进步，场外交易也日益活跃起来，其交易量和交易方式日渐增多，成为股票流通市场的重要组成部分。

二、股票流通市场交易方式

进行股票买卖的方法和形式称为交易方式。它是股票流通交易的基本要素。现代股票流通市场上的买卖交易方式种类繁多，从不同的角度可以分为以下几类。

（一）按买卖双方决定价格的方式不同，分为议价买卖和竞价买卖

议价买卖就是买方和卖方一对一地面谈，通过讨价还价达成买卖交易。它是场外交易中常用的方式，一般在股票上不了市、交易量少、需要保密或为了节省佣金等情况下采用。竞价买卖是指买卖双方都是由若干人组成的群体，双方公开进行双向竞争的交易。在这种双方竞争中，买方可以自由地选择卖方，卖方也可以自由地选择买方，使交易比较公平，产生的价格也比较合理。竞价买卖是证券交易所中买卖股票的主要方式。

（二）按达成交易的方式不同，分为直接交易和间接交易

直接交易是买卖双方直接洽谈，股票也由买卖双方自行清算交割，在整个交易过程中不通过任何中介的交易方式。间接交易是买卖双方不直接见面或联系，而是委托中介人进行股票买卖的交易方式。证券交易所中的经纪人制度，就是典型的间接交易。

（三）按交割期限不同，分为现货交易和期货交易

现货交易是指股票买卖成交后，马上办理交割清算手续，钱货两清。期货交易则是股票成交后按合同中规定的价格、数量，过若干时间再进行交割清算的交易方式。

（四）其他

按交易者的不同需要，近年来还出现了只需缴纳少量保证金就可以从事大宗股票买卖的信用交易（也称垫头交易），买卖股票交易权利的期权交易，以股票价格指数为对象的股票指数期货交易等。

三、股票市场场外交易

股票流通市场的场内交易和场外交易是股票买卖的两大组织方式。它们的交易对象、形式、程序和管理有所不同。

（一）场外交易的对象

股票的场外交易对象比场内交易的对象要多。在证券交易所进行场内交易的对象只限于上市股票，而在场外交易的对象，不仅包括准许在交易所内上市的股票，而且包括不能在交易所内交易的非上市的股票。

场外交易最初是为了解决非上市股票的交易而发展起来的，目的是为它们的流通转让提供场所。一般来说，股票场外交易的对象主要应是非上市股票，但这些股票也必须经过证券管理机构的登记和审查。同时，上市股票也可以在场外进行交易，例如，在交易所停止交易期间，或者是不足一个成交单位的零股交易，或是为了减少交易成

本，或是为了争取理想的价格。近些年来，股票的场外交易发展很快，交易数量猛增，场外交易对象中上市股票的比例有较大幅度的增加。

（二）场外交易的组织形式

各国场外交易的组织形式主要有三种：

1. 店头市场，也称柜台交易。这是场外交易最主要和最典型的形式。它可以在证券商的营业点内，由购销双方当面议价进行交易，也可以通过电话、电脑等现代通信手段进行交易。店头市场交易的参与者主要是证券商和客户。店头市场交易有两个突出的特点：一是交易双方一对一地直接洽谈，是客户与证券商，或是两个证券商的直接交易；二是交易价格不是既定的，而是双方磋商协议而定。

2. 第三市场。这是在证券交易所外专门买卖上市股票的一种场外交易形式。第三市场出现于20世纪60年代的美国，是金融创新的一种结果，近些年发展很快，满足了股票交易分散化和交易形式多样化的要求。

3. 第四市场。这也是近年来在美国出现的场外交易形式。它是指股票的买卖双方绕开证券经纪商，彼此间利用电讯手段直接进行大宗股票交易。参与第四市场进行股票交易的都是一些大公司、大企业。第四市场这种交易形式的优点在于信息灵敏，成交迅速；交易成本低；可以保守交易秘密；不冲击股票行市。当然，第四市场交易的存在和发展，也给金融管理带来很大困难。

第四节　股票市场价格与收益

一、股票的价值与价格

股票作为一种特殊的商品也有其内在价值和外在价格。股票的内在价值表现为股票所能给投资者带来的未来收益。以内在价值为基础，投资者和融资者在具体的市场环境下通过交易博弈最终形成股票的市场价格。

（一）股票的价值

股票是虚拟资本的一种形式。从本质上讲，股票是一个拥有某种所有权的凭证，股票的持有人，即股东，不但可以参加股东大会，对股份公司的经营决策施加影响，还享有参与分红与派息的权利，获得相应的经济利益。总的来说，股票的价值主要体现在每股权益比率和对公司成长的预期上。股票的价值可以从以下几个角度进行考量。

1. 股票的票面价值

股票的票面价值又被称为面值，即在股票票面上标明的金额。该种股票被称为有面额股票。股票的票面价值在初次发行时有一定的参考意义。

2. 股票的账面价值

股票的账面价值又称为股票净值或每股净资产，在没有优先股的条件下，每股账面价值等于公司净资产除以发行在外的普通股票的股数。股票账面价值的高低对股票交易价格有重要影响，但是，通常情况下，股票账面价值并不等于股票的市场价格。

3. 股票的清算价值

股票的清算价值是公司清算时每一股份所代表的实际价值。从理论上说，股票的清算价值应与账面价值一致，但实际上并非如此。只有当清算时公司资产实际出售价款与财务报表上的账面价值一致时，每一股份的清算价值才与账面价值一致。

4. 股票的内在价值

股票的内在价值即理论价值，也即股票未来收益的现值。股票的内在价值决定股票的市场价格，股票的市场价格总是围绕其内在价值波动。

（二）股票的价格

股票作为一种商品在流通市场上买卖时，就产生了股票的价格，也称为股票行市。股票主要有两种基本价格：一是发行价格，二是流通价格。影响这两种价格变化的因素是不完全相同的。一般所讲的股票价格都是指股票在流通市场上的转让价格，因为最能反映股票特性和投资者最关心的就是股票的转让价格。在股票发行市场上，其发行价格也可能高于或低于股票面值，但不会偏离面值过远。而在股票流通市场上，股票的价格与原来的面值或发行价格往往会发生较大的偏离。股票行市的最大特点是波动性较强，有时可能会出现暴涨或暴跌。

从股票的本质上讲，形成股票价格的基础，是股票的价值或其所代表的所有者权益（公司资产净值）。但对于股票认购者来讲，其最初的动机是为了获取股息、红利收入。是否投资股票，将取决于认购者对股票预期股息收益与当前市场利率的比较。这样，股票行市的形成就主要取决于两个因素：一个是预期股息收益，另一个是市场利率。股票行市与预期股息收益成正比，而与市场利率成反比。用一个非恒等、非规范的公式来表示就是

$$股票行市 = 预期股息收益/市场利率$$

这个等式关系表明：在预期股息收益一定的情况下，市场利率较高，意味着以同样的本金存入银行可以取得较高的利息收益，要获得同样的收益水平，就得提高预期股息收益水平，在股息收益一定的情况下，只能降低股票价格，以较少的本金购买股票。反之，如果市场利率（包括存款利率）较低，要获得同银行存款一样的收益率，就得降低股息收益率，在股息收益率一定的情况下，就只有提高股票价格，以较多的本金取得与存款同样利息收入的股息收入。当预期股息收益率高于当前市场利率时，人们就会选择购买股票，从而增加对股票的需求，推动股票价格上涨，反之，就会推动股价下跌。

当然，现实生活中的股票价格并不是靠此公式计算出来的，而是随着供求关系的

变动而千变万化的。

二、决定股票价格的主要因素

股票价格的变化或波动，主要受股票供求关系的推动，因而，影响股票供求关系的因素，也就成为影响股票价格变化的因素。尽管在不同时期、不同国家里，影响股票供求关系进而造成股价波动的因素有所不同，但从大的方面来讲，不外乎有以下几个方面。

（一）宏观经济因素

宏观经济发展水平和状况是影响股票价格的重要因素。宏观经济对股票价格影响的特点是波及范围广、干扰程度深、作用机制复杂并可能导致股价波动幅度较大。

1. 经济增长主要是指一国在一定时期内国民生产总值的增长率。一般来讲，股票价格是与经济增长同方向运动的，对经济增长的预期，也是对经济景气的预期，在一定程度上也是对社会需求的预期。经济增长加速，社会需求将日益旺盛，从而会推动股票价格上涨。

2. 经济周期或经济景气循环，是指经济从萧条回升到高涨的过程，对股票市场的影响非常显著，从根本上决定了股票价格的长期变动趋势。当然，股票价格的实际变化与经济景气循环并不是完全同步的。一般来讲，股价变动要先于经济景气循环一段时间，因此，股票价格水平已成为经济周期变动的灵敏信号或称先导性指标。

3. 利率对股价变动影响最大，也最直接。利率是一国货币政策变化的重要标志。利率上升时，一方面会增加借款成本，减少利润，降低投资需求；另一方面会导致资金从股票市场流入银行存款市场，减少对股票的需求。其结果是，股票市场供求出现新的变化和新的失衡，股票价格开始跌落。另外，利率上升也使投资者评价股票价值所用的折现率上升，从而会促使股票价格下降。而当利率下降时，会出现与上述相反的变化，从而推动股票价格上涨。

4. 货币供应量是一国货币政策的主要调控指标，也是影响利率、投资、消费及社会总需求的重要因素。当中央银行放松银根，增加货币供应量时，一方面，用于购买股票的资金增多，对股票的需求增加，因而股价会上涨；另一方面，货币供应量增加，也会使利率下降，投资和消费需求增加，生产和销售增加，企业利润增加，这些因素都会促使股票价格上涨。反之，当中央银行紧缩银根，减少货币供应量时，就会产生与上述相反的结果。

5. 财政政策是政府重要的宏观经济政策，对股票价格的影响有四个方面：其一，通过扩大财政赤字、发行国债筹集资金，增加财政支出，刺激经济发展；或是通过增加财政盈余或降低赤字，减少财政支出，抑制经济增长，调整社会经济发展速度，改变企业生产的外部环境，进而影响企业利润水平和股息派发。其二，通过调节税率影响企业利润和股息。提高税率，企业税负增加，税后利润下降，股息减少；反之，企业税后利润和股息增加。其三，干预资本市场各类交易适用的税率，如利息税、资本利得税、印花税等，直接影响市场交易和价格。其四，国债发行量会改变证券市场的证券供应和资金需求，从而间接影响股票价格。

6. 投资与消费因素，二者构成了社会总需求的最主要因素。投资和消费的增长，直接推动社会总需求和经济的扩张，从而会推动股价上涨。

7. 物价因素也是一个影响股价的很重要的因素，但二者没有直接的对应关系，只是一种趋势。一般来讲，物价上涨，使股票发行公司的利润、资产净值及发展能力等相应增加，从而会增加股票的内在价值，促使股票价格上涨。与此同时，在通货膨胀情形下，投资者投资股票具有保值效应，因而会踊跃购买股票，扩大对股票的需求，促进股价上涨。当物价下跌时，股价也会趋于下跌。当然，当发生严重的通货膨胀时，股价也会下跌。

8. 国际收支因素。一般来讲，国际收支出现持续顺差，外汇储备增加，本币投放增加，由此会刺激投资和经济增长，同时也有利于形成促使汇价和股价上升的心理预期，推动股价上浮。反之，当国际收支出现严重逆差，外汇储备减少时，会影响人们的心理预期，减少对股票的需求，从而促使股价下跌。

9. 汇率因素。汇率的调整对整个社会经济影响很大，有利有弊。传统理论认为，汇率下降，即本币升值，不利于出口而有利于进口，同时会引起境外资本流入，国内资本市场流动性增加；汇率上升，即本币贬值，不利于进口而有利于出口，同时会导致境内资本流出，国内资本市场流动性下降。汇率变化对股价的影响要视其对整个经济的影响而定。若汇率变化趋势对本国经济发展较为有利，股价会上升；反之，股价会下降。具体地说，汇率的变化对那些在商品进出口和资本项目两方面都严重依赖国际市场的国家（或地区）和企业的股票价格影响较大。

（二）政治因素与自然因素

政治因素与自然因素将最终影响经济，影响上市公司经营，从而会影响股票价格波动。

1. 政治因素主要包括战争与重大事件因素、政局因素、国际政治形势的变化、劳资纠纷等。

2. 自然因素主要是指自然灾害。一旦发生自然灾害，经济和生产受损，股价也会下跌，其波动幅度与受损害的影响程度呈同方向变化。

上述宏观经济因素、政治因素与自然因素，会对整体股价产生影响，会导致股价的普遍上涨或下跌，而一般不会对个别股票的价格产生特别的影响。

（三）行业因素

行业因素将影响某一行业股票价格的变化。行业因素主要包括行业寿命周期、行业景气循环等因素。所谓行业寿命周期，主要是指从开创到衰落的全过程，一般包括三个阶段：开创期、扩张期和停滞期。在开创期，整个行业的成长比较迅速，利润也比较丰厚，但竞争也相当激烈；到了扩张期，通过联合或合并等方式，使整个行业只剩下少数几家实力雄厚、经营效率较高的企业，利润也趋于稳定；到停滞期时，行业成长出现了停顿、衰落，有的行业甚至被淘汰。

股票发行公司的经营状况与所在行业的发展周期紧密相关。在开创期，公司利润很高，其股票价格逐步上升；到了扩张期，公司利润稳定上升，股价也涨到较高的水平；而到了停滞期，公司经营状况日趋艰难，利润也出现下降趋势，其股票价格也趋于下跌。

行业景气变动也同整个经济景气变动一样，会影响一个行业内的股票价格变动。当一个行业处于景气上升时，该行业的股票价格也会出现上涨，反之，则会下跌。

（四）公司自身的因素

公司本身的经营状况及发展前景，直接影响到该公司所发股票的价格。公司自身的因素主要包括公司利润、股息、红利、股票分割及重大人事变动等。

1. 公司利润因素。公司利润的大小，直接影响到股息、红利的多少，从而会影响该公司的股票价格。一般来讲，公司利润上升时，股价会上升，盈利下降时，股价也会随之下降，二者的变动方向是一致的。

2. 股息、红利因素。股价与股利的关系很密切，在一般情况下，股价跟股利呈同方向变动。公司分发股利的消息，对股票价格会产生显著的影响。公司宣布发放红利，将会引起股价上升；公司宣布取消红利，股价将会下跌。

3. 股票分割因素。一般在公司进行决算的月份，宣布股票分割。在股票分割时，股票持有者所保持的股份，能得到和以前相同的股利，因而会刺激一些投资者在公司决算期间，因指望得到分红和无偿支付而增加购买股票。在这期间，会有大量的股票过户，这些过户的股票退出股票市场，使市场股票量减少，股价就会相应上升。分割和过户手续结束后，这部分股票又回到股票市场，价格又将趋于稳定。

4. 重大人事变动因素。在公司宣布董事会、监事会行将改组时，可能会引起股价波动。

（五）其他因素

1. 心理因素。投资者的心理变化对股价变动影响很大。在大多数投资者对股市抱乐观态度时，会有意无意地夸大市场有利因素的影响，并忽视一些潜在的不利因素，从而脱离上市公司的实际业绩而纷纷买进股票，促使股价上涨；反之，在大多数投资者对股市前景过于悲观时，会对潜在的有利因素视而不见，而对不利因素特别敏感，甚至不顾发行公司的优良业绩大量抛售股票，致使股价下跌。当大多数投资者对股市持观望态度时，市场交易量就会减少，股价往往呈现盘整格局。

2. 证券主管部门的政策调整与限制性规定。为保证证券市场的稳定，各国的证券监管机构和证券交易所会制定相应的政策措施和作出一定的制度安排。当证券主管部门发现一些股票的股价出现不稳定，有可能是因为过度投机造成的，就会相应采取一些措施，以平抑股价。主要措施有提高保证金比率或降低抵押证券的抵押率，规定信用交易贷款余额，规定证券公司用于信用交易贷款的资金限额等。

3. 股票买卖的投机因素。为使股价朝有利于自己的方向变动，一些投机者常从事一些非法的投机活动，人为地左右股票价格，非法牟利。人为操纵会影响股票市场的健康发展，违背公开、公平、公正的原则，一旦查明，操纵者会受到行政处罚或法律制裁。

三、股票价格指数

（一）股票价格指数的概念

股票价格指数是衡量股票市场总体价格水平及其变动趋势的尺度，也是反映一个国家或地区政治、经济发展状态的灵敏信号，也称为股票市场指数，简称股指。股票价格指数一般是由一些金融服务机构和证券交易所编制的。

（二）股票价格指数的功能

1. 基准功能

股票价格指数产生的初衷就是对市场股票价格变动的趋势和幅度进行描述，所以其天然具备基准功能，主要体现在以下三个方面：第一，描述股票市场趋势，反映国民经济发展状况。第二，提供客观衡量投资者投资收益和风险的基准。第三，为不同细分市场的投资配置与选择提供基准。

2. 投资功能

股票价格指数的投资功能体现在以下两个方面：

第一，作为指数化投资工具的基础。所谓指数化投资，就是通过复制某一股票价格指数或者按照其编制原理构建投资组合而进行的组合投资方法。

第二，作为金融衍生工具的投资标的。股票价格指数作为金融衍生工具的投资标的，从而派生出新的投资工具，这是金融衍生工具在发展中与指数的结合创新。此类衍生产品的典型代表是股指期货和股指期权。

（三）我国主要的股票价格指数

1. 中证指数有限公司及其指数

中证指数有限公司成立于2005 年 8 月 25 日，是由上海证券交易所和深圳证券交易所共同出资发起设立的一家专业从事证券指数及指数衍生产品开发服务的公司。

中证指数主要包括沪深 300 指数及中证规模指数。沪深 300 指数是沪深证交所于2005 年 4 月 8 日联合发布的反映 A 股市场整体走势的指数，中证指数有限公司成立后，沪深300指数的经营管理及相关权益转移至中证指数有限公司。中证规模指数包括中证100指数、中证200指数、中证500指数、中证700指数、中证800指数和中证流通指数。

2. 上海证券交易所的股票价格指数

（1）样本指数类

上证成分股指数简称上证180指数，是上海证券交易所对原上证30指数进行调整和更名产生的指数。上证成分股指数的样本股共有180只股票，选取规模较大、流动性较好且具有行业代表性的股票作为样本，建立一个反映上海证券市场概貌和运行状况、能够作为投资评价尺度及金融衍生产品基础的基准指数。

上证50指数是从上证180指数样本中挑选上海证券市场规模大、流动性好的最具代表性的50只股票组成样本股，以便综合反映上海证券市场最具市场影响力的一批龙头企业的整体状况。该指数以2003年12月31日为基日，以该日50只成分股的调整市值为基期，基日指数为1000点。

此外，上证成分指数类还有上证超大盘、上证中盘、上证小盘、上证中小盘、上证全指等。

（2）综合指数类

上证综合指数以1990年12月19日为基期，以全部上市股票为样本，以股票发行量为权数，按加权平均法计算。

新上证综合指数简称新综指，于2006年1月4日首次发布，选择已完成股权分置改革的沪市上市公司组成样本，实施股权分置改革的股票在方案实施后的第2个交易日纳入指数。新综指是一个全市场指数，它不仅包括A股市值，对于含B股的公司，其B股市值同样计算在内。

（3）分类指数类

上证分类指数有A股指数、B股指数及工业类指数、商业类指数、地产类指数、公用事业类指数、综合类指数，共7类。

此外，上海证券交易所编制和发布的指数还有上证行业指数系列、上证风格指数系列、上证主题指数系列等。

3. 深圳证券交易所的股票价格指数

（1）样本指数类

深证成分股指数由深圳证券交易所编制，按一定标准选出40家有代表性的上市公司作为成分股，以成分股的可流通股数为权数，采用加权平均法编制而成。深证成分股指数以1994年7月20日为基日，基日指数为1000点，起始计算日为1995年1月23日。

深证A股指数以成分A股为样本，以成分A股的可流通股数为权数，采用加权平均法编制而成。成分A股指数以1994年7月20日为基日，基日指数为1000点，起始计算日为1995年1月23日。

深证 B 股指数以成分 B 股为样本，以成分 B 股的可流通股数为权数，采用加权平均法编制而成。成分 B 股指数以 1994 年 7 月 20 日为基日，基日指数为 1000 点，起始计算日为 1995 年 1 月 23 日。

深证 100 指数是深圳证券信息有限公司于 2003 年初发布的，选取在深圳证券交易所上市的 100 只 A 股作为成分股，以成分股的可流通 A 股数为权数，采用派许综合法编制。深证 100 指数以 2002 年 12 月 31 日为基准日，基准指数定为 1000 点。

（2）综合指数类

深圳证券交易所综合指数包括深证综合指数、深证 A 股指数和深证 B 股指数。它们分别以在深圳证券交易所上市的全部股票、全部 A 股、全部 B 股为样本股，以 1991 年 4 月 3 日为深证综合指数和深证 A 股指数的基期，以 1992 年 2 月 28 日为深证 B 股指数的基期，基期指数定为 100 点，以指数股计算日股份数为权数进行加权平均计算。

深证新指数是深圳证券交易所于 2006 年 2 月 16 日正式编制和发布的。该指数的样本股由在深圳证券交易所上市的、完成股权分置改革的、正常交易的各类行业的股票组成。

中小企业板指数简称中小板指数，由深圳证券交易所编制，以全部在中小企业板上市后并正常交易的股票为样本，新股于上市次日起纳入指数计算。中小企业板指数以 2005 年 6 月 7 日为基日，设定基点为 1000 点，于 2005 年 12 月 1 日起正式对外发布。

（3）分类指数类

深证分类指数包括农林牧渔指数、采掘业指数、制造业指数、水电煤气指数、建筑业指数、运输仓储指数、信息技术指数、批发零售指数、金融保险指数、房地产指数、社会服务指数、传播文化指数、综企类指数共 13 类。

4. 恒生指数

恒生指数由恒生银行的一个全资子公司——恒生指数服务有限公司自 1969 年 11 月 24 日起编制和公布的，是系统反映香港股票市场行情变动情况的最有代表性和影响最大的指数。它挑选了 33 种有代表性的上市股票为成分股，用加权平均法计算。恒生指数一直是反映和衡量香港股票市场状况和变动趋势的主要指标。

（四）海外主要股票市场的股票价格指数

在国际股票市场上，最具有影响力和代表性的股票价格指数有以下 5 种。

1. 道 · 琼斯股价平均数

道 · 琼斯股价平均数是世界上最早、最享有盛誉的股票价格平均数，由美国道 · 琼斯公司编制并在《华尔街日报》上发布。它以 1928 年 10 月 1 日为基期，基期指数为 100 点。现在人们所说的道 · 琼斯指数实际上是一组股价平均数，包括工业股价平均数、运输业股价平均数、公用事业股价平均数、综合股价平均数及道 · 琼斯公正市价指数 5 组指标。

2. 金融时报指数

金融时报指数是英国最具权威性的股票价格指数，是由设在伦敦的《金融时报》编制和公布的，是反映英国经济的“晴雨表”。这一指数包括金融时报工业股票指数（又称 30 种股票指数）、100 种股票价格指数及综合精算股票指数三种。

3. 标准普尔 500 指数

标准普尔 500 指数是由美国标准普尔公司发布的。标准普尔 500 指数是按市值加权计算的成分股指数，其优点在于样本公司的行业分布广泛，并且考虑了发行量的影响，信息资料齐全，能更精确地反映股票市场的变化，代表性很强。

4. 日经 255 股价指数

日经 225 股价指数是《日本经济新闻》编制和公布的以反映日本股票市场价格变动的股票价格指数。该指数从 1950 年 9 月开始编制。最初根据东京证券交易所第一市场上市的 225 家公司的股票算出修正平均股价，称为“东证修正平均股价”。

5. 纳斯达克（NASDAQ）指数

NASDAQ 的中文全称是“全美证券交易商自动报价系统”，于 1971 年正式启用。纳斯达克指数是反映纳斯达克市场的指数，是高科技企业和中小企业股价走势的风向标，在国际市场上的影响日益扩大。

（五）编制股票价格指数的基本要求

要使股票价格指数符合客观性、准确性、代表性、敏感性的要求，在编制过程中需要注意以下几点：

（1）样本股票必须具有典型性或代表性。选择样本应综合考虑其行业分布、市场影响力、股票等级、适当数量等因素。

（2）要采用适当的方法进行科学编制。计算方法应具有高度的适应性，能对不断变化的股市行情作出相应的调整或修正，使股票指数或平均数有较好的敏感性。

（3）要有科学的计算依据和手段。计算依据的口径必须统一，一般均以收盘价为计算依据，但随着计算频率的增加，有的以每小时价格甚至更短的时间价格计算。

（4）基期应有较好的均衡性和代表性。

（六）股票价格指数的计算方法

目前，世界上股票价格指数的计算方法主要有以下几种：

1. 算术股价指数法

以某交易日为基期，将采样股票数的倒数乘以各采样股票报告期价格与基期价格比之和，再乘以基期的指数值。其计算公式为

$$\text{算术股价指数} = \frac{1}{\text{采样股票数}} \times \sum \frac{\text{报告期股价}}{\text{基期股价}} \times \text{基期指数值}$$

美国股票交易所股票价格指数就是采用这种方法进行计算的。

2. 算术平均法

采用算术平均法计算股票价格指数，就是求得这一股票价格指数中所有组成样本的算术平均值。其计算公式为

$$I = \frac{\sum_{i=1}^{n} P_m / P_0}{n} \times I_0$$

其中，I 为股票价格指数，P_m 为第 m 报告期股票价格，P_0 为基期股票价格，I_0 为基期股票价格指数，n 为组成股票价格指数的股票种类。

早期美国的道·琼斯股价指数以及英国《经济学家》杂志所刊载的股票价格指数，就是用算术平均法计算出来的。

3. 加权平均法

在利用加权平均法计算股票价格指数时，赋予每种股票一定的权数。通常权数是根据每种股票当时交易的市场总价值或上市总股数来分配的，权数就是分发“选票”的依据。其计算公式为

$$I = \frac{\sum_{i=1}^{n} P_m W_i}{\sum_{i=1}^{n} P_0 W_i} \times I_0$$

其中，I 为股票价格指数，P_m 为组成股票价格指数的各种股票报告期价格，P_0 为组成股票价格指数的各种股票基期价格，I_0 为基期股票价格指数，n 为组成股票价格指数的股票种类，W_i 为组成股票价格指数的各种股票的上市总数或其市场总值，即权数。

利用加权平均法计算股票价格指数，权数的分布不同，股票价格指数也随之发生变化，股票价格指数总是趋向于权数较大的那一种股票。而运用算术平均法计算出来的股票价格指数，则丝毫体现不出权数的这种影响作用。

世界上大多数的股票交易所都采用加权平均法计算股票价格指数。比较著名的有美国标准普尔指数、巴黎证券交易所指数、德国商业银行指数、意大利商业银行股票价格指数、多伦多 300 种股票价格指数等。

4. 除数修正法

除数修正法，又称道式修正法，是美国道·琼斯公司为克服单纯平均法的不足，在 1928 年发明的一种计算股票价格平均数的方法。除数修正法的目的是保证指数的连续性。因此，除数修正法的核心是求出一个常数除数，去修正因有偿增资、股票分割等因素造成的股价总额的变化，以便如实反映平均股价水平，并使得股价总额因非交易因素变化前后的平均股票价格指数相等。具体方法是：以发生上述情况变化后的新股价总额为分子，旧的股票价格平均数为分母，计算出一个除数，此为新的修正除数，然后去除报告期的股价总额，所得出的股票价格平均数就是道式修正平均股价。其计算公式为

$$\text{道式除数} = \frac{\text{变动后新的股价总额}}{\text{旧的股票价格平均数}}$$

$$道式修正平均股价=\frac{报告期股价总额}{道式除数}$$

目前世界上著名的美国道·琼斯股价平均指数和日本日经平均股价均采用除数修正法计算。

5. 基数修正法

基数修正法修正的对象为基期数值。由于有偿增资、新股上市或上市废止等情况，可能引起上市股数改变并导致股价总额的变动，为了使报告期与基期的统计口径基本一致而具有较好的可比性，必须对基期的股价做相应的调整，方法是求出上市股数改变前后的股价总额之比，将原基期股价总额乘以这个比率即为基期修正值。其计算公式为

$$基期修正值=原基期股价总额\times\frac{上市股数改变后股价总额}{上市股数改变前股价总额}$$

目前，日本东京证券交易所股票价格指数在编制时就是采用此方法来修正基期股价总额的。

四、股票的收益率

股票收益率（Stock Yield），是指投资于股票所获得的收益总额与原始投资额的比率，用公式表示为

$$股票收益率=收益额/原始投资额$$

股票的收益总额是指投资者从购入股票开始到出售股票为止整个持有期间的收入，它由股息、资本损益和公积金转增股本收益组成。

1. 股息。股息是指股票持有者依据所持股票从发行公司分取的盈利。股息的来源是公司的税后利润。公司从营业收入中扣减各项成本和费用支出、应偿还的债务及应缴纳的税金后，余下的即为税后利润。股息的具体形式可以有多种，包括现金股息、股票股息、财产股息及负债股息等。

2. 资本损益。股票买入价与卖出价之间的差额就是资本损益，或被称为资本利得。由于上市公司的经营业绩是决定股票价格的重要因素，因此，资本损益的取得主要取决于股份公司的经营业绩和股票市场的价格变化，同时，其与投资者的投资心态、投资经验及投资技巧等也有很大关系。

3. 公积金转增股本收益。这是指用企业法定公积金或任意盈余公积金向股东送股所获取的收益。

第五节　创业板市场与新三板市场

一、创业板市场的概念、分类及特点

（一）创业板的概念

创业板，又称二板市场（Second - board Market），即第二股票交易市场，是与主板市场（Main - Board Market）不同的一类证券市场，是专为暂时无法在主板上市的创业型企业、中小企业和高科技产业企业等需要进行融资和发展的企业提供融资途径和成长空间的证券交易市场，是对主板市场的重要补充，在资本市场中有着重要的位置。

创业板出现于20世纪70年代的美国，兴起于20世纪90年代，主要包括美国NASDAQ市场、英国的AIM市场、新加坡SEASDAQ市场、日本JASDAQ市场、我国香港创业板市场（GEM）等。2009年10月23日，筹备十年的中国创业板在深圳正式举行开板仪式。这意味着我国多层次资本市场建设迈上新台阶。

（二）创业板的分类

对于创业板市场有不同的分类，比较常用的是按照创业板与主板的关系划分，大致可以分为以下两类模式。

一是独立型，即完全独立于主板之外，具有自己鲜明的角色定位。世界上最成功的创业板市场——美国NASDAQ市场即属此类。

二是附属型，即附属于主板市场，旨在为主板培养上市公司。创业板的上市公司发展成熟后可升级到主板市场，换言之，就是充当土板市场的“第二梯队”。新加坡的SEASDAQ市场即属此类。

（三）创业板市场的特点

1. 创业板市场一般是针对中小企业而设的，为其提供一个持续融资的途径以助其尽快成长与壮大。而主板市场则是针对那些具有一定业绩基础的大中型企业而设的，为该类企业实现其规模的扩张提供融资途径。

2. 在创业板市场上市的企业标准和上市条件相对较低。

3. 创业板市场中所容纳的上市公司大多处于初创时期，规模小、业务少，面临较大的技术风险、市场风险、经营风险等。

4. 由于在创业板上市的公司往往是一些高投资风险的公司，并且创业板的上市条件比主板市场宽松，为了保护投资者，创业板市场一般会在信息披露方面提出更加严格的要求。

5. 创业板市场具有交易的灵活性。

二、创业板市场的做市商制度

国际上，证券市场存在两种交易制度：一是指令驱动制度或称竞价制度，其特征是：开市价格由集合竞价形成，随后交易系统对不断进入的投资者交易指令，按价格优先与时间优先原则排序，将买卖指令配对竞价成交。二是报价驱动制度或称为做市商制度。世界主要国家的创业板市场，从美国的 NASDAQ，到英国伦敦证券交易所，再到日本的 JASDAQ，目前都已建立了竞价制和做市商制相结合的交易制度。

（一）做市商制度的基本概念

做市商是指在证券市场上，由具备一定实力和信誉的独立证券经营法人作为特许交易商，不断向公众投资者报出某些特定证券的买卖价格（双向报价），并在该价位上接受公众投资者的买卖要求，以其自有资金和证券与投资者进行证券交易。买卖双方不需等待交易对手出现，只要有做市商出面承担交易对手方即可达成交易。

做市商制度就是以做市商报价形成交易价格、驱动交易发展的证券交易方式。它是不同于竞价交易方式的一种证券交易制度，一般为柜台市场所采用。

一般来说，做市商必须具备下述条件：

（1）具有雄厚的资金实力，这样才能建立足够的标的商品库存以满足投资者的交易需要。

（2）具有管理商品库存的能力，以便降低商品库存的风险。

（3）要有准确的报价能力，要熟悉自己经营的标的商品，并有较强的分析能力。

作为做市商，其首要的任务是维护市场的稳定和繁荣，所以做市商必须履行“做市”的义务，即在尽可能避免市场价格大起大落的条件下，随时承担所做证券的双向报价任务，只要有买卖盘，就要报价。

（二）做市商交易的特征

做市场交易制度的设计具有以下特点：

1. 提高流动性，增强市场吸引力。做市商保证了市场进行不间断的交易活动，即使市场处于低谷也是一样。

2. 有效稳定市场，促进市场平衡运行。做市商有责任在股价暴涨暴跌时参与做市，从而有利于遏制过度的投机，起到市场“稳定器”的作用。此外，做市商之间的竞争也在很大程度上保证了市场的稳定。

3. 具有价格发现的功能。做市商所报的价格是在综合分析市场所有参与者的信息以衡量自身风险和收益的基础上形成的，投资者在报价基础上进行决策，并反过来影响做市商的报价，从而促使证券价格逐步靠拢其实际价值。

三、新三板市场的概念与特点

新三板市场是我国股票市场中一个特有的重要组成部分。新三板是指全国中小企业股份转让系统，是经国务院批准，依据《证券法》设立的全国性证券交易场所，也是第一家公司制证券交易所。新三板定位于非上市股份公司股票公开转让和发行融资的市场平台，为公司提供股票交易、发行融资、并购重组等相关服务，为市场参与人提供信息、技术和培训服务。

新三板市场具有以下特点：

1. 包容度高。新三板规定了较低的挂牌准入门槛，不设财务门槛；规定了较高的投资者门槛，确保投资者具备足够的风险识别和承受能力。

2. 以信息披露为核心。要求充分的信息披露，以供投资者作出价值判断和投资决策。

3. 业务体系灵活、高效、便捷。从改制到挂牌周期较短且步骤少，无须辅导，无须排队，流程简单，速度快。

4. 挂牌公司综合成本相对较低。公司挂牌费用大大低于上市成本，并且享有政府补贴。采取电子化信息披露方式，降低了信息披露成本。不要求披露季度报，半年报无须审计，审计成本较低。无须聘请独立董事，无须设置专职董秘，合规成本较低。

四、新三板市场的发展

我国新三板市场的发展主要经历了以下几个阶段：

第一阶段：三板市场的雏形期。三板市场即代办股份转让系统，是指由中国证券业协会负责监管，以具有代办股份转让资格的证券公司为核心，为原来在“两网”挂牌的非公众公司和被退市的非上市公众公司提供规范的股份转让服务的股份转让平台。

2001 年 6 月，经中国证监会批准，中国证券业协会发布《证券公司代办股份转让服务业务试点办法》，确立起了由证券公司代办股份转让业务的场外交易制度。同年 7 月 16 日，第一家公司挂牌三板转让股份，由此形成的证券公司代办股份转让系统正式开通运行。

为妥善解决退市公司股份转让问题，2001 年 11 月 30 日，中国证监会发布了《亏损上市公司暂停上市和终止上市实施办法（修订）》，规定退市公司可以进入代办股份转让系统，这是代办股份转让系统功能的第一次扩展。由此，为退市公司提供股份转让服务成为代办股份转让系统的重要任务之一。文件发布后，有 4 家退市公司陆续进入代办股份转让系统挂牌，该系统也开始成为退市机制的一部分，同时这也标志着三板市场的雏形基本形成。但由于当时没有强制性要求，仍有较多退市公司未到该系统挂牌。

第二阶段：“新三板”初步形成期。“三板市场”虽然为原两市挂牌公司及从主板市场退市的公司提供了一个股份流通的交易平台，但市场投资主体关注度极低，使得市场交易十分清淡，缺乏融资功能。2006 年 1 月 16 日，经中国证监会批准，中国证券业协会发布了《证券公司代办股份转让系统中关村科技园区非上市股份有限公司股份报价转让试点办法》及相应配套自律规则，股份报价转让业务正式开始运作。股份报价转让业务的推出，极大地扩展了代办股份转让系统的功能，使得代办股份转让系统步入了一个新的发展阶段。

在中关村科技园区非上市股份有限公司股份报价转让试点近 5 年后，2010 年，新三板扩容被正式提上议事日程。2012 年 8 月，国务院批准《关于扩大中关村试点逐步建立全国中小企业股份转让系统的请示》，同意筹建全国股份转让系统，并将试点范围扩大到上海张江、天津滨海和武汉东湖高新区 3 个国家级高新园区。代办股份转让系统的功能经历了两次扩展后，其功能被分为两个层次——代办股份转让和股份报价转让。其中，代办股份转让主要解决原 STAQ、NET 系统的挂牌公司和沪深证交所退市公司的股份转让问题，股份报价转让主要解决园区公司的股份转让问题。为了便于理解，市场上通常以“老三板”和“新三板”来区别代办股份转让系统的两个层次。老三板指的是原 STAQ、NET 系统的挂牌公司和沪深证交所退市公司在代办股份转让系统交易所形成的市场；新三板特指非上市股份有限公司股份进入代办股份转让系统报价转让形成的市场。

第三阶段：代办股份转让系统挂牌公司平移至全国股份转让系统。2013 年 1 月 16 日，全国中小企业股份转让系统正式揭牌。2013 年 1 月 31 日，中国证监会发布《全国中小企业股份转让系统有限责任公司管理暂行办法》，明确在代办股份转让系统的原 STAQ、NET 系统挂牌公司和退市公司及其股份转让相关活动，由全国中小企业股份转让系统有限公司负责监督管理。

第四阶段：全国股份转让系统制度完善阶段。2013 年 12 月 13 日，国务院正式发布《国务院关于全国中小企业股份转让系统有关问题的决定》，明确了全国股份转让系统的性质、功能和定位。2014 年 7 月 23 日国务院常务会议及《国务院关于进一步促进资本市场健康发展的若干意见》等再次强调，要加快完善全国股份转让系统，建立小额、便捷、灵活、多元的投融资机制，支持中小微企业依托全国股份转让系统开展融资，扩大中小企业债务融资工具及规模，促进创新创业、结构调整和经济社会持续健康发展。

第六节　股票市场投资技术分析

股票投资过程中，除了可以根据经济金融学基本原理，对决定股票价格的基本因素，如宏观经济指标、行业发展状况及公司状况等进行基本面分析外，还可以从技术方面进行分析。

一、技术分析的三个假设

作为一种投资分析工具，技术分析是以以下三个假设条件为前提的。

（一）市场行为涵盖一切信息

这条假设是进行技术分析的基础。其主要思想是：任何一个影响证券市场的因素，最终都必然体现在股票价格的变动上。技术分析人员只需关心这些因素对市场行为的影响效果，而不必关心具体导致这些变化的原因究竟是什么。这一假设有一定的合理性，因为任何因素对证券市场的影响都必然体现在证券价格的变动上，所以它是技术分析的基础。

（二）证券价格沿趋势移动

这一假设是进行技术分析最根本、最核心的条件。其主要思想是：证券价格的变动是有一定规律的，即保持原来运动方向的惯性，而证券价格的运动方向是由供求关系决定的。技术分析法认为，只要供求关系不发生根本改变，证券价格的走势就不会发生反转。这一假设也有一定的合理性，因为供求关系决定价格在市场经济中是普遍存在的。只有承认证券价格遵循一定的规律变动，运用各种方法发现、揭示这些规律并对证券投资活动进行指导的技术分析法才有存在的价值。

（三）历史会重演

这条假设是从人的心理因素方面考虑的。市场中进行具体买卖的是人，证券市场的某个市场行为给投资者留下的阴影或快乐是会长期存在的。因此，技术分析法认为，根据历史资料概括出来的规律已经包含了未来证券市场的一切变动趋势，所以可以根据历史预测未来。这一假设也有一定的合理性，因为投资者的心理因素会影响投资行为，进而影响证券价格。

技术分析的三个假设有合理的一面，也有不尽合理的一面。在进行技术分析的同时还应该适当进行一些基本分析和别的方面的分析，以弥补不足。

二、技术分析要素与分析方法

（一）技术分析的要素

在证券市场中，价格、成交量、时间和空间是技术分析的要素。这几个因素的具体情况和相互关系是正确分析的基础。市场行为最基本的表现就是成交价和成交量。过去和现在的成交价、成交量涵盖了过去和现在的市场行为。技术分析就是利用过去和现在的成交量、成交价资料，以图形和指标分析工具来分析、预测未来的市场走势。

在某一时点上的价和量反映的是买卖双方在这一时点上共同的市场行为，是双方的暂时均势点。随着时间的推移，均势会不断变化，这就是价量关系的变化。一般来说，买卖双方对价格的认同程度通过成交量的大小得到确认。认同程度小，分歧大，成交量小；认同程度大，分歧小，成交量大。双方的这种市场行为反映在价、量上就往往呈现出这样一种趋势规律：价升量增，价跌量减。根据这一趋势规律，当价格上升时，成交量不再增加，意味着价格得不到买方确认，价格的上升趋势就将会改变；反之，当价格下跌时，成交量萎缩到一定程度就不再萎缩，意味着卖方不再认同价格继续往下降了，价格下跌趋势就将会改变。成交价、成交量的这种规律关系是技术分析的合理性所在，因此，价、量是技术分析的基本要素，一切技术分析方法都是以价、量关系为研究对象的，目的就是分析、预测未来的价格趋势，为投资决策提供服务。

在进行行情判断时，时间有着很重要的作用。一个已经形成的趋势在短时间内不会发生根本改变，中途出现的反方向波动，对原来的趋势不会产生大的影响。一个形成了的趋势又不可能永远不变，经过了一定时间又会有新的趋势出现。循环周期理论着重关心的就是时间因素，它强调了时间的重要性。从某种意义上讲，波动空间可以认为是价格的一方面，指的是价格波动能够达到的极限。

（二）技术分析的方法

在价与量的历史资料基础上进行的统计、数学计算、绘制图表方法是技术分析方法的主要手段。从这个意义上讲，技术分析方法种类繁多，形式多样。一般来说，可以将常用的技术分析方法分为五类。

1. 指标类

指标类是根据价、量的历史资料，通过建立一个数学模型，给出数学上的计算公式，得到一个体现证券市场的某个方面内在实质的指标值，为我们的操作提供指导方向。常见的指标有相对强弱指标（RSI）、随机指标（KDJ）、趋向指标（DMI）、平滑异同移动平均线（MACD）、能量潮（OBV）、心理线（PSY）、乖离率（BIAS）等。

2. 切线类

切线类是按一定方法和原则，在根据股票价格数据所绘制的图表中画出一些直线，然后根据这些直线的情况推测股票价格的未来趋势，为投资操作提供参考。这些直线就叫作切线。常见的切线有趋势线、轨道线、黄金分割线、甘氏线、角度线等。

3. 形态类

形态类是根据价格图表中过去一段时间走过的轨迹形态来预测股票价格未来趋势的方法。价格走过的形态是市场行为的重要部分，从价格轨迹的形态中，我们可以推测出证券市场处在一个什么样的大环境之中，由此对今后的投资给予一定的指导。主要的形态有 M 头、W 底、头肩顶、头肩底等十几种。

4. K 线类

K 线类是根据若干天的 K 线组合情况，推测证券市场中多空双方力量的对比，进而判断证券市场行情的方法。K 线图是进行各种技术分析最重要的图表。人们经过不断总结经验，发现了一些对股票买卖有意义的 K 线组合，而且新的研究结果也在不断被发现、被运用。

5. 波浪类

波浪理论是把股价的上下变动和不同时期的持续上涨、下跌看成是波浪的上下起伏，认为股票的价格运动遵循波浪起伏的规律，数清楚了各个浪就能准确地预见到跌势已接近尾声、牛市即将来临，或是牛市已到了强弩之末、熊市即将来到。波浪理论较之别的技术分析流派，最大的区别就是能提前很长时间预计到行情的底和顶，而别的流派往往要等到新的趋势已经确立之后才能看到。但是，波浪理论又是公认的较难掌握的技术分析方法。

以上五类技术分析流派从不同的方面理解和考虑证券市场。尽管各类分析方法考虑的方式不同，但目的是相同的，彼此并不排斥，在使用上可相互借鉴。

本章重要概念

股票一级市场　二级市场　股票价格指数　股票收益率　创业板市场　新三板市场　做市商　K 线图　量价分析

第六章　证券投资基金市场

本章学习目标

第一，掌握证券投资基金的概念及类型；第二，了解证券投资基金的发行及交易流程；第三，熟悉证券投资基金的收益、费用和分配；第四，了解证券投资基金的绩效评价。

证券投资基金是一种间接的证券投资方式。从机构创新上看，证券投资基金是一种有别于传统的银行金融机构的新型金融机构。它可以深入地介入资本市场的活动，运用资本市场工具来筹集资金，从而可以像银行那样，以零售方式广泛吸纳社会资金。从金融工具创新上看，证券投资基金发行的证券凭证把股票和债券融合在一起，为资本市场创造出一种新的金融工具。证券投资基金的出现在传统的间接融资和直接融资之间架起了一座桥梁。

第一节　证券投资基金市场概述

一、证券投资基金的概念和特征

（一）证券投资基金的概念

证券投资基金，是通过发行基金单位（基金股份或收益凭证），将投资者分散的资金集中起来，由专业管理人员分散投资于股票、债券或其他金融资产，并将投资收益分配给基金持有者的一种投资制度。

（二）证券投资基金的特点

证券投资基金在不同的国家有不同的称谓，美国称“共同基金”或“互助基金”，也称“投资公司”；英国和中国香港称“单位信托基金”，日本、韩国和我国台湾称

“证券投资信托基金”。虽然称谓有所不同，但其特点却无本质区别，可以归纳为如下几个方面。

1. 集合理财、专业管理

基金将众多投资者的资金集中起来，委托基金管理人进行共同投资，表现出一种集合理财的特点。通过汇集众多投资者的资金，积少成多，有利于发挥资金的规模优势，降低投资成本。基金由基金管理人进行投资管理和运作。基金管理人一般拥有大量的专业投资研究人员和强大的信息网络，能够更好地对证券市场进行全方位的动态跟踪与深入分析。将资金交给基金管理人管理，使中小投资者也能享受到专业化的投资管理服务。

2. 组合投资、分散风险

为降低投资风险，一些国家的法律法规通常规定必须以组合投资的方式进行基金的投资运作，从而使“组合投资、分散风险”成为基金的一大特色。中小投资者由于资金量小，一般无法通过购买数量众多的股票分散投资风险。基金通常会购买几十种甚至上百种股票，投资者购买基金就相当于用很少的资金购买了一篮子股票。在多数情况下，某些股票价格下跌造成的损失可以用其他股票价格上涨产生的盈利来弥补，因此可以充分享受到组合投资、分散风险的好处。

3. 利益共享、风险共担

证券投资基金实行利益共享、风险共担的原则。基金投资者是基金的所有者。基金投资收益在扣除由基金承担的费用后的盈余全部归基金投资者所有，并依据各投资者所持有的基金份额比例进行分配。为基金提供服务的基金托管人、基金管理人只能按规定收取一定比例的托管费、管理费，并不参与基金收益的分配。

4. 严格监管、信息透明

为切实保护投资者的利益，增强投资者对基金投资的信心，各国（地区）基金监管机构都对基金业实行严格的监管，对各种有损于投资者利益的行为进行严厉的打击，并强制基金进行及时、准确、充分的信息披露。在这种情况下，严格监管与信息透明也就成为基金的另一个显著特点。

5. 独立托管、保障安全

基金管理人负责基金的投资操作，本身并不参与基金财产的保管，基金财产的保管由独立于基金管理人的基金托管人负责。这种相互制约、相互监督的制衡机制对投资者的利益提供了重要的保障。

二、证券投资基金市场的参与主体

在基金市场上，存在许多不同的参与主体。依据所承担的职责与作用的不同，可以将基金市场的参与主体分为基金当事人、基金市场服务机构、基金监管机构和基金自律组织三大类。

（一）基金当事人

我国的证券投资基金依据基金合同设立，基金份额持有人、基金管理人与基金托管人是基金合同的当事人，简称基金当事人。

基金份额持有人即基金投资者，是基金的出资人、基金资产的所有者和基金投资回报的受益人。基金管理人是基金产品的募集者和管理者，在基金运作中具有核心作用。基金托管人是投资人权益的代表，是基金资产的名义持有人或管理机构。

（二）基金市场服务机构

基金管理人、基金托管人既是基金当事人，又是基金的主要服务机构。除基金管理人与基金托管人外，基金市场还有许多面向基金提供各类服务的其他机构。这些机构主要包括基金销售机构、注册登记机构、律师事务所、会计师事务所、基金投资咨询机构、基金评级机构等。

（三）基金监管机构和基金自律组织

1. 基金监管机构。为了保护基金投资者的利益，世界上不同国家和地区都对基金活动进行严格的监督管理。基金监管机构通过依法行使审批或核准权，依法办理基金备案，对基金管理人、基金托管人以及其他从事基金活动的中介机构进行监督管理，对违法违规行为进行查处，因此，其在基金的运作过程中起着重要的作用。

2. 基金自律组织。基金行业自律组织是由基金管理人、基金托管人或基金销售机构等组织成立的同业协会。同业协会在促进同业交流、提高从业人员素质、加强行业自律管理、促进行业规范发展等方面具有重要的作用。此外，证券交易所也是基金的自律管理机构之一。

三、证券投资基金在全球的发展

（一）证券投资基金的起源与早期发展

证券投资基金起源于英国，发展于美国。人们更多地倾向于将 1868 年在英国成立的“海外及殖民地政府信托基金”（The Foreign and Colonial Government Trust）看作是最早的基金。基金作为一种社会化的理财工具能够在英国落地生根和发扬光大与英国工业革命的发展密不可分。早期的基金基本上是封闭式基金。1924 年 3 月 21 日诞生于美国的“马萨诸塞投资信托基金”成为世界上第一只开放式基金。此后，美国逐渐取代英国成为全球基金业发展的中心。1929 年美国只有十多只开放式基金，而封闭式基金的数量则有 700 多只。但 1929 年的经济大危机与股市崩盘，使普遍进行杠杆操作的美国封闭式基金几乎全军覆没，而开放式基金则顽强地生存了下来。美国基金投资者在经济大危机中损失惨重，而且基金在操作中的投机行为也极大地影响了投资者的信心。为此，美国监管部门开始对基金加强监管，其中1940年出台的《投资公司法》与《投资顾问法》不但对美国基金业的发展具有基石性作用，也对基金在全球的普及性发展影响深远。

（二）证券投资基金在全球的普及性发展

美国是世界上基金业最为发达的国家。20世纪30年代美国基金业的发展遭受重创后，在接下来的四五十年代，美国基金业的发展非常缓慢。20世纪60年代尽管出现了短暂的股票基金发展热，但由于1969年股票市场大熊市的到来，投资者对基金的兴趣再次减退。1971年货币市场基金的推出为美国基金业的发展注入了新的活力，基金开始受到越来越多的普通投资者的青睐。而20世纪80年代随着养老基金制度改革以及90年代网络科技股的崛起，美国股票市场出现持续大牛市，受基金持续高额回报的吸引，基金投资者纷至沓来，美国基金业的发展真正迎来了大发展的时代，基金规模一路攀升，从1980年末的1348亿美元增长到1999年末的6.8万亿美元。进入21世纪，尽管美国共同基金业遭受到网络科技股泡沫破裂、2003年基金业丑闻以及2008—2009年国际金融危机的负面影响，在发展上经历了几次大的挫折，但美国基金业总体上依旧保持了良好的发展势头，基金规模在2002年降至6.38万亿美元的低谷后，在经历了几年徘徊后，于2007年攀升至创纪录的12万亿美元。此后受国际金融危机爆发影响，基金规模有所萎缩，但至2011年末，美国共同基金规模又回升到11.8万亿美元，基金数量超过1.2万只。

从全球基金业的发展看，20世纪80年代以后，随着世界经济的高速增长和全球经济一体化的迅速发展，受美国与其他发达国家基金业的发展对促进资本市场健康发展经验的启示，一些发展中国家也认识到基金的重要性，对基金业的发展普遍持积极的态度，相继制定了一系列法律法规，使基金在世界范围内得到了普及发展。根据美国投资公司协会（ICI）的统计，截至2017年末，全世界受监管的开放式基金规模已超过49万亿美元。

四、我国证券投资基金的发展

证券投资基金在我国发展的时间还比较短，但发展迅速。1997年11月，国务院颁布《证券投资基金管理暂行办法》，对发展初期散乱的基金审批设立体制进行了立法规范，明确了我国基金业以证券投资基金为主导方向，基金业从此步入规范发展时期。1998年3月，两只封闭式基金——基金金泰、基金开元设立。2001年9月第一只开放式基金——华安创新基金对外发售。2003年，货币市场基金、债券型基金、指数型基金相继诞生。2004年6月1日，我国《证券投资基金法》正式实施，以法律形式确认了证券投资基金在资本市场及社会主义市场经济中的地位和作用，成为中国证券投资基金业发展史上的一个重要里程碑。证券投资基金业从此进入崭新的发展阶段，基金数量和规模迅速增长，市场地位日趋重要，基金产品差异化日益明显，基金的投资风格也趋于多样化，中国基金业对外开放的步伐加快。截至 2019 年底，我国 140 家公募基金管理人合计管理基金数量 6080 只，管理基金资产净值 148115. 10 亿元，管理份额规模 137280. 51 亿份。

2013 年 6 月实施的修订后的《证券投资基金法》首次将私募证券投资基金纳入调整范围，对私募证券投资基金的募集、运作、管理等进行了规范，从法律上确立了其法定地位，使非公开募集证券投资基金实现了有法可依。

第二节 证券投资基金的类型

一、封闭式基金和开放式基金

按运作方式不同，证券投资基金可分为封闭式基金和开放式基金。

封闭式基金是指经核准的基金份额总额在基金合同期限内固定不变，基金份额可以在依法设立的证券交易场所交易，但基金份额持有人不得申请赎回的基金。由于封闭式基金在封闭期内不能追加认购或赎回，投资者只能通过证券经纪商在二级市场上进行基金的买卖。

开放式基金是指基金份额总额不固定，基金份额可以在基金合同约定的时间和场所申购或者赎回的基金。为了满足投资者赎回资金、实现变现的要求，开放式基金一般都从所筹资金中拨出一定比例，以现金形式保持这部分资产。这虽然会影响基金的盈利水平，但对于开放式基金来说是必需的。

开放式基金与封闭式基金的主要区别如下：

（1）基金规模的可变性不同。封闭式基金有明确的存续期限（我国为不得少于 5 年），在此期限内已发行的基金单位不能被赎回。虽然特殊情况下此类基金可进行扩募，但扩募应符合严格的法定条件。故在正常情况下，基金规模固定不变。而开放式基金所发行的基金单位是可赎回的，而且投资者在基金的存续期间内也可随意申购基金单位，导致基金的资金总额每日均不断地变化。换言之，它始终处于“开放”的状态。这是封闭式基金与开放式基金的根本差别。

（2）基金单位的买卖方式不同。封闭式基金发起设立时，投资者可以向基金管理公司或销售机构认购；当封闭式基金上市交易时，投资者又可委托券商在证券交易所按市价买卖。而投资者投资于开放式基金时，则可以随时向基金管理公司或销售机构申购或赎回。

（3）基金单位的买卖价格形成方式不同。封闭式基金因在交易所上市，其买卖价格受市场供求关系影响较大。当市场供小于求时，基金单位买卖价格可能高于每份基金单位资产净值，这时投资者拥有的基金资产就会增加；当市场供大于求时，基金价格则可能低于每份基金单位资产净值。而开放式基金的买卖价格是以基金单位资产净值为基础计算的，可直接反映基金单位资产净值的高低。在基金的买卖费用方面，投资者在买卖封闭式基金时与买卖上市股票一样，也要在价格之外付出一定比例的证券交易税和手续费；而开放式基金的投资者需缴纳的相关费用（如首次认购费、赎回费）则包含于基金价格之中。一般而言，买卖封闭式基金的费用要高于开放式基金。

（4）基金的投资策略不同。由于封闭式基金不能随时被赎回，其募集得到的资金可全部用于投资，这样基金管理公司便可据以制定长期的投资策略，取得长期经营绩效。而开放式基金则必须保留一部分现金，以便投资者随时赎回，而不能尽数用于长期投资。一般投资于变现能力强的资产。

二、契约型基金和公司型基金

按组织形式不同，证券投资基金可分为契约型基金和公司型基金。

契约型基金又被称为单位信托基金，是指将投资者、管理人、托管人三者作为信托关系的当事人，通过签订基金契约的形式发行受益凭证而设立的一种基金。契约型基金起源于英国，后来在中国香港、新加坡、印度尼西亚等国家和地区十分流行。契约型基金是基于信托原理而组织起来的代理投资方式，没有基金章程，也没有公司董事会，而是通过基金契约来规范三方当事人的行为。基金管理人负责基金的管理操作；基金托管人作为基金资产的名义持有人，负责基金资产的保管和处置，对基金管理人的运作实行监督。

公司型基金是依据基金公司章程设立，在法律上具有独立法人地位的股份投资公司。公司型基金以发行股份的方式募集资金，投资者购买基金公司的股份后，以基金持有人的身份成为基金公司的股东，凭其持有的股份依法享有投资收益。公司型基金在组织形式上与股份有限公司类似，由股东选举董事会，由董事会选聘基金管理公司，基金管理公司负责管理基金的投资业务。

契约型基金与公司型基金的区别如下：

（1）法律主体资格不同。契约型基金不具有法人资格；公司型基金具有法人资格。契约型基金依据基金合同成立。基金投资者尽管也可以通过持有人大会表达意见，但与公司型基金的股东大会相比，契约型基金持有人大会赋予基金持有的权利相对较小。

（2）基金营运依据不同。契约型基金依据基金合同营运基金；公司型基金依据基金公司章程营运基金。公司型基金的优点是法律关系明确，监督约束机制较为完善；但契约型基金在设立上更为简单易行。

两者之间的区别主要表现在法律形式不同，并无优劣之分。

我国《证券投资基金法》所规定的基金实际上是契约型基金。因此，直至今日，基金管理公司发起成立的封闭式基金与开放式基金都属于契约型基金。

三、股票基金、债券基金、货币市场基金和衍生证券投资基金

按投资标的不同，证券投资基金可划分为债券基金、股票基金、货币市场基金和

衍生证券投资基金等。

债券基金是一种以债券为主要投资对象的证券投资基金。由于债券的年利率固定，因而这类基金的风险较低，适合于稳健型投资者。

股票基金是指以股票为主要投资对象的证券投资基金。股票基金侧重于追求资本利得和长期资本增值。股票基金是最重要的基金品种，它的优点是资本的成长潜力较大，投资者不仅可以获得资本利得，还可以通过它将较少的资金投资于各类股票，从而实现在降低风险的同时保持较高收益的投资目标。

股票基金具有以下特点：

（1）与其他基金相比，股票基金的投资对象和投资目的具有多样性。

（2）与投资者直接投资于股票市场相比，股票基金具有分散风险、费用低廉的特点。

（3）从资产流动性来看，股票基金具有流动性强、变现能力强的特点。

（4）对投资者来说，股票基金经营稳定、收益可观。

（5）股票基金还具有在国际市场上融资的功能和特点。

货币市场基金是以货币市场工具为投资对象的一种基金，其投资对象期限在 1 年以内，包括银行短期存款、国库券、公司短期债券、银行承兑票据及商业票据等货币市场工具。货币市场基金的优点是资本安全性高，购买限额低，流动性强，收益较高，管理费用低，有些还不收取赎回费用。因此，货币市场基金通常被认为是低风险的投资工具。

衍生证券投资基金是一种以衍生证券为投资对象的基金，包括期货基金、期权基金、认股权证基金等。这种基金风险大，因为衍生证券一般是高风险的投资品种。

四、成长型基金、收入型基金和平衡型基金

按投资目标不同，证券投资基金可划分为成长型基金、收入型基金和平衡型基金。

成长型基金是指主要投资于成长型股票、追求资产和长期稳定增长目标类型的基金。为了达到这一目标，基金管理人通常将基金资产投资于信誉度较高、有长期成长前景或长期盈余的成长公司的股票。成长型基金又可分为稳健成长型基金和积极成长型基金。

收入型基金主要投资于可带来现金收入的有价证券，以获取当期的最大收入为目的。收入型基金资产的成长潜力较小，损失本金的风险相对也较低，一般可分为固定收入型基金和股票收入型基金。固定收入型基金的主要投资对象是债券和优先股，因而尽管收益率较高，但长期成长的潜力很小，而且当市场利率波动时，基金净值容易受到影响。股票收入型基金的成长潜力比较大，但易受股市波动的影响。

平衡型基金将资产分别投资于两种不同特性的证券上，并在以取得收入为目的的债券及优先股和以资本增值为目的的普通股之间进行平衡。这种基金一般将 25% ~ 50% 的资产投资于债券及优先股，其余的投资于普通股。平衡型基金的主要目的是从

其投资组合的债券中得到适当的利息收益，同时又可以获得普通股的升值收益。投资者既可获得当期收入，又可得到资金的长期增值。平衡型基金的优点是风险比较低，缺点是成长的潜力不大。

五、主动型基金和被动型基金

按投资理念不同，证券投资基金可划分为主动型基金和被动型基金。

主动型基金是指力图取得超越基准组合表现的基金。

被动型基金一般选取特定指数作为跟踪对象，因此通常又被称为指数基金。指数基金是20世纪70年代以来出现的新的基金品种。由于其投资组合模仿某一股价指数或债券指数，收益随着即期的价格指数上下波动，因此当价格指数上升时，基金收益增加；反之，收益减少。基金因始终保持即期的市场平均收益水平，因而收益不会太高，也不会太低。

第三节　证券投资基金市场运行

一、证券投资基金的发行

证券投资基金发行是指符合条件的证券投资基金发起人以筹集受托资金为目的，依照法定程序向社会投资人公开发售代表特定信托受益权的证券投资基金券的行为。我国《证券投资基金法》和《证券投资基金运作管理办法》对证券投资基金发行的条件和程序做了明确规定。

在国外，常见的基金发行方式有四种：（1）直接销售方式。直接销售方式是指基金不通过任何专门的销售部门直接销售给投资者的销售方式。（2）包销方式。包销方式是指基金由经纪人按基金的资产净值买入，然后再以公开销售价格转卖给投资人，从中赚取买卖差价的销售方式。（3）销售集团方式。销售集团方式是指由包销人牵头组成几个销售集团，基金由各销售集团的经纪人代销，包销人支付给每个经纪人一定的销售费用的销售方式。（4）计划公司方式。计划公司方式是指在基金销售过程中，有一公司在基金销售集团和投资人之间充当中间销售人，以使基金能以分期付款的方式销售出去的方式。

在我国，证券投资基金的发行方式主要有两种：网上发行方式和网下发行方式。

（一）网上发行方式

网上发行方式是指将所发行的基金单位通过与证券交易所的交易系统联网的全国各地的证券营业部，向广大的社会公众发售基金单位的发行方式。封闭式基金主要采取网上发行方式。

（二）网下发行方式

网下发行方式是指将所要发行的基金通过分布在一定地区的银行或证券营业网点，向社会公众发售基金单位的发行方式。开放式基金主要采取网下发行方式。

我国《证券投资基金法》对证券投资基金的发行主要规定如下：

1. 发售程序

基金管理人依照《证券投资基金法》发售基金份额，募集基金，应当向国务院证券监督管理机构提交法定的文件，并经国务院证券监督管理机构核准。基金募集申请经核准后，方可发售基金份额。基金管理人应当在基金份额发售的 3 日前公布招募说明书、基金合同及其他有关文件。

2. 证券投资基金的发售

基金管理人应当自收到核准文件之日起 6 个月内进行基金募集。超过 6 个月开始募集，原核准的事项未发生实质性变化的，应当报国务院证券监督管理机构备案；发生实质性变化的，应当向国务院证券监督管理机构重新提交申请。

基金募集不得超过国务院证券监督管理机构核准的基金募集期限。

基金募集期限届满，封闭式基金募集的基金份额总额达到核准规模的 80% 以上，开放式基金募集的基金份额总额超过核准的最低募集份额总额，并且基金份额持有人人数符合国务院证券监督管理机构规定的，基金管理人应当自募集期限届满之日起 10 日内聘请法定验资机构验资，自收到验资报告之日起 10 日内向国务院证券监督管理机构提交验资报告，办理基金备案手续，并予以公告。

投资人缴纳认购的基金份额的款项时，基金合同成立；基金管理人按照上述规定向国务院证券监督管理机构办理基金备案手续，基金合同生效。

二、证券投资基金的交易

基金交易是基金成功发行后，在二级市场上进行的买卖活动。它是基金整个运作过程中的一个基本环节，是基金市场十分重要的组成部分。

（一）封闭式基金的交易程序

通常，封闭式基金正式成立三个月以后，基金经理公司将会向证券交易所或证券交易中心提出上市申请。在得到核准后，如果投资者想买入或卖出手中的基金单位，其交易程序和手续跟上市股票买卖方式基本一致。投资者只需携齐有关证件和价款按要求填好基金的买卖单据，通过证券公司或经纪商便可在二级市场上随行就市竞价买卖。

封闭式基金交易具有以下特点：第一，基金单位的买卖采用“公正、公平、公开”的“三公原则”和“价格优先，时间优先”的优先原则；第二，基金交易以标准手数为单位进行；第三，基金单位的交易价格以基金单位资产净值为基础，受市场供求关系的影响而波动；第四，在证券市场的营业日内可以随时买卖基金单位。此外，由于证券市场交易量大，容易产生规模经济效益，所以，其交易过程中的费用一般也较低。

（二）开放式基金的交易程序

开放式基金一般在正式成立三个月后，基金经理公司会自行或委托证券公司开设专门的柜台供以进行基金单位的转让。

1. 开放式基金的买入

如果投资者要买入一定的开放式基金，只需在基金经理公司设定的内部交易营业日内到基金经理公司或投资顾问公司专门开设的柜台，按要求填好买进某只基金的申请表格，基金经理公司在收到投资者的买进申请书以及付款后，便会转递给信托人核实，在基金交易的价格、买入基金单位的数量、购买费用等内容核实无误以后，信托人就会在基金持有人名册上添加投资者的记录，并发给其一本基金单位持有证以兹证明，投资者便可凭此证享受所购基金的收益。

2. 开放式基金的赎回

开放式基金一般是在基金正式成立三个月以后才允许投资者赎回。

如果投资者想要退出开放式基金的投资，则可将手头的基金单位按当时的报价全部或部分卖回给基金经理公司，即基金经理公司赎回基金单位，投资者赎回现金。这时，投资者须呈递基金单位持有证（基金受益凭证），并填好背面的赎回表格，指明赎回单位的数目与价值（否则一般当作赎回全部基金单位处理），然后将基金受益凭证交还给基金经理公司。一般地，在办理手续后数天，经理公司就会将相应款项交付给受益人。

如果投资者欲买入或赎回境外基金，则可通过证券投资顾问公司等中介机构或代理机构办理手续；投资者也可直接把买卖基金的表格填好，寄到基金经理公司并汇去相应款项，就会得到基金经理公司的确认，达到买卖境外基金的目的。

三、证券投资基金的价格

（一）开放式基金的价格

开放式基金不在证券交易所上市，投资者只能通过基金公司的销售机构向基金公司买卖基金份额，这种销售方式称为直销；也可以通过基金公司的代销机构，通常为商业银行或证券营业部买卖基金份额，这种销售方式称为代销。投资者在基金发行时的募集期间，向基金公司申请购买基金份额的交易行为，则称为认购；在基金成立后的存续期间，基金处于申购开放状态期内，向基金公司申请购买基金份额的交易行为，则称为申购；在基金成立后的存续期间，基金处于开放状态期内，投资者将自己持有的基金份额卖给基金公司，从而获得现金的交易行为，则称为赎回。

开放式基金的价格包括发行价格和交易价格。开放式基金的发行价格一般为基金面额加一定比例的首次认购费用。

开放式基金的基金份额的交易价格是以基金份额对应的资产净值，也就是以基金份额净值为基础进行计算的。基金份额净值，是指以计算日基金资产净值除以计算日基金份额余额所得的基金份额的价值，用公式表示为

基金份额净值＝(基金总资产－基金总负债)/基金总份额

基金份额净值加上或减去必要的费用，就构成了开放式基金的申购和赎回价格。基金的申购价格，是指基金申购申请日当天基金份额净值再加上一定比例的申购费所形成的价格，它是投资者申购每份基金时所要付出的实际金额。基金的赎回价格，是指基金赎回申请日当天基金份额净值再减去一定比例的赎回费所形成的价格，它是投资者赎回每份基金时可实际得到的金额。

（二）封闭式基金的价格

和开放式基金一样，封闭式基金的价格也主要包括发行价格和交易价格。

封闭式基金的发行价格由两部分组成：一部分是基金的面值；另一部分是基金的发行费用，包括律师费、会计师费等。

封闭式基金发行期满后一般都申请上市交易，因此，它的交易价格和股票价格的表现形式一样，可以分为开盘价、收盘价、最高价、最低价、成交价等。

封闭式基金上市后的交易价格是不固定的，随行就市，但主要取决于以下几个因素：

1. 基金份额净值

这是决定基金价格的主要因素，就像任何可交易物的价格主要取决于其价值一样。因此，基金二级市场投资者应密切关注该项指标。由于受供求关系影响，封闭式基金价格不完全等于基金份额净值。当封闭式基金在二级市场上的交易价格低于实际净值时，称为折价；当封闭式基金在二级市场上的交易价格高于实际净值时，称为溢价。

2. 基金市场供求关系

由于封闭式基金的供给是固定的，投资者看好基金市场时，会造成需求大于供给，基金价格可能会上涨；相反，基金供给大于需求时，基金价格就会下跌。

3. 所投资的股票、债券等金融产品的市场走势

基金主要投资于证券市场，一般来说，其所投资的股票、债券等价格上涨，基金表现也会好，其价格也会上扬，反之，价格则会下跌。

4. 封闭期长短

封闭期越长，封闭式基金的性质越接近于股票，价格偏离价值的可能性就越大，价格波动也越大。

5. 政府有关基金的政策

政府关于基金的政策，比如基金税收政策等，对基金二级市场价格具有较大影响。

第四节　证券投资基金的投资与评价

一、证券投资基金的投资

（一）证券投资基金的投资范围

我国《证券投资基金法》规定，公开募集基金的基金财产应当用于下列投资：（1）上市交易的股票、债券；（2）国务院证券监督管理机构规定的其他证券及其衍生品种。

（二）证券投资基金的投资限制

对基金投资进行限制的主要目的：一是引导基金分散投资，降低风险；二是避免基金操纵市场；三是发挥基金引导市场的积极作用。

目前，对证券投资基金的限制主要包括对基金投资范围的限制、投资比例的限制等方面。

按照《证券投资基金法》和其他相关法规的规定，公开募集基金的基金财产不得用于下列投资或者活动：承销证券；违反规定向他人贷款或者提供担保；从事承担无限责任的投资；买卖其他基金份额，但是国务院证券监督管理机构另有规定的除外；向基金管理人、基金托管人出资；从事内幕交易、操纵证券交易价格及其他不正当的证券交易活动；法律、行政法规和国务院证券监督管理机构规定禁止的其他活动。运用基金财产买卖基金管理人、基金托管人及其控股股东、实际控制人或者与其有其他重大利害关系的公司发行的证券或承销期内承销的证券，或者从事其他重大关联交易的，应当遵循基金份额持有人利益优先的原则，防范利益冲突，符合国务院证券监督管理机构的规定，并履行信息披露义务。

根据《公开募集证券投资基金运作管理办法》，公开募集的基金合同和基金招募说明书应当按照下列规定载明基金的类别：（1）百分之八十以上的基金资产投资于股票的，为股票基金；（2）百分之八十以上的基金资产投资于债券的，为债券基金；（3）仅投资于货币市场工具的，为货币市场基金；（4）百分之八十以上的基金资产投资于其他基金份额的，为基金中基金；（5）投资于股票、债券、货币市场工具或其他基金份额，并且股票投资、债券投资、基金投资的比例不符合第（1）项、第（2）项、第（4）项规定的，为混合基金；（6）中国证监会规定的其他基金类别。该管理办法规定，基金名称显示投资方向的，应当有百分之八十以上的非现金基金资产属于投资方向确定的内容。

此外，《公开募集证券投资基金运作管理办法》规定，公开募集基金管理人运用基金财产进行证券投资，不得有下列情形：

（1）一只基金持有一家公司发行的证券，其市值超过基金资产净值的百分之十；

（2）同一基金管理人管理的全部基金持有一家公司发行的证券，超过该证券的百分之十；

（3）基金财产参与股票发行申购，单只基金所申报的金额超过该基金的总资产，单只基金所申报的股票数量超过拟发行股票公司本次发行股票的总量；

（4）一只基金持有其他基金（不含货币市场基金），其市值超过基金资产净值的百分之十，但基金中基金除外；

（5）基金中基金持有其他单只基金，其市值超过基金资产净值的百分之二十，或者投资于其他基金中基金；

（6）基金总资产超过基金净资产的百分之一百四十；

（7）违反基金合同关于投资范围、投资策略和投资比例等约定；

（8）中国证监会规定禁止的其他情形。

完全按照有关指数的构成比例进行证券投资的基金品种可以不受前款第（1）项、第（2）项规定的比例限制。

基金管理人运用基金财产投资证券衍生品种的，应当根据风险管理的原则，并制定严格的授权管理制度和投资决策流程。基金管理人运用基金财产投资证券衍生品种的具体比例，应当符合中国证监会的有关规定。

中国证监会另行规定的其他特殊基金品种可不受上述比例的限制。

二、证券投资基金的收益、费用和分配

（一）收益

基金收入是基金资产在运作过程中所产生的各种收入。基金收入来源主要包括利息收入、投资收益以及其他收入。基金资产估值引起的资产价值变动作为公允价值变动损益计入当期损益。

1. 利息收入

利息收入指基金经营活动中因债券投资、资产支持证券投资、银行存款、结算备付金、存出保证金、按买入返售协议融出资金等而实现的利息收入。具体包括债券利息收入、资产支持证券利息收入、存款利息收入、买入返售金融资产收入等。

2. 投资收益

投资收益是指基金经营活动中因买卖股票、债券、资产支持证券、基金等实现的差价收益，因股票、基金投资等获得的股利收益，以及衍生工具投资产生的相关损益，如卖出或放弃权证、权证行权等实现的损益。具体包括股票投资收益、债券投资收益、资产支持证券投资收益、基金投资收益、衍生工具收益、股利收益等。

3. 其他收入

其他收入是指除上述收入以外的其他各项收入，包括赎回费扣除基本手续费后的

余额、手续费返还、ETF 替代损益，以及基金管理人等机构为弥补基金财产损失而支付给基金的赔偿款项等。这些收入项目一般根据发生的实际金额确认。

4. 公允价值变动损益

公允价值变动损益指基金持有的采用公允价值模式计量的交易性金融资产、交易性金融负债等公允价值变动形成的应计入当期损益的利得或损失，并于估值日对基金资产按公允价值估值时予以确认。

（二）费用

基金运作过程中涉及的费用可分为两大类：一类是基金销售过程中发生的由基金投资者自己承担的费用，主要包括申购费、赎回费及基金转换费。这些费用直接从投资者申购、赎回或转换的金额中收取。另一类是基金管理过程中发生的费用，主要包括基金管理费、基金托管费、信息披露费等。这些费用由基金资产承担。对于不收取申购费（认购费）、赎回费的货币市场基金，基金管理人可以依照相关规定从基金财产中持续计提一定比例的销售服务费，专门用于本基金的销售和对基金持有人的服务。上述两大类费用的性质是截然不同的。第一类费用并不参与基金的会计核算，而第二类费用则需直接从基金资产中列支。本节所述基金费用仅指第二类费用，其种类及计提标准一般都在基金合同及基金招募说明书中明确规定。

1. 基金费用的种类

下列与基金有关的费用可以从基金财产中列支：

（1）基金管理人的管理费。

（2）基金托管人的托管费。

（3）销售服务费。

（4）基金合同生效后的信息披露费用。

（5）基金合同生效后的会计师费和律师费。

（6）基金份额持有人大会费用。

（7）基金的证券交易费用。

（8）按照国家有关规定和基金合同约定，可以在基金财产中列支的其他费用。

2. 各种费用的计提标准及计提方式

（1）基金管理费、基金托管费和基金销售服务费

基金管理费是指基金管理人管理基金资产而向基金收取的费用。基金托管费是指基金托管人为基金提供托管服务而向基金收取的费用。基金销售服务费是指从基金资产中扣除的用于支付销售机构佣金以及基金管理人的基金营销广告费、促销活动费、持有人服务费等费用。

计提标准。基金管理费率通常与基金规模成反比，与风险成正比。基金规模越大，基金管理费率越低；基金风险程度越高，基金管理费率越高。不同类别及不同国家、地区的基金，管理费率不完全相同。但从基金类型看，证券衍生工具基金管理费率最

高。基金托管费收取的比例与基金规模、基金类型有一定关系。通常基金规模越大，基金托管费率越低。新兴市场国家和地区的托管费收取比例相对要高。

计提方法和支付方式。目前，我国的基金管理费、基金托管费及基金销售服务费均是按前一日基金资产净值的一定比例逐日计提，按月支付。

（2）基金交易费

基金交易费指基金进行证券买卖交易时所发生的相关交易费用。目前，我国证券投资基金的交易费用主要包括印花税、交易佣金、过户费、经手费、证管费。交易佣金由证券公司按成交金额的一定比例向基金收取，印花税、过户费、经手费、证管费等则由登记公司或交易所按有关规定收取。参与银行间债券交易的，还需向中央国债登记结算有限责任公司和银行间市场清算所股份有限公司支付银行间账户服务费，向全国银行间同业拆借中心支付交易手续费等服务费用。

（3）基金运作费

基金运作费指为保证基金正常运作而发生的应由基金承担的费用，包括审计费、律师费、上市年费、信息披露费、分红手续费、持有人大会费、开户费、银行汇划手续费等。按照有关规定，发生的这些费用如果影响基金份额净值小数点后第 5 位的，即发生的费用大于基金净值十万分之一，应采用预提或待摊的方法计入基金损益。发生的费用如果不影响基金份额净值小数点后第 5 位的，即发生的费用小于基金净值十万分之一，应于发生时直接计入基金损益。

3. 不列入基金费用的项目

下列费用不列入基金费用：

（1）基金管理人和基金托管人因未履行或未完全履行义务导致的费用支出或基金财产的损失。

（2）基金管理人和基金托管人处理与基金运作无关的事项发生的费用。

（3）基金合同生效前的相关费用，包括但不限于验资费、会计师和律师费、信息披露费等费用。

（三）分配

基金经营活动所产生的利润是基金利润分配的基础，基金利润分配是基金投资者取得投资收益的基本方式。利息收入、投资收益及其他收入是基金的主要利润来源。不同类型基金在利润分配方式上有所不同。

1. 封闭式基金的利润分配

根据《证券投资基金运作管理办法》有关规定，封闭式基金的利润分配，每年不得少于一次，封闭式基金年度利润分配比例不得低于基金年度已实现利润的 90%。封闭式基金当年利润应先弥补上一年度亏损，然后才可进行当年分配。封闭式基金一般采用现金方式分红。

2. 开放式基金的利润分配

我国开放式基金按规定需在基金合同中约定每年基金利润分配的最多次数和基金利润分配的最低比例。利润分配比例一般以期末可供分配利润为基准计算。开放式基金的分红方式有两种：

（1）现金分红方式。根据基金利润情况，基金管理人以投资者持有基金单位数量的多少，将利润分配给投资者。这是基金分配最普遍的形式。

（2）分红再投资转换为基金份额。分红再投资转换为基金份额是指将应分配的净利润按除息后的份额净值折算为等值的新的基金份额进行基金分配。根据有关规定，基金分配应当采用现金方式。开放式基金的基金份额持有人可以事先选择将所获分配的现金利润，按照基金合同有关基金份额申购的约定转为基金份额。基金份额持有人事先未作出选择的，基金管理人应当支付现金。

3. 货币市场基金的利润分配

2015 年 12 月中国证监会发布的《货币市场基金监督管理办法》第十条规定：对于每日按照面值进行报价的货币市场基金，可以在基金合同中将收益分配的方式约定为红利再投资，并应当每日进行收益分配。

三、证券投资基金的绩效评价

（一）基金分析与评价的目的和意义

基金分析与评价的目的在于揭示基金某一阶段的风险收益特征，展现基金业绩取得的原因，并通过对基金经理投资理念、操作风格、基金公司投研团队情况及风险控制流程等诸多影响基金业绩因素的分析研究，来判断基金业绩的稳定性和变化趋势，进而为投资决策提供依据和参考。

基金分析与评价能够帮助投资者选择符合自己投资目标及风险承受能力的基金产品或产品组合，避免盲目投资，尽可能地规避基金投资的各类风险，做一位理性、成熟的基金投资者。

（二）基金分析与评价应遵循的原则

对基金进行分析与评价应遵循以下原则：

1. 长期性原则。对基金进行分析与评价时应尽可能考察基金中长期的业绩表现，如 3 年或以上的基金。这样既可以避免基金短期业绩的偶然性，也可以在不同的市场环境中考察基金业绩的稳定性，如分别考察基金在牛市和熊市中的表现。坚持基金分析与评价长期性的原则，有助于培育和引导投资人长期投资的理念。

2. 全面性原则。对基金进行分析与评价时应全面考察基金的收益和风险，避免以单一指标来简单地评价基金，在评价收益的同时也需认真评估其潜在的风险，考察其收益和风险是否对称。如有些基金尽管在某一时期收益居前，但其间业绩波动非常大，稳健的投资者对此就需重视并适当进行回避。

3. 一致性原则。一致性原则包含两层含义：一是指对同一类基金进行分析与评价时，应保持标准、方法等的一致性；二是指对不同类别的基金进行分析与评价时，应根据每一类基金的特性，选取适合的标准和方法。如评价一只基金的管理能力时，主动型基金的考察重点是其业绩表现，而被动型指数基金的考察重点则是其与标的指数的跟踪偏差。

4. 客观公正性原则。在基金的分析与评价过程中应秉持客观公正的态度，确保相关数据的准确和完整，并对分析评价结果进行客观的阐述。近年来在一些基金的宣传推荐材料中，存在着以虚假或片面信息作为评价依据、带有利益倾向的诋毁同行等现象，这些都有违客观公正性原则。

（三）基金分析与评价的基本方法

1. 定量分析和定性分析

基金分析与评价的方法多种多样，但首先可以将其分为定量分析和定性分析。定量分析主要指通过对基金净值、资产配置、重仓股等基金公开信息进行整理、归纳，并结合相关的市场数据，如指数的涨跌等，计算出基金各种数量化指标，如收益率、波动率等。综合运用这些量化指标，揭示其经济意义，并找出其中的共性，就能为基金投资决策提供有益的参考。定性分析主要指研究人员通过对基金相关人员、相关事件、业务流程等的调研和判断，分析评判基金投资逻辑和市场策略的优劣，衡量基金经理及投研团队的投资能力及风险控制能力等。定性分析有助于找出各种因素间的内在联系，帮助研究人员对基金业绩稳定性和变化方向进行判断。

总体而言，定量分析更多基于客观数据，计算出来的各项指标也基本是既存事实的数量化反映。但根据定量分析指标所得出的综合结论却可能不尽相同，其主要的原因有三方面：一是各类数据的采样不同，如有短期业绩和长期业绩等；二是对各单项指标进行归纳分析过程中所采用的逻辑和算法不同；三是即便是同一量化指标，对其经济意义的理解和重视程度也可能不尽一致。同定量分析相比，定性分析则更倚重分析者的主观研判，对同一个现象，不同的分析者可能得出截然相反的结论。

定量分析和定性分析虽然是两种不同的分析思路和方法，但两者之间是密切联系的，即在定量过程中离不开定性，在定性过程中也离不开定量。一般而言，定量分析是定性分析的基础，而定性分析是定量分析的总结和深化。在定量分析的过程中，无论数据采样还是计算逻辑的选定，都体现了某种定性的理论依据；同样，在定性分析中，也离不开定量的统计和归纳，如对基金经理操作风格的定性、对基金公司投研团队能力的评估等，都需要相关的数据来支持和佐证。

2. 基金分析与评价的基本方法

（1）信息的收集和计算。基金的基本信息和数据是比较透明的，主要来自基金的法律文件，如基金合同、招募说明书等；基金的定期报告，如季报、半年报及年报等；

基金的临时公告，如基金经理变更公告、基金分红公告等；基金公司定期公布的基金份额净值等。上述信息和数据都可以从基金公司的网站及其指定的信息披露媒体获得。

（2）基金分析研究的三个角度。

一是对单个基金的分析与评价。对单个基金的分析研究通常是将其与同类基金进行比较，考察其在相同市场环境下的业绩表现。这包括对基金业绩的计算、对业绩表现的归因分析以及对基金风险的评估等。对单个基金业绩的分析和研究主要采用定量的方法。

二是对基金经理的分析与评价。对基金经理的分析与评价主要是对其投资管理能力和操作风格进行考察和评估，在一定程度上这与对该基金业绩的分析与评价是一致的。但由于一只历史较长的基金可能有多任基金经理，因此，有时仅从基金业绩的维度很难评判一名基金经理长期和真实的资产管理能力。特别是当新基金成立时，因为没有历史业绩，很难进行相关分析，这时就需要根据基金经理的过往业绩及投资风格对该基金的投资价值进行一定的评估。对基金经理的分析与评价常采用定量与定性相结合的研究方法，在定量研究中可以从基金经理管理基金的数量、规模、从业时间以及任期基金回报率等方面考察，在定性研究中还应考虑其所在基金公司的投资文化和投资决策流程等，因为这些因素都会影响基金经理在基金管理中作用的发挥程度。

三是对基金公司的分析与评价。对基金公司进行分析与评价的意义在于公司平台会影响基金经理的投资管理。事实上基金业绩除反映基金经理的管理水平外，在很多方面也反映了整个公司的综合实力。随着行业竞争的激烈和投资环境的日益复杂化，仅靠基金经理个人能力很难保持业绩的长期稳定，公司平台的作用日益明显。

本章重要概念

证券投资基金　基金当事人　基金份额持有人　基金管理人　基金托管人　封闭式基金　开放式基金　债券基金　股票基金　货币基金　基金收益　基金费用　基金评价

第七章　外汇市场

本章学习目标

第一，掌握外汇市场的概念、内涵及构成要素，熟悉外汇市场的划分及主要功能，了解世界主要外汇市场；第二，掌握汇率标价法，了解人民币汇率形成机制，以及我国主要的汇兑安排；第三，了解外汇市场的主要交易方式。

随着现代通信技术和计算机网络的发展，外汇市场已成为国际金融市场中交易量最大的一个市场。根据2013年4月国际清算银行（BIS）的全球外汇交易统计数据，近年来全球外汇市场交易量呈现显著快速增长态势，日均交易量从2007年4月的3.3万亿美元，上升至2010年4月的4.0万亿美元，2013年4月达到了5.3万亿美元。其中，2.2万亿美元来自外汇掉期，2万亿美元来自即期交易，6800亿美元来自直接远期交易，3370亿美元来自外汇期权及其他，540亿美元来自货币互换。外汇交易的持续快速增长，体现了全球经济的进一步融合、外汇交易金融工具的不断创新、国际资本流动活跃性的增强，以及新兴市场在全球经济中重要性的提升。

第一节　外汇市场概述

一、外汇与汇率

外汇是商品生产国际化和国际资产流动的必然结果。世界范围的商品流动和资本流动，导致国际债权债务关系的发生，需要办理国际结算，便产生了对外汇的需求。

外汇（Foreign Exchange）是指外国货币和以外国货币表示的用于国际结算的支付手段。也就是说，外汇的含义包括两个方面：一是指外国货币，如美元、欧元、日元、瑞士法郎等。这些外币不仅可以用于国际支付，还是一种用外币表示的金融资产，并可随时兑换成其他国家的货币。二是指以外币表示的外国信用工具和有价证券，如银行汇票、在外国银行的存款、债券等。

国际货币基金组织对外汇的解释是："外汇是货币行政当局（中央银行、货币机构、外汇平准基金及财政部）以银行存款、财政部库券、长短期政府证券等形式所保有的在国际收支逆差时可以使用的债权。其中包括由中央银行及政府间协议而发行的在市场上不流通的债券，而不问它是以债务国还是债权国货币表示的。"按照这一定义，外汇不限于外币资产，还延伸到可用于国际结算的部分本币形式的资产，但必须有严格的限定。

根据《中华人民共和国外汇管理条例》，外汇是指下列以外币表示的可以用作国际清偿的支付手段和资产：（1）外国货币，包括纸币、铸币；（2）外币支付凭证，包括票据、银行存款凭证、邮政储蓄凭证等；（3）外币有价证券，包括政府债券、公司债券、股票等；（4）特别提款权；（5）其他外汇资产。

一般而言，外汇具有三个特点：（1）外汇必须以外币表示，即外汇必须是以外币表示的国外资产；（2）可偿性，即外汇必须是在国外能得到清偿的债权；（3）可兑换性，即外汇必须能自由兑换成以其他货币表示的支付手段。

在国际经济交往中，存在本国货币与外国货币的比价折算问题，外汇作为一种可兑换的金融资产，必然具有一定的价格。汇率（Exchange Rate）是一种货币用另一种货币表示的价格，其实质是两国货币价值的比价。在开放经济环境下，汇率无时无刻不影响着国际经济交往和人们的日常生活。直观上看，当本国的货币相对于外国货币变得更值钱时，我们就说本币相对外币升值，购买外国商品或去国外旅游时就会感觉比以前便宜，反之，当本币价值下跌即相对外币贬值，则购买外国商品或去国外旅游时就会变得更加昂贵。

二、外汇市场的概念与内涵

在一个不断开放的世界中，各国之间必然发生贸易、投资、旅游等经济往来，从而引起了国家及地区间的不同货币的收支关系，即形成对外汇的供给与需求，由此产生了外汇买卖的需要，外汇市场也就应运而生了。

对一个国家或地区来讲，其外汇供给主要形成于：（1）商品和劳务的出口收入；（2）对国外投资的收入，包括直接投资的利润收入和对外证券投资的红利、利息收入；（3）国外单方面转移收入，包括外国居民、政府或民间机构及国际组织对本国的赠款与援助，本国侨民汇款，外国驻本国领事馆的经常开支等非经济收入；（4）国际资本的流入，分为短期与长期资本的流入，其中包括外国商业银行的贷款及直接投资等。从国外收到的外币支付凭证，必须兑换成本国货币才能在国内流通。

对一个国家或地区来讲，其外汇需求主要产生于：（1）商品和劳务进口；（2）对外投资支出；（3）对外单方面转移支出；（4）资本流出等。上述对外支出，必须以自己的外汇储备或以本国货币购买外币，才能实现。

在没有外汇管制的情况下，外汇买卖或兑换可以在进出口商之间直接进行，即需要外币的进口商与持有外币的出口商直接进行洽谈，进行外汇的直接买卖。但实际上这样做是有很大困难的。首先，进口商与出口商可能完全不相识，没有相互信任的基础，或者双方居住在相距甚远的地方，根本不可能直接面谈和直接进行外汇交易。其次，即使双方有机会相遇，但对外汇的供求在数额及时间上也不一定完全相符，从而难以达成交易。最后，供求双方的交易条件、供给与需求的币种等，也不一定完全相符，由此也增加了直接进行外汇交易的困难。正是由于外汇供求双方直接买卖交易有许多难以克服的困难，因此，需要借助于一个相对开放的、多边交易的市场，外汇市场也就由此而产生了。它由外汇需求者与供给者以及连接供求双方的中介机构所组成。

关于外汇市场的界定，从交易场所看，有广义和狭义之分。狭义的外汇市场是指进行外汇交易的有形的固定场所，即由一些指定外汇银行、外汇经纪人和客户组成的外汇交易所。一般是采取“交易中心方式”，由参加交易各方于每个营业日的规定时间，汇集在交易所内进行交易。

广义的外汇市场则是指有形和无形外汇买卖市场的总和，它不仅包括上述封闭式外汇交易所交易，而且还包括没有特定交易场所，通过电话、电报、电传等方式进行的外汇交易。目前，随着先进通信技术手段的广泛运用，世界各国的外汇交易都是通过现代化通信工具来进行的，形成了以各外汇市场为中心、覆盖全球的世界性外汇市场，外汇交易也由局部或地区交易扩展为全国性及全球性交易。因此，广义的外汇市场实际上是指由各国中央银行、外汇银行、外汇经纪商和客户等外汇经营主体以及由它们形成的外汇供求买卖关系的总和。

三、外汇市场的构成要素

外汇市场同其他市场一样，也是由一些最基本的要素所构成，包括交易工具、市场参与者和市场组织。

（一）外汇市场的交易工具

外汇市场的交易工具就是外汇。前文给出的国际货币基金组织关于外汇的定义是从一国国际收支管理的角度作出的，与外汇市场交易的外汇本身并非完全相同。以外币有价证券为例，一国政府发行的政府公债、国库券以及该国公司发行的股票，是以该国货币为计算单位的。一国的购买人要购买这些有价证券并将其作为外汇持有，首先要将本国货币兑换成该国货币，再用该国货币去购买。可见，买卖外币有价证券的过程实际上包含了两种交易，第一种交易是把一国货币换成另一国货币，第二种交易是把货币换成有价证券。前一种交易无疑属于外汇交易，而后一种交易已属于有价证券市场的交易范畴，不能将其归入外汇交易。

这样，我们可以把一国投资人对另一国有价证券（以及类似银行存款凭证这样的工具）的交易划分为两个阶段：一个阶段是对外国货币（包括支票、汇票这样的准货币）的交易；另一个阶段则是对有价证券等其他金融市场工具的交易。很明显，只有前一阶段的交易才属于外汇市场活动，而后一阶段的交易已属于另外一些金融市场领域了。反过来讲，只有前一阶段交易的对象——外币及外币信用流通工具，才是外汇交易市场上的工具，至于外币有价证券等工具，则只有从国际收支的角度看才属于外汇的范畴。

（二）外汇市场的参加者

从外汇交易的主体来看，外汇市场由下列参加者构成：

1. 中央银行

各国中央银行参与外汇市场的活动有两个目的：一是储备管理；二是汇率管理。中央银行或直接拥有，或代理财政经营本国的官方外汇储备。中央银行这时在外汇市场的角色与一般参与者相同。另外，当中央银行认为当前市场汇率有害于国内经济及国际收支平衡时，就会直接干预外汇市场，其主要手段是进行公开市场操作，即在外汇市场上大量买进或卖出本国货币或外币。当市场上对本国货币需求过度，形成本国货币对外币汇率过度升值的压力时，中央银行可能会抛出本国货币买入外币，就形成了对外汇的需求；反之，当市场上本币过多，中央银行抛出外币收回本币时，就形成了外汇的供给。中央银行在外汇市场发挥的这种监督市场运行、干预汇率走势的作用表明，中央银行不仅是一般的外汇市场参与者，在一定程度上可以说是外汇市场的实际操纵者。但是，中央银行不直接参与外汇市场上的活动，而是通过经纪人和商业银行进行交易。

2. 外汇银行

外汇银行是外汇市场上最重要的参加者，指的是由各国中央银行或货币当局指定或授权经营外汇业务的银行。外汇银行通常是商业银行，其可以是专门经营外汇的本国银行，也可以是兼营外汇业务的本国银行或者是在本国的外国银行分行。其外汇交易业务包括：（1）直接向客户买卖外汇，从买入价和卖出价中赚取差价；（2）受客户委托从事外汇买卖，帮助客户进行外汇保值或套利，获取代理佣金或交易手续费；（3）以自己的账户直接进行外汇交易，以调整自己的外汇头寸，其目的是减少外汇头寸可能遭受的风险，或者谋求投机盈利。

外汇银行是外汇汇集的中心，集中了外汇的供给与需求，并最终决定汇率水平。当外汇银行以代理人或委托人身份参与外汇市场时，它们既是外汇供给者的集中代表，同时也是外汇需求者的集中代表；而当它们用自己的账户为自己买卖外汇时，如果售出盈余的外汇头寸，则形成外汇的供给，如果买入外汇弥补外汇头寸的不足，则形成外汇的需求。由于以外汇银行所进行的外汇交易额占外汇交易总量的绝大部分，因此，以外汇银行为主体的外汇供求，已成为决定外汇市场汇率的主要力量。

3. 外汇经纪人

外汇经纪人是指介于外汇银行之间、外汇银行和其他外汇市场参加者之间，为买卖双方接洽外汇交易并赚取佣金的中间商。外汇经纪人一般有三类：（1）一般经纪人，这种经纪人一方面介绍外汇买卖成交，另一方面还亲自参与外汇买卖赚取利润；（2）跑街经纪人，其本身并不买卖外汇，而是联结外汇买卖双方，促成交易，并从中收取佣金；（3）经纪公司。

客户在同一市场内进行外汇交易，一般都要通过外汇经纪人；商业银行之间的外汇买卖一般也通过外汇经纪人代理。外汇经纪人代理客户进行外汇买卖时，不披露交易双方的名称，通过隐蔽身份，不使报价处于被动地位。

4. 外汇市场客户

客户是外汇的实际供应者和需求者，包括跨国企业、从事进出口贸易的工商企业、旅行者、投资者、投机者、留学生、移民等。客户通过外汇市场进行买卖，以获得或兑换外汇。

（1）进出口商。进出口商是外汇市场上最大的外汇供给者和需求者。一方面，出口商出口商品后，取得外币或外汇债权票据，其基于保值或取得本币资金等目的，需要售出所取得的外汇；另一方面，当进口商进口商品时，一般需要支付对方国家的货币或对方愿意接受的第三国货币，这时，进口商就需要从外汇市场买进外汇以支付进口货款。

（2）跨国公司。跨国公司也是外汇市场的重要参与者，是形成外汇市场供求的重要成分。跨国公司需要经常在各国的分公司之间调拨资金，为了规避外汇风险，或者为了投机获利等目的，需要经常地进行外汇交易，时而卖出某种货币，时而买进某种货币，从而形成对某种货币的供给和需求。

（3）居民个人。居民个人也是外汇市场的重要参与者。居民个人也会从工资、劳务及亲属汇款等渠道取得一部分外汇，为了保值等目的，需要将外汇存入银行或卖出；同时，也会因出国旅游、探亲等需要取得一部分外汇，从而形成对外汇的需求。

（三）外汇市场的组织形式

各个国家的外汇市场，由于各自长期的金融传统和商业习惯不同，其外汇交易方式也不尽相同。外汇市场的交易方式分为柜台市场交易和交易所交易。

柜台市场交易无固定的开盘、收盘时间，无具体场所，交易双方不必面对面地交易，只靠电传、电报、电话等通信设备相互接触和联系，最后达成交易。这种交易方式的参加者必须对市场充分了解，并以正式或其他某种方式获得认可。英国、美国、加拿大、瑞士等国的外汇市场均采取这种柜台市场的组织方式，因此这种方式又称为英美体制。

交易所交易有固定的交易场所，如德国、法国、荷兰、意大利等国的外汇交易所，这些外汇交易所有固定的营业日和开盘收盘时间，外汇交易的参加者于每个营业日规定的营业时间集中在交易所进行交易。由于欧洲大陆各国多采用这种方式组织外汇市场，故这种方式又称为大陆体制。

柜台市场交易形式是外汇市场的主要组织形式，这不仅因为世界上两个最大的外汇市场——伦敦外汇市场和纽约外汇市场——均是用这种方式组织运行的，还因为外汇交易本身具有国际性。由于外汇交易的参加者多来自各个不同的国家，交易范围极广，交易方式也日渐复杂，参加交易所交易的成本显然高于通过现代化通信设备进行交易的成本。因此，即便是欧洲大陆各国，其大部分当地的外汇交易和全部国际性交易也都是用柜台市场交易方式进行的。而交易所市场通常只办理一小部分当地的现货交易。

四、外汇市场的运行机制

外汇市场是由多种要素组成的有机整体，具有自身的形成和运行机制，包括供求机制、效率机制及风险机制等。

外汇市场的供求机制是市场汇率形成的主要基础，而汇率的变化又反过来调节外汇的供求。外汇市场主要由中央银行、外汇银行、外汇经纪商和外汇市场客户等组成，形成外汇市场的五大交易或供求关系：(1) 外汇银行与外汇经纪商或客户之间的外汇交易；(2) 同一外汇市场的外汇银行之间的外汇交易；(3) 不同外汇市场的各外汇银行之间的外汇交易；(4) 中央银行与各外汇银行之间的外汇交易；(5) 各国中央银行之间的外汇交易。各国中央银行正是利用外汇供求与汇率之间的这种相互联系、相互作用的机制，通过在外汇市场上买卖外汇，来调节外汇市场的供求关系，进而调节汇率的实际水平，使之更有利于或无害于国内经济的健康增长及国际收支关系的改善。

外汇市场的效率机制主要体现在：外汇市场的远期汇率能够准确地反映未来即期汇率的变化，为外汇交易者提供准确的信息作为其交易的参考。当远期汇率表明未来的即期汇率将上升时，谨慎的交易者就会根据手中持有的外币负债买进相同数额的远期外汇，从而保证到时以外币债权的增加抵消汇率上升造成的外币负债的增加，实现外汇债权、债务的平衡。而冒险的交易者则会凭一纸合同和少许的保证金做远期买空交易，以期未来汇率上升时牟取暴利。远期汇率的变化不仅是外汇交易决策的主要参考，也影响着外汇资金的分配过程。

外汇交易的风险机制，主要是指外汇交易中风险的增减同汇率变动之间的相互联系、相互作用。这一方面表现为交易者难以及时、准确地掌握和预测一国政治、经济局势及政策变化，由此增加了对未来即期汇率预测的难度，从而增加了外汇交易的风险；另一方面则表现为投资者的外汇投机行为往往会加剧外汇市场的动荡，加大汇率的波动，从而会使外汇交易者遭遇更大的风险。

外汇市场的上述三种机制，即供求机制、效率机制和风险机制，并不是相互孤立的，而是相互联系、相互作用的。正是这种相互联系和相互作用的关系，调节着外汇市场的运行，保持着外汇市场自身的秩序。

五、外汇市场的划分

从外汇市场的结构来看，按其组织方式不同，外汇市场可分为外汇柜台市场和外汇交易所市场；按参加者的不同，可分为外汇零售市场和外汇批发市场；按政府对市场交易的干预程度不同，可分为官方外汇市场、自由外汇市场和外汇黑市；按外汇买卖交割期的不同，可分为外汇现货市场和外汇期货市场。

（一）外汇柜台市场与外汇交易所市场

外汇柜台市场（OTC）是一种无固定场所及无固定开盘和收盘时间的外汇市场。从事外汇交易的银行与经纪商，通过一个庞大的由电话、电报、电传和计算机及其他现代通信载体组成的信息报价及交易系统进行交易。通过这种交易方式，一笔外汇交易在一两分钟内就可完成，而且可以随时随地交易。

外汇交易所市场，也称有形市场，即有固定的交易场所和交易时间限制的市场。外汇交易所多处在国际金融中心所在地，有固定的营业日和开盘、收盘时间，从事外汇交易的外汇经纪商在每个营业日的规定时间内集中在交易所进行交易。

（二）外汇零售市场与外汇批发市场

外汇零售市场是由外汇银行与个人及公司客户之间的交易构成的外汇市场。个人与银行间的外汇交易，多是为了应急支出或保值，每笔交易数额不一定很大，但交易笔数较多，交易频繁，因而其交易总量是相当可观的，构成银行外汇交易的重要组成部分。公司与银行的外汇交易则主要由国际贸易活动及投资活动所产生，这类外汇交易是经常的、大量的，构成银行外汇交易的主要部分。

外汇批发市场则是由外汇银行同业间的买卖外汇活动构成的，成交数额巨大。银行间的外汇交易多是为了调整自身的外汇头寸，以减少和规避汇率变动所产生的风险。银行每日与客户的外汇交易，最后总要形成一定的差额或头寸。买入大于卖出要形成外汇头寸的盈余；卖出大于买入要形成外汇头寸的短缺；外汇头寸出现盈余时需要拆出外汇；外汇头寸出现短缺时需要拆入外汇。而不论拆出还是拆入，都要受市场汇率和利率的直接影响。从总的外汇市场交易份额或结构来看，绝大部分的外汇交易是银行间的外汇交易即批发交易。

（三）官方外汇市场与自由外汇市场

官方外汇市场是指受所在国政府控制，按照中央银行或外汇管理机构规定的官方汇率进行交易的外汇市场，相对于自由的、无政府直接干预的外汇市场而言，官方外汇市场主要有以下几个特点：一是一般只允许持有政府许可证的银行和其他金融机构进入该市场参加外汇交易；二是只允许交易由货币当局指定的外币品种；三是对市场的汇率进行控制，或实行固定汇率制，或只允许在一定的幅度内波动；四是对外汇的用途有一定的限制，一般只允许进行与国际贸易活动相联系的外汇买卖交易；五是对每笔外汇交易的金额都有一定的限制。

在 1973 年固定汇率制崩溃之前，官方外汇市场一直处于主导地位，成为国家外汇市场的主体。自 1973 年以来，西方国家普遍实行了浮动汇率制，官方外汇市场便逐步让位于自由外汇市场。但目前在很多金融市场未开放的发展中国家，官方外汇市场仍占主导地位。在这些国家的官方外汇市场之外，往往存在着禁而不止的外汇黑市，即地下市场。外汇黑市一般是伴随着官方外汇市场而存在的，是为逃避外汇管制而形成的市场。

与官方外汇市场相对应的自由外汇市场，是指不受所在国家政府控制，汇率完全由外汇市场供求决定的外汇市场。与官方外汇市场相对而言，在自由外汇市场条件下，参加者、交易对象、交易额度、交易价格（汇率）及交易目的等，都没有限制，可以完全或最大限度地由市场或供求双方决定。一般来讲，所有银行和其他金融机构都可以在外汇市场上从事外汇交易，汇率可以在较大幅度内上下波动，只有在有害于国际经济时，各国中央银行或货币当局才会联合进行干预，直接进入市场吞吐某种或某些货币。

（四）外汇现货市场与外汇期货市场

同商品市场及证券市场一样，外汇市场也存在着现货市场与期货市场之分。这是不同交易方式和出于不同目的所形成的两类市场，同时也是两种最主要的外汇交易形式。外汇现货市场一般是指外汇交易协议达成后，必须在指定日内交割清算的市场。也就是说，在外汇现货市场上进行交易，交易达成的日期与正式交割清算日期尽管不是统一的，但也是非常接近的。正因为交易与交割之间时差非常短，汇率的波动性不会很大，所以在外汇现货市场上进行交易，其结算风险较小。

外汇期货市场则是指外汇交易的双方购买或销售一种标准的外汇买卖合约，交易现在完成，但在未来某一规定的日期进行交割，交割时是按交易时的汇率，而不是交割时的汇率。外汇期货市场在某种程度上是浮动汇率制下为规避汇率变动风险，进行套期保值所形成的。关于外汇期货市场的运作情况将在金融衍生工具市场一章中阐述，这里不再详述。

六、外汇市场的主要功能

外汇市场是适应国际贸易发展，国际经济往来扩大，国际资本流动增加对外汇买卖需求增大而产生的。外汇市场的形成，必然反过来大大促进国际贸易的发展和国际经济往来的扩大，促进国际间的资本流动和各国对外汇储备的经营管理。具体来讲，外汇市场具有以下几个方面的作用。

（一）便于不同种货币的兑换，促进国际贸易的顺利实现

由于各国都有自己的法定通货，本国法定货币只能在本国流通，而不能在世界流通或其他国家内流通。在国际贸易中，进出口国家必须选择一种双方都能接受的货币用于计价和支付，由此就产生了将本国货币换成协议货币的需要。通过外汇市场可以

使这种需要得以实现，从而使国际贸易得以顺利进行。例如，一家日本出口商向一家德国进口商出口一批商品，这批商品可用日元或欧元计价支付，也可用美元计价支付。如果用日元计价支付，德国进口商必须将欧元兑换成日元，然后进行结算支付；如果用欧元计价，日本出口商必须将收到的欧元兑换为日元，然后用于国内支付；如果用美元计价，德国进口商必须将欧元兑换成美元，然后用于支付，而日本出口商必须将收到的美元换回日元。这种进出口贸易或投资形成的债权和债务，一般都可在外汇市场上通过外汇银行间的交易来完成。外汇银行在外汇交易过程中充当了外汇供求双方中介人的角色，实现不同种货币的转换，促进国际贸易的顺利进行。

（二）提供买方、卖方信贷及担保，促进国际贸易规模的不断扩大和进出口商的资金正常周转

在国际贸易活动中，由于交易双方距离较远，货物的运输需要占用一段时间出口商的资金。从出口商的角度，总希望尽快出货和立即收到货款，而不愿向进口商提供直接的商业信贷；从进口商的角度，通常愿意收到货后再付款，甚至希望将进口货物销售掉取得收入后再付进口货款。这样，就需要外汇银行为这段时间的资金占用提供各种形式的信用，以及为及时收到款项提供各种担保，以保障进出口贸易的进行。

一般情况下，出口商出口商品后，允许进口商延期付款，同时，出口商通常将进口商开出的票据拿到外汇银行贴现，以及时取得货款资金进行再生产，而进行贴现的银行则在进口商偿清偿务时收回这笔贷款，用于补偿贴现所垫付的资金。

（三）为保持外汇资金平衡、规避外汇风险及进行外汇投机，提供了重要机制

外汇市场汇集了对外汇的供求，同时也为外汇供求双方提供了规避外汇风险的手段和条件，市场参与者可根据对外汇风险的判断，及时抛出多余的外汇，或补进短缺的外汇；可以进行外汇套期保值，也可以进行外汇投机。

布雷顿森林体系解体后，固定汇率逐步为浮动汇率所取代，各国不再规定本国货币汇率的波动幅度，而是根据外汇市场上的供求关系，自行调整本国货币汇率，中央银行原则上不再承担维持汇率稳定的义务。

这时，一国的对外贸易收支、资本流动、国内宏观经济政策调整及各种政治事件等，都可能会引起汇率的涨跌波动，有时一日之内汇率要涨跌10%左右。这就给外汇投机带来了机会，投机活动反过来又会推动汇率的大幅度波动。汇率的波动和投机活动使外汇市场的风险影响到每个持有外汇的人，同时会渗透到每笔交易中。无论是出口收汇、持汇待付，还是临时的买汇卖汇，都要面临着汇率变动带来的风险。为了防止或减少这种风险带来的损失，外汇保值的要求和技术也就相应产生了。

外汇保值是指交易者力图避免外汇汇率变动的风险，使卖出或买进的外汇金额相当于已有的一笔外币资产或负债。外汇投机则是交易者利用外汇汇率变动，并根据自己对市场汇率变动趋势的预测和判断，进行买空卖空以赚取巨额利润，当然也可能因

预测判断失误而遭受严重损失。

简言之，浮动汇率体制下，外汇市场一方面仍然保留着提供国际清算工具及服务的功能，另一方面变成了一个巨大的投机市场和保值市场，而且这一功能变得日益重要。

（四）外汇市场促进了经济的国际化，使各国经济与世界经济融为一体，相互影响

外汇市场的形成及日益发展，大大促进了国际贸易及经济、技术国际交往的不断扩大，同时也促进了国际间的资本流动，从而促进了经济进一步向国际化方向发展。外汇市场为国际贸易、国际信贷和国际投资以及多种国际资本活动提供了便利条件。

通过外汇市场，利用现代的通信设施和经营手段，使国际间的资金融通更为方便。一方面，闲置的外汇资金大量涌向外汇市场，形成大量的外汇供给；另一方面，外汇短缺的企业、金融机构、政府及个人可从外汇市场筹集到所需的外汇资金，形成可观的外汇需求。外汇市场为外汇供求双方的融通和交易提供了重要而有效的媒介机制。同时，外汇市场也为实现不同种货币的转换，从而加速国际间资金的周转创造了条件。外汇市场上外汇银行的高效服务及高效运作，可使国际间债权、债务的清算及外汇凭证的结算更为准确、便利和快速。

第二节 汇率

一、汇率的标价方法

汇率的标价方法或称表示方法主要有两种：直接标价法和间接标价法。

直接标价法是以一定数量的外国货币单位（1 或 100）折合若干本国货币的标价方法。在这种标价法下，外国货币的金额不变，而本国货币的金额是变动的，外汇的价格可以很直观地通过本国货币的金额表现出来。汇率上升，则表示本币币值下降，而汇率下降，则表示本币币值上升。目前，大多数国家均采用这种方法，我国也是如此。例如，1 美元 =8.0170 元人民币。

与直接标价法相对的是间接标价法，即以一定单位的本国货币折合若干外国货币的标价方法。英国、美国传统上就采用这种标价方法。例如，在英国外汇市场上常看到这样的标价：1 英镑 =1.8635 美元，1 英镑 =1.4562 欧元。在美国外汇市场上，则可见到 1 美元 =0.5366 英镑，1 美元 =0.7815 欧元等。在这种标价法下，本国货币的金额一定，而外国货币的金额是变动的，汇率上升，表示本币币值上升，汇率下降，表示本币币值下降。

目前，全球外汇市场上交易的主要货币有美元、欧元、日元、英镑、瑞士法郎、澳元、加元和瑞典克朗。这八种货币的交易量占全球外汇市场交易量的 90% 左右。环

球银行金融电子通信协会（SWIFT）支付系统中，通常用三个字母来表示货币的名称，例如，英镑 GBP，美元 USD，日元 JPY，欧元 EUR，瑞士法郎 CHF，港元 HKD。在国际货币汇率行情表上，如显示 USD/JPY 110.12，则是说明当前汇率为 1 美元等于 110.12 日元。

按制定汇率方法的不同还可分为基本汇率和套算汇率。基本汇率是本国货币与关键货币之间的比价。与本国有关的外国货币有许多种，难以逐个确定汇率，所以往往选择在本国国际收支中使用最多、外汇储备中所占比重最大，同时又是在国际上普遍被接受、可以自由兑换的关键货币作为本国与其他货币之间汇率的制定基准。目前，美元在国际贸易与金融领域占据了主要地位，是国际支付中使用最多的货币，因此，许多国家都将本币对美元的汇率定为基本汇率。套算汇率是在基本汇率的基础上套算出的本币与其他货币之间的汇率。例如，某日人民币对美元的汇率为 8.0110，而伦敦外汇市场上 1 欧元等于 1.2797 美元，则人民币对欧元可按此套算为 $8.0110 \times 1.2797 = 10.2517$，即 1 欧元等于 10.2517 元人民币。这个汇率即为套算汇率。

二、汇率的种类

（一）从银行买卖外汇的角度划分

1. 买入汇率，也称买入价，是银行向客户买入外汇时所使用的汇率。

2. 卖出汇率，也称卖出价，是银行向客户卖出外汇时所使用的汇率。

买入和卖出都是从银行买卖外汇的角度来看的，二者之间的差价就是银行买卖外汇的收益，一般为 1% ~5%。

3. 中间汇率。买入汇率与卖出汇率相加后除以 2，则为中间汇率。报刊上报道汇率消息时常使用中间汇率；套算汇率一般也用有关货币的中间汇率算出。有些银行同业之间买卖外汇也使用中间汇率，但更多的情况是使用银行同业汇率，买卖双方共同商定成交价，比市场汇率优惠一些，买卖差价很小。中间汇率对一般顾客不适用。

4. 现钞汇率。现钞汇率的买入价低于外汇买入价；而现钞汇率的卖出价与外汇卖出价相同。因为银行收兑的外币现钞只有运到并存入发行国银行及有关外国银行才能获取利息，扣除运送外币现钞的运费和期权费后，银行买入现钞的汇率自然就要降低了。

（二）按外汇管制的松紧程度划分

1. 官定汇率，又叫法定汇率。这种汇率主要是指官方（如财政部、中央银行或经指定的外汇专业银行）所规定的汇率。在外汇管制比较严格的国家，禁止自由外汇市场的存在，官定汇率就是实际汇率，而无正规的市场汇率。

2. 市场汇率，是指在自由外汇市场上买卖外汇的实际汇率。外汇管制较松的国家，官定汇率往往只是形式，有行无市，实际外汇交易均按市场汇率进行。

3. 黑市汇率，是指在非法的外汇黑市市场上买卖外汇的汇率。由于发展中国家大多执行外汇管制政策，不允许自由外汇市场存在，所以这些国家的外汇黑市比较普遍。所谓黑市就是不在官方管辖范围内的市场交易，一是街面上零散的“黄牛”，二是地下钱庄和地下银行。总体来讲，一种货币的流动性越差，管制越严格，黑市价格与正价的偏离也就越大。

（三）按外汇资金性质和用途划分

1. 贸易汇率，主要指专门用于进出口贸易货价及从属费用的计价、交易、结算和结汇的汇率。

2. 金融汇率，主要指用于非贸易往来，如劳务、资本移动等方面的汇率。

（四）按汇率不同的来源与用途划分

1. 单一汇率（Single Rate）。凡是一国对外仅有一个汇率，各种不同来源与用途的收付均按此计算，或本币对各种外币的即期外汇交易的买卖价差不超过2%，即为单一汇率。

2. 复汇率（Multiple Rate）。一国货币对某一种外币的汇价因用途及交易种类的不同而规定有两种或两种以上的汇率，或本币与各种外币的即期外汇交易的买卖价差超过2%，即为复汇率，也称多种汇率。

（五）按外汇交易支付通知方式划分

1. 电汇汇率，即用电讯通知付款的外汇价格。电汇交收时间最短，一般银行不能占用顾客的资金，因此电汇汇率最贵。银行外汇交易中的买卖价均指电汇汇率。电汇汇率是计算其他各种汇率的基础。

2. 信汇汇率，即用信函方式通知付款的外汇汇率。由于航邮比电讯通知需要的时间长，银行在一定时间内可以占用顾客的资金，因此，信汇汇率要低于电汇汇率。

3. 票汇汇率，即在兑换各种外汇汇票、支票和其他票据时所采用的汇率。因票汇在期限上有即期和远期之分，故该汇率又分为即期票汇汇率和远期票汇汇率，后者要在即期票汇汇率的基础上扣除远期付款的利息。

（六）按外汇交易交割期限划分

1. 即期汇率，是指外汇买卖双方成交后，对当时或两个工作日内进行的外汇交割所采用的汇率，它是外汇市场上使用最多的汇率。即期外汇交易通过电话、电报、电传的方式进行，因此，即期汇率也就是电汇汇率。

2. 远期汇率，是指外汇买卖成交后在约定的到期日进行外汇交割所使用的汇率，一般为1～6个月或12个月后进行交割。远期汇率的变动受利率的变化和外汇市场供求状况变化的影响。远期汇率比即期汇率高表示升水；远期汇率比即期汇率低表示贴水；

远期汇率等于即期汇率表示平价。

（七）按买卖对象划分

1. 银行间汇率，指银行与银行之间进行外汇交易时使用的外汇汇率。
2. 商业汇率，指银行与商人进行外汇交易时使用的外汇汇率。

（八）按汇率的计算方法划分

1. 基础汇率。一国货币对国际上某一关键货币（许多国家均以美元作为关键货币）所确定的比价即为基础汇率。因为这种汇率根据两种货币所代表的价值量直接计算得出，所以又叫直接汇率，它是确定与其他各种外币汇率的基础。

2. 交叉汇率（Cross Rate）。通过两种不同货币与关键货币的汇率间接地计算得出两种不同货币之间的汇率即为交叉汇率。例如，可从两种非美元货币对美元的汇率中计算出非美元货币之间的汇率。

（九）按银行营业的时间划分

1. 开盘汇率（Opening Rate），又称开盘价，是外汇银行在一个营业日开始时交易所使用的汇率。

2. 收盘汇率（Closing Rate），又称收盘价，是外汇银行在一个营业日终止时交易所使用的汇率。

（十）按照国际汇率制度划分

1. 固定汇率。固定汇率是指一国货币对另一国货币的汇率只能在规定的幅度内波动。实际波动超过规定幅度时，中央银行必须干预。

2. 浮动汇率。浮动汇率是指一国货币对另一国货币的比率，任其根据外汇市场的供求关系自发形成。目前大多数国家都实行浮动汇率制。

三、汇率的决定

外汇市场汇率是由现实的外汇供求状况所决定的，而影响外汇供求的因素错综复杂，既包括经济因素，也包括政治因素和心理因素，并且各种因素之间又相互联系、相互制约。这里我们仅选择几个较为重要的因素来说明它们对汇率变动的影响。

（一）国民经济基本面情况

国民经济基本面情况是影响一国国际收支乃至该国货币汇率最重要的基本因素。国民经济发展状况主要从劳动生产率、经济增长率和经济结构三个方面对汇率产生影响。

劳动生产率差异会对汇率的变动产生重要的影响，但这个影响过程是非常漫长的。如果一国劳动生产率的增长率在较长时期内持续地高于别国，则使该国单位货币所包含的价值相对增加，从而使本国货币的对外价值相应上升。这个过程在短期内不易被察觉出来。

国内外经济增长率的差异对汇率变动的影响是错综复杂的。一方面，一国经济增长率较高，意味着收入上升，由此会造成进口支出的增加，从而导致经常项目逆差。另一方面，一国经济增长率高，往往也意味着生产率提高很快，由此通过生产成本的降低改善本国产品的竞争地位，从而有利于增加出口、抑制进口。如果一国经济是出口导向的，经济增长是为了生产更多的出口货物，则经济增长率的提高可以使出口的增长弥补进口的增加。综合起来看，高增长率一般在短期内会引起更多的进口，从而造成本国货币汇率下降的压力，但从长期来看，却有力地支持了本国货币的强劲势头。同时，一国经济增长率较高，意味着该国投资利润率也较高，由此吸引国外资金流入本国进行直接投资，从而增加本国国际收支资本项目的收入，导致该国货币需求旺盛，汇率上升。

经济结构主要指产业结构和产品结构，它对汇率的影响主要是通过影响国际收支的经常项目实现的。如果一国的经济结构比较合理，能够适应世界市场的需求，并且能随着市场需求的变化而调整，那么，该国的贸易收支乃至经常项目收支就能够保持持续的平衡或维持顺差，该国货币在国际外汇市场上就会保持较强的地位。反之，如果一国的经济结构不合理，不能适应世界市场的需求，或不能随着世界市场需求的变化而调整，那么，该国的贸易收支和经常项目收支就难以保持平衡，该国货币在外汇市场上就会趋于疲软。

综上所述，国民经济基本面对国际收支进而对汇率的影响具有长期性和持久性。分析一国汇率的长期变化，首先必须分析该国的国民经济基本面。

（二）国际收支状况

国际收支是对一国对外经济交往的汇总，它可大体反映出一国对外汇的供求状况，因此是最直接的作用于汇率水平的影响因素。一国的经济基本面以及下面要列出的其他因素，其对汇率的影响大多都要经过国际收支。当一国国际收支出现逆差时，在外汇市场表现为外汇需求大于供给，从而引起外汇升值，本币贬值。反之，当国际收支顺差时，外汇贬值、本币升值。但是，国际收支反映的是过去一定时期的外汇供求状况，不能反映未来供求关系，因此，进行汇率预测时还需要分析其他因素。

（三）通货膨胀率差异

根据购买力平价理论，国内外通货膨胀率差异是决定汇率长期趋势中的主导因素。一国通货膨胀率高于其他国家，意味着该国货币对内贬值和对外贬值。这种传导机制主要是通过以下三个途径实现的：一是通货膨胀使得本国物价上涨，从而导致出口减少、进口增加，外汇供不应求，引起贸易收支逆差，导致本币贬值；二是通货膨胀使得本币的实际利率减少和本币的国际地位下降，导致本国资金外流，这使本国对外汇的需求增加，国际市场上对本币的需求减少，引起资本项目逆差，本币贬值；三是通货膨胀表明该国货币内在价值减少，人们会预期该国货币将趋于疲软，出于保值的目的，交易者将抛售该国货币，从而造成该国货币贬值。

（四）利率差异

利率是资金的价格，两国间利率的差异，将会引起短期资本的流动。当一国经济基本正常时，本国利率高于外国利率，将导致资本流入，外汇供过于求，本币升值；当本国利率低于外国利率时，将导致资本流出，外汇供不应求，本币贬值。当一国经济状况恶化时，提高利率主要是为了防止短期资本流出，但这往往收效甚微。相反，提高利率意味着信用紧缩，会抑制总需求，使本国的经济状况进一步恶化，从而导致新一轮的本币贬值。

（五）宏观经济政策

宏观经济政策主要是指一国为了实现充分就业、物价稳定、国际收支平衡和经济增长的目标而实施的财政政策和货币政策。就经济政策的执行而言，它可分为紧缩性的经济政策和扩张性的经济政策，它们对国际收支乃至汇率的作用结果正好相反。财政政策主要通过调整税率和政府支出两种方式来执行，货币政策主要通过调整再贴现率、存款准备金率和货币供应量的方式来执行。

扩张性的财政政策和货币政策都会刺激投资需求和消费需求，促进经济的发展，从而增加进口需求，使该国的贸易收支发生不利的变化，由此导致该国货币汇率的下跌。扩张性的货币政策还会降低利率，从而引起国际短期资本的大量流出，抑制短期资本的流入，从而可能引起资本项目的逆差，增加汇率下跌的压力。扩张性的财政政策可能导致巨额的财政赤字，从而导致通货膨胀率的加剧以及国际收支的恶化，使汇率下跌。但是，如果政府为了弥补财政赤字，提高利率来发放国债或对付通货膨胀，汇率反而可能上升。同理，采取紧缩性的财政政策和货币政策，也可能导致汇率的上升。

一般来说，宏观经济政策对一国经济的影响要在一段时间后才能见效，但它的调整却可能对市场预期产生巨大的影响作用，从而会迅速引起货币供求和汇率的变化。目前，这种对经济政策效果的预期对短期汇率波动的影响作用越来越大。

（六）中央银行外汇市场干预

除了上面的宏观经济政策的间接作用外，政府还可以对外汇市场直接施加干预，通过中央银行在外汇市场大量买卖某种货币，改变外汇供求关系，从而影响汇率。中央银行买入某种货币，将使该货币在短期内需求增加，从而升值；而中央银行卖出某种货币，将使该货币在短期内供应增加，从而贬值。为此，中央银行进行外汇干预前应建立外汇平准基金，并储备一定规模的外汇。当中央银行的外汇交易难以实现政府汇率政策目标时，政府还可以借助外汇管制稳定汇率。

（七）国际储备

国际储备对汇率的影响在很大程度上是基于心理预期。一国政府持有较多的国际储备，表明政府干预外汇市场、稳定汇率的能力较强，因此，能强化外汇市场对本国货币的信心，从而有助于本国货币汇率的上升。反之，储备下降则会引发本国货币汇率的下跌。

（八）重大国际事件

重大国际事件是指国际上发生的重大的政治、经济、军事、科技、自然灾害等方面的事件。当重大国际事件发生后，对一国有利时，则该国的货币即会升值；当重大国际事件发生后，对一国不利时，则该国的货币即会贬值。

（九）心理预期

心理预期是指人们根据各种价格信息对汇率走势所作出的主观判断。当人们心理上普遍认为某种货币将要升值时，即使这种货币在此之前并没有升值的迹象，出于投机的需要，人们也会在外汇市场上大量买入该种货币，导致这种货币人为地供不应求，从而升值；相反，可能导致这种货币人为地供过于求，从而贬值。

（十）短期投机行为

国际金融市场上存在着巨额的短期性投机资金，它们对世界各国的政治、经济、军事等因素都具有高度敏感性，一旦出现风吹草动就四处游走，给外汇市场带来巨大的冲击，由此成为各国货币汇率频繁起伏的重要根源。

虽然在不同时期各种因素对汇率的影响有主次之分，但是总的来说，各因素间相互联系，相互制约，共同影响汇率变动。因此，要想对汇率的波动作出较为合理的预测，就必须对影响汇率的各项因素进行综合、全面的分析。

四、人民币汇率形成与我国的汇兑安排

（一）汇率并轨和银行结售汇制度

新中国成立以来，我国的人民币汇率制度和外汇市场经历了一个由计划经济到市场经济的演变过程。在改革开放以前，与计划经济管理体制以及外汇收支实行统收统支相适应，人民币汇率由国家确定和调整，外汇市场尚未形成。1979 年，随着对出口企业实行外汇留成制度，允许留成的外汇相互调剂，在此基础上逐渐产生了外汇调剂市场，调剂市场按调剂汇率交易，这样在官方汇率以外，产生了调剂市场汇率，形成官方汇率与调剂市场汇率两种汇率并存的局面，即“双重汇率”制度。

1994 年，我国成功地进行了外汇体制改革，实行汇率并轨和银行结售汇制度。企业的外汇收入卖给银行，用汇凭有效凭证直接到银行购买。银行与企业或个人进行外汇买卖时，有时买多，有时卖多，这就会引起银行外汇持有量（外汇头寸）的变化。当银行的外汇头寸超过或者低于规定的数额时，就需要在银行之间进行外汇头寸相互调节和平补的交易。正是基于这种需要，1994 年建立起了全国统一的以中国外汇交易中心电子交易系统为依托平台、实行会员制的银行间外汇市场。统一外汇市场的建立打破了地区分割，使外汇资金在全国范围内流通，使外汇资源的配置通过市场来实现。

外汇市场的重要功能之一是产生人民币市场汇率：中国人民银行每天把外汇市场上前一天交易中每笔交易的成交价格与成交量进行加权平均计算得出的价格，作为当天对外公布的人民币汇率中间价，又称基准汇率，形成了以市场供求为基础的、单一的、有管理的浮动汇率制，并轨之初人民币兑美元中间价为 8.70。

（二）有管理的浮动汇率制度

自 2005 年 7 月 21 日开始，我国开始实行以市场供求为基础、参考一篮子货币进行调节、有管理的浮动汇率制度。人民币汇率不再盯住单一美元，而是参考一篮子货币和市场供求关系浮动。人民币兑美元中间价从此前的 8.2765 一次性调整为 8.11。外汇市场人民币汇率波动幅度有所加大，外汇市场发展进入了新的阶段，采取的主要措施有：在集合竞价交易模式基础上推出询价交易方式，允许开展人民币对外币远期外汇交易，允许符合资格的会员开展银行间人民币对外币掉期业务，引入做市商制度，活跃外汇交易，提高市场流动性。

2006 年 1 月 4 日，我国在即期外汇市场上引入询价交易，有 15 家银行被指定为做市商。做市商的数目此后增加到 31 个，其中所有银行都被批准成为即期交易做市商，截至 2014 年底，有 27 家被批准成为远期和掉期交易做市商。集中撮合即期外汇交易系统（中国外汇交易中心）仍在使用，但其中间价（人民币兑美元）现在是基于集中撮合即期外汇交易与场外询价交易的加权平均。

（三）目前的人民币汇率形成机制

在新机制下，中国外汇交易中心首先在每个营业日开市之前，向所有做市商询价，排除最高和最低报价之后，计算出样本中剩余报价的加权平均数，作为当日人民币兑美元的中间价格。做市商的权重（中央银行没有披露）由中国外汇交易中心按一系列因素予以确定，其中包括各做市商在市场上的交易量。

各会员在此中间价基础上，开始当日的人民币与美元的交易。但汇率变化有波动限制，最初是上下波动幅度不超过 0.5%，自 2014 年 3 月 17 日起，围绕中间价的每日波动区间扩大到 2%。

中国外汇交易中心以类似方式确定人民币兑林吉特、日元和卢布的中间价。而人民币兑欧元、港元和英镑的中间价，由中国外汇交易中心分别根据当日人民币兑美元汇率中间价与国际外汇市场上美元兑欧元、日元、港元和英镑汇率的交叉汇率来确定。人民币兑欧元、日元、英镑、澳元、加元和新西兰元的交易价格在当日人民币兑这些货币中间价3%的区间内浮动。人民币兑马来西亚林吉特和俄罗斯卢布的交易价格在当日人民币兑这些货币中间价5%的区间内浮动。地区银行间市场上人民币兑泰铢的交易价格在参考价格10%的区间内浮动。

第三节 外汇市场交易方式

在外汇市场上，由于交易动机不同、技术手段不同、政府管制程度不同，从而产生了许多不同的交易方式。其中最主要、最典型的交易方式有即期外汇交易、远期外汇交易、外汇掉期交易和外汇衍生品交易。基于这几类交易方式的应用则包括套期保值、套汇/套利、投机交易等。外汇衍生品交易将在后面的章节进行介绍，这里主要介绍即期外汇交易、远期外汇交易和外汇掉期交易。

一、即期外汇交易

即期外汇交易也称现汇交易或现汇买卖，是指外汇交易双方在外汇买卖成交后，于当日或两个营业日内按成交时的汇率进行交割的一种交易方式。这里所说的成交，是指双方已就外汇买卖的汇率（价格）、数额、币种等达到一致或达成协议，或者是口头协议或者是书面协议。这里说的交割，是指购买外汇者支付某种货币资金，出售外汇者交付指定的外汇的行为。即期外汇交易是外汇市场上最常见、最普遍的一种外汇交易方式，这是因为交割时间较短，所面临的外汇风险较小。因为时区不同，同一天交割的交易在东方外汇市场（如新加坡、东京外汇市场）开始较早，在欧美则开始较晚，所以一定程度上存在结算风险。

（一）即期外汇交易的交易方式

在即期外汇交易中，一般有两种主要交易方式，即顺汇买卖方式和逆汇买卖方式。

顺汇买卖方式是指汇款人委托银行以某种信用工具，通过其国外分行或代理行将款项付给收款人，受托银行在国内收进本币，在国外付出外汇。因其汇兑方向与资金流向一致，故称为顺汇买卖方式。这种方式一般要涉及四个当事人：（1）汇款人，通常称为付款人；（2）收款人，也称债权人或受益人；（3）汇出行，是受汇款人委托向收款人汇款的银行；（4）解付行，也称汇入行，是受汇款行委托，接收汇出行的汇款并向收款人解付款项的银行。外汇银行收妥本币卖出外汇后，按照客户的要求，采用电汇、信汇和票汇的方式通知债权人或收款人所在国的分支行或其代理行，按当时当地汇率将其外币存款账户上一定金额外汇支付给收款人。这样，该外汇银行在自己账户上增加了客户支付的本国货币，而在国外的外币账户存款则减少了相应的外币。

逆汇买卖方式，也称托收方式，是指由收款人出票，通过银行委托其国外分支行或代理行向付款人收取汇票上所列款项的一种方式。因该方式的资金流向与信用工具的传递方向相反，故称为逆汇买卖方式。在逆汇买卖方式下，客户向银行卖出汇票，等于银行付出本币，买进外汇。外汇银行接受收款人的托收委托后，即通知其国外分支行或代理行，按照当日汇率向付款人收取汇票所载的外币金额，并将收入记录在国外银行的外汇账户上。其结果是，该外汇银行国内本币存款账户余额减少了，而其外币存款账户上的外币余额却相应增加了。

不论是进行顺汇买卖，还是逆汇买卖，最终都会使外汇银行自己持有的各种外币账户的余额即外汇头寸发生变化。会出现买大于卖或卖大于买的情况。如果外币头寸卖大于买，称为“空头”或“超卖”；反之，买大于卖，称为“多头”或“超买”；买卖恰好相抵称“轧平”。外汇银行为了避免汇率变动带来的风险损失，当外汇头寸处于“超卖”地位时，必须及时补进；反之，处于“超买”地位时，必须及时抛出。这一过程也成为外汇即期买卖的重要组成部分。

（二）即期外汇交易的报价

即期外汇交易的报价，是指银行向同业或客户报出的买入或卖出外汇时的汇率。各外汇银行在外汇市场每日开市时，都必须综合各方面的因素，确定并报出本行的开盘汇率。一般来讲，只有那些外汇资金实力雄厚，外汇买卖量大的主要外汇银行才有能力报出买卖价，并不断按此价格进行交易。

外汇银行一般都采取“双档报价”的方式，即外汇报价行在交易中同时报出买入价和卖出价，买价与卖价都是从银行角度出发的，并反映银行外汇需求和经营状况。买价（买入汇率）是指外汇银行向同业或客户买入外汇时使用的汇率；卖价（卖出汇率）是指外汇银行卖出外汇时使用的汇率。银行的买卖价格之差就是外汇银行买卖外汇的收益，一般为1‰～5‰，这一比率并不包括买卖手续费率。

银行报价的买卖差价一般反映出银行的交易成本，买卖差价越小，表明银行承担的风险越低，货币的交易性或流动性越高。但由于买价低于卖价是外汇交易的一个基本原则，因此任何货币交易都必须保证买价低于预期的卖价。银行买卖差价的大小除考虑成本因素外，主要决定于外汇市场的成熟程度和货币的流动性。在实行浮动汇率制后，汇率波动性增大，外汇交易的风险和成本增加，各银行的买卖差价也相应扩大了。

外汇银行在外汇买卖报价单上，有时还专门报出外币现钞价。现钞价不等于外汇汇率，其买入价要低于外汇汇率，卖出价要等于或高于外汇汇率。这是因为外币现钞一般不能在本国流通，存放在本国没有意义，必须将其运送到发行国境内存放生息或充当流通手段和支付手段，而在运送过程中需要支出一定的运费、保险费等，而且要承担一定的风险。

一笔完整的即期外汇交易程序一般有四个环节：(1) 询价。询价内容一般包括交易货币、起息日和交易的金额等。(2) 报价。一般要同时报出买价和卖价。(3) 成交。询价方首先表示买卖的金额，然后由报价银行承诺。(4) 确认。交易双方互相确认买或卖的汇率、金额、交割日期以及资金结算办法。

二、远期外汇交易

远期外汇交易是指在外汇买卖成交时，双方先签订合同，规定交易的币种、数额、汇率以及交割的时间、地点等，并于将来某个约定的时间进行交割的一种外汇买卖方式。远期交易中买卖双方签订的合同称为远期合约。远期合同的期限一般是按月计算，最常见的为 1 个月、2 个月、3 个月或 6 个月，也可长达 12 个月。

（一）远期外汇交易的特点

相对于即期外汇交易而言，远期外汇交易有以下几个特点：

一是买卖双方签订合同时，无须立即支付外汇或本国货币，而是按合同约定延至将来某个时间交割。

二是买卖外汇的主要目的，不是取得国际支付手段和流通手段，而是保值和规避外汇汇率变动带来的风险。

三是买卖的数额较大，一般都为整数交易，有比较规范的合同。

四是外汇银行与客户签订的合同必须由外汇经纪人担保，客户需缴存一定数额的押金或抵押品。当汇率变化引起的损失较小时，银行可用押金或抵押品抵补损失；当汇率变化引起的损失超过押金或抵押品金额时，银行就应通知客户加存押金或抵押品，否则合同为无效，客户所存的押金，银行视为存款并予以计息。

（二）远期外汇交易的类型

远期外汇交易按交割日是否固定，可分为两种类型：固定交割日的远期外汇交易和选择交割日的远期外汇交易。

固定交割日的远期外汇交易，是指事先具体规定交割日期的远期外汇买卖，其目的是为规避一段时间内汇率变动造成的风险，但这种远期外汇交易具有一定的局限性。按规定时间交割的前提是，进出口商或其他进行远期外汇交易的人必须确知其在什么日期将会收到外汇或需要支付外汇，否则就会因违约而受损、受罚。但在实际生活中，进出口商及其他进行远期外汇交易的人是很难确知收汇或付汇的具体时间的，这就有可能要订立新的远期合约或对原合约进行展期，这样不仅麻烦及容易出现违约，而且也达不到通过远期外汇交易避免外汇风险的目的。为此，择期远期交易就产生了。

选择交割日（择期）的远期外汇交易，是指交易的一方可在成交日的第三天起至约定的期限内的任何一个营业日，要求交易的另一方按照双方约定的远期汇率进行交割的一种外汇交易。其特点是：实际交割日并不固定，客户可以在择定期的第一天，也可以在最后一天履行交割手续。银行将选择从择期开始到结束期间最不利于顾客的汇率为选择交割日远期外汇交易的汇率。这是因为该交易对客户有利，而对银行不利。

（三）远期外汇交易的不同目的

从根本上说，远期外汇交易是为适应国际贸易和国际投资活动中规避和利用汇率风险的需要而产生的。不同的参与者，在进行远期外汇交易时有着不同的动机和目的。具体来讲：进出口商买进或卖出远期外汇，主要是为了避开汇率风险，保障安全。在浮动汇率制下，外汇市场上的汇率是经常波动的，在国际商品贸易往来中，时间越长，由汇率变动带来的风险就越大。而进出口商从签订合同到交货、付款又往往需要相当长的一段时间（一般为 1～3 个月），进出口商为避免汇率波动所带来的风险，可利用远期外汇交易这种方式，实现在收取或支付款项时，按商品成交时的汇率办理交割。例如，一日本出口商向美国出口 10 万美元的商品，其成本为 1200 万日元；合同规定 2 个月后付款，签订合同时的汇率为 1 美元＝130 日元。按此汇率计算，日本出口商出口此批商品可获得 1300 万日元，扣除成本 1200 万日元，可获利 100 万日元。但由于 2 个月后美元与日元的汇率发生了变化，美元贬值，日元升值，其汇率变为 1 美元＝120 日元。若按此汇率计算，扣除成本及其他费用，出口商就可能发生亏损。为避免汇率变动带来的损失，日本出口商在签订进出口合同时，就按 1 美元＝130 日元的汇率，卖出 2 个月的 10 万美元的远期外汇合同，即把双方约定的、远期交割的 10 万美元外汇售给日本的银行，届时就可收回 1300 万日元的货款，从而避免了汇率变动的风险。

在上面同一商品交易中，作为美国进口商，为了避免美元与日元汇率变动所带来的风险损失，就应采取相反的行为，即应该从外汇银行买进 2 个月的 1300 万日元的远期外汇合同。

然而，在进出口商通过远期外汇交易规避或转嫁风险的同时，外汇银行却在承担风险。当然，外汇银行为了避开或分散风险，也会及时地买进或卖出即期和远期外汇合同。

外汇银行进行远期外汇买卖，主要是为了平衡其远期外汇持有额，抵消汇率变动所带来的风险损失。所谓远期外汇持有额，实际上就是外汇头寸。进出口商为避免汇率风险而进行远期外汇交易，只是把汇率变动的风险转移给外汇银行。外汇银行之所以承担风险，是因为每天它在与客户进行大量的即期和远期外汇交易后，会形成外汇头寸（余额），会出现远期外汇和即期外汇的超买（多头）或超卖（空头）现象，从而使外汇银行处于汇率变动的风险之中。为此，外汇银行要设法把它的外汇头寸予以平衡，对不同期限、不同货币头寸的余缺进行抛售或补进，以求得远期外汇头寸的平衡。

投资者买卖远期外汇，主要目的是避险保值或投机牟利。为了实现避险保值，投资者就要进行套期交易，即对预期的外汇收入或支出、外币资产或负债保值进行远期交易，也就是在有预期外汇收入或外币资产时，卖出一笔金额相等的同一外币的远期外汇；或者在有预期外汇支出或外币债务时买入一笔金额相等的同一外币的远期外汇。目前，套期保值技术不仅被进出口商用来对预期的外汇收入或支出进行保值，被银行或外汇经纪商用于对远期外汇头寸进行保值，而且也被用于对国际借贷进行保值。

投资者为牟取暴利而进行投机性远期外汇买卖，主要是在预测外汇汇率将要上升时先买进即期外汇，后卖出远期外汇；在预测汇率将要下降时，先卖出远期外汇，后买进即期外汇。

（四）远期外汇交易汇率的形成

要了解远期外汇交易汇率的形成，首先必须了解两个非常重要的概念，即远期升水和远期贴水。

所谓远期升水，是指一种货币的远期汇率高于即期汇率的差价；所谓远期贴水，是指一种货币的远期汇率低于即期汇率的差价。如果远期汇率等于即期汇率，就称为远期平价。就交易的两种货币而言，一种货币的升水必然是另一种货币的贴水。

如果远期汇率高于即期汇率，则有

$$远期汇率 = 即期汇率 + 升水$$

如果远期汇率低于即期汇率，则有

$$远期汇率 = 即期汇率 - 贴水$$

由此可见，在即期汇率一定的情况下，远期汇率水平主要决定于升水或贴水水平。也就是说，决定远期贴水或升水的因素，也就是决定远期汇率的因素。

一般来讲，远期汇率升水或贴水，主要决定于两国之间的利率差；从量上讲，两国的利率差基本上与两种货币的升水、贴水相一致。可以这样推论：两种交易货币之间的短期投资利率差是构成两国货币远期升、贴水的基础。这是因为，银行与客户进行远期外汇交易时，有可能因两国利率的差异而蒙受损失，为此，银行就想把这个风险转嫁给交易者，转嫁的方式就是提高或降低远期汇率。

简言之，利率与远期汇率或升、贴水之间的关系是：利率高的货币，其远期汇率表现为贴水；利率低的货币，其远期汇率表现为升水。其计算关系式为

$$即期汇率 \times 两地利率差 \times 月数/12 = 远期升（贴）水$$

在其他条件不变的情况下，远期汇率是以成交时的即期汇率为基础的，是根据两国的利率差计算出来的；一种货币远期汇率的升水或贴水幅度，与两国利率差大致相等；一国或两国利率发生变化，则远期汇率也相应发生变化。

应该指出的是，两国货币的利率差是决定升水或贴水及其幅度的主要因素，但不是唯一的因素。某国货币的远期升水或贴水幅度，还会受其币值变化，经济、金融政策调整，中央银行对外汇市场干预程度，人们对市场心理预期，外汇投机及国际政治经济形势变化等因素的影响，从而有可能使远期外汇的升水或贴水完全脱离市场利率运动或两地利率水平的差异。

三、外汇掉期交易

外汇掉期交易（Swap Transaction），是同时买进或卖出金额相等但到期日不同的同种货币的一种外汇交易。例如，以1英镑=1.5725美元的汇率卖出10万英镑，同时又以1英镑=1.5175美元的远期汇率买入1个月期的10万英镑时，这种交易就是外汇掉期交易。在外汇掉期交易中，买卖的数额始终不变，即外汇掉期交易改变的不是交易者手中持有的外汇数额，而是交易者所持货币的期限。如本例中，交易者原来持有的是英镑现汇，掉期交易后变为持有1个月期远期英镑。

外汇掉期交易具有以下特点：（1）买与卖是有意识地同时进行的；（2）买与卖的货币种类相同、金额相等；（3）买与卖的交割期限不相同。此外，掉期交易与即期交易和远期交易也有所不同。即期交易和远期交易是单一的，要么做即期交易，要么做远期交易，两者并不同时进行。因此，通常也把它们叫作单一的外汇买卖。而掉期交易涉及即期交易和远期交易的同时进行，因此也叫复合的外汇买卖。掉期交易主要在银行同业之间进行，一些大公司也经常利用掉期交易进行套利活动。

外汇掉期交易的目的包括两个方面：一是在于轧平外汇头寸，避免汇率变动引起的风险；二是在于利用不同交割期汇率的差价，通过贱买贵卖牟取利润。

（一）外汇掉期交易的形式

外汇掉期交易存在着不同的交割期限结构，按这种期限结构，外汇掉期交易可分为以下三种形式：

1. 即期对远期的掉期交易

这种交易是最常见的一种外汇交易形式。它具体包括：（1）纯粹的掉期，是指交易只涉及两方，即所有外汇买卖都发生于一家银行与另一家银行或客户之间；（2）分散的掉期交易，是指交易涉及3个参加者，即银行在与一方进行即期交易的同时与另一方进行远期交易。但无论怎样，银行实际上仍然同时进行即期和远期交易，符合掉期交易特征。进行这种交易的目的就在于规避风险，并从汇率的变动中获利。

在外汇掉期交易中，决定交易规模和性质的因素是掉期率或兑换率。

掉期率本身并不是外汇交易所适用的汇率，而是即期汇率与远期汇率之间的差额，即远期升水或贴水。掉期率与掉期交易的关系是：如果远期升（贴）水值过大，则不会发生掉期交易，因为这时交易的成本往往大于交易所能得到的好处。

2. 即期对即期的掉期交易

这是指在买进或卖出一笔即期交易的同时，卖出或买进同种货币的另一笔即期交易。两种即期交易的区别在于它们的交割日不一致。这种交易主要用于创造市场的大银行之间的交易，目的在于进行短期资金拆借时，避免遭受汇率变动的风险。

3. 远期对远期的掉期交易

这是指买进并卖出两笔同种货币不同交割期的远期外汇。该交易有两种方式：一是买进较短交割期的远期外汇（如 30 天），卖出较长交割期的远期外汇（如 90 天）；二是买进较长交割期的远期外汇，卖出较短交割期的远期外汇。由于该方式可以使银行及时利用较为有利的汇率时机，并在汇率的变动中获利，因此，其越来越受到重视并被使用。

（二）外汇掉期交易的作用

外汇掉期交易是运用不同的交割期限来进行的，可以避免因时间不同所造成的汇率变动的风险，对国际贸易与国际投资发挥了积极的作用，具体表现在：

1. 可以改变外汇的币种，避开汇率变动的风险。外汇掉期交易可以使投资者将闲置的货币转换成所需要的货币并加以运用从中获益。假定一家瑞士银行吸收了一笔瑞士法郎的定期存款，该行在现汇市场上将其换成美元后，在欧洲货币市场上贷放出去。为了避免到期收回美元时因美元汇率下跌造成的损失，该行在买入美元现汇的同时，卖出远期美元。这样，无论将来美元汇率如何下跌，该行都不会受到影响。瑞士银行通过外汇掉期交易，不仅使自己原来持有的瑞士法郎变成了美元，改变了手持货币的币别，而且也避免了外汇风险。

2. 有利于进出口商进行套期保值。这里讲的套期保值，简单来说是指通过买进或卖出远期外汇，抵消汇率变动带来的风险，实现外汇资产保值。例如，德国出口商与美国进口商签订合同，规定 3 个月后以美元付款，也就是说，德国出口商在 3 个月后获得一笔美元。如果这段时间里，美元汇率下跌，则德国出口商就要承担风险。为了使这笔款项保值，该出口商要在成交后马上卖出等量的 3 个月远期美元，以保证 3 个月后该出口商用本币计值的出口收入不会因汇率变动而遭受损失。此外，跨国公司也经常利用套期保值方法，使公司资产负债表上外币资产和负债的国内价值保持稳定。

3. 有利于银行消除与客户进行单独远期交易所承受的汇率风险，平衡银行即期交易和远期交易的交割日期结构，使银行资产结构合理化。例如，某银行在买进客户 3 个月期 100 万远期美元后，为避免风险，轧平头寸，该行必须再卖出等量的与之相同交割日期的远期美元。但由于在银行同业市场上，直接出售单独的远期外汇比较困难，因此银行就采用这样一种办法，先在即期市场上出售 100 万即期美元，然后再做一笔相反的掉期交易，即买进 100 万即期美元，并卖出 100 万远期美元，期限也为 3 个月。结果，即期美元一买一卖相互抵消，银行实际上只卖出了一笔 3 个月期的远期美元，轧平了与客户交易出现的美元超买。

本章重要概念

外汇　汇率　外汇市场　外汇银行　外汇经纪人　外汇交易所市场　外汇柜台市场　直接标价法　间接标价法　即期汇率　远期汇率　基础汇率　交叉汇率　固定汇率制　浮动汇率制　即期外汇交易　远期外汇交易　外汇掉期交易

第八章　保险市场

本章学习目标

第一，掌握保险市场相关概念、保险市场运行的基本原则；第二，掌握保险市场的构成要素、交易流程及交易特征；第三，掌握保险市场的划分；第四，掌握保险市场需求、保险市场供给的概念，掌握影响保险市场供给和需求的主要因素；第五，了解保险投资的概念、资金来源和投资原则。

与股票、债券、外汇等其他金融市场相比，保险市场无论在交易对象、交易方式还是供求关系、运作机制上都具有其特殊性，是金融市场中的一个独特领域。随着世界经济的快速发展，保险市场的规模不断扩大，参与保险交易活动的人数不断攀升，保险业的保费收入不断创下新高，保险市场已经成为现代金融市场的一个重要组成部分。

第一节　保险市场的含义与内涵

一、保险市场的概念

保险是指具有同类风险的众多单位或个人，通过缴纳保险费积聚保险基金，用于对少数成员因自然灾害、意外事故所致经济损失给予补偿，或对人身伤亡、丧失工作能力给予经济保障的一种制度。

保险交易活动雏形在公元前2000年就已经产生，当时西亚两河流域的古巴比伦王国就把境内居民所缴纳税负的一部分作为保险金，用以救济部分遭受自然灾害损失的居民。古罗马军队则采取会费制度，士兵们普遍缴纳会费积累作为基金，用以作为士兵阵亡后对其遗属的抚恤费用。中国古代就有“耕三余一”之说，积谷备荒体现的也是原始的保险思想。随着大航海时代的到来，海上保险业务得到了快速发展，带动了近代保险业的繁荣。14世纪以后，现代海上保险交易活动开始流行，1384年，世界上第一份标有明确保险标的和明确保险责任的现代意义的保险单在意大利佛罗伦萨诞生。1568 年，伦敦开设了第一家保险交易所“英国皇家交易所”，为海上保险活动提供了专门固定的交易场所。1676 年，“汉堡火灾保险局”宣告成立，标志着世界上第一家公营保险公司成立，也成为最早的火灾保险交易场所。1762 年伦敦“公平保险社”成立，成为世界上第一家根据保险技术基础而设立的人身保险公司。1771 年，世界著名的保险人组织“英国劳埃德保险社”成立，成为欧洲保险交易中心，经过三个多世纪的发展，劳埃德保险社已成为当今世界最大的保险组织之一。

在市场经济条件下，保险是减少未来可能发生的不确定事件导致的财物损失、实现风险转嫁的一种重要手段。保险单（保单）作为保险市场的交易对象，能够为保单持有者（被保险人或受益人）提供保险保障，在保单约定的保险事故或保险事件发生时，被保险人有权向保单的发行人（保险公司）索取赔款或保险金，以弥补其财产或收入的损失。而且，保单还具备财富贮藏功能，能够实现被保险人财富的保值和增值（如投资连结保险、两全保险），从本质上来说，保单是一种防范风险，实现储蓄与投资功能的有价证券。

从狭义上讲，保险市场是以保险单作为交易对象，实现保险商品交换的场所。从广义上讲，保险市场是指保险商品交易关系的总和，或是保险商品供给与需求关系的总和。同时，保险市场也具备提供信贷支持，为消费和投资等支出活动提供融资的功能。因此，保险市场属于金融市场范畴，但是其金融性是建立在提供保险保障的基础上，实现财产与收入损失的风险防范以及提供储蓄和投资的功能。

二、保险市场运行的基本原则

为了实现保险产品的供需平衡，规范参与者的买卖行为，体现保险市场的真实内涵，保险业在自身发展过程中形成了一套公认的市场准则，作为保险市场健康运行的基本原则。

（一）最大诚信原则

最大诚信原则是指保险市场的参与者在交易过程中，必须具有最大诚意。该原则对市场参与主体的要求包括告知与说明、保证、弃权与禁止反言等基本内容。

告知与说明要求投保人或被保险人在签订保险合同时，要将保险标的的风险状态和有关事项告知保险人，在保险标的风险增加或保险事故发生后，及时告知保险公司；要求保险人在签订保险合同时，应当向投保人如实说明合同条款内容，特别是对投保人或被保险人利益影响加大的内容，要作出重点提示，并主动询问保险标的或被保险人情况。保证是保险人承担保险责任、签订保险合同的前提，要求投保人对相关事项或合同内容作出保证；如果被保险人违背违反保证事项或合同内容，保险合同宣告失效，保险人有权拒绝赔偿损失。弃权与禁止反言要求保险人一旦放弃合同中的某项权利，未来不得再向对方索取该权利。

（二）保险利益原则

投保人或被保险人对保险标的所具有的经济利益称为保险利益。保险利益必须具备真实合法、客观存在和货币可测度的性质，这也是保险合同生效的前提条件。坚持保险利益原则的目的在于预防道德风险，避免投保人利用保险合同牟取不当利益的行为发生，同时有助于保险人确定保险赔付的准确金额，承担合理的赔偿责任。

（三）近因原则

在保险赔偿处理过程中，保险人应通过判断风险事故与保险标的损失之间的因果关系，来确定保险赔付责任，而近因原则是赔偿过程中所必须遵循的原则。保险赔偿上的近因是指风险事故发生时，最直接、最有效的导致保险损失产生的原因，是保险损失的主导原因，而不是指在时间或空间上造成保险损失发生的最近的原因。根据近因原则，如果单一近因导致保险损失，同时该近因属于保险风险，则保险人将负责赔偿被保险人损失；如果有两种或以上的原因造成保险标的损失，就需要找出最先出现并且造成事故发生的近因，只有该近因为保险风险，保险人才负责赔偿。

（四）损失补偿原则

财产保险理赔过程中必须遵循损失补偿原则。损失补偿原则是指保险人对被保险人的经济损失给予补偿时，被保险人所获得的补偿金额不得超过因保险事故所造成的经济损失总额，即被保险人的财产最多只能恢复到损失发生之前的水平，不能通过保险赔偿获得额外财产收益。具体来看，损失补偿原则对财产保险理赔的赔偿金额作出如下要求：保险人的赔偿金额不得超出损失标的的市场价值；不得超出保险金额；不得超出保险人对保险标的所具有的实际保险利益的上限。当市场价值、保险金额和保险利益三者金额不一致时，保险人的赔偿金额以最小者为限。

（五）责任分摊原则

重复保险理赔过程中必须遵循责任分摊原则。重复保险是指投保人针对同一保险标的或保险事故下的保险利益，与两个或以上的保险人签订保险合同。责任分摊原则是指在重复保险合同内，按照法律规定或保险合同约定，多位保险人共同承担保险标的损失的赔偿责任。多位保险人按照事先确定的责任划分比例来确定各自的赔偿金额，但是保险赔偿金额的总和不得超过保险标的的实际损失金额，以防止被保险人通过投保而获得额外收益，违背损失补偿原则。

三、保险市场的参与者

保险市场的参与者包括保险市场的供给方和需求方及保险中介方。保险市场的供给方即为保险人，是提供各类保险商品来承担、分散和转移风险，并求得各类经济收益的各类保险人。保险需求方即为各类有保险需求的投保人。保险中介人既包括活动于保险人与投保人之间、充当保险供需双方媒介、把保险人和投保人联系起来并建立保险合同关系的人，也包括独立于保险人与投保人之外，以第三方身份处理保险合同当事人委托办理的有关保险业务的公证、鉴定、理算、精算等事项的人。

（一）投保人

投保人，也称要保人，是保险市场的需求主体。根据我国《保险法》规定，投保人是指与保险人订立保险合同，并按照合同约定负有支付保险费义务的人。投保人是保险市场的需求方，是保险单的购买者，可以是法人，也可以是自然人。

投保人应当具备两个基本条件：（1）因为签订保险合同是一种法律行为，投保人作为签订保险合同的一方当事人，必须具有民事权利能力和完全行为能力。未取得法人资格的组织与无行为能力的自然人均不具备投保人资格，所签订的保险合同不具备法律效力。（2）投保人对保险标的必须具有可保利益，即具有法律承认的经济利益，否则投保人不能与保险人订立保险合同，若保险人在不知情的情况下与不具有可保利益的投保人签订了保险合同，该保险合同无效。财产保险的可保利益来源于投保人对保险标的财产所拥有的各种权利，如财产所有权、经营权、使用权、保管权、抵押权和留置权等；人身保险的可保利益来源于保险人与被保险人之间所具有的各种利害关系，如人身关系、亲属关系、雇佣关系和债权债务关系等。

投保人具有以下权利：请求保险人（保险公司）承担必要、合理费用；请求保险公司降低保险费，当保险标的财产的危险程度明显降低时，可以请求保险公司适当降低保险费，并按日计算，退还相应的保险费；请求复效，在分期付款的人身保险中，如果投保人超过60日不缴纳续期保险费，合同效力中止，但自合同效力中止之日起两年内，投保人有权提出恢复合同效力；有权指定和变更受益人。

根据我国《保险法》的有关规定，投保人具有以下义务：（1）保险人负有缴纳保险费的义务，当保险合同成立后，投保人需按照合同约定交付保险费，作为保险人依照合同承担赔偿和给付责任的代价。（2）签订保险合同时，对于保险人关于保险标的或被保险人的有关情况提出的相关咨询，投保人有义务如实告知。如果投保人不履行如实告知义务，故意隐瞒事实真相，或者因过失未履行如实告知义务，足以影响保险人决定是否同意承保或者提高保险费率的，保险人有权解除合同。（3）投保人具有及时通知义务，包括危险增加通知义务和出险通知义务。危险增加通知义务是指在保险合同有效期内，当保险标的危险程度增加时，投保人有义务及时通知保险人，保险人有权要求增加保险费或者解除合同。出险通知义务是指投保人得知保险事故发生后，有义务及时通知保险人，其作用在于帮助保险人迅速调查、取证，采取适当方法，防止损失扩大，并为赔偿做准备。（4）投保人请求保险公司给付保险金时，有义务向其提供相应证明和材料。（5）对通过违法或违反合同约定而取得的不当赔偿或给付，投保人有义务退赔保险金。

（二）保险人

保险人，也称承保人，是指通过与投保人签订保险合同，收取保险费建立保险基金，实现对被保险人的损失赔偿或给付保险金责任的组织或机构。保险人是保险市场的供给方，也是保险单的出售者。保险人必须是法人，自然人不能作为保险人。目前保险人的组织形式主要有：国营保险公司、保险股份有限公司、相互保险公司、相互保险社和个人保险组织。我国《保险法》规定：设立保险公司，其注册资本的最低限额为人民币 2 亿元。国务院保险监督管理机构根据保险公司的业务范围、经营规模，可以调整期注册资本的最低限额，但不得低于此限额。改革开放以来，我国保险人的数量不断增长，截至 2017 年末，全国有保险机构 222 家，其中中资保险公司机构数量为 145 家，中外合资保险公司机构数量为 57 家。

保险人具有以下权利：对保险标的具体情况，有权检查并提出建议；当投保人违反合同时，有权增加保险费或解除合同；经被保险人同意，有权对保险标的采取安全预防措施；当保险标的危险程度增加时，有权增加保险费或解除合同；代位赔偿请求权；除合同有相反约定外，保险标的出现部分损失时，保险人有权终止合同，提前 15 日通知投保人并退还相应的保险费。

保险人具有以下义务：有义务在合同订立阶段，向投保人明确告知保险合同的内容和免责条款，并作出详细解释；按照合同约定，承担保险理赔的义务，向被保险人赔偿和给付保险金，这是保险人最重要、最基本的义务；及时签单义务；对于被保险人的任何信息和涉及保险条款的相关协定内容等，保险人具有保密义务。

（三）保险中介人

保险中介人，是指介于保险经营机构与投保人之间或保险经营机构之间，专门从事保险业务咨询与销售、风险管理与安排、价值衡量与评估、损失鉴定与理算等中介服务活动，并从中依法获取佣金或手续费的单位或个人。保险中介人的作用在于，作为保险市场的媒介，为投保人和保险人提供服务，把供需双方联系起来，建立起有效的保险合同关系。

在保险业发展初期，行业规模较小，产品种类少、结构简单，保险展业大多采取直接展业的方式，由保险人直接向投保人推销保险单。而随着保险市场规模不断提高，产品种类增加、结构更加复杂，原有的展业方式已经不再适应市场需求。从保险人的角度看，直接展业模式需要保险公司增设经营机构，招聘专业业务人员，极大地提高经营成本；从投保人的角度看，由于保险产品种类的多样化、结构的复杂化和信息的不对称性，难以确定合适的投资品种。保险中介人自身具备丰富的专业知识、熟练的交易技巧，对保险产品的交易程序和适用人群都十分了解，与保险市场供需双方都有广泛的联系，能为供需双方提供信息、咨询和交易等服务，有效降低了信息成本和交易成本，为交易双方带来极大的便利，因此，保险中介人已经成为现代保险市场不可或缺的重要因素，也是衡量保险市场发达程度的重要标准。保险中介人主要有保险代理人、保险经纪人和保险公估人。

1. 保险代理人，是指按照保险人委托，在保险人授权的范围内，代为办理保险业务，并依法向保险人收取代理手续费或佣金的单位或个人。其权限包括推销保险，签发保险单或暂保单，代为查勘、审核、赔款和代为收取保费等。

2. 保险经纪人，是基于投保人的利益，为投保人与保险人订立保险合同提供中介服务，并依法收取佣金的中介机构，包括保险经纪公司及其分支机构。保险经纪人为投保人提供的中介服务主要有安排投保方案、提供信息咨询与风险管理、代表投保人与保险人接洽商定保险合同条件、代办投保手续、代缴保险费、协助索赔与追偿等。

保险代理人和保险经纪人均为保险市场中介人，但两者是有区别的：保险代理人是根据保险人的委托，代表保险公司的利益；而保险经纪人则代表投保人的利益，与保险人或其代理人签订保险合同。如上所述，两者提供的中介服务范围不同；法律上承担的责任不同，投保人与保险经纪人是委托与受托关系，保险经纪人在投保人的授权范围之内的代理行为所产生的法律后果由投保人负责，但如果因为保险经纪人的疏忽、过失行为造成投保人利益损失，保险经纪人应独立承担相应的民事法律责任，而保险代理人与保险公司是代理与被代理关系，被代理保险公司仅对保险代理人在授权范围内的行为后果负责。

3. 保险公估人，是指依照法律规定设立，受保险公司、投保人或被保险人委托，专门从事保险标的的查勘、评估、鉴定、估损以及赔款理算，并向委托人收取酬金的公司。保险公估人的主要职能是接受委托人要求，对保险标的进行检验、鉴定和理算，并出具保险公估报告。此外，公估人也具备一定的公正性。因此，其地位超然，不代表任何一方的利益，属于保险市场的第三方中介公司，使保险赔付趋于公平、合理，有利于调停保险当事人之间关于保险理赔方面的矛盾。

四、保险市场的交易与特征

（一）保险市场的交易过程

保险是经营风险的特殊行业，保险市场的交易主要包括保险营销、承保、防灾防损、理赔和再保险等。这些环节密切联系，共同构成了保险公司交易的全过程。

1. 保险营销，是指保险产品的市场营销，包括保险市场的需求调研、市场细分、产品的设计开发、促销策略的制定和售后服务等方面。保险产品本身是经营不确定性风险的特殊商品，而由于受到隐性风险的影响，消费者对保险产品的需求是潜在的，造成整个社会的保险意识不强，加上保险经营的大数法则要求市场调研，这些都需要保险公司加强营销，提高社会整体的风险意识与保险意识，引导更多消费者参与投保。同时，在市场调研的基础上，设计开发出更适合消费者的营销产品，提高保险公司的营销能力。

2. 保险承保，是指投保人向保险人提出投保要约，双方签订保险产品的过程，包括调查审核、风险分析和承保决策三个方面。保险承保环节是决定保险公司财务状况和经营效益的重要指标，也是保险公司风险管理能力的重要体现。

调查审核是指对投保人的资格、保险标的、保险金额和费率进行审核。风险分析是指在调查审核的基础上，对保险标的的风险程度和保险金额的大小作出判断，对可能造成损失的风险因素进行分析，对不同类型的风险采取不同的策略，降低逆向选择与道德风险的可能性。承保决策是指保险公司对投保申请作出接受或拒绝的决定。保险公司接受投保时，通常会采取最大损失金额和承保比例限制、规定免赔率、适当提高保险费等方式，对所承保标的的风险进行控制。

3. 防灾防损，是指有效预防灾害事故的发生和降低灾害损失程度的措施，一般包括以下几个方面：一是开展防灾防损的宣传教育，向投保人提出风险控制建议，提高投保人的风险意识，在保险合同中设计免赔额条款，增强被保险人防灾防损的责任心，尽可能避免风险发生；二是开展防灾防损的技术研究，向投资者推广具体措施，提高被保险人抵御灾害事故的能力。

4. 保险理赔，是指保险人按照合同规定，在保险事故发生后，对被保险人或受益人提出的索赔要求进行处理的过程，一般流程包括确定理赔责任、调查保险损失、核定赔款数额和给付保险金等环节。由于保险理赔事关保险当事人的经济利益，因此，理赔处理人员应当遵循重合同、守信誉、实事求是、主动、及时、准确、合理的原则，同时自身也应当具备专业素质、技能和工作能力。

5. 再保险，是指保险公司为保证经营稳定，分散业务风险，将其承保的保险标的责任的一部分转移给其他保险公司或再保险公司。分出承保业务的保险公司称为分出公司或原保险人，接受分出业务的公司称为分入公司或再保险人。分保双方责任的分配与承担通过确定原保险人的自留额和再保险人的分保额来实现。自留额和分保额的划分基础可以是保险金额，也可以是赔偿金额：根据保险金额计算分保比例称为比例再保险；根据赔偿金额计算分保比例称为非比例再保险。再保险的组织形式有临时再保险、合同再保险和预约再保险三种。

（二）保险市场的交易特征

从本质上看，保险交易是保险人提供保险保障，投保人购买保险产品，保险人通过积聚大部分投保人的货币资金，来实现对少部分风险损失者的经济补偿，从而实现风险分摊的活动。因此，与其他金融交易相比，保险交易具有一定的特殊性。

1. 风险性。一般的金融交易活动的对象本身并不是风险，但是保险交易的对象就是不确定性风险。保险交易的过程就是保险当事人之间聚集和分摊风险的过程，保险人提供风险保障，投保人购买保险从而转嫁风险。不确定风险的客观存在性是保险市场交易的前提和基础。

2. 原则性。对于一般的金融交易活动，只要具有民事权利能力和完全行为能力的交易当事人双方意见表达一致，交易即可成交。但是保险交易除上述条件以外，还要具备一定的原则性，即交易必须符合保险利益原则。保险人对保险标的必须具有可保的经济利益，同时该经济利益必须具备真实合法、客观存在和货币可测度等性质，这也是保险市场交易合法性的重要原则。

3. 射幸性。一般的金融交易活动，抛开违约因素的影响，交易双方签订合同，即代表当合同到期时，提供金融服务的一方当事人必须按照合同约定，向另一方当事人履行合同义务。但是保险交易具有自身的独特性，保险当事人签订保险合同，仅代表保险人对未来风险事故发生导致被保险人经济损失进行补偿的承诺，保险人是否履行合同，是否进行风险损失补偿，则取决于保险合同的有效期内是否发生约定的风险损失。由于风险发生的不确定性，造成了保险市场交易结果的射幸性特征：如果合同约定的风险损失发生，则保险人向被保险人支付保险赔偿金；如果风险损失在合同期内没有发生，则保险人无须履行赔偿责任。

五、保险市场的功能

保险市场是保险业发展的重要载体，主要具有以下功能。

（一）分摊不确定性风险，实现社会保障功能

保险市场的当事人双方签订保险合同，由投保人购买保险并缴纳保险费，从而转嫁不确定性风险；保险人通过提供保险保障，将个人分散的投保金集中起来，形成庞大的保险基金，当风险事故发生时，利用保险基金对被保险人的损失进行经济补偿。在此过程中，保险市场实现了对不确定性风险的转嫁、聚集与分摊，有效降低了被保险人的风险损失。而被保险人在获得补偿之后，能够在风险事故发生之后尽快恢复以往的正常生活，因此，保险市场建立起一张有效的“社会安全网”，起到良好的社会保障功能，有助于社会稳定和谐。

（二）提高保险交易效率，增加市场有效供给

保险市场是保险产品生产和交换的场所，是反映保险当事人供求关系的市场。保险交易主体双方可以通过保险市场，了解保险供求信息，寻找各自的交易对象，满足保险供求的需要，有效降低市场信息成本和交易成本，提高交易效率。同时，保险中介人作为媒介，为投保人和保险人提供服务，把供需双方联系起来，可以快速建立起保险合同关系，提高市场效率。

保险市场所带来的竞争环境使得保险人不断提高自身经营水平，通过市场细分、需求调研等措施提高承保技术，提供优质服务，开发更能满足投保人需求的新险种，增加市场的有效供给。保险中介人利用自身丰富的专业知识、熟练的交易技巧，通过与保险市场供需双方建立广泛的联系，为供需双方提供信息、咨询和交易等服务，为交易双方带来极大的便利，也在一定程度上增加了市场的有效供给。

（三）完善产品价格机制，确定合理的交易价格

经济学认为，供需双方的供求关系将决定市场均衡价格。虽然保险产品价格的形成由于受到风险损失率的影响，具有其独特性，但是市场机制下的供求关系依然对保险交易价格发挥重要作用。保险当事人利用保险市场的相互作用，可以更好地发挥市场的价格发现功能，完善产品价格机制。保险人通过市场竞争，不断提高对不确定性风险的识别和风险损失率的管理能力，将保险费率控制在可控范围之内，从而确定更加合理的产品价格。

六、保险市场的分类

根据不同的标准，可以将保险市场划分成不同的类型。

（一）按照保险交易的对象划分

保险市场的交易对象是指各种具体的保险产品险种，如财产险、人身险、责任险、信用保证保险等。根据保险交易对象的不同，保险市场可以分为财产保险市场和人身保险市场。

财产保险是以各种有形的物质财产作为保险标的，财产保险市场则是开展与该保险标的有关的各种经济利益和损害赔偿活动的保险市场，主要包括的保险险种有财产险、责任险和信用保证保险。财产险是以有形的物质财富和相关经济利益作为保险标的的险种类型，是一种产物类保险，具体包括火灾保险、货物运输保险、汽车保险、工程保险、航空保险、海上保险和农业保险等。责任险是以被保险人依法应付的民事损害赔偿责任作为保险标的的险种类型，具体包括产品责任险、雇主责任险、职业责任险、公众责任险和第三方责任险。信用保证保险则是以信用风险作为保险标的的险种类型，具体包括贷款信用保险、商业信用保险、产品质量保证保险、出口信用保险和履约保证保险等。

而与财产保险市场不同，人身保险市场的交易对象则是各种人身保险产品。人身保险是以人的生命和身体机能作为保险标的的险种类型，具体包括人寿保险、健康保险和意外伤害保险等。

财产保险市场和人身保险市场的区别主要体现在以下五个方面：

1. 保险赔偿金的确定方式不同。财产保险产品的标的是各种物质财产和相关的经济利益，其价值具有客观存在性和可测度性，其保险标的的实际价值可以通过货币衡量，进而确定用于理赔的保险金额；而人身保险产品的标的是人的生命和身体机能，其价值无法通过货币直接测度，因此，人身保险产品的保险赔偿金额只能根据被保险人的保障需求和支付保险费的能力来确定。

2. 市场定位不同。财产保险产品是在风险事故发生后，由保险人在理赔保险金额的限度内对被保险人进行补偿，用于弥补被保险人的财产利益损失，因此，财产保险

的市场定位是补偿性质保险；人身保险产品则是根据人的生命和身体机能，按照双方约定的保障金额给付保险金，所以人身保险的市场定位是给付性质保险。

3. 风险特征不同。财产保险投保人所面临的风险一般是自然灾害和意外事故，风险事故的发生时间难以预计，风险损失程度具有很大的不确定性和波动性，使得保险人的预期保费收入与实际赔偿支出通常会有较大的偏差，需要提取巨额风险准备金以备赔付；人身保险承保的是被保险人死亡、伤残等风险，其风险具有一定的规律性和稳定性，一般会随着被保险人年龄的增长而提高，使得保险人的预期保费收入与实际赔偿支出的偏差较小，相比于财产保险，人身保险的风险程度相对稳定。

4. 保险期限不同。财产保险一般为短期保险，保险合同期限大多在 1 年或 1 年以内，加上标的风险的损失程度具有较大的波动性，需要留存高额的风险准备金，使得保险人对资金流动性的管理要求较高；人身保险一般为长期保险，保险合同期限长达 5 年、10 年、数十年甚至终身，加上保险标的的风险具有规律性，使得保险人的现金准备和流动性的管理要求较低。

5. 保险费率的决定因素不同。财产保险一般将保险财产的损失率作为厘定保险费率的基础；人身保险则参照一定模型和生命周期表，以被保险人的死亡率、生存率和合同期限内的利息率为计算基础，来确定人身保险费率。

正是因为二者的差异性，保险市场需要将财产保险和人身保险区分开来，对两大保险市场实施分业经营和分业管理。我国《保险法》规定：“保险人不得兼营人身保险业务和财产保险业务。”

（二）按照保险业务的承保程序划分

按照保险业务的承保程序不同，可以将保险市场划分为原保险市场和再保险市场。原保险市场为直接业务市场，是投保人与保险人之间订立保险合同，直接建立保险关系的市场，也称为保险一级市场；再保险市场为分保市场，是原保险人将已经承保的部分直接保险业务和相关风险责任，通过再保险合同的形式，转分给再保险人形成的市场，也称为保险二级市场。原保险业务的承保程序在先，再保险业务的承保程序在后。

原保险市场与再保险市场的主要区别在于保障对象不同：原保险市场是向投保人或被保险人提供保险保障；而再保险市场则是面向保险人提供保险保障。但是两者不是完全独立的，而是具有密切联系。

原保险市场是再保险市场的基础，再保险市场交易双方所建立的再保险合同必须以原保险合同的内容为基础。原保险人将自己所承保的部分业务转嫁给再保险人，使得再保险合同的保险标的为原保险人所承担的相应风险责任，以原保险人的实际赔付款为摊赔条件，再保险合同的期限与责任都不得超过原保险合同的范围。

再保险市场是对原保险市场的发展，向原保险市场提供有效支持。原保险是投保人将不确定性风险转嫁给保险人，实现风险分散，而再保险是原保险人将承保的部分风险责任转嫁给再保险人，当风险事故发生时，再保险人必须承担再保险合同所规定的责任，原保险人则得到对应的损失赔偿。可见，再保险是对原保险市场的保险，是对原保险市场分散风险作用的进一步发展。再保险市场可以分散原保险人所承担的保险风险，降低原保险人风险发生时的损失额度，提高了原保险人的风险控制能力和风险承担能力，扩大了其业务承保能力，对原保险市场的发展提供了极大的支持。

（三）按照保险业务活动的空间范围划分

按照保险业务活动的空间范围，可以将保险市场划分为国内保险市场和国外保险市场。国内保险市场是专门为本国境内提供各种保险商品的市场，反映的是国内保险交易的供求关系，按照经营区域范围又可分为全国性保险市场和区域性保险市场。国内保险市场的交易双方均为本国居民，交易活动受本国法律制约。

国际保险市场是保险人经营国外保险业务形成的市场，是对国际保险供求关系的反映。随着经济全球化的快速发展和全球资本的加速流动，各国之间的贸易规模不断扩大，国际间的保险交易需求日益增长，保险市场日趋国际化。目前，英国伦敦和美国纽约已经成为世界上规模最大和承保能力最强的国际保险市场。随着“一带一路”倡议的开展，我国对外贸易和投资建设的活动不断增加，国际保险市场将具备更大的发展前景。

第二节　保险市场的需求与供给

一、保险市场的需求

（一）保险市场需求的定义

经济学认为，需求是指在某一价格水平下，消费者愿意并且能够购买的，为消费者带来一定效用的某种商品数量。保险需求是指在一定的费率水平上，消费者（投保人）从保险市场上愿意（投保欲望）并且有能力购买（缴费能力）的保险商品数量。它是消费者对保险经济保障的需求量，可用投保人投保的保险金额总量衡量。同时，由于保险商品的特殊性，消费者除了要有投保欲望与缴费能力以外，保险利益原则要求保险标的必须具有经济利益，这是保险需求存在的首要前提。

与一般需求的表现形式不同，保险需求的表现有两方面：一方面体现在物质方面的需求，即在约定的风险事故发生并导致损失时，它能够对经济损失予以充分的补偿；另一方面则体现在精神方面的需求，即通过投保，转嫁了风险，解决了后顾之忧，从而消除了精神上的紧张与不安，获得心理上的安全感。

保险市场的需求是一个总括性概念，是在各种不同的费率水平上，投保人购买保险商品数量的总和，是整个保险市场的保险保障需求的集合，也是保险业赖以发展的基础。

保险需求可以划分为三个方面：保险自然需求、保险潜在需求和保险有效需求。保险自然需求是消费者基于风险的客观存在而产生的对保险保障的本能需求，是消费者出于安全、稳定等目的，对保险商品的需求。保险潜在需求是指在现有的经济发展水平下，保险业专家对未来保险市场容量的一种测度与判断，是对保险市场可能达到的最大发展空间的预测。保险有效需求是指消费者有货币支付能力的保险需求，一般把实收保费作为衡量保险有效需求的指标。

从理论上看，保险自然需求永远大于保险潜在需求，因为人们面临的可保风险是巨大的，保险自然需求可以视为无限大，而人们的货币购买能力是有限的，因此保险潜在需求永远赶不上自然需求。保险潜在需求也大于保险有效需求，一方面是因为消费者的保险意识低下造成保险有效需求不足，另一方面是因为保险公司推出的保险产品不合适或确定的保险费率过高造成的。

（二）影响保险市场需求的因素

从本质上看，保险需求是由于客观世界的不确定性风险与人们对这种不确定性风险可能造成的经济损失承担能力的有限性的矛盾而产生的。因此，保险需求受到多种因素的影响，主要包括以下几个方面。

1. 风险因素

风险的存在是产生有效保险需求的前提，保险商品服务的具体内容就是各种客观风险，“无风险，则无保险”。保险需求总量与风险程度成正比，风险因素存在的程度越高、范围越广，保险需求的总量也就越大；反之，保险需求的总量就越小。

2. 经济发展水平

保险是社会生产力发展到一定阶段的产物，并随着生产力的发展而发展，保险的需求总量取决于可用于保险的剩余产品数量，因而，经济发展水平与国内生产总值的增长速度，特别是可用于保险的剩余产品价值的增长幅度是保险需求的决定因素。保险需求与经济水平和国内生产总值的增长速度成正比，国内经济水平越高，国内生产总值增长越多，社会财富积累得越多，可用于保险补偿的货币增长越快，保险需求就越大，反之，保险需求就越小。

3. 居民收入水平

衡量需求变化对收入变化反应程度的指标是保险需求的收入弹性，表示收入变化百分之一时，保险需求变化的百分比。不同保险险种的需求收入弹性不尽相同，但是该指标一般都大于1，因此，居民收入水平的增长将会带来保险需求更大比例的增长。此外，随着居民收入的提高和个人财富的积聚，在总消费中，生存需求的消费比重逐步下降，用于发展和享受的消费比例不断提高，对应的安全需求成为日常消费中不可或缺的部分，比重也随之上升，从而带来保险结构的变化，扩大了保险需求。

4. 保险商品价格

保险商品价格就是保险费率，这是影响潜在的保险需求向有效保险需求转化的重要因素。保险需求受到投保人的保费支付能力的影响，与保险费率成反比，保险费率越高，保险需求越小。从个人的角度看，保险费率偏高，个人的货币收入有限，已无力支付高额的保险费，而不得不削减自身的保险需求；从企业的角度来看，支付高额的保险费将会增加企业成本，减少自身利润，同时，商品的保险费提高，企业被迫提高产品定价，使得其产品在市场竞争之中处于不利地位，这些都会使得企业减少保险需求。反映保险需求变化对保险商品价格变化反应程度的指标是保险需求的价格弹性，不同险种的保险需求价格弹性不尽相同，但是该弹性指标一般都为负值。

5. 人口因素

保险业的发展与人口状况有着密切的联系。人口因素包括人口总量和人口结构。保险的需求一般与人口总量成正比，特别是人身保险，人口总量越高，对保险的需求就越多，反之就越少。人口结构主要包括年龄结构、职业结构、文化结构和民族结构等，年龄风险、职业风险、文化程度和民族习惯不同，将会影响个人的消费习惯，从而影响保险需求结构。

6. 政策因素

保险市场对政策因素非常敏感，政策的变化对保险需求有着直接的影响。

人身保险需求与人口总量成正比，如果一国制定了积极的人口政策，提高人口出生率，鼓励生育，一般会带动保险需求的增长。

税收减免政策是影响保险需求的重要因素，如保险费的税前扣除政策，被保险人所取得的保险赔款或保险金可以免缴企业或个人所得税等，都会扩大市场的保险需求。

由于保单属于一种有价证券，保险市场属于金融市场，因此保险需求也受到货币政策的影响，货币政策变动将会影响人们在保险产品和其他金融产品之间的选择，特别是针对投资型保险。当利率上升时，存款类金融产品的收益提高，超过投资型保险的回报，投保人通常会选择退保或保单质押贷款以变现保单的现金价值，投资于其他高收益的金融产品，保险需求下降；反之，当利率下降时，由于存在“菜单成本”，保险人调整保单利率具有时滞性，投资人将会利用时间差，购买投资型保险保单，获取低价格、高收益的保障，保险需求随之上升。

强制保险政策是政府以法律或行政的手段，强制实施的保险保障方式。凡在规定范围内的，无论被保险人愿意与否，都必须参加投保。因此，强制保险政策的实施将会人为地扩大保险需求。比如，汽车上路必须投保汽车第三者责任险，雇主必须投保雇主责任险，保险经纪人必须投保职业责任险等。

二、保险市场的供给

（一）保险市场供给的定义

保险供给是与保险需求相对应的概念，是指在一定的费率水平上，生产者（保险人）从保险市场上愿意并且有能力提供的保险商品数量，是保险人对保险保障的供给总量。保险供给有两种表现形式：有形的经济保障，保险人对遭受损失或损害的投保人，按照合同规定的责任范围给予一定的补偿与给付；无形的经济保障，保险人对所有投保人提供的心理安全感。

保险市场的供给通过保险人的承保能力来度量，是各个保险企业的承保能力的总和，表现在两个方面：从供给类型上看，保险市场供给体现为保险人所提供的各种保险保障，即各种险种，如人身保险、财产险、责任险和信用保证保险等；从供给数量上看，保险市场供给体现为各种险种所提供的经济保障的总额度，即全社会所有保险人对社会经济所担负的全部风险责任的总量。

（二）影响保险市场供给的因素

保险市场供给受到多种因素影响，主要有以下几个方面。

1. 保险需求

在商品经济条件下，市场的需求产生商品的供给，因此，保险需求是制约保险供给的最根本因素，保险的有效需求越大，保险市场的供给越多，保险人所愿意提供的保单数量也就越多。

2. 保险公司的经营资本与偿付能力

作为保险人，保险公司开展保险业务和提供保单的过程，其实就是管理和经营风险的过程，因此，为了防范保险风险，提高保险公司的保障能力，各国对保险人的经营资本和偿付能力都作出相应规定。

保险公司的经营资本除了支付基础设施和人员费用之外，还必须保留一定的资本金作为保险赔付准备金，而保险公司所能提供的保单金额大小则受到保险赔付准备金额度的制约。例如，我国《保险法》第一百零三条规定："保险公司对每一危险单位，即对一次保险事故可能造成的最大损失范围所承担的责任，不得超过其实有资本金加公积金总和的百分之十；超过的部分应当办理再保险。"因此，保险公司的经营资本金越大，保险赔付准备金越高，所能开展的业务种类越多，所能提供的保单金额越大，保险供给也越多。此外，保险供给还受到保险人偿付能力的制约，由于保险公司经营风险的特殊性，各国法律对保险公司都规定了最低偿付能力标准，例如，我国《保险法》第一百零一条规定："保险公司应当具有与其业务规模和风险程度相适应的最低偿付能力。保险公司的认可资产减去认可负债的差额不得低于国务院保险监督管理机构规定的数额；低于规定数额的，应当按照国务院保险监督管理机构的要求采取相应措施达到规定的数额。”

3. 承保技术水平

保险公司经营的是一种技术性和专业性都很强的业务活动，而且并不是所有的风险保险人都可以承担，可保风险在很大程度上受制于保险公司的承保技术，包括风险管理、险种设计、准备金提存等专业技术，特别是保险费率的计算，需要保险人运用复杂的保险精算技术。例如，有些险种虽然具有较大的市场需求，但由于险种设计过于复杂、风险管理要求过高等原因，保险公司仍然难以提供有效供给。所以，保险公司的承保技术水平的高低制约着保险的供给，承保技术水平越高，保险费率的精算能力越强，适应市场需求的新险种开发越多，可保风险的范围越大，保险供给就会增加。

4. 保险利润率

商品市场条件下需求的动力来源是消费，供给的动力来源则是企业的利润，保险市场也不例外，保险供给也受到保险利润率的直接影响，保险利润率越高，保险供给越大。

保险利润率包括行业平均利润率和单一险种利润率。在市场经济条件下，平均利润率规律支配着一切经济活动，保险利润率也受到平均利润率规律的支配。如果保险行业平均利润率较高，就会吸引更多的社会资本流向保险业，吸引更多的企业开展保险业务，从而扩大保险市场供给；反之，如果保险行业整体利润率低于社会平均利润率，一些保险公司就会退出保险行业，转向其他利润更高的行业，保险供给量就会下降。单一险种利润率也是如此，保险公司会争相开展利润率较高的险种业务，提高自身利润水平，带来保险供给的增长；反之，若某险种利润率太低，甚至亏损，保险人就会停止该业务，减少保险供给。

5. 保险费率

保险费率是保险商品的价格。一般认为，在一定的保险费率范围之内，保险商品的需求缺乏价格弹性，即当保险费率提高时，保险商品需求下降的幅度较小，小于保险费率上升的幅度，从而带来保险公司的保费收入增长。因此，保险供给与保险费率成正比，保险费率增加，保险公司的保费收入和整体利润水平增长，从而扩大保险供给。

6. 保险市场的竞争程度

根据市场的竞争程度，可以将保险市场划分为竞争性市场和垄断性市场。在竞争性市场，存在大量保险公司，各保险人之间相互激烈竞争，不断提高自身经营水平，不断开发新险种，极大地增加保险供给总量和产品的供给类型。而在垄断性市场上，保险供给受到少数保险人承保能力的制约，并且保险商品的需求缺乏价格弹性，因此，垄断者通常会选择提高保险商品的价格，提高保险费率，减少保单供给量的方法，来获取超额垄断利润，缺乏开发新险种的动力，这样会造成垄断市场条件下的保险供给减少和保险产品缺乏创新。

7. 政策因素

政府政策在很大程度上决定保险业的发展，从而对保险供给产生重大影响。如果政府采取积极政策，营造适宜保险业发展的社会经济环境，鼓励保险公司发展保险业务，将会刺激保险供给；如果政府采取抑制保险业发展的政策，则会减少保险供给。此外，由于保险行业是经营风险的特殊行业，对保险行业实施严格的监管政策就显得十分必要，如果监管政策过于苛刻，保险公司所开展业务受到限制，必然会造成保险供给减少。

三、保险市场的供求平衡

保险市场的供求平衡，是指在一定费率水平下，保险供给恰好等于保险需求的状态，即保险供给与需求达到均衡点。

保险市场供求平衡，受市场竞争程度的制约。市场竞争程度决定了保险市场费率水平的高低，因此，市场竞争程度不同，保险供求平衡的水平各异。在不同的费率水平下，保险供给与需求的均衡状态也是不同的，保险市场有自动实现供求平衡的内在机制。保险市场供求平衡包括供求的总量平衡与结构平衡两个方面。保险供求的总量平衡是指保险供给规模与需求规模的平衡。保险供求的结构平衡是指保险供给的结构与保险需求的结构相匹配，包括保险供给的险种与消费者需求的险种的适应性、费率与消费者缴费能力的适应性以及保险产业与国民经济产业结构的适应性等。

第三节　保险市场的投资活动

一、保险投资的概念与原则

保险投资是保险公司在组织经济补偿的过程中，利用自有资金和保险准备金，按照法律规定的渠道与用途进行投资，以获取投资收益，实现保险基金保值和增值的活动。

保险投资资金主要来源于保险公司的自有资金、非寿险责任准备金和寿险责任准备金三种。自有资金包括保险公司的注册资本金和公积金。非寿险责任准备金的保险期限较短，一般包括未到期责任准备金、未决赔款责任准备金、已发生未报告赔款准备金和总准备金等。寿险责任准备金是指寿险保险公司为将要发生的保险责任而提存的资金，其期限具有长期性，一般包括预收保费、费用准备金、保单利息、分红特别储备和万能平滑准备金等。

保险投资的形式通常有购买债券、投资股票、投资不动产、用于贷款、银行存款等，各国政府基于风险的考虑，对保险投资采取不同的监管方式，对投资渠道和结构都作出明确限制。随着金融市场的快速发展和保险产品的不断创新，对保险投资资金运用的管制也在逐步放宽。我国《保险法》规定，保险公司的资金运用限于银行存款，买卖债券、股票、证券投资基金份额等有价证券，投资不动产，国务院规定的其他资金运用形式。

保险投资原则与商业银行的经营活动相一致，都要遵循安全性、盈利性和流动性原则。保险公司在开展投资活动时，出于自身经营的安全性目的，必须遵循法律的有关规定，严格控制资金用途和投资风险，尽量选择安全性较高的投资项目和避免投资损失，保证投资本金与利润收入能够如期收回，提高保险投资的收益和盈利性水平，实现保险基金保值和增值。同时，保险公司开展投资活动的资金大部分来源于所收取的保费，这使得保单到期期限与投资活动的时间存在一定的不一致性，因此，保险公司要保证自身经营的流动性合理、充裕，根据资金来源情况确定投资活动的期限结构，使保险公司的资产与负债相匹配，避免期限错配情况发生。

二、保险投资的可能性与必要性

（一）保险投资的可能性

保险投资的可能性问题是指保险公司开展投资活动的本金来源问题。保险公司开展投资活动的本金属于保险公司的负债方，其来源于保险基金的积累与赔付之间的时间差与数量差，以及保险基金总额的不断积聚，这为保险投资提供了可能性。

投保人在投保时必须向保险公司缴纳保险费，保险公司积聚保险基金，形成保险人的负债，并在整个保险有效期限内随时准备履行对被保险人的损失赔偿责任。为了保证当保险事故发生时有足够的金额履行损失赔偿责任，保险公司纷纷在保险基金的基础上建立各种责任准备金。因此，伴随着保险市场业务的不断扩大，保费收入不断增长，保险公司的保险基金总额也就不断积聚。

现代保险业务的开展建立在风险发生的不确定性和概率论中大数定理的基础上。大数定理认为，当保险标的的数量足够大时，就可以根据以往的统计数据计算出风险损失发生的估计概率，这个概率比较稳定，而且与风险损失发生的实际概率非常接近。保险公司就利用大数定理与历史统计数据来确定应该收取的保费金额，构成保险基金池，形成保费收入与风险事故实际发生概率下的赔偿额之间的数量差。此外，保险公司从收取保费、建立保险基金池到支付赔偿款有一个过程，由此形成了保险基金储备与使用之间的时间差。

（二）保险投资的必要性

随着保险市场的不断发展和激烈竞争，保险公司开展投资活动显得越来越有必要。保险投资不仅能够实现保险人的承保业务与融资业务的相互渗透、互动发展，而且能够有效改善保险公司的经营状况，提高自身盈利性。现阶段，一家保险公司成功经营的标准有两个：在人口整体中具有典型性的大量足够的保险单持有人；利用保费收入开展有效的投资活动。保险投资的必要性体现在以下几个方面。

1. 盈利性因素

安全性、盈利性和流动性是保险公司经营的三大原则，其中，保险公司经营活动的目的是追求盈利性，这使得保险公司有必要积极开展投资活动。保险公司的保险基金本质上是一种货币资金，具有资本的逐利性和保值、增值的内在要求，而投资活动能够利用保险基金积累与赔付之间的时间差与数量差，将暂时闲置的准备金转化为现实的职能资本，参与到社会生产之中，由此带来投资利润，实现资金的运作，达到保险基金保值和增值的目的。

2. 收支相等原则

保险公司的保险资金主要来源于自有资金、非寿险责任准备金和寿险责任准备金三种渠道，其中，寿险责任准备金的计算必须遵循收支相等原则。收支相等原则是指保险人未来应给付的保险金，必须等于保险期内投保人缴纳的纯保费与纯保费按预定的利息以复利方式计算的利息收入之和，也就是说，现阶段寿险保险公司所收取的保费只是保险人未来应付保险赔偿的现值。寿险保险公司必须通过投资活动，获取投资收益，这样才能填补未来应付保险金与现期纯保费收入之间的差额，否则，寿险责任准备金就不足以支付，寿险保险公司将面临负债风险。因此，收支相等原则使得保险公司有必要积极开展投资活动。

3. 竞争因素

当今，保险市场中的保险公司数量众多，保险供给过剩，竞争加剧，许多保险公司被迫下调保险费率，降低保险商品价格，以吸引投保人投保。虽然低价策略有助于吸引更多保单，稳定保险基金总额，但是由于保险商品的需求缺乏价格弹性，保险费率的下降势必会减少承保利润，甚至导致保险公司出现入不敷出的情况。因此，保险市场竞争加剧，供给过剩，使得保险公司有必要积极开展投资活动，通过获取丰厚的投资收益来弥补承保利润的降低。

4. 通货膨胀因素

近年来，大部分国家都面临着货币超发问题，尤其是美国推出量化宽松货币政策以后，通货膨胀成为一种普遍现象，引发货币贬值，对人们的经济活动产生重要影响。保险赔偿金以名义货币金额表示，通货膨胀因素使得保险赔偿金的实际购买力下降，难以满足被保险人补偿损失的需求，这不仅削弱了保险的保障能力，也损害了被保险人的利益，减弱了投保人参保的积极性，不利于保险市场的发展。因此，为了抵消通货膨胀因素带来的不利影响，保险公司应考虑积极开展保险投资活动，将投资收益以分红或变额保险的形式提供给被保险人，弥补其保险赔偿金贬值的损失，确保保险保障功能的正常发挥，有效维护被保险人的利益。

5. 产品创新因素

随着金融全球化发展与金融管制的放松，金融产品不断推陈出新，保险行业也不例外，以投资连结类保险为代表的保险创新产品越来越受到投保人的欢迎，其市场份额不断增长。这种保险创新产品最主要的特征是具备保障与投资的双重功能，其保险投资收益率的高低将直接决定该类产品的生命力。这就要求保险公司必须积极开展投资活动，获取既定收益，保证被保险人账户的利益分配，否则，就难以支撑该产品的发展。

三、保险市场投资的影响

由上文可以看出，保险基金的积累与赔付之间的时间差与数量差为保险投资活动提供了可能性，保险公司的自身经营活动表明了开展投资活动的必要性，因此，保险市场的投资活动对保险公司的经营管理有着重大影响。除此之外，保险市场的投资活动对资本市场和保险行业的健康发展也有着重要意义。

（一）保险投资活动可以促进资本市场的健康发展

首先，保险投资活动增加了资本市场的资金来源。保险基金是发达资本市场的重要资金来源，相比于财险公司而言，寿险公司由于其经营业务的长期性和稳定性的特点，更是为资本市场提供了长期稳定的资金来源。例如，在资本市场最为发达的美国，保险公司是美国证券市场最重要的持有人。保险投资资金进入资本市场，可以刺激并满足资本市场主体的投资需求，改善资本市场结构，提高资本的流动性，带来投资效益和经济效益的提高，促进保险市场与资本市场的协调发展。

其次，保险投资资金的安全性要求拓展了资本市场的金融工具。保险资金的运用原则是安全性、盈利性、流动性，保险基金担负着随时补偿风险损失和给付保险金的任务，资金的安全性和流动性是重要基础。因此，保险公司在保险投资过程中，必须采取适当措施规避风险，对股票指数期货、期权等金融避险工具的需求将会非常强烈，而这些需求是稳定资本市场的重要因素。

最后，随着资本市场的发展，机构投资者必将取代投机者成为市场主体，资本市场也将演变成长期投资、战略投资的市场。保险公司在资本市场的投资活动一般采取被动型投资策略，符合长期投资和战略投资的投资策略，有助于促进长期资本市场的健康发展。

（二）保险投资活动有助于保险业的长期发展

首先，保险投资活动增强了保险公司的偿付能力，提高了整个保险行业的利润率。保险行业由于受到保险供给增加、基准利率下降和市场竞争因素的影响，保险费率水平普遍降低，使得行业承保利润明显减少，保险公司的承付能力受到极大的质疑，而偿付能力充足是一家保险公司稳健经营的基本要求，如何有效利用保险基金增强企业的偿付能力是保险行业面临的重要难题。保险基金入市可以有效解决这一问题。以我国为例，2005 年中国保监会统计数据显示，该年度保险资金直接投资股票市场的行业平均收益率超过6%，单家保险公司直接投资股票的最高收益甚至达到20%，极大地提高了整个保险行业的利润率。

其次，保险投资活动增强了保险行业整体的风险控制能力。保险资金是一种特种资金，专门用于应付自然灾害和意外事故可能对生产、生活造成的不利后果，因此，保险公司的保费收入是对被保险人的负债，而不是保险公司的实际收益。由于保险责任是连续的、不确定的，随时可能承担各种保险业务的未到期责任，所以保险公司在资金运用时，要全面实行资产负债管理，将保险资产进行合理投资，使资产与负债相匹配，增强保险公司抵御风险的能力。

最后，投资活动带来的高收益反过来为保险公司降低保费提供了可能性。保费的降低有助于提高市场保险深度，激发潜在的保险需求，改善保险业的经营环境，提高保险行业竞争力，使保险行业进入一个良性发展的状态。

本章重要概念

保险　保险市场　投保人　保险人　保险中介人　保险代理人　保险经纪人　保险公估人　财产保险　人身保险　再保险市场　保险市场需求　保险市场供给　保险基金　保险投资

第九章　金融衍生工具市场

本章学习目标

第一，掌握金融衍生工具市场的概念、构成要素和功能，了解全球金融衍生工具市场的发展历史；第二，了解金融远期、金融期货、金融期权以及金融互换等衍生工具的原理、特点和应用，学习简单的盈亏计算。

自20世纪70年代以来，金融领域出现了一个引人瞩目、来势迅猛的世界性潮流，那就是放松金融管制，追求金融创新，其主流是新的金融业务和新的金融工具不断涌现，利率趋于自由化，金融交易全球化。在金融市场方面的一个最重大的革新就是金融衍生品市场的发展。金融衍生品市场的出现和普及改变了整个市场结构，它连接起传统的商品市场、要素市场和金融市场，并深刻地改变了这三个市场之间的截然划分。

第一节　金融衍生工具市场概述

一、金融衍生工具的概念和特征

（一）金融衍生工具的概念

金融衍生工具也可称为衍生金融工具，又称为金融衍生产品，是与基础金融产品相对应的一个概念，是指建立在基础产品或基础变量之上，其价格取决于基础金融产品价格（或数值）变动的派生金融产品。这里所说的基础产品是一个相对的概念，不仅包括现货金融产品，比如债券、股票、银行定期存款单等，也包括利率、汇率及各类价格指数，还包括金融衍生工具，也就是说，在衍生工具的基础上，还能进一步衍生出新的衍生品。近些年来，某些自然现象，比如气温、降雪量、霜冻、飓风甚至某些人类行为，如温室气体排放、选举等，也逐渐成为金融衍生工具的基础变量。

金融衍生工具是20世纪七八十年代全球金融创新浪潮中的创新产品，是在货币、外汇、存贷款、股票、债券及商品等传统金融市场基础工具的基础上衍生出来的各种金融合约及其组合形式，它是通过预测利率、汇率、股价等的未来行情走势，采用支付少量保证金签订远期合同或互换不同金融商品等交易形式设计出的品种繁多、性能各异的新兴金融工具。

20 世纪 90 年代以来，金融衍生工具已成为国际金融市场上频繁运用的交易手段，金融衍生工具市场已成为国际金融市场的主角，因其在融资、投资、套期保值和投机行为中的巨大作用而获得了飞速的发展。

（二）金融衍生工具的特征

1. 联动性

金融衍生工具是由金融基础资产衍生出来的各种金融合约及其各种组合形式。金融基础资产主要包括货币、外汇、利率工具（如债券、商业票据、存单等）以及股票或股票指数等。因此，金融衍生工具的价值主要受基础资产价值变动的影响。例如，利率期货价值随国债价格或收益率波动，股票指数的变动影响股票指数期货，股票期权价格将随股价波动等。

2. 可复制性

金融衍生工具具有可复制性，可根据市场和客户需要定制出具有不同支付特征的产品，只要掌握了金融衍生工具的定价和复制技术，就可较随意地分解、组合，根据不同的市场参数设计不同的产品。

3. 杠杆性

金融衍生工具还具有杠杆特征。由于允许保证金交易，交易主体仅支付少量保证金就可签订衍生交易合约，利用少量资金就可以进行名义金额超过保证金几十倍的金融衍生交易，产生“以小博大”的杠杆效应。这一杠杆效应吸引了众多投机商介入金融衍生工具交易。

二、金融衍生工具市场的产生和发展

金融衍生工具的兴起和快速发展始于20 世纪70 年代，当时世界经济金融形势出现了一些新特点。

一是风险激增推动金融创新。20 世纪 70 年代，维系固定汇率制度二十几年的布雷顿森林体系崩溃，通货膨胀的压力与日俱增。浮动汇率的推行、石油价格的冲击、欧洲美元市场的快速发展，使市场更趋动荡，利率和汇率风险威胁着世界各主要经济体。无论是发达国家还是发展中国家都对利率及汇率风险规避产生了强大需求，从而推动金融不断创新，金融衍生工具不断涌现。

二是当时金融管制的放松。各国在20 世纪70 年代不断放松金融管制，为金融市场创新提供了非常宽松的制度环境。金融机构竞争的加剧，使得金融衍生工具在交易双方规避风险和投机获利的强大动力下不断孕育和诞生。

三是交易相关的科技在当时迅猛发展。计算机和信息技术在金融市场的广泛应用，极大地促进了金融衍生工具的定价和交易。

四是证券化的兴起导致了“脱媒”现象。证券化融资方式以其成本低、流动性高等特点，取代了银行贷款成为融资方式的主流。证券化的发展推动了金融衍生工具创新。

在这样的背景下，金融衍生工具市场应运而生。1972 年，美国芝加哥商品交易所国际货币市场分部（IMM）率先推出英镑、德国马克等六种国际货币的外汇期货合约。1981 年场外交易中出现了货币互换交易，利率互换交易紧随其后。1982 年货币期权交易在费城股票交易所问世。基于汇率、利率、股票的一系列衍生产品作为避险保值的工具相继出现。金融衍生品作为风险管理型创新工具的最主要代表（以交易所金融期货、期权交易的兴起，加上利率、货币互换以及外汇远期等场外交易的扩展为最基本的形式）至此全部引入金融市场。但这时的全球金融衍生工具市场与其他国际金融市场相比，还是个比较小的、不发达的市场。

在 1986 年以后的近十年间，金融衍生工具市场经历了一个迅速扩张的时期，一跃成为主要的国际金融市场之一。从金融衍生工具的种类上看，根据国际清算银行（BIS）的统计，截至 1994 年，国际金融市场上的各种金融衍生工具已从最初的几种简单形式发展到 1200 多种，而由它们衍生出来的各种复杂的产品组合更是不计其数。从金融衍生工具市场规模的扩张速度来看，全球交易所金融衍生工具的交易量在这一阶段平均每年递增 40%，而场外市场的增长速度更快。

2008 年国际金融危机之前，全球金融衍生工具市场，特别是场外市场的交易规模保持着较快的增长速度。美国贸易赤字的不断累积、欧元的诞生、亚洲金融危机、西方主要股票市场的强劲上扬，以及利率、汇率和股票价格的波动为金融衍生工具的交易提供了肥沃的土壤。市场上保值和投机的需求越来越强，金融衍生工具的交易也日渐活跃，2008 年 6 月，全球衍生品市场名义规模达到峰值 754 万亿美元。根据国际清算银行的统计，1998—2008 年，场外衍生品总体风险敞口从 1.2 万亿美元膨胀到超过 5 万亿美元，增幅接近 320%。巨大的信用风险敞口形成了对全球经济运行的潜在威胁，伴随着国际金融危机的全面爆发进而对全球经济运行造成了极大危害。

2008 年爆发的国际金融危机暴露出了衍生品市场的诸多弊端，使金融衍生品市场受到较大影响，但最近几年逐渐开始稳定下来。其中，场内市场在走出了 2009 年的低谷后，随着全球风险偏好的回升，2010 年交易活动再次活跃起来。而场外衍生品作为本次危机的导火索受到了重创，尤其是危机前增长最为迅猛的信用违约互换产品（CDS）大幅萎缩。总体而言，截至 2011 年 6 月末，国际金融衍生品市场（包含场外市场和交易所市场）规模达到 790.4 万亿美元，已经高出了危机前水平，而 2015 年全球金融衍生工具市场规模有所减少。

表 9-1 全球交易所金融衍生工具交易规模

单位：名义本金，10 亿美元

项目	未平仓量			日交易额				
	2014 年 12 月	2015 年 12 月	2016 年 3 月	2015 年 11 月	2015 年 12 月	2016 年 1 月	2016 年 2 月	2016 年 3 月
期货	25582	25054	25443	4244	4405	5331	5774	5031
利率合约	25348	24817	25213	4160	4294	5227	5661	4914
外汇合约	234	237	230	84	111	104	113	117
期权	32017	38392	47564	1564	1541	2373	2000	1322
利率合约	31874	38261	48410	1552	1528	2360	1985	1308
外汇合约	143	131	153	12	13	13	15	14

资料来源：国际清算银行。

表 9-2 全球 OTC 市场金融衍生工具交易规模

单位：10 亿美元

项目	名义余额				市场总价值			
	2014 年上半年	2014 年下半年	2015 年上半年	2015 年下半年	2014 年上半年	2014 年下半年	2015 年上半年	2015 年下半年
所有合约	691640	628251	551702	492911	17438	20848	15493	14499
外汇合约	74782	75043	73607	70446	1724	2936	2539	2579
直接远期交易和掉期交易	35190	36596	36699	36331	372	1202	932	947
货币互换	26141	24042	23566	22750	939	1348	1283	1345
期权	13451	14405	13342	11365	213	386	324	287
利率合约	563290	505431	434492	384025	13461	15586	11062	10148
远期利率协议(FRA)	92575	80818	74633	58326	126	145	143	114
互换	421273	381129	319807	288634	12042	13925	9796	8993
期权	49442	43484	40053	37065	1292	1516	1124	1042
股票挂钩合约	7084	6368	7544	7141	678	612	606	495
远期和互换	2505	2495	2801	3321	199	177	168	147
期权	4579	4473	4743	3820	479	435	438	348
大宗商品合约	2206	1869	1671	1320	269	318	237	297
远期和互换	1474	1215	1101	888	—	—	—	—
期权	732	654	570	432	—	—	—	—
信用违约互换（CDS）	19452	16399	14594	12294	635	593	453	421
主权	2686	2467	2284	2001	—	—	—	—
金融企业	5000	3962	3259	2625	—	—	—	—
非金融企业	6539	5624	5275	4290	—	—	—	—
证券化产品	480	227	213	225	—	—	—	—
多部门产品	4756	4117	3564	1352	—	—	—	—
未分类	24815	22541	19794	17685	671	802	596	558

资料来源：国际清算银行。

三、金融衍生工具市场的构成要素

金融衍生工具市场的构成要素包括交易工具（市场客体）、市场参与者（市场主体与市场媒体）、交易组织方式。

（一）金融衍生工具的种类

既然金融衍生工具市场是从金融市场中派生出来的，那么金融衍生工具也就是从金融市场工具中派生出来的，也就是说，它的价值依赖于基础金融工具的未来价格的变动。金融衍生工具交易是比较复杂的现代金融业务活动，其表现形式是各种合约的交易。经过几十年的发展，金融衍生工具的产品设计体现了最大限度的灵活性，各种衍生特性的不断叠加，使得一些产品的外在形式极其纷繁复杂，使市场上流通的各种衍生工具合约不下万种。

1. 按基础资产分类

根据基础资产的不同，金融衍生工具可以分为利率衍生工具、外汇衍生工具、股权衍生工具和信用衍生工具。

利率衍生工具，是指以利率或利率的载体为基础工具的金融衍生工具，主要包括远期利率协议、利率期货、利率期权、利率互换以及上述合约的混合交易合约。目前，利率类衍生品在衍生品市场中的主力地位非常明显。根据国际清算银行的统计，在2015年下半年，利率类衍生品合约名义金额达384万亿美元，占全球场外衍生品市场的78%。其中，互换交易合约达289万亿美元。

外汇衍生工具，是指以各种货币作为基础工具的金融衍生工具，主要包括远期外汇合约、货币期货、货币期权、货币互换以及上述合约的混合交易合约。外汇衍生品市场是全球场外衍生品市场的第二大组成部分。根据国际清算银行的统计，到2015年12月，外汇衍生品合约名义金额为70万亿美元。

股权衍生工具，是指以股票或股票指数为基础工具的金融衍生工具，主要包括股票期货、股票期权、股票指数期货、股票指数期权以及上述合约的混合交易合约。

信用衍生工具是一种金融合约，提供与信用有关的损失保险。对于债券发行者、投资者和银行来说，信用衍生工具是贷款出售及资产证券化之后的新的管理信用风险的工具。美国次贷危机之前爆炸性发展的CDS等工具即属于此类。

2. 按交易场所分类

按照交易场所的不同，金融衍生工具可以分为场内交易的工具和场外交易的工具。前者如股票指数期货，后者如利率互换等。

3. 按交易方式分类

根据金融衍生工具自身交易的方法及特点不同，金融衍生工具可以分为金融远期、金融期货、金融互换和金融期权这四个基本类型。

金融远期，是指交易双方签订的在未来确定的时间按确定的价格购买或出售某项金融资产的合约。

金融期货，是指交易双方签订的在未来确定的交割月份按确定的价格购买或出售某项金融资产的合约。它与远期合约的主要区别为期货合约是在交易所交易的标准化合约。

金融互换，是指交易双方按照事前约定的规则在未来互相交换现金流的合约。

金融期权合约的买方享有在未来一定时期按照敲定价格购买一定数量金融产品的权利，而卖方则有义务届时向买方履行交付义务。

需要指出的是，上述分类并不是一成不变的。随着金融衍生工具日新月异的发展，上述的分类界限正在模糊，由两种、三种甚至更多不同种类的衍生工具及其他金融工具，经过变化、组合以及合成这几种方式创造出来的合成衍生工具正在出现，使衍生工具的传统分类模糊难辨。如由期货和期权合约组成的期货期权、由期权和互换合成的互换期权、由远期和互换合成的远期互换等。但从学术角度探讨，远期和期权，是衍生工具的两类基本构件。尽管一些衍生工具的结构极其复杂，但几乎所有衍生工具都可以被分解为期权和远期两类基本构件的组合。

（二）市场参与者

一般而言，金融衍生工具市场的参与者主要有四类：套期保值者、投机者、套利者和经纪人。

1. 套期保值者

套期保值者又称风险对冲者，其参与金融衍生工具市场的目的是降低甚至消除其已经面临的风险。例如，如果一家日本进口商60天后要支付100万美元给美国出口商，那么日本进口商就面临汇率波动的风险，如果届时美元升值，该进口商就会支付更多的日元。如果想避免这种风险，日本进口商可在远期外汇市场上购入60天远期100万美元，这样，就等于将60天后支付美元的汇率固定在目前的远期汇率上。当然，购买外汇期货、期权或参加货币互换也能达到同样的目的。套期保值行为并不能保证带来利润，例如，在上例中，如果60天后美元贬值，低于目前的远期汇率水平，那么日本进口商购买远期外汇反而使它多支出美元。但是需要强调的是，套期保值者的目的在于减少未来的不确定性，而不是增加未来的盈利。

2. 投机者

与套期保值者相反，投机者通过主动增加未来的不确定性来谋取利润。投机者并不持有基础资产的净头寸从而没有保值的需要，其参与金融衍生工具市场的目的在于赚取远期价格与未来实际价格之间的差额。例如，60天远期美元汇率为1美元＝120日元，但日本投机商预测60天后美元汇率会低于这一水平（贬值），那么，其选择买入大量的远期美元。如果事实证明其预测很正确，60天后美元兑日元汇率为1：115，则投机者每交易1美元可赚到5日元。当然，如果投机者预测错误，未来汇率走向相反，那么其也会遭受严重损失。

3. 套利者

套利者通过同时在两个或两个以上的市场进行交易，以获得无风险的套利收益。套利又分为跨市套利、跨时套利和跨品种套利，即在不同地点市场上套作，或在即期、远期市场上和不同品种间套作以获取无风险收益。无风险套利活动的存在，是促使金融衍生工具市场提高效率的重要因素，正是套利者寻求在不同市场和产品之间的套利机会，才使得市场交易频繁，价格得以发现，市场达到均衡。

4. 经纪人

经纪人主要通过自身的专业知识信息、信誉和技能，以促成交易、收取佣金为目的，担任交易商和客户的中介。在交易所市场交易活动中，一些客户因不具备交易所会员资格，故委托场内经纪商代为操作。在场外交易中，货币经纪商也经常受客户委托或集合客户的资金以自身名义参与交易。经纪人有严格的管理制度，如登记注册制度、保证金制度、账户分离制度和防止欺诈制度等。同时，经纪商一般都设有结算、保证金、信贷、操盘、交割等职能部门，代理客户进行一切交易和清算。

（三）交易组织方式

金融衍生工具市场的交易组织方式主要为场内交易和场外交易。

1. 场内交易（交易所交易）

金融衍生工具交易所是一种有组织的市场，它是从事金融衍生工具交易的交易者依据法律所组成的一种会员制的团体组织。金融衍生工具市场本身并不直接参与交易，价格完全由市场参与者的公开竞价以及影响市场的力量决定；金融衍生工具交易所仅提供交易的场所与设备，制定规章制度，并充当交易的中介和仲裁人。金融衍生工具交易所是一个非营利性的团体，虽然要收取一定的会员席位费、会员费以及一部分佣金，但只是用于维持正常的行政管理活动和组织活动以及支付必要的交易设施费用。金融衍生工具交易所一般由交易大厅、经纪商、结算公司、交易商四部分组成。

金融衍生工具交易所的职责主要包括：（1）提供一个有组织的市场和制定会员业务经营的公平竞争原则；（2）提供统一的交易规则和标准；（3）订立统一的交易时间；（4）订立统一的金融衍生工具交易品种、合约文件、交割时间、保证金和佣金等交易文件；（5）调解会员间的纠纷；（6）为会员提供履行合约及财务责任的担保；（7）收集并向会员及社会公众传播价格、市场信息、政府政策。

交易所最基本的职能是为交易提供一个安全的环境。交易所内经批准的会员，以一定的交易规章对交易行为进行管理，对争端加以解决。公开叫价就是交易者或经纪人在交易大厅内通过彼此喊价并运用手势来达成交易。在伦敦国际金融期货期权交易所（LIFFE）、芝加哥商品交易所（CME）等大型交易所中，交易大厅内热闹非凡、人声鼎沸。尽管电子计算机已大量运用，但公开叫价仍在沿用。

2. 场外交易

场外交易无固定的场所，由交易者和委托人通过电话和电脑网络直接进行。近年来，由于交易规则简单，且交易清算便捷，场外市场的发展速度大大快于交易所，并成为衍生工具交易的主要场所。据国际清算银行（BIS）及国际掉期和衍生产品协会（ISDA）所收集的部分金融衍生品交易的相关统计，截至2012年，场外衍生品名义本金为633万亿美元。世界500强企业中，超过90%的企业运用衍生品工具管理企业经营风险，其中大部分利用的工具是场外衍生品。目前场外市场上交易的利率互换、货币互换和利率期权合约的名义本金余额远超交易所衍生工具交易的名义本金余额。

四、金融衍生工具市场的功能

金融衍生工具是市场经济和金融市场发展到相当程度的产物，集中体现了当代金融创新的理念和方法。无论是什么样的金融衍生产品，一诞生就很容易获得很强的生命力，促进金融市场更有效率。综合分析金融衍生工具市场的功能，可以从以下几个方面讨论。

1. 金融产品定价

在金融衍生工具交易中，市场主体根据市场信号和对金融资产的价格走势进行预期，反复进行金融衍生产品的交易，形成供求平衡，较为准确地揭示了作为衍生产品基础的金融资产的价格。

2. 风险管理

套期保值是金融衍生工具市场上的主流交易方式。交易主体通过衍生工具的交易实现对已持有资产头寸的风险对冲，将风险转移给愿意且有能力承担风险的投资者。

3. 获利手段

对于投机者和套利者而言，金融衍生工具的出现提供了更多的盈利机会。其可以利用衍生产品交易的杠杆作用实现巨额投资回报，当然，这是建立在承担巨大风险的基础上的。对于经纪商而言，复杂的产品、技术性很强的合约，使其逐渐具备金融衍生工具市场的专业优势，经纪人可凭借这一点为一般投资者提供咨询、经纪服务，获取手续费和佣金收入。

4. 资源配置

金融衍生工具市场扩大了金融市场的广度和深度，从而扩大了金融服务的范围和基础金融市场的资源配置作用。一方面，金融衍生工具市场以基础金融资产为标的物，达到了为金融资产避险增值的目的；另一方面，金融衍生工具市场是从基础金融市场派生而来的，衍生工具的价格在很大程度上取决于对基础金融资产价格的预期。这一功能客观上有利于基础金融工具市场价格的稳定，有利于增强基础金融资产市场的流动性。

当然，金融衍生工具的发展及其广泛运用在带来正面效应的同时，也不可避免地会产生负面影响。首先，金融衍生工具的全球市场应用加大了整个国际金融体系的系统性风险。由于金融衍生工具消除了整个国际金融市场的时空障碍，使得整个市场相互关联，因此，任何源于某一市场的冲击都将很快传递到其他市场，引起连锁反应，加大整个国际金融体系的系统性风险。其次，金融衍生工具的应用效果之一虽然是增加了风险管理的手段，但是同时也加大了金融业的风险。一些金融机构为了扩大利润来源，大力发展表外业务，从事金融衍生工具的风险随业务量的增大而扩大。最后，金融衍生工具的应用加大了金融监管的难度。由于金融衍生工具交易规模大，品种不断创新，场外交易占据较大的市场份额，从而加大了对其进行有效监管的难度。统计数据显示，20 世纪 90 年代以来，在衍生工具杠杆特性的作用下，金融衍生工具市场的未清偿合约金额呈现爆炸式增长，这意味着金融衍生工具交易的风险暴露水平逐年增高。市场主体在金融衍生工具市场上积累的大量头寸，有可能放大基础金融资产市场上的价格波动，并导致市场风险向流动性风险和信用风险转化，给整个金融市场带来不稳定，2008 年国际金融危机也部分地由于衍生交易工具的作用而放大，对全球经济造成了严重影响。

第二节　金融远期市场

一、金融远期市场概述

金融远期作为合约双方同意在未来日期按照敲定价格交换金融资产的合约，是一种相对比较简单的金融衍生工具。金融远期合约规定了将来交换的资产、交换的日期、交换的价格和数量，合约条款因合约双方的需要不同而不同。金融远期合约主要有远期利率协议、远期外汇合约、远期股票合约等。远期合约是非标准化合约，因此它不在交易所交易，而是在金融机构之间或金融机构与客户之间通过谈判签署。由于交易双方可以在签署远期合约之前充分就交割地点、交割时间、交割价格、合约规模、基础资产品种等细节进行谈判，以便尽量满足双方的需要，因此远期合约灵活性较大。

远期合约的缺点是：第一，由于远期合约没有固定的、集中的交易场所，因此不利于信息交流和传递，不利于形成统一的市场价格，市场效率较低。第二，由于每份远期合约千差万别，这就给远期合约的流通造成较大不便，导致远期合约的流动性较差。第三，远期合约的履约没有保证，当价格变动对一方有利时，对方有可能无力或无诚意履行交割义务，因此远期合约的违约风险相对较高。

图 9－1 简要表示了远期合约的盈亏分布。其中，左图是买方的盈亏分布。在交割日，合约的买方必须按交割价格 K 向合约卖方支付以购买基础资产，ST 为基础资产当时的市场价格。可见，当交割日 $ST>K$ 时，远期合约的买方有盈利，当 $ST<K$ 时则亏损。对于远期合约的卖方而言，情形正好相反（见右图）。

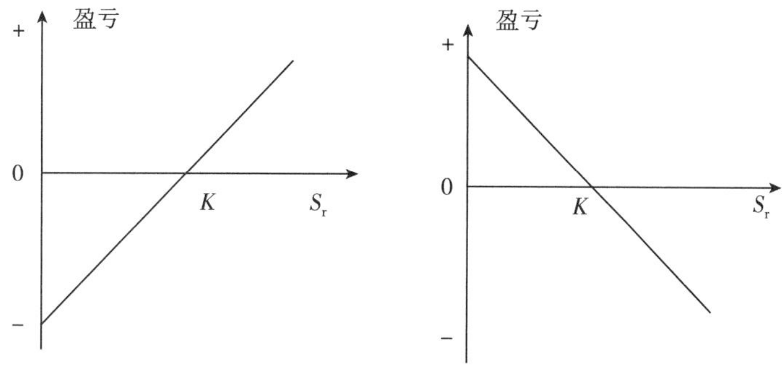

图9－1　远期合约的盈亏分布

二、金融远期合约的种类

按基础资产的性质划分，金融远期合约主要有远期利率协议、远期外汇合约和远期股票合约。

远期利率协议是指买卖双方同意在未来一定时间（清算日），以商定的名义本金和期限为基础，由一方将协定利率与参照利率之间差额的贴现额度付给另一方的协议。

远期外汇合约是指双方约定在将来某一时间按约定的远期汇率买卖一定金额的某种外汇的合约。

远期股票合约是指在将来某一特定日期按特定价格交付一定数量单只股票或股票组合的协议。

三、远期利率协议

（一）远期利率协议的定义

远期利率协议简称FRA。从使用者的角度来看，远期利率协议是双方希望对未来利率走势进行保值或投机所签订的一种协议，买卖双方商定将来一定时间的协议利率，并规定以何种利率为参照利率，在清算日时，双方并不实际交换本金，而是根据期限和名义本金额，由交易一方支付给另一方协议利率和参照利率之间的差额的贴现金额。

远期利率协议是为防范将来利率波动风险而预先固定远期利率的金融工具。该项交易的买方是为了规避利率上升的风险，希望在当前就确定将来的利率，锁定负债成本；相反，卖方则是为了防范利率下跌的风险，希望资产不要因为利率的下跌而遭受收益的损失。由于远期利率协议交易的本金不用交付，利率是按差额结算的，因此资金流动量较小，这就给银行提供了一种管理利率风险而无须通过大规模的同业拆借来改变其资产负债结构的有效工具。

远期利率协议没有固定的份额标准，可以适用于一切可兑换货币，交易金额和交割日期都不受限制，也不需要保证金，因此，远期利率协议与利率期货相比更具灵活性，尤其是对一些没有利率期货的货币来说，远期利率协议更富吸引力。但与期货相比，远期利率协议的不足之处是，期货是标准化合同，可以买进卖出，而远期利率协议买入后不能出售，只能与另一笔远期利率协议对冲。期货在交易所交易，通过统一的清算所清算，信用风险较小，而远期利率协议的交割则取决于交易对手方的信誉，信用风险较大。

（二）远期利率协议的交易形式

远期利率协议的报价形式与货币市场中的同业拆放利率表达方式类似，只不过多了合约指定的远期期限。例如，“3×6，8%”表示的是：于3个月后起息的6个月期远期利率协议，协议利率为8%。

一般远期利率协议以伦敦银行间同业拆放利率（LIBOR）作为参照利率。到交割日，先计算远期利率协议中规定的协议利率和参照利率的差额，将差额乘上协议中规定的期限和本金，然后按参照利率进行贴现，得出的金额就是实际交付的金额。交付金额用公式表示为

$$S=\frac{(LIBOR-K)\times P\times\frac{days}{360}}{(1+LIBOR\times\frac{days}{360})}$$

其中，S为交付金额，$LIBOR$为参照利率，K为远期利率协议的协议利率，P为远期利率协议中的名义本金，$days$为远期利率协议中规定的期限实际天数（这里假设一年按360天计）。

从以上公式可以看出，若到期日时协议利率K低于参照利率$LIBOR$，则S为正数，远期利率协议卖方将支付利差金额的贴现值给买方；反之，S为负数，则买方将支付贴现值给卖方。

（三）远期利率协议交易实例

甲银行按计划将在3个月后从其他银行拆借入一笔3个月期的1000万美元资金。现在的市场利率为8%，该银行预测市场利率不久可能会上升，为避免拆借成本增加，买入了一个“3×6，8%”的远期利率协议，协议利率为8%，参照利率为届时的3个月期LIBOR利率，以期锁定未来的拆借成本。

3个月后，市场利率上升，3个月期的LIBOR利率为9%。将有关数值代入上述公式，可得

$$S=\frac{(9\%-8\%)\times 10000000\times\frac{90}{360}}{(1+9\%\times\frac{90}{360})}=24449.88\text{（美元）}$$

S为正数，即在交割日甲银行作为远期利率协议的买方从卖方获得了24449.88

美元。

再看远期利率协议交易的实际效果：

在交割日，由于甲银行已从远期利率协议交易中获得了 24449.88 美元，甲银行只需按 9% 的利率从其他银行拆借入 9975550.12 美元（10000000 - 24449.88），即可满足 1000 万美元的资金需求。由此可以计算出甲银行的拆借利息支出为

$$9975550.12 \times 9\% \times 90/360 = 224449.88 \text{（美元）}$$

因从远期利率协议中赚取了 24449.88 美元，故甲银行实际承担的利息成本只是

$$224449.88 - 24449.88 = 200000 \text{（美元）}$$

折合年利率为

$$200000/10000000 \div 90/360 = 8\%$$

由此可以看出，甲银行通过远期利率协议交易，在市场利率上升的情况下，仍将其借款利率成本锁定到原来 8% 的水平，从而避免了利率风险。

如果 3 个月后，市场利率下降，3 个月期的 LIBOR 利率为 7%，情况则正好相反。将有关数值代入上述公式，可得

$$S = \frac{(7\% - 8\%) \times 10000000 \times \frac{90}{360}}{(1 + 7\% \times \frac{90}{360})} = -24570.02 \text{（美元）}$$

S 为负数，即在交割日甲银行作为远期利率协议的买方要向卖方支付 24570.02 美元。这样，甲银行实际的筹资金额为

$$10000000 + 24570.02 = 10024570.02 \text{（美元）}$$

3 个月到期支付的利息相当于

$$10024570.02 \times 7\% \times 90/360 = 175429.98 \text{（美元）}$$

因在远期利率协议中损失了 24570.02 美元，实际承担的利息成本为

$$175429.98 + 24570.02 = 200000 \text{（美元）}$$

折合年利率为

$$200000/10000000 \div 90/360 = 8\%$$

可见，当甲银行购买了远期利率协议后，即锁定了利率成本，无论市场利率上升还是下降，都不会影响其利息支出，利率风险得到了有效管理。但是，此类交易不能忽视信用风险。一旦市场利率朝不利于某一方的方向变化，远期利率协议就存在违约风险，上例中，市场风险上升了 1 个百分点，正常履约情况下甲银行可获得利息差额补偿，但如果远期利率协议的卖方在交割日违约，甲银行就无法锁定利率风险了。避免这种信用风险的关键是选择信用等级良好的对手方进行交易。

第三节　金融期货市场

一、金融期货市场概述

金融期货是允许持有人在将来某一指定月份购买或出售某一金融资产或金融工具的合约。金融期货市场即专门进行金融期货合约交易的场所，一般是指有组织、有严密规章制度的金融期货交易所，如芝加哥国际货币市场、伦敦国际金融期货交易所、新加坡国际货币期货交易所等。

期货可以分为商品期货和金融期货。商品期货已经具有很长的历史，金融期货市场是在很大程度上借鉴了商品期货市场的成功经验后，在20世纪70年代特殊的金融环境下形成和发展起来的，如外汇期货交易始于1972年，利率期货交易始于1975年，股票期权交易始于1978年。1982年，期货期权交易及股票指数期货交易产生。

二、金融期货合约的定义和市场特征

（一）金融期货合约的定义

金融期货合约是期货交易所为金融期货交易而制定发行的标准化合同。合约要求期货的买方或卖方在合同规定的未来时间，按约定价格买入或卖出一定数量的金融资产或金融工具。每份金融期货合约都是标准化的，有固定的规模、单日价格最大波动限制、最小变动价位、合约交割月份、最后交割日、交割方式等。

（二）金融期货市场特征

金融期货市场的特征主要体现在其独特和严谨的交易安排形式上。

金融期货市场的规则主要包括以下几个方面。

1. 规范的期货合约

期货合约具有法律约束力，它必须规范化、标准化，包括合约品种、交易时间、交易数量及单位、价格变动单位、价位涨跌幅度的限定、每日交易限量、对冲规定、交割期限、违约罚款及保证金数额等。期货合约必须具有的标准：一是必须是双向合约，以保证其流动性。这是因为期货多是买空卖空的交易，买卖双方都不会等合约到期后才以实物交割，而是必须在到期前就进行平仓，即卖空者必须补购，买空者必须抛售。二是必须简单明确，不能含糊其词。要简单明了地规定交割的时间和价格等重要事项。三是必须使交易程序公开化，买卖双方不能私下增减其内容，必须按交易所规章制度进行交易。

2. 保证金制度

进行期货交易，不必支付期货合约的全部价款，只需交纳一定比例的保证金给经纪公司即可。保证金的作用是防止客户发生亏损时交不出钱，所以买者、卖者都要交付保证金，这是期货市场与现货市场的主要区别之一。客户交付保证金，一是保护经纪公司的利益，当客户亏损时，经纪公司可以用保证金支付；二是抑制过分投机，当价格剧烈波动、投机猖獗时，经纪公司有权根据当时的市场情况和监管要求增加保证金数额，以抑制投机过度现象。保证金的数量随合约的性质、特定的交易资产价格浮动幅度以及客户的资信情况等而有所不同。

一般经纪公司要求客户交纳的保证金比交易所要求的要多，这是因为经纪公司要向结算所交纳保证金，必须多收一部分。这多收的部分称为后备资金。世界上大多数交易所一般都要制定出最低保证金结存水平（对套期保值者例外）。对投机客户来说，最低保证金结存量与一次保证金（原始保证金）是两个不同的概念。例如，香港期货交易所规定每张黄金期货合约第一次保证金是4000港元，而最低保证金结存量是3000港元。如果由于交易亏损而使保证金金额降到最低结存量以下，即不足3000港元，则客户必须准时且全部补足差价。如果由于交易盈利而使得保证金超过最低结存量，则盈利的金额追记在保证金账户上（保证金要专立账户，每天都要调整账户余额），客户可将多出部分随时提走。期货交易保证金是买卖双方履行合约责任的担保，它并不牵涉所有权的转让和信用的授予，因此保证金没有利息。

3. 期货价格制度

金融期货交易所记录了世界范围内各种因素对所交易的金融证券的影响，将众多因素转化成一个统一的交易价格，从这点看，交易所起到了价格“晴雨表”的作用。在交易所里，行情变动对金融期货交易非常重要，为保证期货市场能按照公平竞争的原则稳定地运行，期货交易所对金融期货的价格做了一些规定：

其一，价格单位。金融期货价格一般以市场最小的买卖单元为基础。例如，股票价格指数期货是以每点指数多少美元为单位，外汇期货是以每份合约的标准金额为单位，黄金期货以每盎司多少美元为单位。

其二，价格最小浮动额。金融期货价格浮动有一个最小单位，任何交易商在交易所的公开喊价都不得少于价格最小浮动额。如美国的IMM报价，英镑期货的最小价格浮动为5个点，合12.5美元；瑞士法郎的最小价格浮动为1个点，合12.5美元；加元的最小价格浮动为1个点，合10美元。

其三，停板额，又称每日价格浮动限额。它是金融期货在一天之内所允许的最大变动限额。金融期货价格上升到指定的上限，叫“涨停板”；相反，金融期货价格低到指定的下限，叫“跌停板”。以美国的IMM为例，英镑期货的停板额为500点（合1250美元），瑞士法郎的停板额为100点（合1875美元），加元的停板额为75点（合750美元）。

其四，报价制度。期货交易所的报价制度分为自由叫价制和交易盘叫价制。自由叫价制是指在交易所内通过公开喊价进行交易的方式。交易盘叫价制是将每天的交易分成两盘，每盘又分两节，交易节的时间很短，一般只有几分钟。在交易节中，交易人随着价格板显示的不同价格、数量和期限，表示其交易意图，当出现合适的价格，并且双方的交易数额相同时，交易所就以此盘价结算完成合约。

4. 交割期制度

每种金融期货合约都规定有交割月份、交割日期和交易终结日。交割月份指的是在一年哪几个月内进行交割，如外汇期货合约的交割月份是3月、6月、9月、12月。交割日期是指到期合约进行现货交割的日期，如各种外汇期货在交割月份的第三个星期的星期三交割。交易终结日是交割日前的第二个交易日。在交易终结日到来之前，合约的持有者可以在期货市场上通过“平仓”来抵消手中合约所代表的权利和义务。一旦过了这一天，交易所就没有这种合约的买卖。合约持有者只有等到交割日用现货进行交割。

5. 期货交易时间制度

各期货交易所都严格限定期货交易时间，一般是5天工作制。如日本的期货交易所一般是5天工作制，但在每个月的第二个和第四个星期营业5天半，每天分为上午盘和下午盘，每盘约1~3个小时。

6. 佣金制度

佣金是经纪行代客户进行期货交易应取得的报酬。各国计算佣金的办法不同，多少也不一样。经纪行的成本和利润目标决定佣金的高低。成本由以下因素决定：订单的数量、期货品种的风险、交易的难易程度、佣金、交易所的收费以及其他行政性开支等。

三、金融期货合约的种类

目前国际市场上最主要、最典型的金融期货交易品种有利率期货、外汇期货和股票价格指数期货。

（一）利率期货

利率期货的基础资产为价格随市场利率波动的债券产品，以美国利率期货市场为例，主要包括短中长期国库券、住房抵押债券、市政债券、欧洲美元存单及商业单据等。这些交易对象所具有的一个共同特征是：它们都属于有息证券，价格都受市场利率变化的影响，存在利率波动的风险。因此，我们把上述交易品种统称为利率期货。利率期货交易利用了利率下降（上升）变动导致债券类产品价格上升（下降）这一原理，采取与其现货市场相反的方向买卖利率期货，以对冲自己现在持有或将来计划拥有的债券类资产的价格风险。投机者也可以利用利率期货从事高风险的投机交易。

运用利率期货交易进行套期保值时，贷款者或金融债券持有者，应在预期利率要下降时进行多头套期保值交易，即买进有关利率期货，当市场利率下降时，金融债券的价格将上升，从而以利率期货的收益抵补现货的损失。反之，在预测利率将上扬时进行空头套期保值交易，即卖出有关的利率期货合约，当利率上涨时，有关的金融债券价格会下跌，由此可以防止因市场利率上涨而产生的损失。

下面我们以美国短期国库券期货为例说明：

美国短期国库券（T – bill）期限为 1 年以内，采用贴现方式发行，其价格是以贴现方式按面值的折扣形式出现。短期国库券期货一般以 90 天期的国库券为基础资产，每份合约的规模为 100 万美元。

短期国库券期货的报价以百分比表示，例如，当短期国库券的收益率为 6.25% 时，则期货报价 = 100% – 6.25% = 93.75%，在交易所的显示屏上显示为 93.75，这又被称为 IMM 指数。当收益率上升为 6.35% 时，报价变为 93.65，当收益率下降为 6.15% 时，报价为 93.85。从该公式可以看出，当市场利率（收益率）上升时，IMM 指数下降，期货价格将下跌，反之，当市场利率下降时，IMM 指数上升，期货价格上升。但上述 93.85 仅是 IMM 指数报价形式，并非利率期货的价格。每 1 份（100 万美元）短期国库券期货的价格公式为

$$F = \left[1 - \frac{90}{360} \times (1 - \text{IMM 指数})\right] \times 1000000$$

当 IMM 指数为 93.75 时，按照上述公式计算的期货价格为 984375 美元。根据交易规则，90 天期限的国库券期货合约最低价格波动幅度为 1 个基点（0.01%），对应金额为 25 美元。也就是说，当收益率上升 10 个基点，则每份标准的利率期货合约价值将下降 250 美元。当市场利率上升 10 个基点，IMM 指数为 93.65，期货价格将减少 250 美元到 984125 美元。

假设投资者计划 1 个月后以 90 天国库券收益率借入 3 个月期的 1 亿美元资金，当前 90 天国库券收益率为 6.25%，因担心 1 个月后利率上升增加借款成本，该投资者决定用利率期货进行套期保值：卖出 100 份 3 个月后交割的短期国库券期货合约，价值为 98437500 美元。3 个月后，90 天国库券收益率上升到 6.35%，该投资者按计划借款 1 亿美元，利息成本将增加 25000 美元（90/360 × 0.1% × 1 亿美元）。但该投资者可在期货市场上买入 100 份当月交割的短期国库券期货合约，价值为 98412500 美元，将原有空头期货头寸平仓，获利 25000 美元，正好抵消了增加的利息成本，有效地规避了利率风险。

当然，作为投机者，虽然没有未来借款计划且无保值需求，但如果预测市场利率将上升，通过期货交易可以获得净利润。

（二）外汇期货

外汇期货也称货币期货，是规定将来在指定月份买入或卖出规定金额外币的期货合约。目前，外汇期货的标的主要包括美元、日元、英镑、欧元、瑞士法郎、澳元、加元等。上述货币之所以作为外汇期货交易的主要对象，是因为它们具有一个最基本

的特性，即都属于可自由兑换的货币，是国际上接受程度较高的货币，具有国际性货币的声誉。外汇期货主要被企业和金融机构用于外币套期保值，避免汇率波动带来的外汇风险。

外汇期货的套期保值交易，主要是通过空头和多头两种交易方式进行的。

所谓空头交易，是指外汇交易者在现货市场上买进外汇，在期货市场上卖出同等数额的同种货币，以防止或抵消因汇率变化带来的损失。例如，某外贸公司在出口贸易中将收入一笔外汇货款，货到付款，该公司届时将出售这笔外汇，为避免外汇汇率波动可能造成的损失，该公司将在外汇期货市场上卖出这笔外汇收入的期货合约。

所谓多头交易，是指将预期要支付的外汇款项，先行在外汇期货市场上购进同等数量的外汇期货合约，等到将来在现货市场上购进所需外汇时，卖出购进的期货合约，从而避免购进外汇时付出更多的本币或其他货币。

外汇期货的投机交易，主要是通过买空卖空交易及套利交易等方式进行的。

买空交易，是指投机者预测某种货币将升值，于是先买进某一月份的外币期货合约，一旦预测成为现实，就可以将先前买进的合约卖出，从中赚取价差收益。

卖空交易，是指与上述相反的操作过程，即当投机者预测某种货币将贬值时，于是先售出该种货币的期货合约，一旦该种货币真的贬值了，就可以将先前卖出的合约再买进平仓，从中赚取差价收益。

当然，如果投机者预测错误，实际结果与预测相反，投机者就将遭受净损失。买空卖空方式的外汇期货投机，关键是能否正确地判断和把握未来价格变动的方向。

外汇期货投机交易的另一种形式是套利交易。所谓套利交易，又称利息套汇或时间套汇，是指投资者把资金从低利率国家调往高利率国家，从中赚取利差收益。某一时间国际间短期市场利率的差异，会导致短期资金在国际间的大量和频繁移动，形成大量的套利外汇投机交易。

（三）股票价格指数期货

股票价格指数期货（简称股指期货）是以反映股票价格水平的股票指数为基础资产的期货交易合约。最早的股指期货交易发生在20世纪80年代初的美国，最早的指数产品称为“价值线”（Value Line），包含1700种股票。目前作为期货交易主要对象的股票价格指数主要包括：美国的道·琼斯工业平均数和标准普尔500种股价指数、英国的金融时报伦敦交易所100种股票指数、我国香港的恒生指数、日本的日经225股票指数等。

股票价格指数之所以能够成为金融期货市场上进行交易的主要对象，是因为股票价格大幅度波动，给股票持有者带来了巨大的风险，同时也给投机者带来了巨大的收益。为了转移股票风险和实现投机收益，自然就产生了股价指数期货交易。因为股票价格指数是根据股票价格变动情况编制的指数，一般来讲，股票价格的变动是与股票价格指数的变动保持同方向、同幅度的，所以在股票现货市场和股票价格指数的期货市场做相反的操作，就可在一定程度上抵消股票价格变动的风险损失。

股票价格指数期货同其他各种期货一样，兼有套期保值和投机的功能，它不仅向拥有股票资产者和买入或卖出股票者提供了转移股票价格风险、避免或减少损失进行套期保值的工具，而且还为手中没有股票资产的投机者提供了投机获利的机会。

进行股票价格指数期货套期保值交易的主要是手中已经持有股票的投资者，也可能是预期将持有股票的投资者。

在未来股市的走势无法把握的情况下，为防止股价波动的风险，可以通过出售或购买股票价格指数期货合约来保值。股票价格指数期货套期保值的原则是：股票持有者若要避免或减少股价下跌造成的损失，应在期货市场上卖出股票价格指数期货，即做空头，假使股价如预期那样下跌，空头所获利润可用于弥补持有的股票资产因行市下跌而引起的损失。如果投资者想购买某种股票，却又因一时资金不足无法购买，那么其可以先用较少的资金在期货市场买入股票价格指数期货，即做多头，若股票价格指数上涨，则多头所获利润可用于抵补当时未购买股票所发生的损失。

四、金融期货市场的功能

概括来讲，金融期货市场主要具有以下功能。

（一）套期保值，转移风险

利用金融期货市场进行套期保值，转移风险，主要是利用期货合约作为将来在期货市场上买卖金融证券的临时替代物，对其现在拥有或将来拥有的资产、负债予以保值。更确切地讲，利用期货市场进行套期保值，就是在现货市场上买进或卖出金融资产的同时，在期货市场上卖出或买进同质同量的期货合约，从而以期货的盈亏来抵消现货的亏盈。也就是说，在期货市场上进行套期保值交易，其目的不是赚取利润，而是使现在或将来拥有的资产、负债得到保值，不致因金融产品价格变化遭受损失。

为了达到以盈补亏的目的，若对未来行情看跌，就可做期货空头，即在期货市场上卖出期货，待行情真的下跌后再以低价买进期货以平仓，用期货市场高卖低买的收益来弥补现货市场上因价格下跌后卖出现货的损失。若对未来行情看涨，应做期货多头，即在期货市场上买进期货，待行情真的上涨后再以高价卖出以平仓，用期货市场低买高卖的收益来弥补现货市场上因价格上涨后买进现货的损失。

（二）投机牟利，承担风险，润滑市场

金融行情的变化，使投机者可以利用期货市场进行投机活动，通过保证金交易在期货市场的价格波动中牟取巨额利润，同时也承担巨大的风险。实际上，由于价格、汇率、利率的波动是经常的，因而获取高额利润与承担巨大风险损失的机会应该是并存的。

期货市场上的投机活动，既有助长价格波动的作用，同时也有润滑市场及造市、稳定市场的作用。没有投机者及投机活动，期货市场就缺乏流动性，缺乏活力和效率，也难以形成一定的规模。套期保值与投机是相互依存的，是市场统一体的两个方面，如果没有投机者，就没有人来承担套期保值者要转移的风险。正是由于对未来行情预测存在着差异，当套期保值者在期货市场上卖出或买进期货时，才会有人做方向相反的交易——买进或卖出期货；正是由于投机者在市场上经常变换角色，不断地买进和卖出，才使得套期保值者的合约被不断转手，使得套期保值成为可能。

当然，如果投机者过多，投机活动过盛，投机交易的数量大大超过了套期保值者转移价格风险所需要的量，期货市场的流动性会大大降低，甚至会导致期货市场崩溃。因此，具有活力和效率的期货市场应该是套期保值者与投机者双方均能自由参与、力量相对均衡的市场。

（三）使供求机制、价格机制、效率机制及风险机制的调节功能得到进一步的体现和发挥

期货市场上的价格是由双方公开竞争决定的，并具有一定的代表性和普遍性，代表了所有市场参加者对于未来行情的综合预期。所有的交易者都有同等的机会在其现有的供给和需求情况下，根据各自对未来行情走势的预测，公开报出自己的理想价格，通过讨价还价，最后以双方最合适、最愿意接受的价格成交。因此，交易成交的价格，可以说是一个真正反映双方意见、需要和预测的价格；它是市场参与者对当前及未来资金供求、某些金融商品供求、价格变化趋势、风险程度及收益水平的综合判断，是生产者和投资者进行生产和投资决策的重要参考，是确定合理生产、投资及价格的依据，从而也是调节资源分配的重要依据。

当然，由于市场上投机者的参与和主观心理因素的影响，期货市场价格并不能实时准确地与未来的实际价格相吻合。但是，由于期货市场配备有最先进的通信设备系统，从而可以避免由于时空局限所造成的各地价格的过大差异，保持期货价格的公开性和竞争性，也保持着对供求反映和调节的灵敏性。

第四节　金融互换市场

一、金融互换概述

在国际外汇市场和金融衍生工具市场中，“互换”（Swap）一词有两个含义，第一个含义是外汇市场中的掉期，即在即期卖出某种货币，同时承诺在未来某一时间买回该种货币，是一种外汇买卖的方式，这已在外汇市场中的外汇掉期交易部分中予以介绍。本节关注的是第二个含义，即交易双方交换资产现金流的行为。为区分定义，我

们在此把这一类金融衍生工具合约称为金融互换（也有的称为金融掉期）。

互换的一大特点是：它是一种按需定制的交易方式。互换的双方既可以选择交易额的大小，也可以选择期限的长短。只要互换双方愿意，从互换内容到互换形式都可以完全按需要来设计，由此而形成的互换交易可以完全满足客户的特定需求。

简言之，金融互换，是指两个或两个以上的当事人按共同商定的条件，在约定的时间内，交换一定现金流的金融合约。金融互换主要包括利率互换和货币互换（含同时具备利率互换和货币互换特征的交叉货币互换）。典型的金融互换交易合约通常包括交易双方、合约名义金额、互换的货币、互换的利率、合约到期日、互换价格、权利义务、价差、中介费用等。

金融互换市场交易的参与者一般由互换经纪商、互换交易商和直接用户构成。三者运用互换市场的动机不同。

直接用户包括公司、金融机构、国际组织代理机构和政府部门等。它们进入互换市场的主要目的是：（1）获得低成本的筹资；（2）获得高收益的资产；（3）对利率、汇率风险进行对冲；（4）进行短期资产负债管理；（5）进行投机性交易。

互换经纪商是以代理人身份从事交易活动的。一项互换交易要成功，互换双方的需求必须完全吻合。对于一个可能参与互换交易的交易者而言，由于其特定的互换需求，要找到完全吻合的对手方是有难度的。以货币互换来看，互换的名义本金、货币币种、互换期限等项都要恰好满足要求，确实不是一件容易的事情。正是由于这种寻求互换对手方的困难，为互换经纪商提供了发展空间。互换经纪商主要起中介作用，为互换双方寻找合适的对手方，收取手续费，本身并不承担风险。

互换交易商履行互换经纪商的所有职责。此外，互换交易商由于是交易的一方，因此往往还承担信用风险。

在互换市场上，商业银行、投资银行等金融机构既是最终使用者，又是中介者。作为最终使用者，金融机构通过互换市场来管理其资产与负债；作为中介者，金融机构提供建议、信息，安排不同信誉的客户从事互换交易，并承担双方不能履约的风险。一些金融机构还是客户从事互换交易的代理人。此外，一些跨国集团公司、国际性机构以及一些国家的政府及政府机构，都是互换市场的重要参与者。它们通过参与市场，达到对自身资产负债保值增值、规避风险以及降低筹资成本、获得相对利益的目的。

互换交易是利用交易双方在筹资成本上的比较优势而进行的。具体而言，互换产生的条件可以归纳为两个方面：（1）交易双方对对方的资产或负债均有需求。（2）双方在这两种资产或负债上存在比较优势。现代金融互换业务最早发生于20世纪80年代初。市场上一般公认首次货币互换发生在1981年世界银行和国际商业机器公司（IBM）之间。世界银行需要用瑞士法郎或德国马克这类绝对利率水平较低的货币进行负债管理；与此同时，IBM公司则希望筹集美元资金以便与其美元资产相匹配，避免汇率风险。由于世界银行在欧洲债券市场上信誉卓著，筹集美元资金的成本低于IBM公司，而IBM公司发行瑞士法郎债券的筹资成本低于世界银行。美国的一家大型投资银行所罗门兄弟公司了解了双方各自筹措资金成本的比较优势后，安排世界银行和 IBM 公司达成了互换，双方获得了各自需要的资金，降低了筹资成本。

最早的利率互换发生在资本市场债券发行过程中。1982 年 8 月，德意志银行发行了 3 亿美元的 7 年期固定利率的低息欧洲债券筹资，为与其浮动利率的长期资产相匹配，德意志银行与其他银行进行了互换交易，通过互换安排，德意志银行支付参照 LIBOR 的浮动利率，其他银行则支付较低的固定利率。这次利率互换交易的成功，有力地推动了互换市场进一步发展。根据国际清算银行（BIS）的统计，2005 年末，在全球场外衍生产品交易市场上，利率互换是交易最活跃的衍生工具，其名义本金余额约占场外利率类衍生产品名义本金余额的 80%，占全部场外衍生品名义本金余额的 60%。

二、金融互换的种类

金融互换最基本的形式包括货币互换、利率互换、股票互换和信用违约互换等。

（一）货币互换

1. 货币互换的定义和作用

货币互换（Currency Swap）是指交易双方按固定汇率在期初交换不同种货币的本金，然后按预先确定的日期，进行利息和本金的分期互换。在某些情况下，期初或期末也可以不交换本金。货币互换合约中，除不同货币之间的本金互换外，利息方面可以是不同货币之间的浮动/浮动互换或固定/固定互换或不同货币之间的固定/浮动互换。

需要注意的是，尽管英文都是 Swap，这里讲的货币互换与外汇市场中讨论的外汇市场的掉期操作不同。外汇市场的掉期是指即期卖出 A 货币买入 B 货币，同时约定在远期将 B 货币卖出买回 A 货币，这两笔外汇交易买卖货币相同，交易方向相反，交割日不同，在交易期初和期末之间不存在利息交换。

货币互换的作用主要体现在两个方面：一是降低筹资成本。借款人可以利用比较优势借入一种利率较低的货币，通过货币互换得到所需要的货币，从而降低借款成本。二是调整资产负债的币种结构。借款人可以根据对汇率和货币利率的预测，通过货币互换不断调整资产负债的币种结构，降低汇率或利率风险。

2. 货币互换的基本步骤

一般地，货币互换有三个基本步骤：

（1）期初的本金互换。双方按协定的汇率交换两种不同货币的本金，以便将来计算应支付的利息再换回本金。期初交换一般以即期汇率为基础，也可按交易双方协定的远期汇率作为基准。

（2）利率的互换。交易双方按协定利率，以未偿还本金为基础，进行利率支付。

（3）期末本金的再次互换。在合约到期日，交易双方通过互换，换回期初交换的本金。

【例9－1】甲银行筹集美元的能力比筹集日元的能力强，但甲银行现需要一笔日元资金。为节省筹资成本，甲银行发行了1亿美元的债券，期限为5年，到期还本，每年支付一次债券利息，息票率为9.5%。甲银行与交易对手方乙银行达成了货币互换交易：期初美元兑日元汇率为1美元＝120日元，甲银行按照即期汇率将1亿美元交给乙银行，换入120亿日元，约定美元利率为9.5%，日元利率为7.5%。在今后的5年中，甲银行每年向乙银行支付7.5%的日元利息（120亿日元×7.5%＝9亿日元），从乙银行那里得到每年9.5%的美元利息（1亿美元×9.5%＝950万美元）。期末，甲银行再用120亿日元换回1亿美元，清偿债券。此笔货币互换的示意图见图9－2。互换的现金流量如表9－3所示。假设甲银行直接从市场上借入日元资金的成本是7.7%，而参与货币互换后的日元筹资成本固定在了7.5%，因此每年节约成本0.2%。

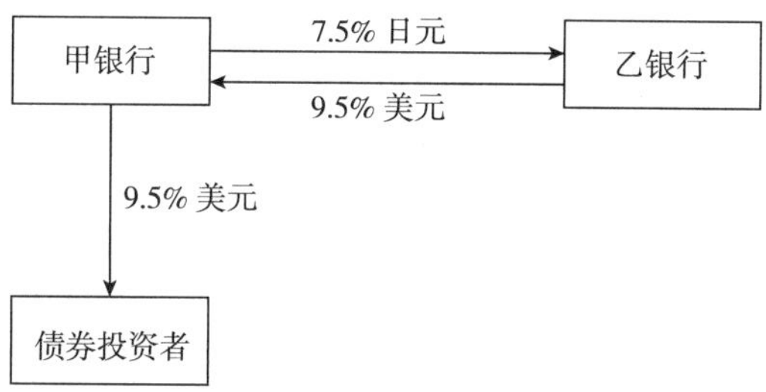

图9－2　甲银行参与的货币互换示意图

表9－3　甲银行参与货币互换的现金流量

时间	甲银行向债券投资者支付	乙银行向甲银行支付	甲银行向乙银行支付
期初日	－1亿美元	120亿日元	－1亿美元
第一年	－950万美元	950万美元	－9亿日元
第二年	－950万美元	950万美元	－9亿日元
第三年	－950万美元	950万美元	－9亿日元
第四年	－950万美元	－950万美元	－9亿日元
第五年	－（1亿美元＋950万美元）	1亿美元＋950万美元	－（120亿日元＋9亿日元）

（二）利率互换

1. 利率互换的定义和作用

利率互换（Interest Swap）是指两种货币以不同的利率进行交换，一般都是固定利率交换浮动利率，也有的以一种基准利率（如LIBOR）的浮动利息交换另一种基准利率（如美国30年期国债）的浮动利息，而不交换名义本金。市场上最常见的是两笔债务的利率互相调换，交易一方将其所持有的固定利率债务与另一方所持有的浮动利率债务进行交换，相互交换支付应付的利息。交易成立后，持固定利率债务一方改为支付浮动利率，持浮动利率债务的一方则改为支付固定利率。

利率互换市场的参与者主体广泛，既有公司、金融机构，也有政府机构、国际组织。近年来，大型跨国公司往往是利率互换市场的重要参与者。这些公司不断向全球扩张业务，不断提出资金需求，其资产负债表上经常积累不同利率水平的资产和负债，时常面临利率波动的风险，因此提出大量利率互换需求。信誉卓著的商业银行、投资银行等金融机构则多在其中扮演中间人的角色，使两家公司之间的一笔互换交易变成两家公司分别与中间人进行的两笔互换交易，而两家公司可能均不了解真正的对手方公司是谁。中间人的制度安排一方面降低了利率互换的信用风险，另一方面也给金融机构带来了高额的手续费收入。

通过利率互换，债务人能获得低于直接从市场上获得的固定利率或浮动利率贷款，降低筹资成本，或者可以重新改善债务结构，使债务管理更具灵活性，降低融资风险。

2. 利率互换举例

我们以一个例子看一下利率互换的操作。

【例9-2】假设有两家公司：A公司和B公司。两家公司的信用评级、筹资成本和财务需求见表9-4。在某大型银行的安排下，A公司和B公司达成了名义本金为1亿美元的利率互换协议。根据该利率互换协议，A公司发行1亿美元的5年期公司债后，向某银行支付LIBOR+0.75%的浮动利息，同时接受某银行支付的11%的固定利息。B公司则接受某银行支付的LIBOR+0.75%的浮动利息，同时向某银行支付11.5%的固定利息。图9-3为利率互换交易示意图。

表9-4　A公司和B公司的基本特点和财务需求

信用评级		A公司	B公司
		AAA	BB
筹资成本	发行公司债	10%（5年）	12%（5年）
	向银行贷款	LIBOR+0.25%	LIBOR+0.75%
财务需求		经营需要大量流动资金，需要借入1亿美元以LIBOR为基础的浮动利率银行贷款	浮动利息负债比重过大，需要将1亿美元浮动利息债务换成固定利率债务

利率互换交易成立后，A公司成功地将固定利率债务换成了浮动利率债务，B公司也将浮动利率债务换成了固定利率债务。互换达成后，两家公司的总体债务成本可下降1.5个百分点（如果两家公司分别按财务需求筹资，一年支付的利息总和为：LIBOR+0.25%+12%=LIBOR+12.25%；做了互换交易后，一年负担的利息总和为：LIBOR+0.75%+10%=LIBOR+10.75%）。由于某银行提供了专业服务，应获得手续费0.5%，故此次交易，A公司和B公司双方各节约债务成本0.5个百分点，合计节约1个百分点。表9-5总结了交易各方的现金流情况。

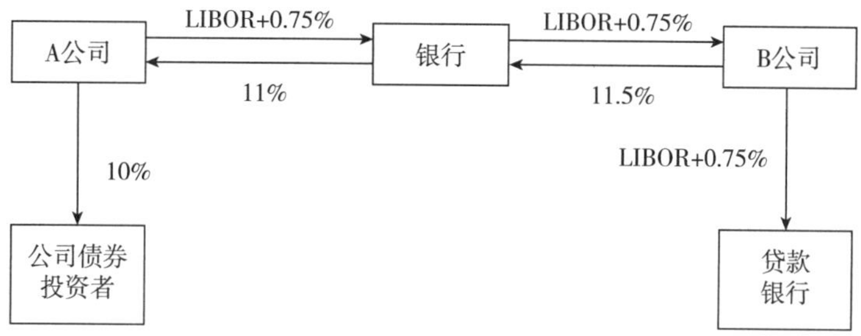

图9－3 A公司和B公司利率互换交易示意图

表9－5 利率互换交易各方现金流情况

项目	A公司	B公司	银行
收取利率	11%	LIBOR＋0.75%	LIBOR＋0.75% 11.5%
支付利率	LIBOR＋0.75% 10%	LIBOR＋0.75% 11.5%	LIBOR＋0.75% 11%
互换后的实际成本（1）	LIBOR－0.25%	11.5%	手续费收入0.5%
直接筹集成本（2）	LIBOR＋0.25%	12%	
互换后的成本节约（2）－（1）	0.5%	0.5%	

（三）股票互换

股票互换（Equity Swap）是以股票价格指数产生的红利和资本利得与固定利率或浮动利率交换。投资组合管理者可以用股票互换把债券投资转换成股票投资；反之则相反。

股票或股票价格指数互换是全球互换市场上最令人瞩目的创新之一。如同利率互换、货币互换跨越了不同国家资本市场和全球资本市场的界限一样，股票互换具备的潜能可跨越股票市场和债券市场间的界限。同样，股票互换也为投资者带来了新的机会，尤其是在投资管理方面。通过股票互换，投资者能够更便捷地实现投资目标。事实上，在很多情况下，只有通过股票互换，投资者才能实现在其他条件下无法达到的股票类投资目标。股票互换被日益广泛地应用于复合股票结构，以分散风险，规避、转移和免除税收以及降低交易成本。

（四）信用违约互换

在信用违约互换（Credit Default Swap，CDS）中，互换购买者（通常为标的债券的持有人）在合约期内（通常为3～5年）定期向交易对手（互换卖方）支付一定的费用。互换出售者则要在特定信用事件（通常指互换标的债券发生违约，无法偿付或无法按时支付利息）发生时，按合约约定的价格收购互换购买者手中的互换标的，减少互换购买者在标的债券上受到的损失；而如果在合约期内，特定信用事件没有发生，则互换出售方不需要支付任何费用。

信用违约互换是基于信用风险设计出的金融工具，为投资者提供了有效规避信用风险的新途径。这种互换起初被银行作为保险工具，用来对抗公司债券的违约风险，从而提高银行资产的质量。后来，公司债券、担保债券等债券投资者也广泛应用信用违约互换，管理其投资组合的信用风险。由于产品定义简洁、易于标准化、交易简便，信用违约互换自 20 世纪 90 年代以来，在发达金融市场上得到了最为迅猛的发展。

第五节　金融期权市场

一、金融期权市场概述

金融期权交易最早始于股票期权，是当时为了规避股票价格波动的风险而创设的场外衍生产品。1973 年，芝加哥期权交易所（CBOE）正式成立，股票期权开始了标准化交易。自 20 世纪 80 年代初以来，在股票期权的基础上，利率期权、外汇期权和股票价格指数期权、股指期货期权不断产生，成为期权交易市场上的活跃产品。由于 20 世纪 70 年代和 80 年代的商品市场和金融市场经历了剧烈波动，期权市场作为极佳的套利保值和投机场所获得了迅速的发展。

（一）金融期权的定义和要素

金融期权是一种权利合约，它给予期权的持有人在一定时间按照规定价格购买或出售一定数量的金融资产的权利，也叫金融选择权。它有以下几个要素：

1. 基础资产（Underlying Asset），或称标的资产，是期权合约中规定的双方买卖的资产或期货合约。

2. 期权的买方（Buyer），是购买期权的一方，即支付期权费，获得权利的一方，也称期权的多头方。在金融期权交易中，期权购买者可在期权合约所规定的某一特定时间，以事先确定的价格向期权的卖方买进或卖出一定数量的某种金融产品合约。在期权合约所规定的时间内或期权合约所规定的某一特定履约日，期权的买方既可以执行其所拥有的这一权利，也可以放弃这一权利。

3. 期权的卖方（Writer），是出售期权的一方，获得期权费，因而承担着在规定的时间内履行该期权合约的义务。期权的卖方也称为期权的空头方。在金融期权交易中，期权的卖方应在期权合约所规定的时间内或期权合约所规定的某一特定履约日，只要期权的买方要求执行期权，期权的卖方就必须无条件地履行期权合约所规定的义务。

4. 敲定价格（Strike Price），也称执行价格，是指期权合约所规定的、期权的买方在行使权利时所实际执行的价格，也就是说，在金融期权交易中，敲定价格是指期权购买者买卖事先确定的标的资产（或期货合约）的交易价格。这一价格一旦确定，则在期权有效期内，无论期权标的物的市场价格上升到什么程度或下降到什么程度，只要期权购买者要求执行期权，期权出售者就必须以敲定价格履行义务。因此，如果期权购买者买进了看涨期权，那么在期权合约规定的时间内，即使该期权的标的物——某种金融商品或金融期货合约的市场价格已经上涨，且远远高于该期权的敲定价格，期权购买者仍然可以以较低的敲定价格向期权出售者买进一定数量的某种金融商品或金融期货合约，而期权出售者也必须无条件地以较低的敲定价格卖出该期权所规定的标的物。同样，如果期权购买者买进了看跌期权，那么在期权合约规定的时间内，即使该期权的标的物的市场价格业已下跌，且已经远远低于该期权的敲定价格，期权购买者仍然可以以较高的敲定价格向期权出售者买进一定数量的某种金融商品或金融期货合约，而期权出售者也必须无条件地以较高的敲定价格卖出该期权所规定的标的物。在金融期权交易中，场内交易的敲定价格由交易所根据标的资产（或期货合约）的价格变化趋势确定；场外交易的敲定价格则由交易双方商定。

5. 到期日（Maturity Date），是期权合约规定的期权行使的最后有效日期，又叫行权日。

6. 期权费（Premium），期权是一种权利的交易，期权费就是行使这一权利的价格。所谓期权费，又称为权利金、期权价格或保险费，是指期权买方为获取期权合约所赋予的权利而向期权卖方支付的费用。这一费用一旦支付，则不管期权购买者是否执行期权均不予退回。它的大小取决于期权合约的性质、到期月份及敲定价格等多种因素。

（二）期权的类型

金融期权的分类标准有很多，按不同的标准可以划分为不同的类型。

1. 按期权权利性质划分，期权可分为看涨期权和看跌期权

看涨期权（Call Option）是指赋予期权的买方在预先规定的时间以执行价格从期权卖方手中买入一定数量的金融工具权利的合同。为取得这种买入的权利，期权购买者需要在购买期权时支付给期权出售者一定的期权费。因为它是人们预期某种标的资产的未来价格上涨时才购买的期权，所以被称为看涨期权。例如，A 股票的当前价格为 10 美元/股，某交易商对 A 股票的行情看涨，于是买进一份 A 股票看涨期权，敲定价格为 10 美元，期权费为 3 美元，有效期为一个月。一个月后，A 股票价格果真上涨到 15 美元/股，某交易商执行期权，以 10 美元买入一股 A 公司股票，在股票市场卖出，赚差价 5 美元，除去期权费后，净获利 2 美元。

看跌期权（Put Option）是指期权购买者拥有一种权利，在预先规定的时间以敲定价格向期权出售者卖出规定的金融工具。为取得这种卖出的权利，期权购买者需要在购买期权时支付给期权出售者一定的期权费。因为它是人们预期某种标的资产的未来价格下跌时购买的期权，所以被称为看跌期权。例如，A 股票的当前价格为 10 美元/股，某交易商预测股票价格将下跌，于是买进一份 A 股票看跌期权，敲定价格为 10 美元，期权费为 3 美元，有效期为一个月。一个月后，A 股票价格果真下跌到 5 美元/股，某交易商从市场上以市价 5 美元购入一股 A 股票，执行期权，以 10 美元将 A 公司股票

卖给期权的卖方，赚差价 5 美元，扣除 3 美元期权费，净获利 2 美元。

2. 按期权到期日划分，期权可分为欧式期权和美式期权

欧式期权是指期权的持有者只有在期权到期日才能执行期权。美式期权则允许期权持有者在期权到期日前的任何时间执行期权。美式期权的购买者既可以在期权到期日这一天行使期权，也可以在期权到期日之前的任何一个营业日执行期权。不难看出，对期权购买者来说，美式期权比欧式期权更为有利，买进这种期权后，它可以在期权有效期内根据市场价格的变化和自己的实际需要比较灵活而主动地选择执行时间。相反，对期权出售者来说，美式期权比欧式期权使其承担着更大的风险，其必须随时为履约做好准备。因此，当其他情况一定时，美式期权的期权费通常比欧式期权的期权费要高一些。需要说明的是，这并不是空间概念，即使在欧洲国家的金融期权市场上也同样交易着美式期权，在美国的金融期权市场上也同样交易着欧式期权。

3. 按敲定价格与标的资产市场价格的关系不同，期权可分为价内期权、平价期权和价外期权

价内期权（In the Money）是指如果期权立即执行，买方具有正的现金流（这里不考虑期权费因素），该期权具有内在价值；平价期权也称为价上期权（At the Money），是指如果期权立即执行，买方的现金流为零；价外期权（Out of the Money）是指如果期权立即执行，买方具有负的现金流。价内期权、平价期权和价外期权描述的是期权在有效期的某个时点上的状态，随着时间的推移，同一期权的状态也会不断变化。有时是价内期权，有时是平价期权或价外期权。表 9－6 总结了三类期权与看涨期权和看跌期权之间的对应关系。

表 9－6　期权的对应关系

项目	看涨期权	看跌期权
价内期权	市场价格 > 敲定价格	市场价格 < 敲定价格
平价期权	市场价格 = 敲定价格	市场价格 = 敲定价格
价外期权	市场价格 < 敲定价格	市场价格 > 敲定价格

4. 按交易场所划分，期权可分为交易所交易期权与场外期权

交易所交易期权是指标准化的期权合约，它有固定的数量，在交易所以正规的方式进行交易。场外期权也叫柜台式期权，是由于期权的出卖者为满足某一购买者特定的需求而产生的，它在买卖双方之间直接以电话等方式达成交易。

5. 按基础资产的性质划分，期权可以分为现货期权和期货期权

现货期权是指以各种金融工具本身作为期权合约标的物的期权，如各种股票期权、股票价格指数期权、外汇期权、债券期权等。期货期权是指以各种金融期货合约作为期权合约标的物的期权，如各种外汇期货期权、利率期货期权及股票价格指数期货期权等。

二、金融期权的盈亏分布

这里讲的盈亏分布是指看涨期权和看跌期权在不同市场价格情况下的盈亏状况，

我们以欧式股票期权为例说明期权的盈亏分布。

（一）看涨期权购买者的盈亏分布

假设某股票市场价格为28元/股，敲定价格为30元/股，到期日为3个月的看涨期权的期权费为5元/股。购买一份期权的成本为500元（100股）。如果到期日的股票价格低于30元/股，则看涨期权价值为零，投资者将放弃执行期权，其最大损失是期权费500元（不考虑佣金和其他交易费用，下同）。当股票价格大于30元/股时，投资者的损失逐渐减少，当股票价格高于敲定价格与期权费之和35元/股时，达到盈亏平衡点。当股票价格高于35元/股时，投资者开始盈利，随着股价的不断上涨，投资者的盈利没有上限。相比而言，直接购买并持有股票的损益是无限大的。盈亏分布如图9-4所示。

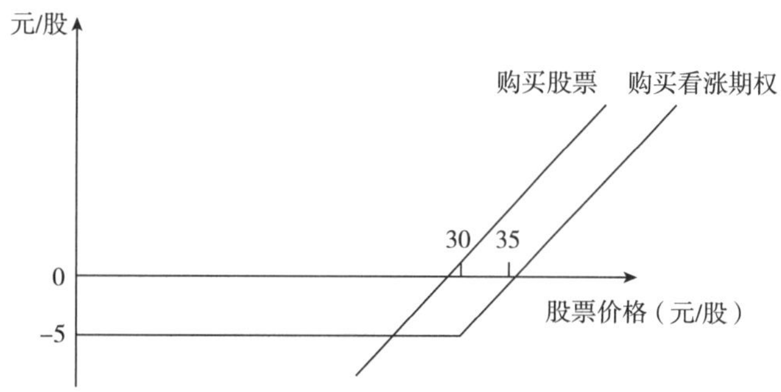

图9-4　看涨期权购买者的盈亏分布

（二）看跌期权购买者的盈亏分布

如果投资者预期股票价格下跌，可以购进相应股票的看跌期权。假设某股票市场价格为28元/股，敲定价格为30元/股，到期日为3个月的看跌期权的期权费为5元/股。购买一份期权的成本为500元（100股）。如果到期日的股票价格高于30元/股，则看跌期权的价值为零，投资者损失期权费。盈亏平衡点为30-5=25（元/股），即股票价格低于25元/股时，投资者开始获利。相比较而言，直接出售股票的损益是无限大的。盈亏分布如图9-5所示。

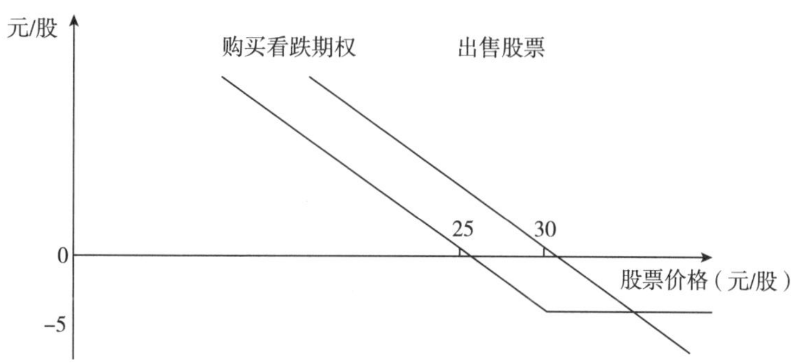

图9-5　看跌期权购买者的盈亏分布

（三）看涨期权出售者的盈亏分布

如果投资者预期股票价格下跌，可以出售看涨期权赚取期权费。假设某股票市场价格为28元/股，敲定价格为30元/股，到期日为3个月的看涨期权的期权费为5元/股。出售一份期权的成本为500元（100股）。如果到期日的股票价格低于30元/股，则看涨期权价值为零，购买期权者将放弃执行期权，期权出售者获得期权费收益500元。只要股票价格不超过35元/股，出售者仍将保持获利，当股价超过35元/股时，看涨期权出售者将面临损失。其盈亏分布如图9－6所示。

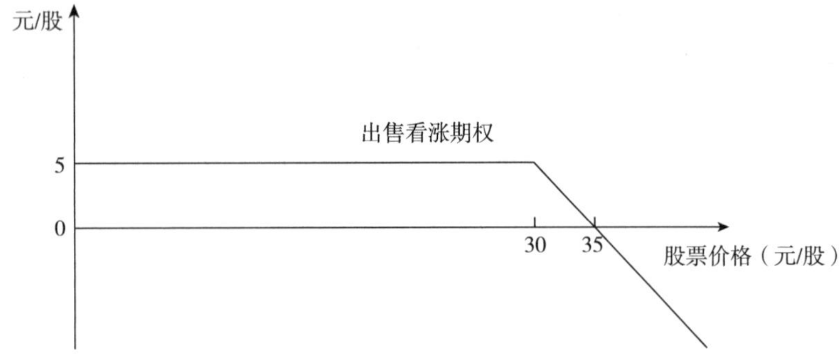

图9－6　看涨期权出售者的盈亏分布

（四）看跌期权出售者的盈亏分布

循着以上分析思路，我们可以勾勒出看跌期权出售者的盈亏分布情况，如图9－7所示。看跌期权出售者判断股票价格不会大幅下跌，并希望赚取期权费。当股票价格高于30元/股时，出售者赚取5元/股期权费，当股价下跌低于25元/股时，出售者将面临亏损。

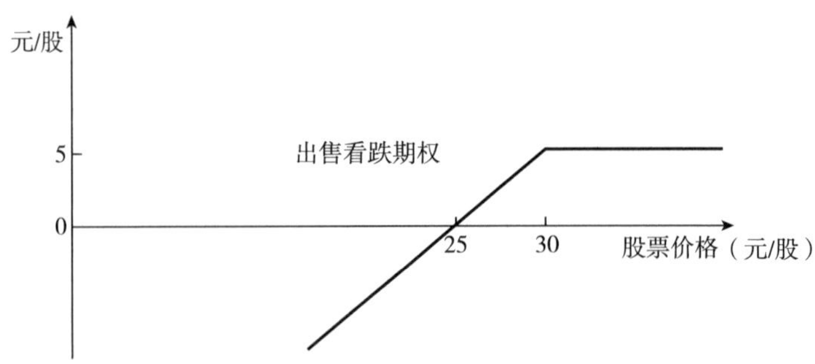

图9－7　看跌期权出售者的盈亏分布

从盈亏分布分析可以看出，期权的良好特性在于它仅代表着一种获得或出售金融资产的权利，但随着基础金融资产价格的波动，期权的损益将被放大。通过将现货与期权、期权与期权相结合可以得出很多具有不同盈亏模式的投资方式，获得不同的风险/收益组合。

本章重要概念

金融衍生工具　金融衍生工具市场　基础资产　利率衍生工具　外汇衍生工具　股权衍生工具　信用衍生工具　金融远期　金融期货　金融互换　货币互换　利率互换　股票互换　信用违约互换　金融期权　看涨期权　看跌期权　美式期权　欧式期权　交割保证金

第十章 风险投资市场

本章学习目标

第一，掌握私人权益资本市场与风险投资市场的相关概念、类型、特征与功能；第二，掌握风险投资的运作方式、投资阶段与退出机制；第三，熟悉我国风险投资市场的历史沿革与发展现状。

工业化大发展给人类生活带来了翻天覆地的变化，高新科技与技术进步成为经济发展的重要动力。而在人类历史上的三次工业革命进程中，都可以清晰地看到技术与资本的完美结合。风险投资已经成为高新技术产业发展的孵化器和推动器，大大加快了科技成果向生产力转化的速度，推动了高科技企业和一国工业的快速发展。尽快健全我国的私人权益资本市场和风险投资体系，完善科学的投融资机制，营造积极开放的运作环境有着重要的现实意义。

第一节 私人权益资本市场

风险投资属于私人权益资本市场，因此，我们先了解下私人权益资本市场的基本内容。

一、私人权益资本市场概述

（一）私人权益资本市场的概念

对于资本市场，我们可以从两个维度上进行划分：一是按照融资方式，可以分为公募和私募两个细类；二是按照融资载体，可以分为股权融资和债权融资两个细类。

我们可以将上述按两个维度划分出的四个细类进行两两组合，可得到以下四个组合：

1. 债权融资与公募相结合，以债券市场为主要代表。

2. 债权融资与私募相结合，以中长期信贷市场和私募债为代表。

3. 股权融资与公募相结合，以股票市场为代表。

4. 股权融资与私募相结合，就产生了私人权益资本市场，也称为私募股权市场。私人权益资本市场主要包括风险投资和非风险投资两类。

根据美国哈佛大学商学院 Lerner 教授的定义，私人权益资本市场是指那些专门为具备高风险和潜在高收益的项目提供股权融资的市场，市场投资主体在投资决策前将对企业进行审慎的调查工作，并在投资后在企业内部保留强有力的影响力来保护自己的权益价值。在西方发达国家，私人权益资本的投资对象是新兴企业、高科技类中小企业、处于财务困境的企业以及寻求并购资金支持的上市公司，其中，许多对新兴的、迅速发展且蕴藏巨大竞争潜力的企业的权益投资就是大家所熟悉的风险投资。

（二）私人权益资本市场产生的原因

信息不对称造成的金融摩擦问题一直困扰着资本市场的健康发展，其产生的逆向选择和道德风险问题使得资金的供给者与需求者之间往往需要面临期限错配和资金错配的矛盾，阻碍了居民储蓄通过资本市场向投资的转化，降低了资本市场的运作效率和融资功能。为了缓解资本市场投资者和融资者之间的信息不对称，各国金融机构采取了各种措施，如证券市场的信息披露和监管要求、商业银行的信息生产和代理监督、第三方中介和评估机构的监督等，这些措施都在一定程度上改善了金融市场的逆向选择和道德风险问题，但是并非资本市场上所有的信息不对称问题都可以通过上述机制得以解决。那些风险较大的融资者，如新兴的中小企业（特别是高科技企业）、处于财务困境的各类公司及具有敏感信息不便公开披露的企业往往由于严重的信息不对称而很难从证券市场或银行部门获得融资，这就使得私人权益资本市场有了用武之地。

（三）私人权益资本市场的发展概况

私人权益资本投资主要有两种类型：风险投资和非风险投资。20 世纪 80 年代以来，私人权益投资中的非风险投资额超过了风险投资额。非风险投资包括对管理层收购（Management Buy - Outs）的投资、对杠杆并购（Leveraged Buy - outs）的投资、对过渡期企业的麦则恩投资（Mezzanine Financing）、次级债务（Subordinated Debt）以及对财务困境（Financial Distress）企业的投资等。其中，管理层收购是指企业的经理层利用借贷资本或私人股权交易收购本公司的一种行为，从而引起企业所有权、控制权、剩余索取权和资产等变化，以改变公司所有制结构，通过收购使企业的经营者变成了所有者。杠杆并购是指收购者以较少的自有资金为基础，从投资银行或私人权益资本等金融机构筹集、借贷大量资金进行目标企业的收购活动，收购完成之后立即利用公司经营收入和资产（包括拍卖资产的营业利益），来支付因收购活动而产生的高额债务，从而达到以很少的资金赚取高额利润的目的。

在西方发达国家，一般高科技类的新创企业、未上市的中小企业、处于财务困境的企业以及寻求并购资金支持的上市公司会寻求私人权益资本作为资金来源。而风险投资作为私人权益资本的一种类型，因为其迅速发展且蕴藏巨大的竞争潜力而被市场普遍认可。

二、私人权益资本市场的结构

私人权益资本市场的结构和资本市场相似，按照主体不同分为三类：筹资者、投资者和中介机构。

（一）私人权益资本市场的筹资者

作为一个存在于资本市场上的企业，只要有融资需求，无论所需的融资规模有多大，都可能成为私人权益资本市场的筹资者。私人权益资本市场的重要筹资者之一就是初创的高科技企业和未上市的中小企业，从美国资本市场的实践来看，那些年销售额在 2500 万美元到 5 亿美元的中小型企业更容易得到私人权益投资者的青睐。这些企业借助私人权益资本市场进行资金募集，用于企业扩张、财务重组或所有权转移。上市公司也可能成为私人权益资本市场的筹资者，它们利用私人权益资本市场进行融资，更多的是为了进行管理层收购或杠杆收购活动。

在西方发达国家，一些处于财务困境的上市公司也会选择通过私人权益资本市场进行融资来度过危机，以应对公开发行的注册成本（包括时间成本和注册费用）和信息披露的监管要求。此类企业普遍存在风险高、不确定性大且信息披露不健全的问题，很难从银行或证券市场等其他渠道获得融资。而普通金融中介很难完成对上述企业投资的筛选和审查，从而无法满足投资者在决策前的严格、审慎要求。此外，上述企业在被投资之后还需要金融中介对其经营管理活动进行引导和监控。这些都是普通金融机构无法实现的，需要私人权益资本的介入。

（二）私人权益资本市场的投资者

私人权益资本市场的投资者包括各种养老基金和捐赠基金等基金类机构投资者，银行控股公司、保险公司和投资银行等金融机构，以及富裕家族或个人和其他非金融企业。其中，养老基金投资规模最大，发展速度最快。由于各种投资主体对于流动性和风险的要求不同，其投资对象的选择也会有所差别。

这些私人权益资本市场的投资者投资目标企业主要是出于三个方面的目的：一是获得与高风险相对应的高收益；二是通过有效的组合投资来分散风险；三是通过对私人权益资本市场的投资来扩展业务，银行控股公司可以接触更多的中小企业，获取所需信息，有利于拓展其信贷业务规模，投资银行既可以以普通合伙人的身份担当投资人，又可以以有限合伙人的身份担当中介，可以更加便利地介入合伙企业的其他金融业务。

（三）私人权益资本市场的中介机构

在20世纪70年代以前，私人权益资本的投资以直接投资为主，随后，间接投资的比例开始不断上升，现在绝大多数私人权益投资都会选择通过金融中介进行投资。中介机构大部分是以有限合伙制的形式建立。在有限合伙制下，机构投资者作为有限合伙人提供99%的资本，但不负责私人权益投资的具体操作，仅以其投资额负担有限责任；私人权益投资经理作为普通合伙人，是权益资本的实际负责人，来实施对私人权益投资的具体操作，通常要求注入1%的资本，但是可以分享投资收益的20%作为管理活动的附加收益。

三、私人权益资本市场的运作

（一）私人权益投资的运作过程

私人权益投资分为两个过程：融资过程和投资过程。私人权益投资的融资过程是指普通合伙人（私人权益投资经理）向基金、富裕家族或个人等投资者募集资金，成立有限合伙制的私人权益投资基金。

私人权益投资的投资过程依次为：投资项目审核、投资交易构造、企业的管理和监管活动以及资本退出。首先，私人权益投资经理通过对所获取的项目进行审核分析，完成项目筛选，将私人权益资本投资于那些可能获得高收益、风险性相对较小且无法从传统融资渠道融资的风险企业。其次，私人权益投资经理与筹资企业就权益投资的资本类型、投资规模、股权价格，以及投资协议的其他相关条款进行协商和谈判，完成交易构造。再次，私人权益投资经理运用自身丰富的管理经验，积极参与风险企业的经营和管理活动，不断提高企业的规模和利润率，促进被投资企业快速成长起来，直到企业进入成熟发展阶段。在此阶段，企业本身开始具备多渠道的融资能力。最后，私人权益投资经理开始寻求资本退出方式，包括首次公开发行、出售或公司回购等方法，将股权资本变现，并将获得的收益回馈给投资者，在完成本轮的投资过程之后开始下一周期的私人权益投资。

（二）私人权益投资的运作特点

1. 高风险和高收益并存

作为一种特殊的投资方式，私人权益投资的运作过程体现着高风险和高收益并存的特点。一般来讲，一个企业选择到私人权益资本市场融资，说明它在其他传统渠道获取资金的难度大、风险大、不确定性大，无论是投资这些企业，还是参与这些企业的管理和经营过程都存在很人的风险，所以私人权益资本要求的投资回报率就很高，一般早期风险投资回报率要求达到35% ~70%，后期风险投资回报率要求达到30% ~35%。

2. 主动参与企业管理和经营

私人权益投资经理一般具有丰富的管理经验，或者具有投资银行的从业背景，对所投资企业的运营管理、市场预测和行业发展情况都有较深刻的理解，他们不仅投入大量的资金，还利用长期积累的经验、知识和商业信息网帮助被投资企业发展壮大，最终使企业公开上市或者走出财务困境等经营目标。

3. 投资周期较长

私人权益投资所关注的是投资对象的潜在价值和发展前景，因此属于一种中长期投资，回收期较长，一般要 3～7 年才能完成资本的退出并获得投资收益。

4. 广泛采用有限合伙制

作为普通合伙人的私人权益投资经理参与到被投资企业的管理和经营过程之中，将很有可能与机构投资者（有限合伙人）之间产生信息不对称问题，引发利益冲突和激励不相容的矛盾。而有限合伙制的出现较好地解决了上述矛盾，成为大多数私人权益资本市场中介机构的首选组织形式。首先，有限合伙制的报酬体系设计能给普通合伙人以最优激励，正如上文所提到的，普通合伙人只需投入1%的资本金，却可以享有20%的投资收益提成。其次，私人权益投资基金设计的投资期限是固定的，一般设置为10 年。考虑到声誉风险，出于未来持续获得投资资金的需求，普通合伙人就必须努力工作，运营好私人权益投资基金。再次，有限合伙制下的资金募集并非一步到位，更多的是采取“承诺制”，即机构投资者作为有限合伙人只承诺提供一定数量的资金，但资金却是分期注入的。与此同时，有限合伙制设计了“无过离婚条款”，在该条款下，即使普通合伙人没有重大过错，只要机构投资者丧失信心，就可以停止追加投资，这就有效解决了普通合伙人的道德风险问题。最后，有限合伙制实行强制分配政策，投资一旦产生收益就立即进行分配，并要求出售投资组合的所得收益必须返还给机构投资者，允许有限合伙人在普通合伙人获得附加权益之前收回其投资和管理费，并要求普通合伙人归还所得的附加收益，从而保护有限合伙人的投资利益（也就是所谓Claw Back 条款）。针对普通合伙人和有限合伙人之间可能产生的利益冲突问题，有限合伙制还作出明确规定，禁止普通合伙人从事私下交易，要求其尽职管理私人权益投资基金。科学合理的契约设计有效减少了普通合伙人的道德风险和逆向选择行为，并激励其全心全意地为有限合伙人“创造价值”，从制度上保证了私人权益投资的高收益。

第二节　风险投资概述

一、风险投资的概念

风险投资（Venture Capital，VC）又称为创业投资。世界经合组织（OECD）科技政策委员会1996年发表的研究报告《风险投资与创新》对风险投资作出以下定义：风险投资是一种向极具发展潜力的新创企业或中小企业提供权益资本的投资行为。广义来说，一切高风险和高潜在收益的投资都叫风险投资；具体来说，风险投资是指专门的投资机构提供权益性资本，投入那些具有巨大发展潜力但是有高风险的中小高科技企业或者高成长企业，并对其进行管理，以最大限度的资本增值利得为目标的投资行为。风险投资除了包括专业化程度较高的风险投资基金以外，还包括天使投资和布罗波投资。

天使投资（Angel Investment），指的是天使投资人或者天使投资人组成的团体，在看准投资机会后，就向被选中企业投入资金，并辅以自己的管理经验，这些企业一般是初创的中小企业，这样天使投资人就能参与企业整个的发展过程。天使投资人一般是具有大量闲置资金，具有投资经验、企业管理经验的个人，有的还拥有广泛的人脉。他们是最早的、最具有典型特征的风险投资家。

布罗波投资或者叫作“鞋带投资”（Boot Strap Investment），指的是那些在企业最初发展阶段所做的投资，这些投资主要来自企业家本人和亲朋好友的个人投资。这时的企业可能只是初具模型，甚至还只是一个想法、一个概念，连资金、设备和管理经验可能都不具备。这种投资的实现方式也比较灵活，或是通过私人直接投资的形式，或是通过投资人放弃工资的形式，后者又被称为血汗资本。相对于其他风险投资来说，布罗波投资更为直接，风险更大，但是如果企业获得成功，投资人所获利润也最高。

早期的风险投资由于投资回报高，市场需求量大，行业发展空前繁荣，吸引了大量投资者和丰富的资金。而由于回报高，资金大量流入后必然会引起激烈的竞争，竞争的结果就是纯经济利润下降。这使得风险投资领域在20世纪80年代发生了一些变化，投资方向开始逐渐偏离“风险投资之父”乔治·多瑞特所倡导的以高科技、高附加值为导向的风险投资领域，而转向对风险较小的企业的中期和晚期的投资，其中包括风险租赁、风险杠杆并购和风险兼并、麦则恩投资、风险联合投资等。

风险租赁是金融租赁和风险投资的有机组合，是一种以风险企业为对象的融资租赁形式，是为了满足初创企业对于资产的长期需求而存在的风险投资方式。风险租赁和一般租赁的区别有：风险租赁的投资周期更加灵活，可以根据投资项目的实际情况作出具体规定，对于租金和租期的设置更为灵活；其资金来源主要是风险投资资本；出租方多为风险投资公司，承租方是经风险租赁机构评估后认可的高新科技企业；风险租赁的投资风险一般高于普通租赁，因此其租金更高。风险租赁将租赁的方式引入风险投资，在满足企业融资需求的同时，也满足了租赁双方对风险和收益的不同偏好。

风险杠杆并购是指收购方主要通过借债方式进行收购来获得目标公司的股权，借助财务杠杆作用完成并购活动，其杠杆资金来源于风险资本。风险兼并是指利用风险投资资金，对企业进行资源整合和市场扩充的兼并活动。风险杠杆并购和风险兼并是风险投资的延伸项目，其风险小、收益低，但是扩大了风险投资的业务范围，为风险投资的发展指明了新的方向。

麦则恩投资（Mezzanine Financing）又称为“半楼层投资”，是一种中期风险投资，其投资目标一般是进入发展扩张阶段且需要资金来扩大生产规模和增加人力成本的企业，此时的企业可能还没有产生经济盈利。对于筹资企业来说，麦则恩投资是一种无担保的长期债务，这种债务赋予投资者对筹资公司的权益认购权或者转换为普通股的权利。一般这种债务偿还期限为5~7年，利息率在13%~15%。这种投资的风险介于传统的银行贷款和纯粹风险投资之间。

风险联合投资又称为辛迪加投资（Syndicate Investment），是由多个风险投资人共同对一个项目进行的联合投资。这种投资模式下，投资损失由所有参与的投资者共同承担，在投资者之间实现风险分散，能有效降低投资风险。此外，由于投资者为了进行有效的组合投资，在单个项目上肯定会设置投资上限，而企业所需资本一般会超过个体的投资上限，风险联合投资模式就可以有效解决这一矛盾。

美国是现代高科技创业企业的发祥地，也是现代意义上风险投资模式的创立者。

19世纪末，美国的一些财团开始将资金投向铁路、钢铁、石油、玻璃等工业企业，去追求高额的投资回报，被业界视为风险投资的雏形。而现代意义上专业化和制度化的风险投资活动始于第二次世界大战之后，以1946年美国研究与发展公司（American Research and Development，ARD）的成立为标志。ARD成立时有三大目标：一是希望建立一种融资机制来吸引机构投资者，为中小初创企业解决融资问题；二是希望建立一个能够为新创企业提供管理技术和资本的机构；三是培养适合新型风险投资的职业经理人。由于当时条件所限，风险投资行业在20世纪50年代并没有得到迅速发展。在之后的几十年里，风险投资经历了小企业投资公司模式（SBIC）和有限合伙制组织形式的探索，随着风险投资渠道的不断畅通、风险投资资本的大量供给、全美创业投资协会（NVCA）工作的有效开展，以及以《小企业股权投资促进法》为代表的一系列有利于风险投资发展的法律和政策的实施，风险投资行业在美国迎来了大繁荣阶段。

二、风险投资的特征和功能

（一）风险投资的特征

1. 风险投资是高附加值的投资

风险投资的投资期限一般为3~5年甚至更长，是一种长期性股权投资，这种投资可以充实企业的资本金，改善企业资本结构。它不要求控股权，不要求分红，也不需要任何担保和抵押，以便企业能够迅速积累资本。由于被投资企业的经营状况和风险投资人的最后收益息息相关，风险投资者一般积极参与投资企业的经营管理，不仅参与企业长期和短期的发展战略的制定、生产目标的决定、营销企划的制定，甚至还能参与企业人事的任免事宜和资本运营过程，利用他们丰富的管理和投资经验、庞大的信息网络和广泛的人脉来参与企业的管理，为企业提供咨询服务。因此，风险投资不仅能给企业带来投资的货币价值，还能带来远大于原投资的附加价值，即所谓增值的投资。

2. 风险投资面临高风险，追求高收益

风险投资和传统投资的不同之处在于，风险投资将投资重点放在初创企业，这些企业或有良好的发展前景或有高科技的种子技术，但是投资这样的企业具有极大的风险性。高风险始终伴随着高收益，一旦风险投资的项目成功，收益是十分丰厚的，风险投资家就是志在管理风险，追逐高风险后隐藏的高收益，其投资的最终目的就是获取丰厚的利润和不凡的投资业绩并从企业里退出。

风险投资是没有担保的投资，所以投资时对未来的判断和对企业的评估十分重要，与其说风险投资的基础是资本，不如说风险投资的基础是正确的判断，是通过经营知识和信息来引导资金的流向，向未来要财富。美国的风险投资家着重从市场吸引力、产品新颖性、管理能力、环境阻碍和企业家的能力来评估将要投资的企业，考核的是高科技的未来市场，如果对未来的判断准确，那么收益自然就会很高。

3. 风险投资的对象多为创业期的中小型企业，且多和高新科技联系在一起

这些企业发展空间巨大，前景看好，但是资本规模有限，急需资金支持，而自身由于缺乏抵押物和质押品，很难得到银行贷款，于是风险投资就成了它们最好的融资渠道。由于中小企业在市场上数量巨大，其在提供就业岗位、满足市场需求等方面有着重要作用，而且高科技项目是生产力发展和经济结构转型升级的关键，因此，风险投资在经济发展方面有着举足轻重的地位。

现代市场经济体制下，科学技术和资本已经成为工业发展的两大支柱，两者关系密切。以风险投资为代表的资本为科技企业的发展注入了充裕的资金。从风险投资者的角度来看，虽然企业的新技术转化为市场化产品历时周期长、风险高，需要风险投资家对其有正确的评估和预测，但是风险投资一旦成功将会获得巨大收益，所以风险投资青睐于高科技中小企业。在美国，70% 的风险投资都投向了高科技产业，尤其是信息、通信行业，为美国的高科技行业迅速发展并成为经济增长的主要动力作出了巨大贡献。

而从中小企业自身来看，因为其机制和规模上的灵活性，能够顺应市场潮流发展，在潮流变化之时迅速作出经营策略上的调整，往往在竞争中抢占先机，赢得主动。风险投资者普遍认为能否顺应市场经济的客观规律是企业获得成功的关键，从这一角度来看，高科技中小企业自身具备了独特的竞争优势，因此易成为风险投资的投资对象。

4. 风险投资具有投资周期长、流动性要求低的特征

风险投资所投资金大多作为企业的资本金，所以短期内变现能力差，流动性低。此外，风险投资一般会随着企业发展周期的变化而逐渐跟进投资，这样可以分散投资风险，预防亏损扩大，又能保有一定流动资金，能在一定程度上避免投资资金的流动性不足问题。

风险投资的投资周期较长，这主要是因为风险投资从资金进入到其退出要历经漫

长的企业发展历程，而且根据企业所在行业的发展情况具有强烈的周期性。风险投资一般在企业初创时就进入企业，当新产品获得成功或企业经营趋于稳定时，风险投资者开始清理资产，通过股票IPO、股份转让或者企业回购的方式收回投资，退出所投企业，继而开展新一轮的投资。

5. 风险投资的运作方式是一个资金链条的循环过程

无论处于投资开始阶段，还是处于投资退出阶段，风险投资始终包含三方主体：风险投资者、风险投资公司和风险企业。风险投资的运作过程包括：风险投资者向风险投资公司提供资金，风险投资公司通过分析决策选择目标企业，向企业注入流动性；企业利用资金开展经营活动，不断扩大企业经营规模，实现资本增值；继而风险投资公司决定怎样收回资金，退出风险企业，选择新一轮目标企业。因此，风险投资的运作方式本质上就是一个资金链条的循环过程。

6. 风险投资是融资活动和投资活动的有机结合，同时兼具融资和投资的特点

一方面，风险投资开展融资活动的目的是下一步的投资活动，没有明确的投资目标和投资方向，风险投资者不会放心地将资金交给风险投资公司，投资活动带来的高收益是获得融资的前提；另一方面，投资活动中又包含融资，投资的过程往往伴随着风险企业的第二轮和第三轮的融资。风险投资将融资、投资和风险企业紧紧地联系在一起，形成了不可分割的整体。

（二）传统金融业务与风险投资业务的区别

与传统金融业务相比，风险投资业务有一定的特殊性，具有明显不同的特点。

1. 风险投资与银行信贷的比较

（1）收益形式不同。银行以贷款利息获利，注重投资的安全性，尽量避免风险；而风险投资却偏好风险投资项目，追逐高风险隐藏的高收益，多采取参股的形式投资高技术创业企业，从红利和卖出股份中获利。

（2）投资对象不同。风险投资在筛选投资对象时放眼未来的收益和高成长性，重点在于评估风险企业未来是否具有发展前景和增长潜力，因而主要投资新兴的、有高速成长性的企业和项目；而银行信贷的评估重点在于贷款企业过去是否有良好的信用记录，关注企业的现状、企业目前的资金周转和偿还能力，所以贷款一般投向处于成长和成熟阶段的企业。

（3）期限不同。风险投资是中长期的投资，从投资到回收一般需要3~5年的时间，甚至更长，而且在投资期间，风险投资者还需要配合创业企业的发展阶段，给予不同性质的资金融通；而银行信贷通常是中短期融资，注重现金回报，强调资金的流动性。

（4）参与程度不同。为降低投资风险，提高投资的成功率，一旦进行投资，风险投资者不仅需要参与创业企业的董事会，对创业企业的发展进行实地管理和经营，而且还要提供各种专业性的服务，以帮助创业企业顺利运营；而银行信贷是债权关系，

一般不介入企业的经营活动，银行只要求企业按期还款。

2. 风险投资与证券投资的区别

（1）资金的性质不同。风险投资是具有生产要素意义的投资，它将储蓄或闲置资金转化为生产性资本，是经济增长的要素之一；而在证券流通市场上进行的证券投资，只是一种虚拟资本的流通，是一种资金的转移和资源的再分配，并没有增加生产资本的存量。

（2）流动性不同。风险投资属于实业投资，投入资金不能随时变现，需要经过数年苦心经营，获得成功后在产权市场和股票市场上转让；而证券投资可随时变卖，具有良好的流动性和变现能力。

（3）风险的来源不同。风险投资在不同的阶段其风险来源不同，风险大小也不同。比如，投资种子期的风险企业，主要风险是技术风险，并且风险很大；而投资创建期的风险企业，主要风险是技术风险、产品风险、市场风险和管理风险等，风险相对较小。而证券投资的主要风险是政策风险、市场风险、企业风险、操作风险等，风险大小变化没有明显的阶段性特征。

（4）风险评价方法不同。风险投资采用综合的风险评价方法来估测风险大小和可能的风险损失；而证券投资主要通过资产组合定价模型进行风险评估。

（5）规避风险的方法不同。风险投资通过严格评审、筛选项目、参与管理、协助企业成长和一些预防性协议条款等措施来规避投资风险，通过对企业的全面评估和经营管理全面渗透来降低风险；而证券投资规避风险的方法主要是利用证券组合和资产定价模型，对上市公司财务报表进行分析和研究，以及借助价格变化过程中的技术分析等进行风险规避。

（三）风险投资的功能

风险投资作为特殊的投资方式，其功能和一般投资有所不同，除了具备普通投资能带来投资回报的功能之外，还具备一些特殊功能。

1. 分散投资风险

风险投资的主体包括风险投资者、风险投资公司和风险企业，从风险投资者的角度来看，风险投资的资金来源具有分散化和多元性的特点，使得原本较为集中的风险分摊到多个风险投资者身上，实现了风险分散；从风险投资公司的角度来看，通过多种投资方向和投资模式，强化组合投资效果，可有效降低整体投资风险；从风险企业的角度来看，由于风险投资家的参与，利用其自身丰富的投资和管理经验，对企业经营提出正确建议和指导，可降低风险企业的经营管理风险，提高企业的利润率和风险投资的回报率。

2. 为众多中小企业提供资金来源和注入管理内涵

初创时期企业未来发展的前景还是未知数，技术和产品都仅具雏形，甚至只是观念上的产品，因此这些企业具有很高的风险，加上企业缺少有效的抵押物和质押品，通过传统的银行信贷渠道获取资金非常困难。而风险投资的对象正是这些初创的风险企业，为众多中小企业提供了资金来源，帮助其解决融资难题。此外，高科技企业初期人员素质参差不齐，技术人才居多，往往缺乏管理能力，风险投资家可以其精通的财务知识和管理能力填补此缺陷，为企业注入管理内涵。

3. 强化政府资金投资的示范作用

某些特殊行业的快速发展对于社会稳定和经济增长具有重要意义，因此需要政府加大对该行业的资金投入，支持其发展并控制其发展方向。政府通过风险投资的渠道，将资金投入该特殊行业，所造成的效应不仅仅限于这部分资金，还能起到良好的示范作用，吸引更多的非政府投资者进行投资，使得实际投入的资金数量增加。

4. 推进科学发展和技术进步

风险投资公司在选择目标企业时，一般会将企业的科技水平作为考察的重要标准，即使是一些仅仅停留在构想阶段的新技术，如果认定其具有使用价值和发展潜力，都可能会将其纳入投资对象之中。因此，风险投资促进了新技术的进步，加速了科技成果的转化过程，大力支持了科学技术事业的发展。

5. 为未来经济发展带来新的增长点

风险投资的投资对象集中在具有发展潜力的高科技企业之中，风险投资家和普通人相比具有更敏锐的洞察力和前瞻性，往往能先于普通人找出具有发展潜力的经济新热点，并通过风险投资活动向其提供资金支持，加速科技成果的转化，不断加快该行业的产业化进程，进而发展成为一国经济的新增长点。所以说，在现代市场经济体制下，风险投资在一国经济转型升级和未来经济增长点的培育方面起着重要作用。

第三节　风险投资的运作方式

一、风险投资的构成要素

风险投资的构成要素包括五类主体：风险投资者、风险投资家、风险企业、中介机构和股权购买者。

（一）风险投资者

风险投资者即风险投资主体。风险投资者提供资金来源，决定风险资本的结构和规模，是风险投资运作的首要环节。各国的风险投资主体主要包括政府投资者、各类机构投资者、企业、个人以及境外投资者，其中，机构投资者主要包括各类独立的投资基金、商业银行和保险公司等，个人投资者是指富有投资经验或人脉资源的个人。在这些投资者中，政府投资者的资金规模可能不是最大的，但在所有资金中起导向作用，其目的不是盈利而是引导风险投资的行业发展方向，因此，其对于维持风险投资的正常运营有着重要的指示作用。

（二）风险投资家

风险投资家作为风险投资中最重要的角色，其素质、经验和能力是决定一个风险投资项目能否获得成功的关键。一个成功的风险投资家，不仅要有丰富的金融投资的实践经验，掌握现代财会和法律知识，还要有敏锐的判断力并善于把握时机果断决策，此外，还要有一定的企业经营管理能力和人脉资源。这些都是决定风险投资项目成败的关键因素。

（三）风险企业

风险企业是风险投资的投资对象。在投资对象的选择上，一般选择优秀的风险企业家。因为风险企业家往往就是风险企业中的领导人物，不仅掌握着新技术，还要对风险企业进行管理经营，其素质高低直接影响风险投资的成败。所以在选择风险企业时，相对于一流的技术发明等因素，风险投资家更乐意投资于一流的企业家。

（四）中介机构

风险投资中介机构的主要作用是为风险投资的各个过程提供服务和监管。与风险投资直接有关的中介机构包括会计师事务所、律师事务所和各类评级机构，与风险投资间接相关的中介机构有标准认证机构、知识产权估值机构以及各类担保机构。这些中介机构是保证风险投资稳定运作的纽带，可提高风险投资的运行效率，降低风险投资的运作风险，是风险投资中不可或缺的一个环节。

（五）股权购买者

股权购买者指的是在风险投资退出时风险企业股权的购买者。一般来讲，风险投资家通过股票市场交易、产权交易或者通过兼并收购、清算等方式，寻找股权购买者。在风险投资人将所持风险企业的股权出售给股权购买者之后，风险投资才算是彻底完成了资本退出环节。

二、风险投资的组织形式

风险投资的组织形式大致可以分为三类：公司制、附属子公司制和有限合伙制。

（一）公司制

这是指风险投资机构以股份公司或者有限责任公司的形式成立，这也是最早出现的风险投资组织形式，1946 年美国成立的第一家风险投资公司美国研究和发展公司（ARD）就是股份公司制。这种组织形式下，风险投资者只承担有限责任，因此可以保护股东避免由于合同违约等问题给第三方造成损失所引起的诉讼风险，同时也给潜在的风险资本供给者提供更多的投资信心。而在中国，风险投资机构均以公司的形式成立，因为只有这种形式才能享受促进产业升级政策所给予的税收优惠。

（二）附属子公司制

资本雄厚的公司逐渐成为风险投资资金的主要来源之一，而从 20 世纪 60 年代开始，很多大的金融机构或实业公司纷纷以独立实体、分支机构或部门的形式建立附属子公司，主要目的在于为其母公司的发展提供“多角化或创新”的可能性，附属子公司制的组织形式开始成为风险投资的主要形式。从风险投资决策的角度来看，作出良好投资决策的条件是具备专业技能的风险投资家能在政治利益压力下独立管理公司的投资活动，而附属子公司就提供了一种比公司制更为独立的组织构架。

附属子公司制的组织形式也存在它自身的弊端。由于这些附属子公司的资金和管理者一般来自母公司，难以摆脱上级机构的压力和影响，无法做到管理和投资的完全独立，很多经验丰富的投资人纷纷离开附属子公司。因此，当风险投资业发展到一定阶段，产生更大的项目流时，独立的合伙制的组织结构开始受到风险投资家的青睐。

（三）有限合伙制

有限合伙制风险投资有两种合伙人，即有限合伙人和普通合伙人。有限合伙人是大部分资金的提供者，可以是个人，也可以是如保险、基金那样的机构；普通合伙人通常是一小群有经验的风险投资家，负责管理多个风险基金或风险集团，每只风险基金都分别对应一个法律上独立的有限合伙关系。从组织形式上看，有限合伙制下风险投资人的管理和投资活动的独立性更强，其投资策略在项目早期就已经决定，其投资范围和期限预先作出规定，一般不会轻易更改，而公司制的组织结构中，股东可以随时更改投资策略和变更利润安排，将对风险投资人的投资策略和管理活动产生较大的冲击。因此，有限合伙机制的独立性更强，也正是因为决策的独立性使得合伙人所面临的投资风险更高，需要极高的专业素质与丰富的投资经验以应对投资风险。

除了投资管理的独立性外，有限合伙制与公司制相比还有两个方面的优势。一是在税收环节上，有限合伙制是一级赋税制，不对合伙制实体征税，只对合伙人按照个人边际税率征税，合伙人仅以个人名义申报已实现的资本利得或损失，如果以有价证券形式实行收益分配，则当期不会产生应税收入，这样合伙人可以递延确认利得，直到有价证券出售的那一天。而普通公司制则是二级赋税制，即公司盈利必须缴纳企业所得税，公司税后盈利分给投资人的个人收入还要缴纳个人所得税。因此，有限合伙制所面临的税收政策更占优势。二是在组织的建立和解散方面，有限合伙制的组织形式更加灵活，自主性更高，而公司制的建立和解散则受到更多的法律限制。

三、风险投资的投资阶段

风险投资的投资阶段与企业的生命周期息息相关。一个企业的生命周期一般分为创意酝酿与技术研发阶段、产品形成与技术创新阶段、产品推广与改进阶段和稳定市场份额阶段，对应风险投资的投资阶段分别为种子期、创始期、成长期和成熟期。由于企业生命周期的每一阶段所需资金的性质和用途不同，风险投资在每一投资阶段的经营目的、投入规模和运行方式也有所不同。

（一）种子期投资阶段

种子期投资阶段对应的是企业生命周期的第一个发展阶段，在该阶段企业还处于胚胎状态，企业家（更应该称为创业者）此时已经拥有一个崭新的产品理念或者成熟的创意，正在完善其创业计划，组建其团队。这时候创业者只有创业的构思，还没有企业实体形式的出现，这个时期资金往往来源于自筹资本：他们本人和家人、朋友和外部“傻瓜”，也称为三“F”来源，即 Family（家庭）、Friend（朋友）、Fools（“傻瓜”），风险投资正是属于第三种来源即外部“傻瓜”。

在投资决策前，风险投资人将对产品的市场规模、销售情况和企业利润点进行实地调研，重点对企业团队进行考察，不仅会核实企业提供的相关资料与信息，而且会对创业者团队作出判断，因为相对于一流的技术，风险投资人更愿意相信拥有较强的管理和决策能力以及丰富的市场经验的企业家。企业只有通过了对风险投资家的多方面考核，才会获得种子期投资。风险投资家和创业者会在初创企业中各占一定的股份，合作生产直到形成固定的生产模式。

种子期的风险投资具有很大风险。种子期企业的产品成型面临技术风险，企业的组织和管理能力也会面临时间的考验，新产品上市还将面临激烈的市场竞争，而且离风险投资的收获期还很长，投资周期内存在种种不确定因素，因此，风险投资家对种子期企业投资的总体规模较小，其占风险投资总额度的比例一般不超过 10%，同时，高风险背后隐藏着高收益，一旦种子期的投资成功，风险投资所获得的回报值极大。

（二）创始期投资阶段

创始期投资阶段是在种子期后，对应企业生命周期第二个阶段，即产品形成与技术创新阶段。由于种子期许多企业的实体尚未形成，于是有人也将其视作企业发展的首要阶段。在创始期，企业的产品与服务需要进一步完善，其商业模式还需要进一步摸索与确认，管理团队还需要进一步整合，市场推广与销售策略还需要进一步制定。所以这一阶段需要大量资金投入，是风险投资家进行投入的主要阶段，其资金大部分来源于风险投资机构增加的资本投入。对于一些投资规模较大的项目，可能一家风险投资机构无法满足其资金缺口，需要多家风险投资机构联合投资，在分散风险的基础上确保企业所需的融资规模。

在创始期阶段，随着企业产品成型，技术风险和市场风险开始凸显，而且资金需求量巨大，整体风险上升，这就对项目的回报率有了较高要求。这时风险投资家的判断力和决策力显得尤为重要，风险投资家要准确判断企业的技术风险和市场风险是否超出了可控制的范围，准确判断企业未来的发展前景如何，如果持续看好，是否有必要增加投资；如果不看好企业未来，是否有必要在该环节退出投资。无论是选择增加投资继续持有企业股份，还是选择退出该企业，风险投资家的决策都要果断，不能观望，否则就会错失盈利或者避免损失的机会。这就是对风险投资家的自身素质要求较高的原因。风险投资家的准确判断不仅要依靠专业知识和较强的管理能力，而且要有丰富的行业经验和灵敏的直觉，这也使得许多风险投资家只敢在自己熟悉的行业领域开展投资活动。

（三）成长期投资阶段

成长期投资阶段对应的是企业产品推广与改进阶段。在此阶段，企业明确了自身的发展方向，不断扩大市场规模，提高总产量，伴随着产品的核心技术成型，拳头产品开始具备一定的市场影响力，企业内部的管理风格开始趋于正规化和科学化。但是，由于企业要不断扩大生产规模和开拓市场份额，资本需求量仍然较大。由于企业已经步入正轨且还有发展潜力，所以这一时期被风险投资家称为最佳投资期。从实践来看，在风险投资的四个阶段中，处于这一时期的企业所获得的风险投资资金规模最大。

虽然这一时期企业的技术问题已经基本解决，产品的技术风险不断降低，但是随着生产规模的扩大，企业所面临的市场风险和管理风险将会加大。由于产品成型和品牌效应增加，难免会出现大量的效仿者生产同质化产品来争夺市场份额，这就需要企业和风险投资家共同制定科学的市场营销策略以应对市场风险。随着企业规模扩大而来的就是管理问题，如果不能开展有效的企业管理，就会极大地降低企业的运行效率，造成企业经营成本上升和利润下降。因此，风险投资家应该注意到管理的重要性，积极参与企业的管理和决策，控制风险。此外，随着企业规模日趋壮大，未来可能会面临边际报酬递减的问题，企业利润的增长率会逐渐下降，风险投资家应该开始考虑退出事宜。

（四）成熟期投资阶段

企业的成熟期以稳定的生产、稳定的收入、稳定的现金流为标志。在这一阶段，企业产品的品牌效应已经十分明显，产品销售网络已经十分发达，企业的现金流越来越趋于稳定，企业融资需求开始下降。同时，随着企业经营过程中各种风险不断降低，企业的抵押品和质押物的价值增加，企业的融资能力不断加强，越来越多的金融机构愿意向企业提供融资，企业拥有更多的低成本融资渠道，如通过发行债券、股票和银行信贷等方式，都能获取资金。因此，风险投资在该阶段的资金投入规模明显下降。

此外，由于企业所能产生的利润随着自身风险的下降而下降，成熟期企业对风险投资家的吸引力逐渐减小，风险投资开始进入退出阶段。风险投资退出企业之后，就可以将所获取的投资收益回馈给投资者，而且可以将投资机会交给其他投资者，比如银行和股东。

综上所述，风险投资在企业的生命周期内经历了四个投资阶段，一般在种子期和成熟期投资规模较小，在创始期和成长期投资规模较大。在生命周期的不同阶段，企业有着不同的运营目标和运作方式，而这些企业的不同阶段的分界线有时候并不是那么明显，需要风险投资家自己去把握对应的投资阶段，确定自身的投资策略与投资规模。

四、风险投资的退出机制

风险投资的退出机制是指在风险企业发展进入成熟期以后，风险投资机构将所投资的资金从股权形态转化为资金形态，实现资金变现的制度以及其相关的配套制度安排。风险投资家对企业开展风险投资的最终目的是获取投资收益，实现投资收益的最大化，因此，在其投资周期结束之后，要确立一种合理的退出方式，将股权收益转化为资金收益并且能够安全地从风险企业中退出，这对于风险投资机构有着极其重要的意义。

（一）风险投资的退出模式

风险投资的退出模式主要有四种：公开上市、企业购并、协议回购和破产清算。

1. 公开上市

公开上市是指企业经过自身的不断发展，达到证券交易所要求的上市标准，经过必备的审核程序在证券市场挂牌交易，在证券市场实现股权公开转让的过程。公开上市退出模式也称为 IPO 退出模式，是指风险投资家在企业公开上市以后，可以将手中所持有的股份在资本市场进行公开交易，将投资收益从股权变为现金形式，从风险企业退出的模式。

从本质上看，风险投资家所拥有的风险企业的股权是有价值的，但是这是潜在的价值，具有隐性的特征，并非现金资本，无法直接参与到下一阶段的投资周期中或者当作收益支付给风险投资者，而公开上市就是使风险企业的潜在价值显性化，属于价值发现环节，为股权价值变现提供了市场化渠道。公开市场退出模式的增值潜力巨大，所带来的投资收益高，流动性强，是风险投资资本退出的最佳模式。

公开上市分为主板市场交易和创业板市场交易。创业板市场是专门为初具规模的高新科技企业建立的股票市场，其对上市企业的发行标准和审核要求均低于主板市场，对于已发行股票的规模限制较少，因此十分适合高新科技类中小企业的成长和风险资本的介入，为风险投资的价值增值和退出提供了一个便利的平台。而主板交易市场一般是为其他市场中已培养一段时间和发展前景良好，具备一定规模的企业提供的交易市场。相比于创业板市场，主板市场的审核要求更高，企业的平均发展周期更长，大部分企业只有进入成熟期才能符合主板上市要求，因此，大部分风险投资出于投资周期与收益的考虑，都选择将所投资的高新科技中小企业进入创业板市场上市。我国的创业板市场发展平稳，营造了良好的风险行业环境，吸引了大量风险投资资本的介入，促进了风险投资事业的发展。

2. 企业购并

当风险企业难以达到公开上市条件时，风险投资者还可以通过并购的方式退出投资，即风险投资人在私人权益市场上出售其所拥有的企业股份。根据主体不同，企业购并可以分为两类：一类是对风险企业有兴趣的一般公司；另一类是其他的风险投资机构。一般公司并购风险企业，主要是为了获取目标企业的相关技术或者专利，达到生产领域的某种特殊目的；而两家风险投资机构之间的并购则被称为“二次出售”，通过这种方式使风险企业实现产权转移，先行介入的风险投资机构可以获得资金重新进入新一轮的投资周期，而收购方可以对风险企业继续培养，进一步挖掘企业潜质。

3. 协议回购

协议回购是指按照风险投资协议规定，在投资期满后，由被投资的风险企业购回风险投资机构所持有的公司股票份额。协议回购一般包括两种形式：一是回购条款。风险投资机构与风险企业双方通过协商签订回购条款，规定企业回购股份时的股价和支付方式。二是买卖契约。由于风险投资机构在整个投资周期中参与企业经营管理决策，占据流动资金的优势，因此可以强迫被投资企业的管理层回购投资人的股份或者将股份出售给其他投资人。

协议回购的退出模式降低了投资风险，保障了风险投资家至少可以收回回购协议所确定的投资收益。这种退出模式在风险投资活动中是比较常见的，因为事实上风险企业的发展并不像风险投资家所设想的那样顺利，经常会面临许多不确定因素，造成难以预料的投资损失，而协议回购的退出模式实际上是为风险投资机构提供了一种有效的缓冲机制，在一定程度上降低了投资风险。因此，风险投资协议对于风险投资家十分重要，在许多风险投资活动中得到广泛应用。当然，这种退出模式在降低投资风险的同时，也使得风险投资机构的投资收益有所下降。

4. 破产清算

风险投资是一种高收益高风险的投资方式，因此，投资失败的现象普遍存在，清算就是在风险投资失败时，风险投资机构退出目标企业的一种方式。清算主要包括两种情况：一是风险企业解散时所进行的清算，主要是由于风险企业解散条款出现，或者股东同意解散，以及法律要求的必须解散等情况下进行的清算行为；二是在风险企业经营不善或资不抵债的情况下的破产保护清算。对于风险投资机构而言，在风险企业经营状况不好且难以扭转时，选择解散或破产清算可能是最好的止损办法。

（二）风险投资退出机制的作用

1. 退出机制为风险资本提供了必要的流动性

风险投资的投资方式和获利方式有别于普通投资行为，普通投资是用资金购买目标企业的股票，再根据企业的盈利情况获得一定的股息和红利，而风险投资则是通过出售投资企业的股权，将股权转化为现金来获得收益。在投资和撤资的时机上，风险投资也与众不同，当目标企业发展艰难时，风险投资家帮助其管理和决策，建言献策，但是共苦不同甘，见好就收，将已经获利的风险资本收回后一般会选择投入新一轮投资当中，在不断地重复投资—退出—再投资的过程中实现资本的增值。因此，在目标企业获得成功时将股权转化为流动性显得十分必要。退出机制正好为股权变现提供了渠道，进而将变现的资金投入新的投资之中，为风险资本提供了必要的流动性。

2. 退出机制为风险资本提供了连续的发展性

只有在风险资本获得了退出机制提供的流动性以后，这一轮投资周期才算彻底结束，所获得的流动资本才能进入下一轮的投资周期之中，或者选择将投资收益回馈给风险投资者，使得资本增值的循环过程得以延续。如果缺少退出机制，风险资本就会以股权形式一直停留在目标企业中，这样不仅扩大再投资的循环无法实现，而且无法将本轮获取的投资收益传递给风险投资者。因此，退出机制不仅是风险资本的变现器，而且也是风险资本实现价值增值和不断循环发展的加速器和放大器，成功的风险投资依赖退出机制实现风险资本的保值和增值。

3. 退出机制为评估风险投资活动所创造的价值提供了衡量标准

一家成功的企业不仅拥有核心产品、高新技术、知识产权和相关专利，而且还包括良好的管理和策略能力，这些都是无形的成果，但对于其具备多大的市场价值，往往缺乏固定可靠的衡量标准。要评估这些成果，衡量这些无形成果的实际价值，退出机制是很好的标尺。企业的股权代表了企业的潜在价值，不过这种价值是隐性的，要把这种价值表现出来，就要把股权转换为可测度的现金流，退出机制正是一种将投资企业股权变现的机制。因此，退出机制是一种价值发现和测度机制，可以很好地衡量风险投资所创造的市场价值。

4. 退出机制间接吸引了社会潜在资金，有助于扩大社会投资规模，促进经济增长

退出机制为风险投资的成功运营和投资循环提供了有效保障，使得风险投资机构可以将所获得的投资收益以现金流的形式回馈给投资人，投资人也就更加有信心将手中的闲散资金交给风险投资机构开展新一轮投资。风险投资机构筹集的社会潜在资金越多，社会整体投资规模也就越大，从而有助于促进经济增长。

第四节　中国风险投资市场

一、中国风险投资市场发展的历史沿革与现状

1985 年 3 月，中共中央在《关于科学技术体制改革的决定》中提出“对于变化迅速、风险较大的高技术开发工作，可以设立创业投资给予支持”。这是我国首次提出以

风险投资的方式支持高新科技产业，为中国风险投资行业的发展指明了道路。同年 9 月，国务院正式批准成立了我国第一家风险投资公司——中国新技术创业投资公司，注册资本金为 2700 万元。这家公司以国家科委和中国人民银行为依托，通过投资、贷款、租赁、财务担保和咨询等方式为高新技术风险企业的发展提供支持。1986 年，国家科委在《中国科学技术政策指南》中首次系统阐述了发展风险投资事业的战略方针。

1991 年，国务院在《国家高新技术产业开发区若干政策的暂行规定》中指出："有关部门可以在高新技术产业开发区建立风险投资基金，用于风险较大的高新技术产业开发。条件成熟的高新技术开发区可创办风险投资公司。"同年，国家科委、财政部和工商银行联合发起成立"国家科技风险开发事业中心"，广州市政府创建了"高新技术产业创业投资补偿基金"。这些都标志着我国政府已经开始高度重视风险投资行业的发展。20 世纪 90 年代中期，国外风险投资公司和风险基金开始陆续进入中国市场，为我国风险投资业带来了成熟的理念、丰富的资金和专业化的管理以及更加流畅的运作机制。地方政府也纷纷重视起风险投资行业，各地区成立了一系列高科技风险投资基金，银行和信托公司也纷纷开设风险投资部，开始以子公司模式涉足风险投资行业。

1988 年之前，我国风险资金的投入仍是沿袭传统政府拨款式的投资机制，只是将财政"拨款"改为"投资"。从严格意义上说，这与欧美国家市场化的风险投资运作还有一定差距。中国风险投资真正进入快速发展阶段是在 1998 年之后。1998 年 3 月，全国政协九届一次全会上提出了《关于加快发展我国风险投资事业的提案》，该提案受到了全国政协的高度重视，被列为"一号提案"。这一提案在理论界、经济学界、各级政府引起了强烈反响，风险投资成为热门话题，唤起了创业的热情，中国风险投资的发展进入了快车道。

1999 年 6 月，科技部等 7 部门向国务院报送《关于建立我国科技创业投资机制的请示》，同年 12 月，经国务院领导批准，国务院办公厅转发科技部等 7 部门提出的《关于建立我国风险投资机制的若干意见》。2000 年，国家经贸委颁布了《关于鼓励和促进中小型企业发展的若干政策意见》，其中提出："鼓励社会和民间投资，探索建立中小企业风险投资公司；探索风险投资基金的管理模式和撤出机制；充分发挥政府对风险投资的导向作用。"

为了加强风险投资市场的监管，2006 年 3 月，国家发展改革委颁布了《创业投资企业管理暂行办法》，提出对创业投资企业实行备案制管理。按照该办法备案的风险投资企业，必须接受金融部门等相关部门的监管；已经备案的企业可享受包括引导基金扶持、税收优惠等一系列相关扶持政策，并提出要不断完善创业投资企业的合理退出机制。2007 年 2 月，财政部、国家税务总局发布《关于促进创业投资企业发展有关税收政策的通知》，确立了对创业投资企业的优惠税收政策。同年 7 月，财政部与科技部制定并实施了《科技型中小企业创业引导基金管理暂行办法》，引导中小科技创新型企业发展。2011 年，科技部、财政部、国资委、"一行三会"、国家税务总局联合出台

《关于促进科技和金融结合 加快实施自主创新战略的若干意见》，提出要加强金融机构与风险投资机构的合作，发挥金融机构在风险投资行业发展中的积极作用。各地政府也积极响应，纷纷出台相关政策和措施。这些举措在加快建立多层次的风险投资体系，完善风险投资管理和服务体系，畅通风险投资退出渠道等方面起到了积极作用，极大地促进了我国风险投资市场的发展。

在这些利好政策的引导下，我国风险投资行业得到迅猛发展，不管是风险投资机构的数量，还是筹资规模和风险企业的类型都有所增长，从业人员的数量和专业化程度也不断提高，风险投资行业取得了长足的发展。但是，由于我国各区域的金融发展水平不均衡，各地区的科技文化水平、经济发展程度、信息交通状况和地方政府的政策支持力度各不相同，造成了我国风险投资发展的地域分布很不均衡，使得我国当前的风险投资机构存在过于集中的问题，最为集中的地区为北京、上海、深圳，其次是南京、杭州、广州、成都、武汉等中心城市。这种长期的行业过度集中的问题可能会引发金融资源的“马太效应”，不利于其他非集中城市的资本积聚和经济发展，需要我们在未来的风险投资行业的发展中多多关注这一问题，缓解这一矛盾。

二、中国风险投资的主要运作模式

我国风险投资的主要运作模式有四种：政府引导支持模式、公司制组织形式下的股权管理模式、本土风险投资和外资风险投资结合的二元结构模式，以及委托管理运作模式。

（一）政府引导支持模式

政府引导支持模式是指政府通过设立风险投资基金，对风险投资企业直接注入资本，支持风险投资行业发展的模式。

西方国家的市场经济体制下，只有当市场失灵和企业无力改变困境的时候，政府从某些行业的市场重要性的角度出发，才会参与行业发展，给予企业一定的扶持。而我国实行的是中国特色社会主义市场经济体制，由于我国风险投资行业发展较晚，各地域的风险投资发展不平衡，加上风险投资行业的介入对高新科技类创新型企业的发展具有重要扶持作用，采取政府引导支持的运作模式显得尤为重要。在高科技类创新型企业的初创时期，政府设立政府类投资基金，投入“种子资金”，一方面可以增加风险投资者的资本金总额，解决风险投融资渠道有限的问题；另一方面可以起到财政资金的调控作用，利用政府风险投资基金平台，鼓励与引导其他社会资金进入风险投资领域，投资初创企业，降低投资风险。

（二）公司制组织形式下的股权管理模式

我国风险投资机构的组织形式以公司制为主，其特点是采取股权管理模式，其运作流程如下：首先，由风险投资公司内部的投资决策委员会和董事会审定投资项目，在选择投资项目时，会优先选择符合国家产业政策以及鼓励发展领域的项目，进而确定投资金额。其次，投资项目确定之后，风险投资机构将投入的资金设置为股权投资，派出熟悉企业管理和财务处理的专业管理人员，组成团队进驻被投资企业的董事会和监事会，参与企业的经营和决策活动，持续对企业进行跟踪管理，并对管理团队制定与股权和经营业绩相挂钩的奖惩措施。最后，制订出企业股权转让、目标企业上市等各类资本退出计划，将股权投资转化为现金收益。

（三）本土风险投资和外资风险投资结合的二元结构模式

外资投资机构的资金实力更为雄厚，拥有丰富的风险投资实践经验，资本运作模式更加成熟，而我国本土风险投资机构更加熟悉我国企业的特征和相关法律政策，与目标企业的交流更加顺畅，这为双方的结合，形成二元结构的运作模式奠定了良好的基础，具体的运作模式有如下三种：

第一种模式是合办创业投资机构或者合作基金。2001 年颁布的《关于设立外商投资创业投资企业的暂行规定》，鼓励外国公司和经济组织在我国设立风险投资公司。2003 年颁布的《外商投资创业投资企业管理规定》进一步降低了外资风险投资机构的市场准入门槛，鼓励外国投资者与本土机构合办创业投资机构，向未上市的高新技术企业进行股权投资，并为之提供创业管理服务。

第二种模式是参与科技孵化器的创业运作。孵化器可以在企业初创时期对创业者提供各种帮助，比如提供资金支持、研究场所以及初创企业所需要的各类服务等。外商创业投资机构可以在条件优越的北京、上海、深圳、广州、珠海等地，与本土风险投资机构合作，创办科技孵化中心，吸收创业企业，并从中筛选出优秀企业投入后续资金，持续培养，在企业发展成熟之后通过退出机制实现资本增值。

第三种模式是参与到企业的上市策划和股份制改造中。随着高新科技类创新型企业的不断发展壮大，企业规模不断扩张，许多企业为了实现进一步的发展，纷纷选择采取上市或者增发股票的方式进行融资。这一融资过程肯定需要新的战略投资者和创业投资基金的参与，这就为境外的风险投资机构提供了机会，使得外商投资机构在上市时或者股权改造增发股票的时候加盟进来，与本土机构一起形成二元化的组织结构。

（四）委托管理运作模式

委托管理运作模式的特点是所有权和经营权分离，资金持有者和项目管理者分离。该模式的运作流程是：风险投资公司负责筹集资金，然后建立资金管理平台，将资金的管理权交付给几家资产管理公司；当企业项目进入审核环节时，由风险投资公司和资产管理公司共同决定是否对其进行投资；确定投资之后，双方建立激励约束机制，由资产管理公司对应每个投资项目匹配 10% ~25% 的投资额，形成风险共担资金；同时建立监管制度，委托银行作为第三方监管，监督资产管理公司的资金管理情况，定期检查资金管理报告；当投资完成时，双方按照项目委托管理协议，进行投资收益分成。

本章重要概念

私人权益资本市场　风险投资　天使投资　布罗波投资　麦则恩投资　辛迪加投资　风险投资退出机制　风险投资者　风险投资家

第十一章　资产证券化

本章学习目标

第一，掌握资产证券化的概念与特征；第二，掌握资产证券化资产的特征、资产证券化的交易结构和参与主体、资产证券化的类型、资产证券化的基本技术；第三，了解资产证券化的发展历史及其在我国的发展；第四，了解住宅抵押贷款证券化、汽车贷款资产证券化、信用卡资产证券化、商业不动产抵押贷款证券化相关知识。

金融市场的一个发展趋势是证券化趋势明显增强，其中一个重要表现就是资产证券化。资产证券化是近代世界金融领域的一个重大创新，已成为金融市场中一个不可或缺的组成部分。

第一节　资产证券化概述

资产证券化的概念和实践始于20世纪60年代末的美国。当时，抵押贷款银行将新发放的住宅抵押贷款做成资产池，发行了住宅抵押贷款支持证券，这些银行因此得以更有效率地从资本市场募集资金，进而支撑发放更多的住宅抵押贷款。只用了20年时间，资产支持证券就成为美国资本市场中最大的一个板块，余额超过1万亿美元。在早期阶段，住宅抵押贷款是唯一被证券化了的资产，如今，几乎任何拥有可预测和可回收未来现金流的金融资产都可被用作资产证券化的基础资产。

一、资产证券化的概念与发展历史

（一）资产证券化的概念

资产证券化是一个将资产转化为证券的过程，是指将缺乏流动性但可以产生稳定可预见现金流的资产，按照某种共同特征分类之后重新组合，以此为担保在二级市场发行可供交易的收益证券，进而融通资金的技术和过程。这里所指的资产可能是一个或一组资产，或者只是这些资产的一部分现金流权益；这里所指的证券则是以资产的现金流为支持的拥有各种不同风险和收益特点的证券。

资产证券化是一种比较独特的在资本市场上进行直接融资的方式。传统的融资方式主要依靠企业自身的信用，而资产证券化依靠的则是资产的未来收益。

资产证券化通常具有三个基本特征：（1）其所发行的证券必须是由特定资产支持的证券。这里需要明确两点。第一，资产证券化不是以企业的全部信用为基础进行融资，而仅仅是以企业的部分资产或资产的部分收益为支撑；第二，并不是企业的任何资产均适合进行资产证券化，仅仅那些缺乏流动性但具有稳定可预期未来现金流的资产才适合进行资产证券化。（2）资产证券化的产品，即资产支持证券，通常比基础资产更具有流动性。资产支持证券从法律形式上看，包括债券和权益（信托受益权）两类，并以固定收益型证券最为普遍。资产证券化中的资产往往是流动性较差的资产，故需要通过资产证券化将其转化成流动性较强且可在二级市场上交易的证券供投资者买卖，此为资产证券化的动力来源和显著特征。（3）资产证券化必须涉及资产转移，以实现支持证券的资产与资产持有者的破产风险隔离，这涉及交易架构的设计。之所以将“资产证券化”称为结构式融资，也正是源于这个特征。

（二）资产证券化的发展历史

资产证券化的历史可以追溯到18世纪，例子之一就是引起著名的“1857年恐慌”的美国铁路抵押债券。真正第一例现代意义上的资产证券化是20世纪60年代末产生于美国的抵押贷款支持证券。当时，第二次世界大战之后的婴儿潮产生了巨大的购房需求，但美国住房金融制度受到联邦法律的严格限制，只能由地区性储蓄和信贷协会等储蓄机构依靠所在地区居民的储蓄存款向个人提供住宅抵押贷款。这种政策不仅制约了住房金融业务的发展，而且产生了很大的信用风险，严重影响了储蓄协会的经营。为了获取资金来源并转嫁风险，美国三大政府住房按揭贷款机构　房利美、房地美和吉利美及其他从事住宅抵押贷款的金融机构，纷纷将其持有的住宅抵押贷款按期限、利率等进行组合，以此作为担保发行了抵押证券，实现了住宅抵押贷款的证券化。

住宅抵押贷款证券化一经问世，即获得迅速发展，此项技术被广泛地应用于其他非抵押债券资产。1985年，Sperry公司以1.92亿美元的电脑租赁合约为担保，发行了世界上第一只资产支持证券。同年，第一笔汽车贷款证券化诞生。信用卡应收账款证券化也于1987年开始。20世纪80年代末，市场上开始出现担保债务凭证（CDO）。同时，美国发生储贷危机，不良债权的证券化也由此产生。

如今，资产证券化已经跨越国界，遍布全球，成为欧美金融市场上最重要的融资工具之一，涉及租金、版权专利费、信用卡应收款、汽车贷款、不良贷款、贸易应收款、公路收费、消费品分期付款等广泛领域。美国证券业与金融市场协会（SIFMA）的数据显示，2013年美国的证券化产品的存量达到10万亿美元，占到美国整个债券市场总量的25%，仅次于美国国债。欧洲虽然在规模上略逊，但在创新方面不甘落后，比如首创了整体业务证券化（Whole Business Securitization）。澳大利亚和日本的证券化市场也很活跃。

过去几十年来，市场不断对各类资产进行证券化尝试，尤其担保债务凭证、信用互换和新定价技术的出现更是极大地刺激了资产证券化市场的发展。然而，以华尔街为首的金融机构开始毫无节制地发行信用，并通过资产证券化向全世界兜售被滥用的信用，全然无视潜在的高风险和不断扩大的巨量次级贷款。2007 年“次贷危机”爆发，继而引发全球范围内的金融危机，资产证券化市场也随之进入寒冬。据美国证券业与金融市场协会（SIFMA）统计，2007 年美国的资产证券化产品余额为 2.95 万亿美元，到 2106 年末则下降到 1.33 万亿美元。近年来，各国的资产证券化市场逐渐回暖，一些产品的市场已经得到了恢复。

二、资产证券化的本质特征

要理解资产证券化的本质特征，首先需要了解一下资产证券化的基本流程。

一个完整的资产证券化交易通常包括三步：（1）由发起人设立特殊目的实体（SPV），并将证券化资产进行转移，构成“真实出售”；（2）SPV 对资产池的现金流进行重组、分割和信用增级，并以此为基础发行有价证券，以出售证券所得作为 SPV 从发起人处购买资产的资金；（3）服务机构负责资产池资金的回收和分配，主要用于还本付息，剩余部分则作为发起人的收益。因此，资产证券化有两个重要创新或特征：一是风险隔离，二是分层与增信。从发起人的角度来讲，其以放弃资产的现金流权益来换取资金，所以本质上是一种融资行为或资产出售行为。

资产证券化区别于股票、债券等传统融资方式的典型特征是：

第一，资产证券化是一种结构性融资方式。股票或债券融资通常是由资金需求者直接发行证券，并不需要其他的组织结构安排。而资产证券化则不同，一般需要两个方面的交易结构安排：一是设立 SPV，进行证券化资产的“真实出售”，并形成“风险隔离”。二是对资产池中的现金进行结构性安排，创造出具有不同风险、期限和收益特征的收入凭证，以满足不同投资者的需求。

第二，资产证券化是一种表外融资方式。资产证券化出售的是资产预期收入，并不构成负债，是一种不显示在资产负债表上的融资方法，可以在不提高负债率的情况下使原始权益人获得所需资金。

第三，资产证券化是一种资产信用融资方式。传统融资方式是以公司的产权为清偿基础的，偿付以公司的全部法定资产为界。而资产证券化的本息偿付仅以证券化资产为界，因此，资产证券化中的资产“真实出售”和“风险隔离”使得投资者更加关注资产池本身的质量，原始权益人本身的信用水平则被置于相对次要的地位。

第四，资产证券化是一种低成本融资方式。传统融资方式中，资金需求者本身的信用决定了其获得资金成本的高低。而在资产证券化过程中，需要对证券化资产进行集合和打包，并辅以信用增级。这可以使证券取得比发起人本身更高的信用评级，从而大幅度降低原始权益人的融资成本。

第五，资产证券化产品的风险分散、违约率低。投资者投资于一个企业的证券时，若企业信用状况恶化，则面临很高的违约风险。而资产证券化对应的是一个资产池，单一证券占整体群组的比例较小，且证券化之后持份切割，达到分散风险的效果，再加以商品架构上的特殊设计，将风险重新包装，可使主顺位证券获得较高的信用评级，违约率也因此相对较低。

三、资产证券化在中国的发展

虽然我国的信贷资产证券化试点工作正式开始于2005年，但早在20世纪90年代初期，我国就开始探索学习国外的证券化模式。1992年，三亚市开发建设总公司为了筹集资金，以地产开发后的销售权益为担保发行了三亚地产投资券。这次投资券的交易架构已经具备了一般资产证券化的一些重要特征，但由于缺少了最核心的“SPV”，因而没有完全实现“真实出售”和“破产隔离”，因此，只可以算作是我国资产证券化的雏形，但这毕竟迈出了资产证券化探索的第一步。

此后，我国成功开展了一系列离岸资产证券化项目，如中远集团航运收入资产证券化、中集集团应收账款证券化等，但由于这些项目的SPV设立、证券发行、信用评级、承销等工作都在境外完成，因此，中资机构并没有积累到太多的项目经验。

1999年，中国人民银行和中国建设银行开始着手资产证券化的研究。当年年初，中国人民银行首次从顶层设计的角度研究我国住房抵押贷款证券化的可行性，拉开了资产证券化在我国的序幕。同年9月，建设银行向人民银行报送《关于发行住房抵押贷款债权的请示》。随后，由政府牵头、银行为主，通过与其他金融机构合作的方式，展开了一系列探索研究工作。2001年《信托法》推出后国内基本具备了设定SPV的法律环境，国家开发银行和建设银行重新提出了与国际资产证券化通行做法更为贴近的方案。2004年底，中国人民银行与中国银监会共同报请国务院批准实施资产证券化试点工作。2005年4月20日，中国人民银行、中国银监会联合发布《信贷资产证券化试点管理办法》，标志着我国资产证券化试点工作正式启动。

我国的资产证券化试点工作可以分为三个阶段：第一阶段是2005年3月至2007年4月，试点规模限制在150亿元，在此期间共发行了5期证券化产品，如建元2005－1个人住房抵押贷款资产支持证券、2005年第一期开元信贷资产支持证券等，实际发行规模为187.7亿元。第二阶段是2007年5月至2012年4月。2007年5月到2008年12月，试点规模限制在600亿元，在此期间共发行了12期证券化产品，实际发行规模为480.1亿元。之后，由于国际金融危机，产品发行被叫停，2009—2012年信贷资产证券化处于完全停滞状态。第三阶段是2012年5月至今。2012年5月，中国人民银行、中国银监会和财政部联合发布《关于进一步扩大信贷资产证券化试点有关事项的通知》，信贷资产证券化重启，首期额度500亿元。此次重启，中央银行吸取国际金融危机教训，更加注重风险控制。

2013 年 7 月 2 日，国务院印发《关于金融支持经济结构调整和转型升级的指导意见》（国办发〔2013〕67 号，业内称为“国十条”），要求逐步推进信贷资产证券化常规化发展，盘活资金支持小微企业发展和经济结构调整。同年 8 月 28 日，国务院常务会议决定进一步扩大信贷资产证券化试点。这一系列里程碑式的事件正式开启了我国资产证券化的盛宴。2014 年 11 月，中国银监会发文将资产证券化由审批制改为备案制。2015 年 3 月，中国人民银行发布《关于信贷资产支持证券实行注册制的公告》，表明我国信贷资产支持证券化注册制的到来。除信贷资产证券化外，一些企业也开展了资产支持证券化试点工作。

下一步，我国的信贷资产证券化将进入常规化发展阶段，不仅发行规模会大幅增加，基础资产范围也会扩大。未来，中小企业贷款、消费类贷款、学生贷款、城镇化建设融资、廉租房等都将成为基础资产的重要组成部分。

第二节　资产证券化的机制与结构

一、参与资产证券化资产的特征

参与资产证券化的资产通常具有如下特征：（1）资产必须具有一定的同质性，未来能够产生可预期的稳定现金流，或有明确约定的支付模式，这种约定必须是契约性质的。（2）有良好的信用记录，违约率低。（3）本息的偿还完全分摊于整个资产存续期间。（4）资产的债务人或贷款的借款人有广泛的地域和人口统计分布。（5）资产的抵押物有较高的清算价值或对债务人的效用很高。（6）有可理解的信用特征。资产的合同标准规范，条款清晰明确，避免不合规范的合同和因合同条款缺乏有效性、完备性而造成利益上的损失。（7）资产的平均偿还期至少为一年。

适宜做证券化基础资产的品种主要有以下几类：（1）消费信贷类，包括居民住宅抵押贷款、汽车销售贷款、信用卡应收账款、各种个人消费信贷。（2）商业抵押贷款类，包括商业房地产抵押贷款、贸易应收款、各类工商企业贷款。（3）租赁应收款类，包括计算机租赁、办公设备租赁、汽车租赁、飞机租赁。（4）其他具有未来稳定现金流的资产类，包括公用事业费收入、公园门票收入、债券收入等。

二、资产证券化的交易结构和参与主体

（一）资产证券化的交易结构

资产证券化交易金额一般较大，而且涉及金融、法律、会计和监管等诸多领域，所以参与主体众多，主要分为两个层次：一是核心主体，即发起人、特殊目的实体

（SPV）和投资者。二是延伸主体，围绕核心主体开展工作，包括信用评级机构、投资银行、服务商、承销商、受托人等，如果证券公开上市的话，还涉及证券交易所、上市服务机构、做市商等。

（二）资产证券化的参与主体

1. 借款人。借款人向承贷机构举债，形成承贷机构对借款人的债权。此后，借款人依合约按时缴纳本金与利息，成为证券化债权的现金流来源。

2. 发起人（服务机构）。发起人是证券化资产原始权益的经济主体，其职责是确定证券化资产并进行组合，然后将其出售给 SPV。

3. 特殊目的实体（SPV）。特殊目的实体是资产支持证券的发行人，这也正是资产证券化制度的巧妙之处，通过 SPV 实现“破产隔离”。SPV 经济行为明确简单，资本化程度很低，在整个资产证券化交易中扮演通道角色，通过发行证券获得资金支付资产购买价款，是证券化财务架构的核心。

4. 投资人。投资人是证券化资产的认购主体。但由于证券化资产的风险—收益组合较复杂，一般分散投资主体如自然人很少有能力直接参与；证券化资产的投资主体主要是机构投资者，如银行、保险公司、基金等。

5. 信用增级机构。为了获得较高的信用评级，资产证券化交易中可能还会使用信用增级手段来对基础资产进行现金流补充和加强，以改善其信用评级和发行成本。外部信用增级机构包括专业增级公司、保险公司、金融机构和大型企业的财务公司等，内部增级则一般由发起人提供。

6. 信用评级机构。发起人一般都会被法律要求利用信用评级机构对其发行的拟证券化资产进行评级。信用评级的高低直接影响发行人的筹资成本与资产证券化的市场需求前景。

7. 承销商。承销商是资产证券化交易和市场之间的枢纽，一般由投资银行、信托投资公司、证券公司等来担任，除了提供市场信息、联络投资人、安排证券发行之外，往往还担任整个资产证券化的财务顾问，负责协调律师、会计师、税务师和信用评级机构等多方关系。

8. 资金保管人（托管人）。资金保管人是资产证券化交易中的高级“出纳”，承担账户的开设、资金的保管和证券的支付等工作，为了避免利益冲突，往往由与发起人、投资者等交易主体都没有关联的第三方担任。

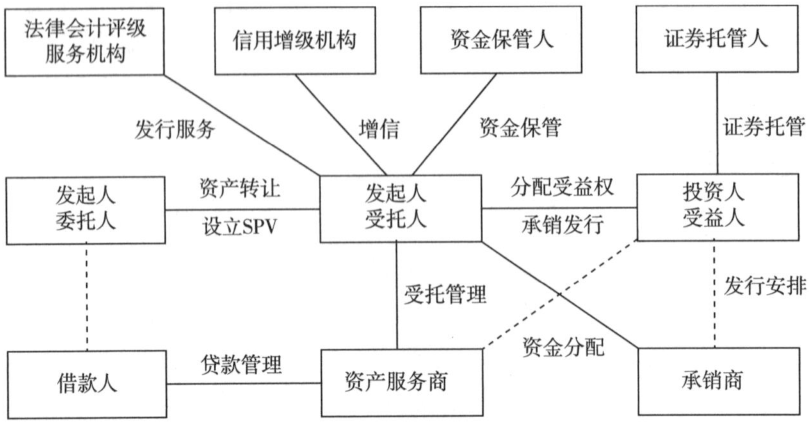

图 11－1　资产证券化的主要参与主体

（三）资产证券化成功的九大要素

1. 合理的贷款发起过程。首先，贷款的承销标准需要在不同的发起人之间保持一致，这保证了不同发起人发起贷款质量的稳定。其次，贷款文件要标准化，以便资产入池流程是有效率的。最后，所有的发起人都必须遵照承销标准，确保新发起的债券有稳定的质量。

2. 健全的法律架构。对每个资产证券化交易而言，都必须建立一个完善的法律架构，以保护投资者在基础资产中的合法权益。最重要的是，当发起人或卖方处于破产境地时，法律能够保护投资者对证券的基础性资产现金流的追讨权。这也正是设立特殊目的实体的目的之所在。特殊目的实体除了从贷方那里获得贷款以外没有其他资产，除了发行证券带来的债务以外没有其他的债务。此外，还应该有相互独立又相互衔接的法律安排，明确发行人、信托人、投资者、资产池托管人、证券服务机构的职责和权利。

3. 完整的现金流分析。在证券化的初始阶段，对发行人来说，有一个精确的现金流分析至关重要，确保特殊目的实体的债务能够按时全额得到偿还。在分析和为现金流定价的时候，要设定很多假设，除了设定折现率以外，还需要有关现金流行为的合理且有现实意义的假设，如贷款期间的经济状况、借款人偿还贷款的能力以及违约发生的概率等。

4. 审慎的会计处理。第一，对证券利息收入的处理问题。证券由特殊目的实体发行，而基础性贷款又有利息收入，若因此对特殊目的实体征税，就会增加证券化融资的成本，因为投资者的利息收入也是要纳税的。为了避免双重征税，只要特殊目的实体满足作为让与信托的所有要求，就被视为让与信托而享有免税待遇。第二，保护投资者的问题。基础资产定期产生的现金流的本金和利息，都应该有清楚的会计核算，明确每个月的利息和本金如何参与各方分配。第三，会计审查问题。交易中所产生的所有现金流都必须由会计师严格审查。发行人或其投资银行计算出来的在不同情况下基础性资产的本金和利息都应该与该笔交易在招股说明书与公开募股说明书中所说的情况相符。

5. 有公信力的信用评级。信用评级机构的主要职能是对被证券化的资产进行信用等级评定，以便对该金融产品进行定价和发行，并为投资者提供风险评定的依据。信用评级机构在审慎评估贷款和证券内在风险方面所具有的专业技能，大幅提高了交易的信用透明度，增加了投资者信心，促进了资产证券化市场的发展。

6. 专业的投行服务。投资银行是发行人和投资者的中间联系人，除了承担证券承销与配售的职能外，还负责协调和帮助发行人处理法律、会计、税收等问题，以及在二级市场上买入卖出证券，提供流动性支持。专业、全面的投行服务是资产证券化得以成功发行的有力保障。

7. 成熟的债券市场。债券市场要能够形成完整准确的收益率曲线，尤其是国债收益率曲线，这是所有不同期限、不同风险状况的固定收益证券在初级市场和二级市场交易定价的基准。

8. 活跃的二级市场。一个成功的证券发行一级市场有赖于活跃的二级市场的支持。一级市场是发起资产，二级市场是证券的发行和交易，为资产提供融资和流动性。一旦证券已经发行，投资者需要一个活跃的二级市场提供流动性，以便可以在不受非利率因素影响的波动不大的价格区间里买入卖出。

9. 多样化的投资者。资产证券化取得成功的一个重要因素是投资者群体的快速增长。20 世纪 70 年代初，资产支持证券的投资者群体很窄，大多是储蓄贷款银行。从 20 世纪 80 年代开始，当市场发展到包括了更多种基础资产和创新产品设计的时候，投资者客群也得到了显著拓展，包括共同基金、对冲基金、养老基金、保险公司等。

三、资产证券化的类型

资产证券化产品种类繁多，按不同的标准可以进行不同的分类。

（一）按证券化基础资产类型划分

根据证券化基础资产类型的不同，资产证券化可分为房地产类产品和非房地产类产品。房地产类产品通称为抵押贷款支持证券（Mortgage Backed Securities，MBS），非房地产类产品通称为资产支持证券（Asset Backed Securities，ABS）。

根据房地产用途来分，抵押贷款支持证券包括住宅抵押贷款支持证券（Residential Mortgage Backed Securities，RMBS）和商业房地产抵押贷款支持证券（Commercial Mortgage Backed Securities，CMBS）。

在资产支持证券中，根据资产类型划分，包括汽车贷款支持证券、信用卡贷款支持证券、资产支持商业票据、应收账款支持证券，以及新兴起的担保债务凭证（Collateralized Debt Obligation，CDO）。CDO 的标的资产通常是信贷资产或债券，继而衍生出两个重要分支，一是信贷资产证券化（Collateralized Loan Obligation，CLO），二是市场流通债券再证券化（Collateralized Bond Obligation，CBO）。

（二）按交易结构设计不同划分

按交易结构设计不同，资产证券化可分为过手证券和转付证券。

过手证券就是把到期时间、利息和性质相近的资产组合起来，然后发行直接代表该资产所有权的证券。对投资者而言，购买该过手证券，就拥有了资产的所有权；对资金需求者而言，过手证券并非负债，不会显示在财务报表中，实现了表外融资。

转付证券是指对资产池的现金流量进行重组，从而可以满足不同投资者的需求，具有不同风险和收益组合的一组证券。该类债券不仅仅是“过手”，而是通过对现金流量的重新安排，具有了支付的性质。

过手证券和转付证券的主要差别如表 11－1 所示。一个项目的发行是选择采用过手证券还是转付证券，主要考虑资产未来的现金流特性、资产的风险性、税负条件和会计处理规定等。

表 11－1　过手证券与转付证券的特征比较

主要特征	过手证券	转付证券
证券的发行形式	单一证券组合	多种证券组合
现金流特性	相对稳定	相对不稳定
资产的风险性	适用于低风险资产证券化产品	适用于高风险资产证券化产品
资产的期限	大多长期	多种期限资产的组合
税负条件	消极性业务，免征公司所得税	主动性业务，课征公司所得税
会计处理规定	基础资产所有权转移，并从发行人的资产负债表中转出	基础资产所有权仍属于发行人，资产保留在发行人的资产负债表中
典型品种	住宅抵押贷款转付证券	信用卡贷款证券

四、资产证券化操作的基本技术

（一）资产证券化的基本流程

1. 组建资产池。发起人根据自身的融资要求、资产情况和市场条件（包括证券需求、定价和其他融资选择等），衡量借款人的信用，评估抵押担保的价值，预测资产现金流量，对资产证券化的目标资产和规模进行规划。

2. 将资产组合出售给 SPV。资产出售须以买卖双方已签订的金融资产书面担保协议为依据。出售时卖方拥有对标的资产的全部权利，买方要对标的资产支付对价。

3. 信用增级。根据市场条件和信用评级机构的意见，对资产池及其现金流进行预测分析和结构重组，以实现最优化的分割和证券设计。其中，信用增级是重要的一步，以强化目标证券的现金流和信用保障。

表 11－2 信用增级的一些常用方法

内部信用增级/外部信用增级	方式/方法	说明
内部信用增级	优先/次级安排	将证券按获得本金和利息的先后次序划分为优先和次级两部分，通常优先支付优先档证券的本息
	超额抵押	发行人在向发起人购买基础资产时不支付全部价款，而是折扣支付，剩余部分做担保，从而产生超额抵押
	利差账户	把资产组合所收到的利息与发行证券所支付的较低利息之间的差额单独存放，用作担保
	现金抵押账户	发起人或第三方金融机构注入，用于弥补资产证券化活动中可能的损失
外部信用增级	外部担保	政府、企业和个人担保等
	资产池保险	确定资产池中需要填补的信用风险金额，由保险公司提供保险
	信用证	通过信用证形成第三方不可撤销的在一定条件下购买 SPV 金融资产的义务，相当于由金融机构发行保险单

4. 信用评级。交易机构对交易发行的证券进行分析和评级，为投资者提供证券选择和定价的依据。第一步和第三步往往是同步进行的，信用评级机构从交易一开始甚至计划阶段就参与进来，在整个资产证券化过程中提供意见和反馈。

5. 发售证券。由承销商通过公开发售或私募的形式向投资者销售证券，收入用于向发起人支付资产购买价格。

6. 售后管理与服务。发起人指定一家资产管理公司管理资产池，负责收取、记录由资产池产生的现金收入，并将现金收入存入受托管理人的收款专户。受托管理人按约定收取资产池现金流量，并按期向投资者支付本息，向专业服务机构支付服务费。

7. 二级市场交易。二级市场交易是资产支持证券在场内市场上市交易或通过场外市场进行交易的过程。

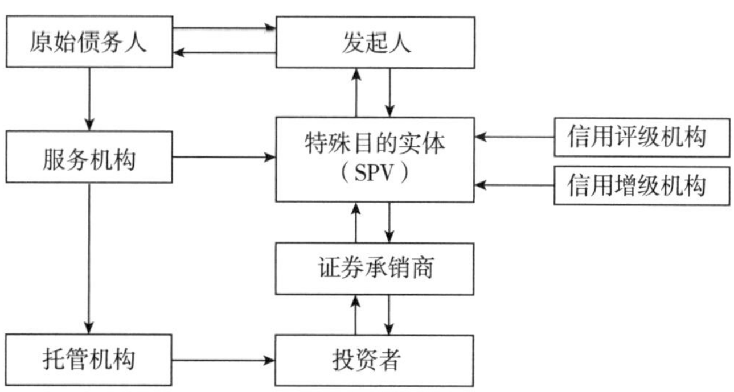

图 11－2 资产证券化的基本架构

（二）资产证券化中特殊目的实体（SPV）的功能

特殊目的实体是资产证券化的发行人，其与一般传统的证券发行主体不同的地方在于，其主体特征淡化而工具性特征凸显，主要业务活动基本都通过公司章程和资产证券化计划确定，股东结构简单，没有专门的董事会成员，甚至没有自己的雇员，股权的行使、公司的管理、资产的管理以及收取和分配证券化资产所产生的现金流等工作都委托给专业化的服务机构完成。

一般来说，SPV 是一种信托，由发起人设立，是为了购买其发起的贷款以及在资本市场上发行由该贷款产生的现金流支持的受益凭证。实际上，贷款的购买和受益凭证的发行几乎同时发生，它们是这个交易的两个部分。一方面，SPV 通过发行资产支持证券在资本市场上募集资金；另一方面，它用发行证券所得支付购买基础资产的款项。

从资产负债表上看，SPV 除了持有从发起人处购买的资产之外，再无其他资产，而负债也只包括发行的这部分资产支持证券。在这种特殊的资产负债结构下，资产的现金流与负债是匹配的。SPV 因此不仅成为证券发行的载体，而且还具有了对现金流量形式进行变换的功能。从会计和法律角度看，SPV 是与破产隔离的。通过设置 SPV，阻绝了资产出售人与被出售资产之间的关系，原始权益人将其拥有的资产合法有效地转移至 SPV，形成资产池，使已经转移的资产与原始权益人的其他资产合法有效地隔离，从而达到破产隔离的目的。这就是 SPV 的风险隔离或破产隔离功能。

（三）SPV 的组织形式

SPV 所采用的形式会对其发行的资产支持证券的顺利发行产生影响，因此，SPV 的选择及交易结构的设计将直接影响到资产证券化的成本、效率乃至成败，是资产证券化运作成功与否的重要保障。参照各国的资产证券化实践和相关立法，SPV 的法律形态主要有信托形式、公司形式、有限合伙形式三种。

1. 信托形式

以信托形式设立 SPV，指的是原始权益人将基础资产委托给 SPV 管理，成立信托关系，由 SPV 作为证券的发行人，发行代表对基础资产享有权利的 SPV 的组织形式。在实务中，根据资产证券化的不同需要，作为资产证券化架构的信托先后采取了让与信托、所有人信托和统合信托三种形式。

（1）让与信托。让与信托主要适用于过手证券架构，其特点是以过手证券形式发行单一种类的不可分割的信托受益凭证。该信托凭证表明，证书的持有人，即受益人，按份额对信托财产即资产池享有不可分割的权益，并且可以自由转让该证书。让与信托代表并保护投资人的利益。让与信托发行的证券种类比较单一，只能发行单一种类的不可分割的信托受益凭证。此外，让与信托的资产组合是固定的，是一种标准的消极经营。

（2）所有人信托。所有人信托也称为业主信托，是一种杠杆融资及项目融资的常见形式，近年来开始广泛应用于资产证券化的 SPV 的组织结构形态设计上，与让与信托没有太大区别。

（3）统合信托。统合信托是以同一个信托于不同时间发行多系列的债券，每一系列是以同一时间加入统合信托的循环型债权为共同基础发行的多组债券，这些系列债券的背后有一群共同的循环型债权作为担保。

2. 公司形式

公司形式是证券化操作中最常用的组织形式，因为公司形式为大多数投资者所熟悉，其发行的证券容易被投资者所接受。它可以多次发行多种类型证券，并可参与多种证券化资产的转让及证券化交易，有利于资产支持证券的多样化。

3. 有限合伙形式

有限合伙由一个以上的普通合伙人与一个以上的有限合伙人组成，普通合伙人承担经营管理职能，以其全部财产承担无限连带责任；而有限合伙人不参与合伙事务的经营管理，只根据出资额享受利润、承担债务，即承担有限责任。有限合伙的重要特点就是合伙由其成员所有并为成员服务，有限合伙形式的 SPV 主要向其成员即合伙人购买基础资产，主要为其成员证券化融资服务，这也是其区别于公司形式的 SPV 的主要不同点，公司形式的 SPV 可以到处购买资产。同时，有限合伙形式也是一种免税实体，可以进行避税。

表 11－3　SPV 组织形式的优缺点比较

优缺点	信托			公司	有限合伙
	让与信托	所有人信托	统合信托		
优点	风险隔离，避免双重征税	可发行多级证券；风险隔离；避税	可提前融资；本金款项使用灵活；分配款项灵活；免税	实体优势；可发行多种资产支持证券；初始发行费用低	免税；为合伙成员进行证券化融资
缺点	不能发行等级不同的证券；不得再投资；有些国家信托制度不完备	有些国家信托制度不完备	有些国家信托制度不完备	法律监管较为严格，需要纳税	法律手续烦琐；合伙份额转让受到严格限制；风险隔离效果欠佳
主要风险	法律风险；信托财产管理风险	法律风险；信托财产管理风险	法律风险；信托财产管理风险	实体合并风险	风险隔离的风险

五、资产证券化的主要风险和对策

虽然资产证券化产品一般具有风险低、收益高、流动性强的特点，但这些特点都是相对的，和其他证券化产品一样，资产证券化产品也有信用风险、降级风险、利率风险、流动性风险等。下面介绍一下资产证券化产品中几种常见的风险及对策。

1. 提前偿付风险。提前偿付风险是指资产支持证券比预计的日期提早得到偿付，这种情况一般是由于资产证券化交易中的基础资产现金流的提前而引起的。借款人提前偿还的不确定性将对资产支持证券的现金流产生重大影响，其结果是缩短或延长证券的预定投资期，从而使得投资者的收益变得不确定。针对提前偿付风险，可以通过以下三种办法解决：（1）发起人在构建资产池时选择对提前偿付有约束的贷款。（2）委托资金托管人将提前收到的现金流用于购买国债、金融债等来调整现金流，降低投资人的再投资风险，确保投资人的投资收益和期限符合要求。（3）通过结构化设计对资产池的现金流进行特殊切割，确保特定的证券在一定范围内不受资产现金流变化的影响。

2. 信用风险。信用风险是指证券的发行人不能按时对证券本息进行支付的风险。信用风险的变动会改变证券的市场价值，资产池信用质量的整体恶化还可能直接影响证券的现金流。针对信用风险，可以采用信用保险或对冲信用风险工具来规避，对冲信用风险工具有信用价差期权、信用远期合约、信用互换等。

3. 利率风险。资产证券化的利率风险来自两个方面：一是利率变化对资产池的现金流的影响；二是利率变化对证券本身定价的影响。证券的定价和利率呈反向变动关系，利率的上涨会导致证券贬值，如果投资者必须在到期前出售证券，就会导致损失。针对利率风险，可以运用利率期权、利率期货及利率互换等金融衍生工具进行转移。

4. 流动性风险。流动性风险主要表现为证券以接近于其真实价值的价格出售的难易程度，一般用市场上的买卖价差衡量，价差越大，流动性风险就越大。

5. 服务商和管理人风险。资产证券化交易中的资产是由服务商和管理人来管理的，如果服务商和管理人违约或破产倒闭，资产证券化的运作就会面临停止或瘫痪的危险。针对这一风险，一般的资产证券化交易都会指定后备服务商或管理人。

第三节　住房抵押贷款证券化及金融资产担保证券化

一、住宅抵押贷款与住宅抵押贷款证券

自从美国于 1968 年以过手证券形式发行第一例住宅抵押贷款证券以来，住宅抵押贷款证券显示出旺盛的生命力，获得了极大的发展，仅美国的存量规模就超过 8 万亿美元。美国的住宅抵押贷款证券化一级市场和二级市场都已经非常成熟，产品流动性很高，远销世界各地，已成为购买房产最重要的资金来源，也是很多机构投资者投资组合中不可或缺的一个产品类别。甚至在金融危机爆发后，住宅抵押贷款证券化还成为美国政府救市计划中货币政策的传导工具。

（一）住房抵押贷款

对于大多数人来说，购买房屋是其一生中最重要的一笔投资，但很少能有人一次

性付清全部房款，通常做法是依靠一笔长期住宅抵押贷款来融资。作为一种长期融资工具，住宅抵押贷款自然而然成为资产证券化产品中最大的基础资产来源。其具有以下三个方面的特点：

1. 贷款的同质性较高。住宅抵押贷款的贷款期限通常为 20 年或 30 年，抵押物均为住宅，现金流方式多为等额还款或等息还款。

2. 贷款期限较长。住宅抵押贷款多为长期贷款。

3. 以固定利率为主。虽然在 20 世纪 80 年代以后，住宅抵押贷款中半年或一年调整一次利率的浮动利率逐渐流行，但 30 年期固定利率抵押贷款仍是主流。

（二）住宅抵押贷款证券化的特点

与住宅抵押贷款的特点相适应，其证券化产品呈现以下特点：

1. 住宅抵押贷款支持证券的存续期较长，因此受托机构、资金保管机构、证券托管机构、信用评级机构、会计师事务所等中介机构与发起机构之间的合同关系也必将维持较长时间，在此过程中，任何一方违约都会对项目带来不利影响。因此，对所有相关机构的选择都必须慎重。

2. 住宅抵押贷款支持证券的安全性较好，收益相对不高，所以它的投资者大多是风险厌恶型的，以保险机构、养老机构等机构投资者为主。

3. 住宅抵押贷款支持证券以个人住宅抵押贷款为基础资产，而个人房贷的还本付息采用月供形式，资金保管机构每月都有资金进入，证券托管及收益支付代理机构每月都要向证券持有人支付收益。

（三）住宅抵押贷款证券化流程

1. 发起人将贷款组合移交给发行机构，并附上相应的文件，要求发行机构承诺以贷款池中的抵押组合为证券担保。

2. 发行机构研究其申请，若可行，则给贷款池分配 1 个代码，并签署承诺。

3. 发起人将文件转交给保管人，并将贷款池相关文件转交给发行机构。

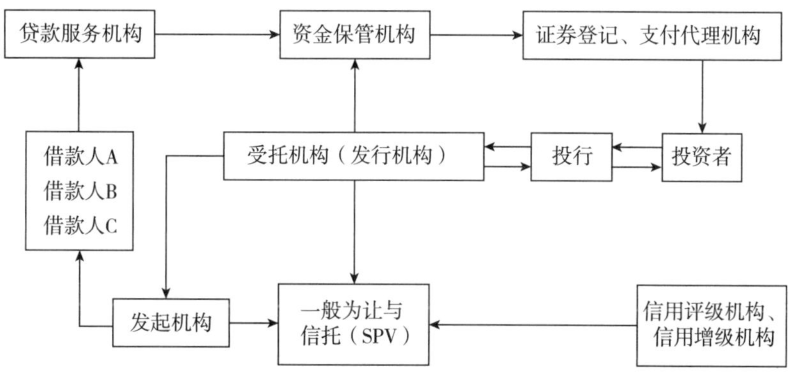

图 11－3 住宅抵押贷款证券化流程

4. 预期发行机构会发行证券，发起人将会与交易商、投资银行等接洽，寻求以合适的价格和收益率出售特定数量的承诺。

5. 发行机构研究文件，发行支持证券。

（四）住宅抵押贷款证券的风险及化解

1. 违约风险

住宅抵押贷款一般均有抵押，但如果遇到房地产市场不景气或其他因素，导致拍卖所得不足以抵偿贷款本金余额和所欠利息，银行就要遭受损失。

针对违约风险，可以从两个方面防范。第一，在资产池构建环节进行抵押贷款收购。例如在美国，房利美和房地美就不仅收购由联邦住宅管理局和退伍军人管理局提供担保的抵押贷款，还收购其他无政府担保的贷款。为降低违约风险，房利美和房地美要求收购的贷款需要满足一定的标准，如超过一定标准，借款人必须就超过的部分购买私人贷款保险。第二，在住房抵押贷款证券的设计中约定，不管抵押贷款组合是否收到了借款人偿还的本金和利息，都要保证按原计划向投资者支付所有的本金和利息，一般由发起人或联邦政府贷款机构担保的贷款本息的支付可以预测。

2. 提前偿付风险

提前偿付是住宅抵押贷款证券的一个特色，主要有三种形态：一是迁移，即转售即还条款，一旦房子被出售，抵押贷款必须被完全偿付；二是贷款违约，即当贷款违约时，银行具有对住宅的留置权，这也会影响现金流量；三是节省利息动机，贷款人出于此动机，也会提前偿还贷款。

针对提前偿付风险，最好的防范方法就是提高贷款池的同质性、分散性和规模性，从而提高预测的准确性。同质性表现为不同种类、不同期限和利率的贷款不放在同一个资产池里。规模性是指对住宅抵押贷款证券规定一个最低的资产池规模。分散性是指规定单笔贷款的最大规模，力求达到贷款池中贷款数目的分散性。

二、汽车贷款证券化

汽车贷款证券化产品是非抵押贷款证券化产品中最重要的一个分支，也是继住房抵押贷款证券化之后出现得最早的资产支持证券。1985 年，美国海丰银行发行了第一只汽车贷款证券，规模仅 6000 万美元；之后，汽车贷款证券化发展迅猛，纳入的汽车贷款的类型不断丰富，交易结构也渐趋复杂和完善，到 2013 年，美国的汽车贷款证券年发行量已接近 900 亿美元。

（一）汽车贷款证券化的分类

汽车贷款支持证券的发行主体主要有三类：（1）国内自营优质发行人，如福特和通用所属的汽车金融公司；（2）国外自营发行人，如日本、韩国和欧洲汽车厂商所属的汽车金融公司；（3）非优质发行人和低质发行人贷款支持证券发行人，如 Household

和 AmeriCredit 所属的汽车金融公司。

就基础资产而言，汽车贷款主要有三种类型：（1）零售汽车贷款（由国内外汽车厂商所属的汽车金融公司或低质汽车贷款支持证券的发行人发放）；（2）对汽车零售商的铺售计划贷款；（3）汽车租赁的应收账款。

（二）汽车贷款证券化的核心环节

1. 违约风险

尽管汽车消费贷款的坏账率并不是很高，但违约风险也是汽车贷款支持证券不容忽视的一个问题，因此，汽车消费贷款的质量和信用评级在防范汽车消费贷款的违约方面相对比较重要。

2. 提前还款

和住宅抵押贷款不同，汽车贷款的提前还款行为并不常见。一般而言，汽车贷款的提前偿付有以下四种类型：以旧换新、违约导致的汽车清算偿还、汽车受损、再融资。由于汽车贷款对利率的敏感性并不强，因此再融资并不是提前还款的主要动机，汽车受损和以旧换新才是提前偿付的主要因素。就提前还款而言，是按照每个月提前还款的贷款协议数量来度量的，数额只是初始本金余额的某个百分比。

3. 信用评级与增信

汽车贷款证券化交易中的信用增级有多种方法，包括超额抵押、优次结构的分档设计、现金抵押账户、储备账户以及超额利差等。汽车贷款及其担保品的品质直接影响到信用评级的优劣，主要因素包括贷款的首付款比例、贷款期限分布、担保品的新旧与折旧速度、贷款账龄等。

4. 交易和相对价值

汽车贷款支持证券是资产证券化市场上稳定性和流动性比较强的产品，其因在现金流结构和信用增级方面的不断创新而受到投资者的热捧，交易很活跃，收益率价差区间很窄。汽车贷款的期限通常较短（3 ~ 6 年居多），属于短中期消费贷款；还款形式都是还本型，且允许提前还本。因此，其资产池每月的现金流量包括三个部分：借款人每月支付的贷款本息、每月偿还的本金和可能提前偿付的本金。

（三）汽车贷款证券化的基础资产

汽车贷款是借款人与融资人之间的合同契约，是一种抵押贷款，贷款人将汽车作为贷款的抵押品，贷款总额一般按照事先约定的还贷比率进行摊销，贷款还清前，汽车的所有权始终属于贷款人。

1. 借款人

汽车贷款的风险取决于两个重要因素，即借款人的信用和抵押品的价值，借款人可以是个人、公司、分销商等。

2. 抵押品

在汽车贷款支持证券中，抵押品的价值即汽车的价值。汽车的价值往往取决于一系列因素，但折旧是汽车价值下降最主要的原因，折旧的水平与车的类型、型号及制造商相关，同时还受市场状况和价格的影响。

3. 贷款期限

汽车贷款的合同期限比较短，一般为3～5年，长一点的为5～7年，合同期限决定了汽车贷款的法定偿还速度。在汽车贷款证券化交易的发行文件中，发行人一般要对基础资产的平均贷款期限、已摊还期限和剩余贷款期限进行明确的披露。而且，评级机构和投资者会特别关注长期贷款（大于60个月）在资产池中的比例，所以这一指标也会在交易发行报告中披露。

4. 利率

汽车贷款的利率取决于贷款的风险、期限和当时的市场利率水平。在其他条件相同的情况下，风险越高、期限越长，贷款利率水平就越高。有时候，汽车制造商和分销商为了促销，还会通过旗下的金融公司提供利率减免优惠。

5. 首付及抵押率

抵押率是指贷款余额与抵押物价值的比率。在其他条件相同的情况下，抵押率越高，借款人违约的可能性越大，尤其对于次级借款人而言。为了降低损失风险，一般在汽车贷款中会要求借款人支付一定比例的首付款。

（四）汽车贷款证券化的结构设计

1. 交易类型

汽车贷款证券化的类型大致可分为两种：发行单组证券的过手证券架构和发行多组证券的转付证券架构。在过手证券架构下，只发行单组债券，汽车融资公司可以将车贷组合转移到一个让与信托，并利用让与信托来发行证券。在转付证券架构下，发起人应市场需求而发行多组证券，此时，汽车融资公司将车贷组合出售给SPV，SPV以车贷为担保品发行证券并出售给投资人，并设立一个所有人信托主导经营，从事证券化工作，同时设立受托机构，负责证券化的一切行政业务。

2. 交易主体和架构

汽车贷款证券化主要通过让与信托与所有人信托的结构来完成。让与信托与所有人信托的作用主要是通过掌握汽车贷款债权，形成防火墙以隔绝SPV发生财务困难时的追索，并提供一个免税的个体。让与信托配合转付证券架构发行单组证券之后，只能转付现金流量，不允许对基础资产进行期限和信用分档等结构化设计。目前，汽车贷款证券化的主流是所有人信托形式，配合支付架构发行多组证券，以实现不同信用档级和期限现金流的重新分配。

三、信用卡资产证券化

信用卡资产证券化是资产证券化中一个独特而重要的分支。在其产生之前，资产证券化产品的标的资产都属于还本型债权，如住宅抵押贷款、汽车贷款等都属于此类。信用卡债权现金流量不稳定，是循环型债权的代表。利用证券化，信用卡公司可以降低融资成本，分散资产风险，提高财务指标，扩大业务规模，盘活应收款存量，从而提高收入、利润率、流动性和股东价值。自1987年诞生以来，信用卡资产证券化规模一直平稳增长，如今已成为信用卡公司最重要的融资渠道，也是最大的非住宅抵押贷款型证券化产品。

（一）信用卡贷款的特点

1. 信用卡贷款属于典型的循环额度贷款，一旦获得审批，就可以在获准的额度内随借随还，再借再还，无须多次审批。一般而言，申请人的财力和信用记录越好，所获得的信用额度就越高。

2. 信用卡的发贷方对借款方在资金的用途上一般没有限制，并且在使用方式上一般也没有限制，灵活方便。

3. 信用卡贷款是一种无担保信贷。发卡方发放一般的信用卡是根据其对借款方的信用和财力估价，而不是基于任何抵押或担保（现在也有以第三方担保或以存款为抵押的银行信用卡，但规模非常小）。因此，信用卡违约损失不能通过变卖抵押品加以收回，而只限于对违约者进行劝导，潜在违约风险较高。

4. 信用卡贷款没有固定的分期还款时间表。信用卡费用的收取和偿还可以随时发生，信用卡贷款余额经常发生变动，即资产池的价值是波动的，现金流量极不稳定。

5. 信用卡贷款的还款期相对于其他种类贷款来讲是很短的。按照还款行为方式，信用卡持卡人可以分为两种：一种是便利使用者，这类持卡人只是把信用卡作为一种支付方式，每月付清账款，还款期为一个月或更短；另一种是周转借款者，这类持卡人是真正的“信用”借款人，他们一般不付清所有余额，而是每月根据财务状况偿付最低还款金额，剩余部分则周转到下个月再付。但周转借款者也因为有授信限额或高利息的压力，不可能一直拖着不还，一般在8～10个月还清。

（二）信用卡贷款证券化的核心环节

1. 违约风险的衡量

信用卡资产的质量不仅与经济、监管、法规、文化等因素有关，与贷款发行人的发行程序、风险管理、收款能力和客户服务水平等因素也有着直接或间接的关系。在这里，主要介绍几种关乎信用卡资产质量的经济指标，即收益率、冲销率、本金偿还率和购买率。

（1）收益率。信用卡资产池的收益率是每月收入所得除以当月初信用卡应收款总额的年化后的比例，主要用于衡量资产的收入水平。信用卡资产的收益主要包括融资费用收入（利息）、交换费和其他收费三项。

（2）冲销率。冲销率是每月发生的不可收回的坏账额除以当月初信用卡应收款总额的年化后的比例，主要用于衡量资产的信用水平。影响冲销率的因素有放贷标准、收款能力、监管制度、法律环境和经济因素等。

（3）本金偿还率。本金偿还率是每月收到的信用卡应收款本金付款占月初信用卡应收款余额的比例，用于衡量信用卡借款人的还款速度。影响还款速度的因素主要包括最低付款额度、最低付款借款人的比例、迟付借款人的比例、便利使用者和周转借款者的比例等。

（4）购买率。购买率是每月因信用卡的使用而产生的新的应收款占信用卡应收款余额的比例，用于衡量信用卡的使用率。购买率不仅与收入和消费有关，也和信用卡本身对用户的价值有关。

2. 信用增级

针对信用卡资产的特点，主要使用的信用增级方法有以下三种：一是利差与利差账户。债权总收益 -（债权利息 + 服务费 + 坏账）= 利差，设置利差账户是为了将这部分利差存入一个利差账户，用于弥补已经发生或可能发生的损失，当负利差存在时，才动用其他形式的信用增级。利差是评估信用卡贷款证券财务状况最重要的指标。二是现金担保账户，即由发起人安排成立一个现金专户来支援某一系列债券的现金流量，在超额利差为负时即可以动用。三是优先/次级债券。这是一般证券化普遍采用的增级方式。

（三）循环购买和多次发行的运作模式

信用卡资产证券化的总体流程和其他资产证券化一样：先是由发放或买入贷款的发起人把资产汇总成资产池，卖给一个专门的信托，然后由信托出面把资产池的现金流进行分割、重组并打包成证券出售给投资者。但是，由于信用卡贷款的循环、短期、无担保、浮动余额和无预定还款期等特点，无法适用汽车贷款等的封闭式、还本型结构。如何实现短期信贷资产支撑长期债券的证券化？那就必须对短期信贷资产进行拉长延伸，循环购买，周转支持，利用老的短期资产的现金流来购买新的短期资产。

1. 单一信托和统合信托

为了解决循环购买，避免每次资产转让都要设立一个新信托的问题，信用卡公司一般采用统合信托模式而非传统上的单一信托模式。单一信托即发行人首先将信用卡贷款转到一个单独的信托，然后以单一信托向投资人发行一种或多种证券，之后，若需要发行新的证券，则需要重新设立一个新的担保资产池。而统合信托可以长期不停地购买信用卡应收款，并以汇集的信用卡应收款资产池作为支撑，多次发行证券系列，每个证券系列都可以分享这个统合信托里信用卡应收款的权益。

2. 卖方权益

统合信托证券化开始时，卖方一般会放入足够的信用卡应收款到统合信托里以支持信托发行的投资者权益凭证，并额外多放一部分应收款作为卖方权益。卖方权益和已发行的其他权益凭证共同分享统合信托里的资产，享有同等权利，卖方权益代表着卖方对已转让到统合信托里但还没有出售的那部分额外资产的权益。

（四）现金流的使用和分配

1. 常规设计

基于信用卡贷款短期和无定期付款的特点，要用其现金流来支持相对长期的债券，其现金流的使用和分配设计就显得十分重要。一般信用卡资产证券化的现金流采用两段式设计：周转期和控制摊还期或控制积累期。每个月，服务商会把投资者权益分得的本金现金流和融资费用现金流分别存入两个不同的收款账户：本金账户和融资收入账户。在周转期，本金账户的钱会用于购买该信托指定信用卡账户里的新的信用卡应收款或卖方新指定到信托的信用卡账户中的应收款。周转期过后，会采用控制摊还期或控制积累期来为最后的分期或到期付款积累后续资金。在控制摊还期方式下，本金账户里这个系列享有的那部分本金收入会被用来直接偿付该系列证券，每月如此，直到全部付清。在控制积累期方式下，本金账户里相应的那部分本金收入会被存入一个特定的信托账户，用于短期投资，该短期投资就变成系列证券的基础资产，其价值随着积累和再投资收入而增长，直到足以一次付清该系列证券。

2. 加速偿还设计

为了确保投资者在信用卡基础资产出现严重问题时能够尽快收回投资，信用卡证券信托都设有特定情况下的提前分期偿还期。一旦发生提前偿还事件，信用卡证券的周转期就马上结束，所有分摊到投资者权益凭证的本金收入将会全部用于偿还证券投资者，而不是用来购买新的信用卡应收账款。而且，提前偿还期内，用于偿还投资者的本金收入的分配不是按照各个证券的法定或预期到期日，而是按照证券的优先级档次来安排。

四、商业不动产抵押贷款证券化

商业不动产主要是指能产生租金收益的不动产，包括出租的公寓住宅、办公大楼、购物中心、工业园区、旅馆等。商业不动产抵押贷款证券（CMBS）是指将收益性不动产的抵押贷款包装起来，并发行表示其价值的债券。商业不动产抵押贷款证券市场最早出现在20世纪80年代中期的美国，是储贷危机的一个结果。20世纪70年代末期不断恶化的通胀和80年代初期的税改致使储贷机构过分热衷于商业不动产投资，它们用长期商业物业抵押贷款为商业不动产项目提供短期基建融资。然而，当美联储在20世纪80年代初为抑制通胀而提高短期利率时，储贷机构发现它们已身处困境，为了持有长期抵押贷款再融资而不得不忍受很高的短期利率。1986年税收改革法案取消了持有商业不动产所获的税收收益，这直接导致了几百家储贷机构倒闭。为了接管倒闭的储贷机构，美联储成立了重组信托公司，商业不动产抵押贷款证券应运而生，资产证券化是重组信托公司用来处置商业物业抵押贷款的主要技术。

（一）商业不动产抵押贷款的特点

商业不动产抵押贷款的发放过程与住宅抵押贷款不同，两者在借款人、贷款方式和抵押品三个方面存在明显的区别：（1）商业不动产抵押贷款的借款人是企业，而住宅抵押贷款的借款人则是个人购房者；（2）商业不动产抵押贷款的偿还期通常为10年，而住宅抵押贷款的偿还期可以长达30年之久；（3）商业不动产抵押贷款的抵押品是商业不动产，其出租收入是偿还贷款的来源，而住宅抵押贷款是以单套住宅作为抵押，以借款人的个人收入作为还贷来源。

商业不动产抵押贷款与住宅抵押贷款还有一个重要区别是，商业不动产抵押贷款有提前还款保护机制，即几乎所有的商业房地产抵押贷款都有禁止提前还款的条款，而住宅抵押贷款可以在到期前的任何时候按照面值提前还款。提前还款保护机制有三种：强制锁定、收益保全和现金流保全。（1）强制锁定，是指在贷款合同中规定一定的锁定期，在此期间禁止提前还款，这是最直接的保护方式。锁定期可以是贷款发放后的前5年，第5年后，可以提前还款，但必须交纳一定的罚金。此后，罚金随时间的推移逐年下降。（2）收益保全，是指借款人对贷款人因提前还款而损失的利息收入进行补偿，也就是说，借款人对贷款人的补偿要能够使贷款人的利益不会因提前还款而受到影响。（3）现金流保全，则是要求借款人用一组国债替换已提前还贷的现金流，以使得贷款人的现金流不受提前还款的影响。

从贷款发放的角度看，商业不动产抵押贷款重点关注两个指标：按揭比率和偿债覆盖倍数。按揭比率衡量的是融资的杠杆程度，偿债覆盖倍数衡量的是基础抵押资产产生现金流偿还债务的能力。

（二）商业不动产抵押贷款证券化的核心环节

1. 信用增级

由于商业不动产抵押贷款的期限较短，且对提前偿还有限制性处罚，因此，商业不动产抵押贷款的风险已不是提前还本风险，而是与借款人的拖欠和违约行为有关的信用风险。因此，商业不动产抵押贷款常用的信用增级方式有：超额担保、优先/附属债券结构安排、设立储备基金账户等内部信用增级，以及来自其他机构或保险公司的担保和保险等外部增级。除此之外，交叉担保和交叉违约是商业不动产抵押贷款信用增级的独特之处。交叉担保是指当单一借款人提供多个贷款作为证券化的抵押品时，可以用每一个提供担保的不动产来共同担保所有的贷款。交叉违约则将交叉担保的效果再推进一步，它允许业主在出售抵押不动产时，用所得到的收益相互支援。

2. 评级前贷款重估

商业不动产抵押贷款有一个重要特征，即评级机构会对所有的基础贷款进行重估。评级机构会适度调高贷款的按揭比率，并调低偿债覆盖倍数，以提高融资杠杆指标并弱化偿债能力指标。这样做，可以使得评级机构从比贷款人更保守的角度出发评估抵押贷款的潜在违约和损失风险。重估后，基础资产获得不同信用评级所需的信用支持水平比发行人最初预期的要高。在贷款重估的基础上，评级机构对商业不动产抵押贷款支持证券进行评级。

3. 区分联合型和聚集型基础抵押贷款支持证券

在一个基础交易资产池中，其构成情况较为复杂，包括写字楼、酒店、多户公寓和零售业建筑等。20 世纪 90 年代，联合型交易是最主要的类型，但聚集型后来居上。联合型商业不动产抵押贷款支持证券是指由以多种类型的房地产为基础的抵押贷款提供担保的支持证券。聚合型交易是指 10 笔最大的贷款合计超过资产池的 40% 的交易。

4. 交易和相对价值

商业不动产抵押贷款证券吸引人的地方在于提前还款情况相对确定，与相同期限国债之间的收益率差价也相对较大。提前还款的确定性来自强有力的提前还款风险防范措施，收益率差价较大的原因则在于房地产市场的波动性使得投资者对投资商业不动产抵押贷款支持证券抱有更强的不安全感，因此，必须以更高的收益率对投资者进行补偿。正是由于这些原因，商业不动产抵押贷款证券几乎一问世就以其优良的信用质量和较大的收益率差价成为固定收益投资产品中的重要一员。

（三）商业不动产抵押贷款证券化的结构

商业不动产抵押贷款支持证券的主要交易流程是：

（1）借款人以商业性不动产抵押向承贷机构贷款，债权产生。

（2）承贷机构将商业性不动产抵押贷款移交信托机构，开始证券化的工作。

（3）信托机构发行证券，出售给投资人。

（4）出售人为信托安排受托机构来处理证券化相关业务。

（5）借款人将每月应付贷款本金、利息交付服务机构。

（6）服务机构将所收集款项转交受托机构。

（7）SPV 将处理不良债权的所得转交受托机构。

（8）受托机构分配本息给各组证券投资人。

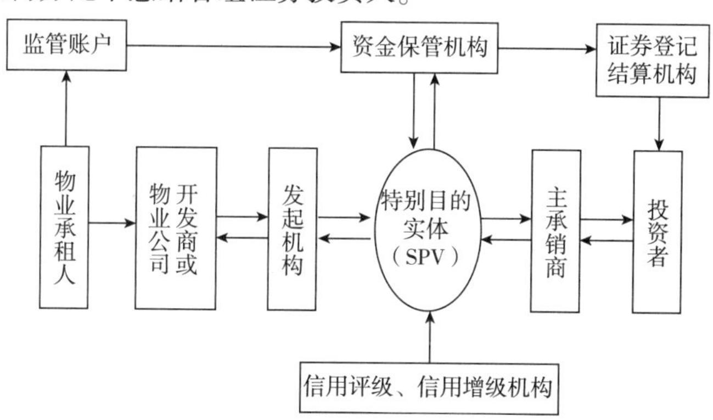

图 11－4　商业不动产抵押贷款支持证券

（四）商业不动产抵押贷款证券化的法律结构和交易特点

商业不动产抵押贷款证券化在结构上和其他资产证券化很类似，主要体现在发行信托和卖方的风险隔离、借款人和发行人的风险隔离两个方面。

在商业不动产抵押贷款证券化的交易中，一般会有两个同时进行的买卖：（1）由贷款人（卖方）把贷款出售给一个与贷款人关联的储贷方；（2）储贷方把贷款卖给由储贷方按照资产组合服务合同而成立的一个信托机构（发行人）。商业不动产抵押贷款证券化中的发行人信托，大多数会选择不动产抵押贷款投资通道信托的实体形式。

本章重要概念

资产证券化　抵押贷款支持证券　资产支持证券　过手证券　转付证券　特殊目的实体　让与信托　所有人信托　统合信托

第十二章　金融市场风险与金融监管

本章学习目标

第一，了解金融市场风险的基本概念；第二，掌握金融监管的含义和要素；第三，理解金融监管的理论依据；第四，了解金融监管体制模式在不同的国家（地区）有不同的特点；第五，了解主要发达国家的金融监管体制改革过程；第六，掌握我国金融市场的监管体系。

金融从诞生之日起就伴随着风险。尤其是20世纪70年代以来，全球金融市场自由化、一体化进程加速，金融理论、产品和信息技术不断创新，使得金融市场变得越发敏感而动荡，金融市场风险日益成为全球企业、金融机构和政府必须面对的主要金融风险之一。如何平衡金融市场风险与金融监管之间的关系，也是理论界和实务界一直争论和探索创新的课题。

第一节　金融市场风险

一、金融风险与金融市场风险

风险是一个常用的概念，然而它的内涵和外延，在不同的约束环境中，存在差异。日常话语条件下，风险总是带有某种负面含义。1921年，弗兰克·奈特（Frank H. Knight）在他的名著《风险、不确定性和利润》一书中，指出了这个世界的三种形态——确定的（Certainty）、有风险的（Risk）和不确定的（Uncertainty）。一般地，风险即是未来结果的不确定性。凡是能够引起我们关心的变量发生不确定波动的因素，就是风险的来源，或称为基础原因。通常，我们正是按照不同的风险来源对风险进行分类的。根据风险来源与金融体系是否相关，风险分为非金融风险和金融风险两大类。非金融风险主要包括战略风险（Strategic Risk）和业务风险（Business Risk）。金融风险则是由金融体系不确定因素产生的一系列风险的总称。

按性质和来源不同，金融风险进一步分为以下风险：

1. 金融市场风险。金融市场风险是指由于金融价格因子波动而形成的资产未来可能发生的损失。在资产证券化、可交易化和市场波动加剧的条件下，金融市场风险成为金融机构承担的主要风险之一。

2. 信用风险。信用风险是指由于借款人或交易对手不能或不愿履约而导致的可能损失。传统上，银行等金融机构的资产多由贷款、按揭等组成，缺乏流动性，资产价值对市场因子不敏感，最大的风险就是不能履行合约。所以20世纪70年代以前，信用风险是最受重视的金融风险类型。但是，随着金融市场风险地位的上升，这种情况已经改变。

3. 流动性风险。流动性风险是指由于金融市场、金融产品或金融机构缺乏必要的流动性而导致的可能损失。它是一种综合性风险，是其他风险在金融机构整体经营方面的综合体现。金融市场风险和信用风险都可能以流动性风险的形式表现出来。流动性风险的根源，在于金融机构的资产和负债可能引起非预期的流动性需求，为满足这种需求，常常要付出额外的代价，从而导致损失。

此外，金融风险还包括操作风险、法律风险、信誉风险等其他类型。

二、金融市场风险的原因与度量

金融市场风险是金融风险的主要表现之一。金融市场风险产生的基础原因是金融价格因子不稳定而引起的金融资产价值减少。

金融资产价值损失超过一定限度，会将金融机构的风险资本消耗殆尽，从而引发信用危机，形成信用风险。金融机构为避免这种危险，通常采取主动融资或交易行动，很容易产生非预期的流动性需求，稍有不慎，即会面临流动性风险、操作风险等其他金融风险。可见，金融市场风险往往是其他金融风险的基础原因，在整个金融风险体系中具有特殊的地位。此外，金融市场在当今虚拟化程度不断提高的金融经济中承担着越来越重要的角色，几乎所有经济主体都要通过其完成资源配置。因此，金融市场风险也成了大家共同面对的主要风险之一。

金融市场风险这种基础性的重要风险类型，并不是从一开始就引起了人们足够的重视。因为传统上认为，相对于信用风险而言，金融市场风险并不十分显著。对这种观点的直接支持来自金融市场风险的定义：金融市场风险是指金融市场因子变动造成金融资产贬值的可能性。据此，金融市场风险的大小取决于两大因素：金融价格因子波动程度和金融资产价值与这种波动的相关程度。20世纪70年代以前，这两方面的程度都不高，金融市场风险较小，因此未能得到充分重视。而这之后，金融市场风险逐渐凸显，成为最重要的金融风险之一，同样与这两大因素直接相关，这是因为它们的程度都有了很大的提高。

先分析金融市场因子波动程度。现代金融理论和实证研究表明，基础性金融市场因子有利率、汇率、股票价格和商品价格等。几乎所有金融资产的价值，直接或间接地都可以表示为这几个因子的函数。金融市场因子的波动程度越大，金融资产价值波动也越大。正因为如此，我们才能通过分析金融市场因子的变动，推测金融资产价值的变化，从而估计金融市场风险的大小。近40年来，金融市场因子呈现高度的波动性，从一些比较有代表性的金融市场因子的历史数据中，我们可以清楚地得出这一结论（见图12－1、图12－2、图12－3、图12－4）。

图12－1　美元/日元汇率走势

（资料来源：美国联邦储备银行）

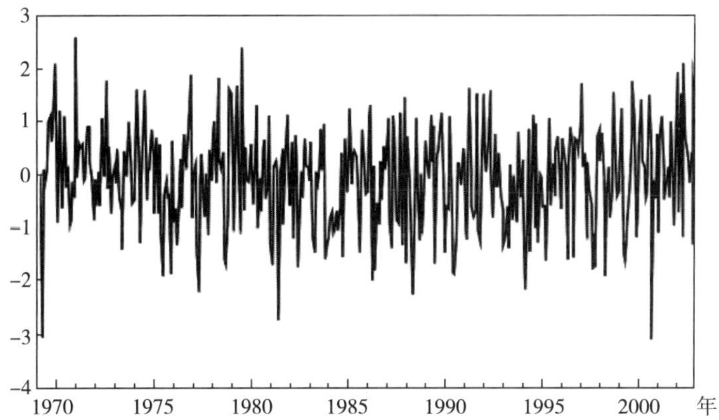

图12－2　道·琼斯500指数波动性

（资料来源：纽约证券交易所）

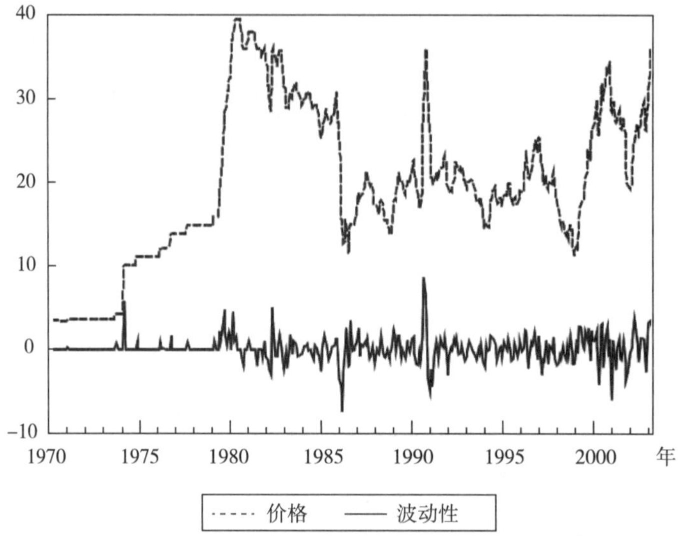

图 12－3　原油价格及其波动性

（资料来源：http：//www. oecd. org）

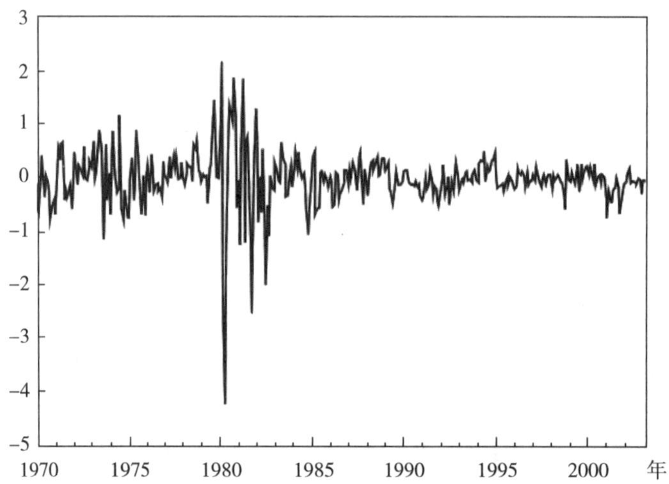

图 12－4　六个月期美国政府债券收益率波动性

（资料来源：FRED Economic Date）

造成金融市场因子剧烈波动的原因是多方面的。第一，金融竞争加剧、全球市场自由化和一体化程度提高，使得各种价格管制体系解体，金融市场因子自由度增加。第二，金融创新和技术进步，尤其是金融衍生产品的迅猛发展，使金融市场变得更加敏感动荡。新的金融工具的出现，一方面为金融风险的分解转移创造了条件；另一方面又加重了各种金融市场因子间的相互影响，使它们的波动更加复杂，更具不确定性。

近 40 年来，金融市场风险的两大决定因素，即金融市场因子波动程度、金融资产价值与这种波动的相关度，都有了很大的提高。由此而引发的金融市场风险不断加剧，成为金融机构等经济主体共同面对的主要风险之一。如何对其进行科学合理的管理，是急需解决的重大理论和实践课题。

三、金融市场风险的管理

金融市场风险管理是随着金融市场风险的扩大而产生和发展起来的，它通过对金融市场风险进行适当的处理，达到转移、分散、控制和防范风险的目的。

传统意义上的金融风险主要是指信用风险和流动性风险。因此，早期银行等金融机构的风险管理，也是针对这两大风险展开的，花旗银行主席沃尔特·威斯顿“银行就是管理风险的行业”的观点，多半也是针对这两种风险而言的。金融市场风险管理在当时扮演着无足轻重的角色，处于可有可无的位置。然而，随着金融市场波动上升，金融资产价值受其影响的程度越来越大，金融市场风险凸显，金融市场风险管理逐渐受到重视。而以 1973 年芝加哥期权交易所开出第一份期权合约为标志的金融产品创新，和以 Black – Scholes 定价公式为标志的现代金融理论创新，更从两个方面促进了现代金融市场风险管理的发展。一方面，这些创新加剧了金融市场因子的波动，提升了金融市场风险水平，迫使金融机构加强对金融市场风险的研究和管理；另一方面，大量金融衍生产品的出现，将各种金融市场更紧密地联系在一起，充分发挥金融市场“价格发现”的功能，增进市场的流动性，从而形成更富有弹性的基础市场因子。这对合理评估金融资产市场价值，测量金融市场风险提供了基本条件。而包括市场因子随机过程模型、波动性动态模型和随机贴现资产定价模型在内的金融理论创新，为捕捉、分解和剥离复杂金融市场风险奠定了基础。

金融市场风险管理由于依据的理论和采用的方法不同，存在不同的具体内容。但是从风险处理的角度来看，金融市场风险管理的内容不外乎两个方面：转移市场风险与控制市场风险。

（一）转移市场风险

转移市场风险就是将无法回避的市场风险通过分散化（Diversification）、套期保值（Hedging）和保险（Insurance）等方式，转嫁到其他金融机构或产品上。

常见的转移风险的方法是保险，即支付一笔额外的费用将风险发生后的损失转移给保险公司的风险管理措施。购买了保险，实际上就是将不确定的大额损失变成了确定的小额支出，即保险费。但是，并非所有的损失都可以转嫁给保险公司，保险公司出于自身利益的考虑，会限定很多条件。

转移风险的另一个方法就是套期保值。套期保值，也称对冲，是指根据已有资产的金融市场风险的特点建立相反的头寸，以抵消或降低金融市场风险的不利影响。对冲的基本思路是在准确解析市场暴露的构成、分布和随机特征的基础上，进行反向工程，构造满足对冲目标的具有相反风险特性的新的资产组合，通过一种或几种金融市场因子波动的一正一反的反应，中和掉这些因子对资产价值的影响，从而减弱它们引起的金融市场风险的程度。依照对冲组合与原有资产风险特性是否完全一致，对冲可分为完全对冲和部分对冲。理论上，完全对冲后，资产组合的金融市场风险为零，但是实际上很难做到这一点，要将那些包含复杂风险成分的大型资产组合的金融市场风险完全对冲掉，几乎是不可能的。选择哪种对冲方式，取决于对冲操作者的对冲目标。而对冲目标与对冲者预期、风险偏好及交易成本等有关，人们往往依照这些约束，选择某些市场风险因子加以对冲。

（二）控制市场风险

控制市场风险，就是把风险保持在可以承受的水平上并保证风险处于可控状态。这通常是针对那些为获得风险收益（Risk Premium）而必须保留的金融市场风险的一项管理内容。

对于那些无法或不能转移的风险，就只能采取控制的方法来加以管理。其主要思想是，既然某些金融市场风险必须由自己来承担，那么资产发生损失的可能性就一定存在，只有通过准备适当风险资本的办法，将风险控制在可以承受的限度内。

究竟应该保留多少风险资本，才能既吸收风险暴露又不过多占用资金，是金融市场风险控制的核心问题。关于适当风险资本，当前有两个主要的考量指标，一是监管资本，二是经济资本。监管资本是指监管当局规定金融机构必须持有的资本。传统的办法是在风险资本和风险资产间设立固定比率，如 1988 年的巴塞尔协议规定该比率为 8%。固定比率的明显缺陷是它完全忽视了不同资产的金融市场风险的性质差异。这种风险资产同质化假设，必然导致低效的风险控制。因此，有些机构，尤其是银行业机构，还采取了不同于监管资本的风险管理方法，采用经济资本方法。从银行所有者和管理者的角度讲，经济资本就是用来承担非预期损失和保持正常经营所需的资本。监管资本是监管当局要求的强制性资本，而经济资本则是银行出于自身风险管理要求，能够与银行实际承担的风险相对应的内在资本要求，因此也称为内部资本。经济资本是银行内部管理的重要工具，最直接地反映了资本的本质意义，即抵御风险。

第二节　金融监管的理论基础

一、金融监管的含义及要素

金融风险不同程度地影响着一个国家和地区的经济和社会安全与稳定，这就在客观上使得金融监管成为金融当局的现实选择。金融监管是金融监督和金融管理的总称，包括监督与管理两方面内容，是两者的复合称谓。金融监督，就是金融当局或管理机构依法对金融体系、金融机构、金融市场所实施的全面的、经常性的检查与督促，以保证其安全可靠、健康发展；金融管理，就是金融当局或管理机构依法对银行业、证券业、保险业等金融经营活动所实行的领导、组织、协调和控制等一系列活动的总称。

从20世纪90年代开始，金融监督与金融管理一般同时使用，不再区分两者的细微差别。

金融监管的内涵可以从狭义和广义两个层面来理解。狭义的金融监管是指中央银行或其他金融监管当局依据法律规定对整个金融业（包括金融机构和金融业务）实施的监督管理。广义的金融监管除上述含义之外，还包括金融机构的内部控制和稽核、同业自律性组织的监管、社会中介组织的监管等内容。

金融监管包括四大要素：金融监管主体、金融监管客体、金融监管目标、金融监管手段。

（一）金融监管主体

金融监管主体也称为金融监管机构，是指依据法律法规的授权对金融行业进行监督管理的机构。其有广义和狭义之分。广义范围的监管主体包括政府监管机构、其他社会监管机构以及行业自律监管机构；狭义范围的监管主体仅指政府监管机构。一国处在不同的历史时期或者不同的金融市场环境中，需要的监管策略也有所不同，因而会影响到金融监管主体的制度安排。金融监管主体模式指的是一国对于金融监管主体的制度安排，包括监管主体的监管权、组织结构、行为方式、权力监督、责任承担等。由于监管主体的设置不同，金融监管主体模式可以分为统一监管主体模式、分头监管主体模式。统一监管主体模式又称为单一全能型监管主体模式，其针对不同的金融机构、不同的金融业务都由一个机构负责监管，机构内部再具体细分监管业务部门，各部门联合对金融市场进行监管。分头监管主体模式则是同时有多个监管机构在执行对于金融市场的监管，这些监管机构的职能范围可能依据金融机构的业务模式来划分，也可能根据金融机构本身的性质来划分。分头监管主体模式下监管机构的组织结构是松散性的，机构之间的联系不是特别紧密，或许为了联合执法的需要，存在一个牵头的部门，但是在实际监管执法过程中还是会出现各自为政的情况。

（二）金融监管客体

金融监管客体很明显不仅应该包括向金融市场提供产品的金融机构，还应该包括金融市场参与者的交易行为。金融监管客体的具体内容和范围在不同时间、地点、环境下都有可能不同。它不仅取决于金融监管对象本身的性质和特点，还取决于人们对金融监管目标的认识、所使用的监管手段和工具以及金融监管的成本。

受国情、经济发展水平和法规制度所限，一个缺乏政府干预和引导的证券市场不能自发完成带有产业扶植目标的资源配置任务，因此，需要政府监管者介入。总之，一切市场不能正常发挥功能的场合都是广义金融监管的客体所在。从金融监管客体的历史变迁来看，20世纪早期的金融监管客体主要是商业银行。因为商业银行有创造存款的功能，且其当时的资产负债规模、业务量等占绝对优势，从而对经济的影响也非常大。第二次世界大战后，金融机构日益复杂化，非银行金融机构不但种类、数量、资产负债规模大幅度扩张，而且随着金融创新和金融自由化的深入，其存款业务增加，使得对货币的定义变得模糊不清。因此，从非金融机构的经济影响和货币供给两个方面考虑，金融监管当局不得不重视加强对非银行金融机构的监管。此外，金融市场种类更加繁多，尤其是金融衍生商品类市场的膨胀，使金融监管客体更加丰富。近年来金融全球化快速发展，跨国银行和其他跨国金融机构也成为金融监管客体。

（三）金融监管目标

金融监管目标是监管行为取得的最终效果或达到的最终目标，是实现金融有效监管的前提和监管当局采取监管行动的依据。金融监管目标可分为一般目标和具体目标。世界各国都认为，一般目标应该是促成建立和维护一个稳定、健全和高效的金融体系，保证金融机构和金融市场健康发展，从而保护金融活动各方特别是存款人的利益，推动经济和金融发展。世界大多数国家的具体监管目标体现在各国的银行法或证券法等金融法规上。目前各国无论采用哪一种监管组织体制，金融监管目标基本是一致的，通常称作三大目标体系：第一，维护金融业的安全与稳定；第二，保护公众的利益；第三，维持金融业的运作秩序和公平竞争。

（四）金融监管手段

一般来讲，具体的金融监管手段必须根据金融监管对象的性质及特点、金融监管主体的层次等级、金融监管目标实现的难易程度以及所付出代价的高低而定。具体来说，可供选择的金融监管手段有：法律手段；经济手段，包括金融信贷手段和税收政策；行政手段，即政府直接干预和管理；自律管理；等等。

二、金融监管的理论依据

当代西方经济学对于金融监管的必要性理论，主要源自政府规制经济学。规制经济学的代表人士乔治·斯蒂格勒（George J. Stigler）从保证资源合理配置的角度论证道：竞争既然不需要外力干预而可解决经济的基本问题——资源配置效率，因此有必要通过立法以保护竞争，即以规制为手段保护竞争，从而实现资源优化配置。

对于金融监管的理论依据，目前占主流的主要有两大体系：金融脆弱说和公共利益说。它们都是建立在新古典微观经济学理论基础之上的。

（一）金融脆弱说

自明斯基（Minsky）于1982年首次提出“金融不稳定假说”后，金融脆弱性问题就引起了广泛关注和争论。明斯基及其追随者认为，银行的利润最大化目标促使它们在系统内增加风险性业务和活动，导致系统的内在不稳定性，因而需要对银行的经营行为进行监管。

对银行及其他金融机构的流动性方面所做的研究表明，银行及其他金融机构由于三方面的原因而存在较大的脆弱性：（1）短借长贷和部分准备金制度导致了金融机构内在的非流动性；（2）在资产负债表中，主要是金融资产而不是实物资产，主要是金融负债而不是资产净值，这在金融机构之间存在着相互依赖的网络；（3）存款合同的等值和流动性形成了在萧条时期提取存款的激励。考夫曼（Kaufman）从银行体系的传染性和系统风险的角度分析认为，个别银行比其他企业更容易受到外界影响而失败；银行业也比其他产业更加脆弱、更容易被传染。银行业存在着较高的脆弱性和传染性，一旦金融恐慌引发挤兑，很容易出现连锁的"技术性破产"。

（二）公共利益说

这个理论或明或暗地包括这样一个假设："市场是脆弱的，如果放任自流就会趋向不公正和低效率；而公共管制正是对社会的公正和需求所做的无代价的、有效的和仁慈的反应。"因此，为纠正市场失灵，需要政府对经济进行适当干预。公共利益说认为，金融市场同样存在失灵，从而导致金融资源的配置不能实现"帕累托最优"。金融监管作为一种公共产品，是一种降低或消除市场失灵的手段。金融市场失灵主要表现在自然垄断、外部效应和信息不对称等方面。

1. 自然垄断。许多学者的研究都表明，某种规模经济可能存在于银行业，规模越大，则成本越低，收益越高。这意味着它具有一定的自然垄断倾向。金融部门的垄断可能造成价格歧视、寻租等有损资源配置效率和消费者利益的不良现象，对社会产生负面影响，也会降低金融业的服务质量和有效产出，造成社会福利的损失。所以，应该通过监管消除垄断。

2. 外部效应。外部效应是指提供一种产品或劳务的社会费用（或利益）和私人费用（或所得）之间的偏差。在金融市场中存在风险与收益的外部性，尤其是对于银行业来讲，作为一个特殊行业，其破产的社会成本明显地高于自身付出的成本，而且个别银行的破产因多米诺骨牌效应，有可能导致整个银行系统的崩溃而引发金融危机，从而需要政府监管来消除这些外部性，防止多米诺骨牌效应的发生。

3. 信息的不完全和不对称。在现实运行中，金融市场是一个信息不对称、不完全的市场，由此产生了阿克洛夫（Akerlof）的"柠檬问题"，即金融市场中的逆向选择与道德风险问题，进而造成金融市场失灵。金融市场信息不完全和不对称的第一个后果是信息不对称程度越大，逆向选择与道德风险问题就越严重，市场失灵也就越明显。信息不完全和不对称的第二个后果是价格体系不再有效地传递有用信息，从而引起市场参与者较高的信息成本，无法实现市场的均衡，造成金融市场的低效率。信息不完全和不对称的第三个后果是信息具有公共产品的性质，为了解决对金融中介机构的"监视"，只能由没有私利的政府来提供金融监管这种公共产品，保证金融市场的健康与安全。

在新古典经济学框架中构建起来的上述两大理论，都假定了国家和其他金融监管主体具有监管能力，且它们的目标是与社会利益一致的；但它们存在着致命的缺陷：

一是它们都无法解释银行业管制和监管制度的演变和来源，不能辩证地处理监管制度动态发展的规律；二是它们都是“天真的新古典主义”，都天真地假定监管者的目标是社会利益最大化，并认为它们有能力实施各种监管政策；三是它们都只是20世纪30年代经济大萧条的理论产物，只能为大萧条时期改革所实施的大部分管制措施提供理论基础，并不足以解释20世纪80年代以来金融监管的模式和结构；四是在政治制度不完善的情况下，我们无法确定什么是社会利益。

为此，一些经济学家又从政治经济学的角度出发，建立了政府掠夺论及特殊利益和多元利益论。

三、金融监管理论的变革

金融监管理论伴随着政府干预还是自由放任的争论及此消彼长而发生变化。同时，金融监管活动又具有很强的实践性和历史性，因此，我们在对金融监管理论的发展脉络进行回顾分析的时候，既要考虑到当时主流经济学思想和理论的影响，还必须要考虑到当时金融领域的实践活动和监管理念。

（一）金融监管理论的自然形成（20世纪30年代以前）

这一时期是“看不见的手”鼎盛时期金融监管的自然发轫。早期的金融监管并没有固定的制度安排可循。政府对金融活动实施监管的法规依据可以追溯到18世纪初英国颁布的旨在防止证券过度投机的《泡沫法》。但真正意义上的金融监管，是与中央银行制度的产生和发展直接相联系的。中央银行制度的普遍确立是现代金融监管的起点，有关的金融监管理论也由此初步形成。众所周知，古典经济学和新古典经济学历来是反对政府干预的。“看不见的手”的信条在理论上与中央银行的金融监管职能相悖。根据亚当·斯密的“真实票据”理论，只要银行主要投资于体现实际生产的短期商业票据，就不会引发通货膨胀或紧缩，“看不见的手”仍然能够发挥作用，并不需要中央银行专门来管理货币。对此，亨·桑顿在1797—1825年的“金块论战”中指出，真实票据的不断贴现过程，会导致信用链条的延长和信用规模的成倍扩张，故而真实票据原则并不能保证银行有足够的流动性或货币供给弹性，从而避免银行遭到挤提以及引发通货膨胀或紧缩。因此，以真实票据原则发行银行券存在发行过度的危险，应该受到集中监管。在随后半个多世纪的争论中，桑顿的观点得到实践的支持，统一货币发行的中央银行纷纷建立。因此，中央银行制度最初建立的目的在于统一管理发行货币，而不是监管整个金融体系，更不涉及金融机构的微观行为。

另外，在古典经济学和新古典经济学里，货币是“中性的”，对经济没有实质性的影响，因此，中央银行统一货币发行与统一度量衡一样，目的只是便于经济活动，其行为仍然是“守夜人”意义上的，而不是政府干预。中央银行的另一项职能——建立全国统一的票据清算系统、协调票据清算，在性质上也是如此。统一货币发行和统一票据清算之后，货币信用的不稳定问题仍然没有消失。许多金融机构常常由于不谨慎的信用扩张而引发金融体系连锁反应式的波动，进而引起货币紧缩并制约经济发展。这就与古典经济学和新古典经济学的“货币中性”主张明显相悖。因此，作为货币管理者，中央银行逐渐开始承担起信用“保险”的责任，作为众多金融机构的最后贷款人为其提供必要的资金支持和信用保证，其目的是防止因公众挤提而造成银行连锁倒闭和整个经济活动的剧烈波动。这样，中央银行就从以统一货币发行和提供弹性货币供给为特征的货币管理职能，逐渐衍生出最后贷款人的职能，承担稳定整个金融和经济体系的责任。

“最后贷款人”制度仍然算不上是金融监管，但是它却为中央银行后来进一步自然演变为更加广泛的金融活动的监管者奠定了基础。因为中央银行的最后贷款可以成为迫使金融机构遵从其指示的一个重要砝码，由此，中央银行就有可能而且也有必要进一步对金融机构的经营行为进行检查。这种对经营行为的检查活动一直发展到现代中央银行对所有金融机构，主要是商业银行进行的各种现场检查和非现场检查。但这种检查主要是基于贷款协议的安排，类似于商业银行对借贷企业所进行的财务及信用检查，而不是行政上或法律上的行为。所以，真正现代意义上的金融监管是在 20 世纪 30 年代大危机后才出现的。

总之，20 世纪 30 年代大危机之前的金融监管理论主要集中在实施货币管理和防止银行挤提政策层面，对于金融机构经营行为的规制、监管和干预都很少论及。这种状况与当时自由市场经济正处于鼎盛时期有关。然而，大危机最终扭转了金融监管理论关注的方向和重点。

（二）严格监管、安全优先（20 世纪 30 年代至 70 年代）

美国在 20 世纪 30 年代大危机爆发以后不久，便通过国会立法赋予中央银行以及后来设立的证券监管机构以真正的监管职能，并由此开始了对金融体系的行政监管和法律监督。20 世纪 30 年代大危机表明金融市场具有很强的不完全性，“看不见的手”无所不至的能力只是一种神话。在金融市场上，由于市场信息的不完全和金融体系本身的特点，市场的运作有时也会失灵。大危机中，大批银行及其他金融机构的倒闭，给西方市场经济国家的金融和经济体系带来了极大的冲击，甚至影响到了资本主义的基础。

大危机后，立足于市场不完全、主张国家干预政策和重视财政政策的凯恩斯主义取得了经济学的主流地位。这也是当时金融监管理论快速发展的大的历史背景。在这一时期，金融监管理论主要以维护金融体系安全及弥补金融市场的不完全为研究的出发点和主要内容。主张政府干预、弥补市场缺陷的宏观政策理论，以及市场失灵理论和信息经济学的发展进一步推动了强化金融监管的理论主张。

这段时期的金融监管理论研究成果认为，自由的银行制度和全能的金融机构具有较强的脆弱性和不稳定性，认为银行过度参与投资银行业务并最终引发连锁倒闭是经济危机的导火索。这一时期金融监管理论主要是顺应了凯恩斯主义经济学对“看不见的手”的自动调节机制的质疑，为之后开始的严格而广泛的政府金融监管提供了有力的注解，并成为第二次世界大战后西方主要发达国家对金融领域进一步加强管制的主要论据。在凯恩斯主义宏观经济理论的影响下，传统上中央银行的货币管理职能已经转化为制定和执行货币政策并服务于宏观经济政策目标，金融监管更加倾向于政府的直接管制，并放弃自由银行制度，从法律法规和监管重点上，对金融机构的具体经营范围和方式进行规制和干预逐渐成为这一时期金融监管的主要内容。

（三）金融自由化，效率优先（20 世纪 70 年代至 80 年代末）

20 世纪 70 年代，困扰发达国家长达十年之久的“滞胀”宣告了凯恩斯主义宏观经济政策的破产，以新古典宏观经济学和货币主义、供给学派为代表的自由主义理论和思想开始复兴。在金融监管理论方面，金融自由化理论逐渐发展起来并在学术理论界和实际金融部门不断扩大其影响。

金融自由化理论主要从两个方面对 20 世纪 30 年代以后的金融监管理论提出了挑战。一方面，金融自由化理论认为政府实施的严格而广泛的金融监管，使得金融机构和金融体系的效率下降，压制了金融业的发展，从而最终导致了金融监管的效果与促进经济发展的目标不相符合。另一方面，金融监管作为一种政府行为，其实际效果也受到政府在解决金融领域市场不完全性问题上的能力限制，市场机制中存在的信息不完备和不对称现象，在政府金融监管过程中同样会遇到，而且可能更加严重，即政府也会失灵。

“金融压抑”和“金融深化”理论是金融自由化理论的主要部分，其核心主张是放松对金融机构的过度严格管制，特别是解除对金融机构在利率水平、业务范围和经营的地域选择等方面的种种限制，恢复金融业的竞争，以提高金融业的活力和效率。如果说 20 世纪 30 ~ 70 年代金融监管理论的核心是金融体系的安全优先的话，那么，金融自由化理论则尊崇效率优先原则。20 世纪 30 年代以前基本不受管制的自由金融体系在 30 年代的大危机中崩溃，导致金融体系的安全性成为人们优先考虑的目标。20 世纪 30 年代到 70 年代，日益广泛、深入的金融监管，特别是那些直接的价格管制和对具体经营行为的行政管制，严重束缚了金融机构自主经营和自我发展的手脚，而在存款保险制度已充分发挥其稳定作用、银行挤提现象已经大为减少的情况下，金融机构的效率及效益要求就日益凸显出来，并超越了安全性目标的重要性。所以，金融自由化理论并不是对政府金融监管的全面否认和摒弃，而是要求政府的金融监管作出适合于效率要求的必要调整。

（四）安全与效率并重（20 世纪 90 年代至 2008 年国际金融危机）

自由主义经济理论的“复兴”，并没有否定市场固有的缺陷，它们与“政府干预论”的差异主要体现在“干预”的范围、手段和方式等方面。因此，无论是在发达国家还是在发展中国家，金融自由化的步伐一直没有停止。在 20 世纪 80 年代后半期和

90 年代初期，金融自由化达到了高潮，很多国家纷纷放松了对金融市场、金融商品价格等方面的管制，一个全球化、开放式的统一金融市场初现雏形。然而从 20 世纪 90 年代初开始，一系列区域性金融危机相继爆发，迫使人们重新开始关注金融体系的安全性及其系统性风险，金融危机的传染与反传染一度成为金融监管理论的研究重点。在 1997 年亚洲金融危机以前，面对各国金融开放的热潮，一批有识之士（如赫尔曼和斯蒂格利茨以及日本的青木昌彦）曾经提出过的金融约束论等研究，成为金融监管理论进一步发展的标志性文献。对于金融危机爆发的原因，理论界研究甚多，一般倾向于认为，金融自由化和金融管制的放松并不是最主要的。事实证明，很多高度开放的经济体，同时拥有较高的金融自由度和市场稳定性，并且为经济发展提供了效率保证。一些专家认为，问题的关键可能在于，那些实行金融自由化的国家，其政府管理金融活动的能力，以及经济发展和开放策略的顺序可能存在差异。

20 世纪 90 年代的金融危机浪潮推动金融监管理论逐步转向如何协调安全稳定与效率的方面。与以往的金融监管理论有较大不同的是，现在的金融监管理论除了继续以市场的不完全性为出发点研究金融监管问题之外，也开始越来越注重金融业自身的独特性对金融监管的要求和影响。这些理论的出现和发展，不断推动金融监管理论向着管理金融活动和防范金融体系中的风险方向转变。鉴于风险和效益之间存在着替代性效应，金融监管理论这种演变的结果，既不同于效率优先的金融自由化理论，也不同于 20 世纪 30 ~ 70 年代安全稳定优先的金融监管理论，而是二者之间的新的融合与均衡。

另外，面对经济一体化、金融全球化的发展，对跨国金融活动的风险防范和跨国协调监管也成为金融监管理论的研究重点。以国际清算银行、国际货币基金组织等为代表的国际金融组织对国际金融监管理论的发展作出了新的贡献。

（五）金融监管理论的全面反思（2008 年国际金融危机至今）

2008 年爆发的国际金融危机，标志着新自由主义经济理论、政策主张和思潮的全面衰落与终结。

此次国际金融危机反映出了监管缺失是影响金融稳定和经济增长的最重要风险，而金融监管的缺失又源于缺乏强有力的金融监管理论的支持。因此，危机后，各国在金融监管方面基本倾向于加强监管。但是，目前仍没有产生一个成熟的普遍认同的核心理论。这也给理论界提出了一个新要求：必须加强金融监管基础理论的研究，为监管实践提供强有力的理论支持。

第三节 金融监管体制

金融监管体制是指为实现特定的社会经济目标而对金融活动施加影响的一整套机制和组织结构的总和。与之密切相关的基本要素：一是体制参与者，即由谁监管和对谁监督，核心是金融监管机构的设置及职责职权的依法定位；二是如何监管，即为实现金融监管目标而采用的各种方式、方法和手段，金融体系的各种参与者按照一定方式有规律地相互作用，以完成特定的目的。可见，对金融监管体制的研究涉及对金融监管机构组织构成和职权的分析、金融监管机构对金融机构作用机制的分析等。

一、金融监管体制模式分类

（一）根据监管行为方式划分

根据金融监管机构的行为方式及其与金融机构的相互关系，金融监管体制分为自律式模式、法制化模式和干预式模式。

1. 自律式模式。英国是自律式模式的代表。历史上，英格兰银行监管的特点是以金融机构自律监管为主，英格兰银行监管为辅，而且其监管不是依据严格的法律法规，而是通过“道义劝说”的方式劝说金融机构自觉与其合作，共同维护金融市场的秩序。这种非正式的监管方式建立在监管者与被监管者之间的相互信任与共同合作的基础上，也只有在像英国金融市场均集中在伦敦城这种情形下才较易实行。此种监管方式的优点在于方式灵活，较有弹性，而缺陷在于人为因素比较明显。1979 年，英国以成文法形式颁布了《银行法》，初步确立了英格兰银行依法监管的基本框架。1998 年成立的英国金融服务管理局统一对各类金融机构进行监管，并规定此后英格兰银行只在总体上对金融体系的安全性和稳定性负责。1987 年的《银行法》和 1998 年金融服务管理局的成立促使英国金融监管走向制度化、法制化和规范化的道路。

2. 法制化模式。美国可以看作是法制化、规范化的金融监管模式的代表。美国负责金融监管任务的有多个机构，每个机构各自依据一定的法规开展工作，各自的职责规定得比较明确。美国这种多头监管模式，使任何一家银行都置于两家或两家以上监管机构的监管之下。这种多头监管在金融监管机构之间形成了一种相互制约和相互竞争的微妙关系，有利于提高监管质量。当然，这种监管模式的缺陷也很明显，尽管各个监管机构相互合作，各有侧重，但因多头管理，仍难免存在职责重复、推诿扯皮、降低效率等情况。美国金融监管机构的监管方式也在不断完善，并且各方在适当取消一些法定数量参数和比率指标、给监管官员处理具体问题更多灵活性等方面达成了共识。

3. 干预式模式。日本是政府干预式金融监管模式的典范。日本金融体系和监管机构独具特色，为了完成在经济上赶超发达资本主义国家的任务，日本政府对包括金融业在内的几乎全部经济部门进行了干预。日本的金融监管由大藏省和日本银行共同负责，大藏省的监管对象是所有在日本登记注册的金融机构，包括所有日本国内金融机构及其驻外机构，也包括国外银行在日本的分支机构；日本银行只对在日本银行开设往来账户或在日本银行获得贷款的金融机构进行监管。大藏省可以超越法律对金融机构做各种行政指导，形成所谓的“护航舰队”模式。日本不透明的政府干预式金融监管模式在日本金融自由化后遇到了很大的挑战，日本政府没有对这种模式进行及时改革，缺少金融管制的金融自由化使金融机构在获得自主发展的同时，也助长了金融投机，大批金融机构为牟取暴利，盲目投向股票和房地产，促成了泡沫经济。20 世纪 80 年代后期日本泡沫经济破灭和接连不断的政治经济丑闻，使得日本金融体系不良资产积重难返，日本金融监管模式既不是以法制化金融监管为主，也不是以金融自律组织调控为主，更多的是政府干预。这种模式虽然在完成经济赶超任务时发挥了一定作用，但不利于形成金融业的规范经营，也不利于通过完善金融法规制度来加大打击金融犯罪的力度，应该说这是导致很长一段时期内日本金融秩序混乱的重要原因之一。1998 年桥本政府宣布了日本金融大改革后，日本的金融体制以美国为样板，取消了对金融的过度保护，以促进市场竞争，建立优胜劣汰的市场机制。

从对上述三种模式的考察来看，这三种金融监管模式日益趋同，各国普遍强调金融法规监管、行业约束与市场约束的结合。

（二）根据权力层次划分

根据金融监管权力的分配结构和层次，金融监管体制大体可以分为一线多头型、双线多头型、集中单一型。

1. 一线多头型。一线多头型是指全国的金融监管权集中于中央，地方没有独立的权力，在中央一级由两家或两家以上的机构共同负责的监管模式。德国、日本、法国属于这种模式。这种模式反映了这些国家权力集中的特性和权力制衡的需要。

2. 双线多头型。双线多头型是指中央和地方都对银行有监管权，同时每一级又有若干机构共同来行使监管的职能。联邦制国家因地方权力较大，往往采用这种组织结构，典型的是美国和加拿大。“多头”即指联邦这一头有若干个监管机构，在州的那一头，每个州各有自己的金融法规，各有自己的银行监管官员和管理机构。

3. 集中单一型。集中单一型是指由一家机构集中进行监管。在历史上，这种监管模式较为普遍，这一监管机构往往是中央银行。发达市场经济国家采用这种模式是在金融高度发达、经济金融基本实现一体化的基础上形成的，是与其完善的市场体系、高度发达的经济水平和自身拥有较大独立性的中央银行或监管当局相适应的。发展中国家采用这种模式一般是由于国内市场体系不完备，金融制度结构比较简单，客观上需要政府通过中央银行统一进行干预。

（三）按照功能和机构划分

根据功能和机构划分，金融监管体制可以划分为统一监管型和多头监管型。

1. 统一监管型，即对于不同的金融机构和金融业务，无论是审慎监管，还是业务监管，都由一个机构负责监管。

2. 多头监管型，即一般将金融机构和金融市场按照银行、证券、保险划分为多个领域，分别设置专业的监管机构负责包括审慎监管和业务监管在内的全面监管。

从功能和机构的组合中，又可以派生出以下三种模式：牵头监管模式、双峰监管模式、伞式监管模式。

二、发达国家金融监管体制

（一）美国的金融监管体制

1. 美国金融监管体制的演进

（1）美国金融监管体制的初步形成

美国自独立到19世纪上半期，既无中央银行，也很少有在联邦注册的银行，基本都是在各州注册的银行，称为州立银行。州立银行按照各州法律登记注册并由州政府颁发执照，各州不允许银行跨州开立分支行，实行单一银行制。在此期间，美国第一银行和第二银行的建立，都曾开了在联邦政府注册、在全国各州建立分支行的先例，但都未能站稳脚跟。1836年美国第二银行营业期满停业后，美国进入了自由银行制度时期。一些州相继颁布自由银行法，规定任何人只要满足一定的标准即可开办银行和发行银行券。这就掀起了大办银行之风。州政府把银行业看成是刺激工商业发展的一支兴奋剂，在州政府的鼓励下，州立银行的数量从1829年的329家增长到1834年的626家。这段时期金融监管的主体为各州政府，联邦政府对金融业不承担监管职能，基本上采取放任自流的态度。而在州政府一级，除颁发开业许可证及登记注册外，对银行也极少实施管理且没有统一的管理口径。

（2）1933—1979年的分业监管阶段

20世纪30年代以前，美国实行的是混业经营模式。1929—1933年，西方世界发生了一次严重的经济危机，这次由于证券市场大崩溃引起的经济危机，使得银行业与证券业混业经营的弊端暴露出来，美国经济进入了大萧条时期，公众对银行完全失去信心，频繁发生挤兑，银行倒闭风潮迭起。在银行业的监管方面，政府颁布了一系列对银行体制进行改革的法令，旨在构建一个新的银行制度，主要有1933年的《格拉斯—斯蒂格尔法》（*Glass—Steagall Banking Act*）、《1935年银行法》《1933年联邦存款保险法》和1932年《住宅贷款银行法》等。在证券市场方面，政府颁布了四项重要的证券法令：《1933年证券法》《1934年证券交易法》《1938年马洛尼法》和《1939年信托契约法》。

20世纪40年代至70年代的金融改革主要是对30年代的金融法令进行修补和完善。在这段时间里，美国政府相继通过了一些法令以巩固30年代所确立的在银行业和证券业上的监管原则和监管方式。关于银行业监管的主要有：《1956年银行持股公司法》及1970年修正案、《1966年利息限制法》《1960年银行合并法》《1969年消费者信贷保护法》《1974年平等信贷机会法》《1977年社会再投资法》《1978年国际银行法》等。

对证券市场的监管法令主要有《1940年投资顾问法》《1940年投资公司法》《1964

年证券法修正案》与《1975 年证券法修正案》《1970 年证券投资者保护法》。

（3）20 世纪 80 年代的放松管制时期

第二次世界大战以来经济环境的巨变，特别是 20 世纪 70 年代末的经济和金融环境及潜在的金融危机，导致了深刻的金融变革。长期的理论准备和政策探讨使 20 世纪 80 年代的改革不可逆转，它标志着以放松管制和提倡金融业务自由化为特征的新金融体制初步形成。

20 世纪 70 年代以来，美国不断涌现的金融创新模糊了不同金融机构的业务界限，银行、证券和保险的产品日益趋同，金融业出现了融合的趋势。1999 年 11 月，美国通过了《金融服务现代化法案》，从法律上消除了银行、证券和保险机构在业务经营范围上的边界，成为 20 世纪末金融自由化的重大事件，标志着美国金融业重新迈向混业经营。从此，20 世纪 30 年代建立起来的金融监管体制及监管方法发生了彻底变革。20 世纪 90 年代的金融监管制度改革改善了联邦保险机制，加强了对银行资本充足率的监管，增加了银行业务经营的灵活性和竞争性，彻底摧毁了美国单一银行体制，提高了美国的银行在国际上的竞争力。但美国的金融监管体制仍然存在很多问题，比如，如何彻底解决存款保险制度下的道德风险，如何对具有公共产品性质但已经过时的国家赞助型金融机构进行改革，如何运用适当的激励手段提高监管机构的监管效率等。

（4）2008 年国际金融危机后的变革

次贷危机暴露了美国现行金融监管制度的缺陷，使美国对其监管理念和监管体系进行反思。2010 年 7 月《多德—弗兰克华尔街改革和消费者保护法案》（以下简称《多德—弗兰克法案》）正式生效，这是美国在危机后进行大规模金融监管改革的立法尝试，在美国金融监管史上具有里程碑意义。该法案重新审视现行金融监管体系的缺陷，重新分配错综复杂的“双层多头”金融监管体系内监管机构的权力。《多德—弗兰克法案》的主要内容包括：第一，扩大监管机构的权限，实施系统性风险监管。成立金融稳定监管委员会（FSOC），由美国财政部牵头，负责认定金融系统中的不稳定因素，规范市场纪律，应对潜在风险。评估金融机构对金融体系的影响，认定系统重要性机构，改变金融机构“大而不能倒”局面，防范系统性风险。第二，扩大美联储的监管职责，负责监管所有系统重要性银行和非银行金融机构。第三，加强消费者和投资者保护，设立消费者金融保护局。第四，采用“沃尔克规则”，限制银行进行自营交易。第五，加强衍生品市场监管，责成商品期货交易委员会和美国证券交易委员会（SEC）监管衍生品交易，监督过度投机行为。第六，要求资产证券化风险留存。贷款证券化产品的发行机构，需留存不少于 5% 的资产风险，以便发行机构和投资者共担风险。

随着全球经济的逐步复苏、国际金融危机阴影的淡化，以及政府的更迭，美国又出现了新的思潮，即再次放宽对金融业的管制、减轻其监管负担、弱化政府对金融机构商业活动的干预。因此，对《多德—弗兰克法案》进行改革的声浪越来越高。一系列旨在打破以往《多德—弗兰克法案》金融监管框架、去除对金融机构的监管羁绊的金融改革法案相继出台，如《经济增长、放松监管及消费者保护法案》等。美国财政部也于2017年6月发布了相应的金融改革建议，如进一步放宽对银行机构的金融监管、修订《多德—弗兰克法案》的主要条款，以及大幅度修订后危机时代联邦金融监管部门所采取的诸多重大监管政策与措施等。这些都表明美国金融监管又出现了从严苛转向宽松的迹象。

2. 美国金融监管体制改革的主要特征

纵观美国金融监管历史，其改革呈现“放松监管—金融自由化—爆发危机—加强监管—金融压抑—放松监管”的变化规律，从20世纪30年代前对金融市场的放任自流，到20世纪30年代至70年代的全面加强监管，到80年代至国际金融危机前的放松监管，再到2008—2017年的重塑市场秩序并加强金融监管，以及之后再度放松监管的尝试，概莫能外。

在长期的探索过程中，美国形成了一套行之有效的监管体系和手段，创造了不少有效的具体制度和机构：

（1）建立完备的法律体系，加大严格执法力度。美国注重建立和完善金融监管法规，增强针对性和可操作性；监督金融机构和上市公司规范运作，建立严格的奖罚机制，对违规行为实行严厉的处罚；完善市场准入和退出机制，做到有进有退、优胜劣汰。

（2）美国金融业监管主体采取了“双线多头金融监管模式”。这是在多次出现金融危机以后不断总结经验教训、不断修正监管体制的结果。这种纵横交错的立体监管模式从多个方面监督、控制和调整着金融机构的经营行为，比较有效地防范和化解了金融领域的风险。

（3）充分发挥市场功能，完善市场运行机制。建立统一的市场规则，为金融机构创造平等的竞争环境，促进金融机构依法独立经营，减少行政干预，按市场规则办事。政府不再审批上市企业和债券的发行，改为核准制和备案制。充分发挥券商和中介机构的作用，强化信息披露，增强披露信息的及时性、准确性、透明度，接受社会公众的监督。

（4）加强行业自律，规范自我管制。建立政府监管与行业自律相结合的监管体系，充分发挥行业协会的作用，实行行业自律。健全行业自律组织结构，完善相关的法律法规，加大管理和处罚力度，规范会员的操作行为。

（二）英国的金融监管体制

英国是金融业发展最早的国家，从1694年英格兰银行成立就开始了金融监管体制的自然形成与演进的过程，但真正意义上的现代金融监管形成却大大晚于美国、德国等发达国家。历史上英国金融监管体制以法制宽松而著称，更多地依靠行业自律来维护金融体系的稳定。1997年10月，英国金融服务管理局成立，标志着英国金融监管体制由分业监管模式转变为混业监管模式。2008年国际金融危机后，英国又探索建立了双峰监管体制。这些都对金融监管体制的发展具有很强的借鉴意义。

1. 英国的金融监管体制

（1）1997 年改革前分业监管模式的基本框架

在 1997 年金融服务管理局成立前，英国实行一线多头式的混业监管模式，监管权集中于中央政府，由不同的监管机构对不同的金融机构和金融业务进行监管。1986 年《金融服务法》和《1987 年银行法》颁布后，英国的金融监管主要由英格兰银行等 9 家机构共同实施，这 9 家机构分别是英格兰银行审慎监管司（SSBE）、证券和投资委员会（SIB）、个人投资局（PIA）、投资管理监管组织（IMRO）、证券和期货监管局（SFA）、房屋互助协会委员会（BSE）、贸易和工业部的保险董事会（IDDTI）、互助委员会（FSC）和互助会登记管理局（RFC）。从各个监管机构的名称不难看出，当时的监管体制是按照被监管的机构和业务来分别设置的。

（2）1997 年以后混业监管模式的基本框架

1997 年 10 月，英国金融服务管理局（Financial Service Authority，FSA）成立，成为集银行、证券、保险三大监管责任于一身的一元化金融监管机构，具有制定金融监管法规、颁布与实施金融行业准则、给予被监管者指引与建议、制定各项金融业务的一般政策和准则等职能。其工作目标是：保持公众对英国金融系统和金融市场的信心；向公众宣传，使公众能够了解金融系统及与特殊金融产品相连的利益和风险；确保为消费者提供必要的保护；为发现和阻止金融犯罪提供帮助；等等。FSA 实行董事会制度，董事由英国财政部任命，董事会的职责是制定 FSA 政策，日常业务决策及员工管理由执行董事负责，其主要任务为核准设立（Authorization）、金融监管（Financial Supervision）、强制纠正（Enforcement）和消费者关系（Consumer Relations）四大部分。

（3）国际金融危机后英国金融监管体制的变革

国际金融危机爆发前，英国一直由金融服务管理局（FSA）作为单一监管机构同英格兰银行、英国财政部共同承担英国金融体系保护的职责。但国际金融危机表明，原有的监管体系并未保护英国免受系统性风险的侵害。国际金融危机后，英国一直在探索金融监管改革方案的优化，在《2000 年金融服务与市场法案》的基础上接连出台了《2010 年金融服务法案》《2012 年金融服务法案》和《2016 年英格兰银行与金融服务法案》三部修正法案，强化了英国中央银行的责任和权力，提升了中央银行的地位，最终以全新的双峰监管制度取代了先前以金融服务管理局（FSA）为中心的统一监管体制。

根据《2012 年金融服务法案》，改革后的中央银行——英格兰银行集货币政策制定与执行、宏观审慎监管、微观审慎监管于一身，处于金融监管的核心地位。英格兰银行理事会内设金融政策委员会（FPC），原来金融服务管理局（FSA）拆分为审慎监管局（PRA）和金融行为监管局（FCA）。金融政策委员会的主要目标是识别、监控并采取措施以消除或减少系统性风险，提高英国金融体系的抗风险能力。金融政策委员会对审慎监管局和金融行为监管局具有指令权和建议权。审慎监管局是英格兰银行的下属机构，其职责是对银行、保险公司和大型投资机构进行微观审慎监管，并负责对整个金融行业的服务行为实施监管。金融行为监督局的监管对象包括英国各类金融机构，其监管目标是保障消费者权益、保护和促进英国金融体系完整性、促进市场有效竞争。

根据《2016 年英格兰银行与金融服务法案》，英格兰银行内部的组织架构由董事会、货币政策委员会、金融政策委员会和审慎监管委员会共同组成。相应地，英格兰银行除了作为中央银行固有的货币政策制定与实施职能和《2012 年金融服务法案》赋予的宏观审慎监管职能之外，还承接了审慎监管局（PRA）的所有微观审慎监管职能，成为真正意义上集宏微观审慎监管于一体的审慎监管机关，确立了自身在英国整个金融服务体系中的核心地位。至此，英国的金融监管体制也由 2012 年后的英格兰银行、审慎监管局与金融行为监管局三足鼎立变身为现在的英格兰银行和金融行为监管局二元并立的格局，从形式和实质两个方面宣告了英国双峰监管体制的正式确立。

2. 英国金融监管体制改革的主要特征

英国是发展最早的市场经济国家，自由民主思想十分浓厚，形成的金融监管理念同其他国家相比，更注重社会道德和自我约束，并且针对不同的金融机构和业务，金融服务管理局倡导差别对待。其监管理念是以谨慎规则为本，而不是以控制为基础实施监管；与被监管机构保持距离，避免频频到现场检查。因此，在英国金融监管框架形成后的相当一段历史时期，其显著特点是分业监管与市场自律相结合。与其他西方国家不同，英国金融监管多采用“自我管理”的方式，通过“道义劝说”对金融业的业务活动和经营行为进行监督管理。

在 1997 年英国金融服务管理局成立后，英国的金融监管体制由分业监管转变为混业监管，所有监管权集中于中央政府，并且金融服务管理局的监管对象几乎涉及所有的金融行业和业务。同其他国家相比，英国在 1997 年的金融监管体制改革是进程较快且一步到位的，在不到 4 年时间里整合了原来众多的金融监管机构，且将全部的金融监管职能赋予金融服务管理局。而其他国家的改革过程相对时间较长，且不够彻底。

国际金融危机后英国打造的双峰监管体制，较全面地总结和吸取了金融危机留下的教训：其不仅在原有微观审慎监管的基础上引入宏观审慎监管，实现了宏微观审慎监管的有机结合，而且还建立了专门的行为监管机构，实现了金融消费者保护与审慎监管的分离。可以说，英国的双峰监管在架构上较全面地涵盖了微观审慎监管、宏观审慎监管与行为监管三个方面，堪称现代金融监管的集大成者。如果说国际金融危机前英国金融监管追求的是“效率至上”，那么危机后出台的各种改革措施则更强调金融稳定这一价值目标，彰显了“稳定优先”的理念。

（三）日本的金融监管体制

日本是一个高度中央集权的国家，其对经济的干预有着悠久的历史。

1. 日本金融监管体制的演进历程

第二次世界大战之前，混业监管的体制在日本初步形成。1942 年颁布的《日本银行法》规定了日本银行在金融管理和监督方面的权力。

第二次世界大战后，日本追随美国建立金融分业经营体制，同时开始了分业监管。这一时期日本金融监管体制的最大特点是将金融业务与金融行政区分开来，并建立了“一线多头”的监管模式。“一线”是指日本对各类金融机构的监管权高度集中于中央政府一级，由大藏省和日本银行共同行使监管权。金融业务的决策权属于日本银行货币政策委员会，但金融行政工作则由大藏省掌管。也就是说，大藏省和日本银行共同承担着金融监管的职责，但实际上大藏省是金融业的最高统帅。大藏省推行了一系列改革，形成日本模式的金融监管，即高速增长时期的金融监管。“多头”，则是指大藏省内设的银行局、证券局、国际金融局与日本银行紧密协商、共同负责对金融业的日常行政管理和监督检查工作。

大藏省拥有至高无上的权力，集金融计划立案与监管检查职能于一身，是造成日本金融领域不正当交易的根源，也是金融不良债权问题得不到彻底解决的主要原因。同时，到了20世纪80年代左右，金融自由化的浪潮开始起势，日本金融系统开始出现监管真空。

进入20世纪90年代以后，日本经历了泡沫经济破灭和亚洲金融危机两次大的冲击，经济增长一直处于低迷状态，金融机构也陷入了前所未有的困境，金融机构破产事件经常发生，银行不良资产规模不断增加。为了摆脱经济增长与银行经营之间的恶性循环，自1996年以来，日本政府大刀阔斧地推进了“金融大爆炸”式的全面改革。

然而，“金融大爆炸”改革刚一开始，就连续发生了几起金融机构破产事件，导致了日本战后最大的金融危机。这场金融危机的爆发使日本的金融体制改革发生了根本性转变，金融体制改革的矛头直指政府金融监管部门，使实行了半个世纪的金融监管体制终于开始有了较大变化。1998年6月，日本国会通过《金融监督厅设置法》，金融监督厅作为金融监管专门机构正式成立。这次机构调整，将原属大藏大臣的权限如金融机构检查监督权、审批权、业务改善或停止命令权、金融机构关闭或合并决定权等权力转移至金融监督厅，最重要的一点是转由总理大臣而非大藏省来任命金融监督厅长官。大藏省保留金融和证券交易制度设计职能，并对金融监督厅管辖范围外的政策性金融机构、证券市场等履行监管职能。2001年7月，日本将金融监督厅与大藏省金融企划局合并，设立金融厅。原由大藏省担负的金融制度规划设计事务改由金融厅负责。在此过程中，日本打破了银行、证券、保险的分业监管模式，实现了金融监管的统一。

目前，金融厅成为日本金融行政监管的最高权力机构，全面负责对所有金融机构的监管工作。财务省（地方财务局）以及劳动省、农林水产省等行政部门作为金融监管的协作机构，根据金融厅授权或相关法律规定对相关金融机构实施监管。日本银行和存款保险机构只负责对与其有交易行为的金融机构进行财务检查，其权力来源于双方最初签订的交易合同，与商业银行有权对贷款对象企业进行查账的性质基本相同，与金融厅的监管权力来源则有着本质上的不同。

2. 日本金融监管体制改革的主要特征

（1）成立了金融厅，金融监管职能独立，将金融监管职能从大藏省独立出来。

（2）强调中央银行的独立性，把强化中央银行独立性放在重要位置。

（3）成立以不同监管职能为主的专业监管部门，按照监管业务的性质而非行业性质对内部机构进行重组，由过去的分业监管转变为职能监管。

（4）在实现职能监管的基础上，继续发挥分业监管的优势，在职能监管部门内按行业再划分课室，以发挥原专业人员的技术优势，实现机构改革平稳过渡，使分业监管与职能监管达到有机结合。

（5）顺应金融自由化的发展趋势，缩小行政监管范围，强化市场约束作用；行政监管部门只负责金融制度的建立、金融机构经营的合规性与稳健性、金融风险监管等内容，不再干预金融机构的具体业务；对金融机构运营状况的监管，则更主要通过强化信息披露机制、增强民众风险意识来实施。

三、中国金融市场监管体系

自新中国成立以来，我国金融业发展取得了巨大成就，经济发展和市场变革推动了金融监管体制的深刻变迁。我国金融监管体系建设呈现出明显的渐进性和阶段性特征。纵观我国金融监管体系的建设历程，大体可划分为以下几个阶段。

（一）中国人民银行作为全国唯一的监管机构时的混业监管时代（1948—1991 年）

从 1949 年新中国成立到 1978 年开始实行改革开放政策之前，我国一直实施的都是严格的计划经济管理体制。在这种体制下，我国几乎没有金融市场，所有的信用都归银行处理，我国在相当长的一段时间之内只有一家银行，也就是中国人民银行，中国人民银行除了从事信贷业务之外，同时还具备金融监管的职能，因此，当时的金融监管体制带有很强烈的集中统一的性质，同时也带有严格和简单的色彩。

20 世纪 80 年代以后中国金融体系发生了很大变化，首先就是分出或成立了中国农业银行、中国建设银行、中国银行、中国工商银行，1983 年 9 月，中国人民银行成为独立的中央银行。1986 年，国务院颁布《中华人民共和国银行管理暂行条例》，从法律上明确中国人民银行作为中央银行和金融监管当局的职责：一方面行使货币政策调控职责，另一方面也肩负起对包括银行、证券、保险、信托在内的整个中国金融业的监管职责。在这一阶段，中国人民银行是中国金融监管的主要机构，集货币政策和所有金融监管于一身。

20 世纪 90 年代以后，中国金融体系发生了更大的变化。以上海证券交易所和深圳证券交易所的开业为标志，多层次资本市场逐渐发展起来。除了四大国有控股商业银行外，其他股份制商业银行纷纷建立，外资银行开始进入中国，非银行金融机构迅速发展，其中保险公司和保险市场发展迅猛。在这种情况下，单靠人民银行进行金融管理已经显得力不从心。

（二）分业监管趋势出现（1992—2002 年）

从 1992 年开始，我国经济体制改革的步伐不断加快，中国的金融监管体系也从人民银行统一监管逐步走向分业监管。标志性的事件是 1992 年国务院证券委和中国证监会的成立。

1995 年，中国人民银行将证券公司的监管权移交中国证监会。

1998 年 11 月，中国保监会成立，负责监管我国的保险业，此后，人民银行不再承担保险业的监管职责。

可以说，从 1992 年开始，我国的金融监管体制逐步从大一统的混业监管向分业监管转变，直到 2003 年，我国分业监管体制才基本成型。

（三）分业监管体制成型和不断完善（2003 年至今）

2003 年 4 月 28 日，中国银监会正式挂牌成立，履行原本由人民银行履行的银行业监管职责。人民银行不再肩负具体的金融监管职责，其使命变成了维护金融稳定、制定和执行货币政策。

中国银监会的成立标志着我国金融监管体制从人民银行“大一统”的监管模式逐渐演变成“一行三会”分业监管体制。

为了更好地对金融机构和金融市场进行统一和综合监管，中国银监会、中国证监会、中国保监会于 2004 年共同签署了金融监管分工合作备忘录，对各自的监管职责予以明确，对合作监管办法做了明确规定，建立了中国银监会、中国证监会、中国保监会“监管联席会议机制”，任何一方与金融业监管相关的重要政策、事项发生变化，或其监管机构行为的重大变化将会对他方监管机构的业务活动产生重大影响时，应及时通告他方。若政策变化涉及他方的监管职责和监管机构，应在政策调整前通过“会签”方式征询他方意见。对监管活动中出现的不同意见，三方应及时协调解决。

2008 年国际金融危机以来，很多国家都致力于研究金融危机对金融监管带来的挑战，提出了很多理论思考和行动措施。在我国，虽然国际金融危机对我国金融体系的直接影响相对较为有限，但随着近年来我国金融业的快速发展，一些老问题更加突出，新问题不断涌现，国内对于金融监管改革的研究和讨论也在不断升温。一方面，西方国家面临的主要问题在我国并不十分突出。我国金融创新仍处于较为初级的阶段，一些主要金融衍生品市场在我国尚未充分发展起来，我国特有的一些金融创新主要围绕如何规避监管制度，进行监管套利，较少涉及金融风险的再分配。我国主要大型金融机构均为国有或国有控股，“大而不能倒”在西方国家是需要解决的问题，而在我国则是合理合法的存在，甚至可能是一项制度性优势，并不需要也无法通过金融监管改革予以解决。虽然我国也面临着金融监管协调困难等共性问题，但金融监管改革要解决的主要还是一些我国特有的问题。另一方面，经过多年的快速发展，我国金融结构已发生了深刻的变化。虽然仍是以分业经营为主、以商业银行为主导的金融结构，但银行、证券、保险、信托等行业之间股权关系和业务联系不断深化，相互之间的业务合作和市场交易非常频繁，各行业面临的风险紧密联系在一起，很难实现风险隔离。在金融产品方面，银行、信托公司、基金管理公司、证券公司、保险公司都在销售功能类似的集合投资计划，这些产品分别由中国银监会、中国证监会和中国保监会根据发售产品的机构实施监管，监管规则存在差异，容易引发监管套利。此外，金融控股集团不断出现，而对金融控股集团尚没有明确的监管主体，集团层面监管空白的存在导致并表监管有效性下降。

为了统筹协调金融监管重大事项，强化人民银行宏观审慎管理和系统性风险防范职责，强化金融监管部门监管职责，确保金融安全与稳定发展，2017 年 11 月，国务院金融稳定发展委员会成立，办公室设在人民银行，新的金融监管体制——“一委一行三会”体制正式确立。

2018 年 3 月 17 日，第十三届全国人民代表大会第一次会议通过《关于国务院机构改革方案的决定》，决定将中国银行业监督管理委员会和中国保险监督管理委员会的职责整合，组建中国银行保险监督管理委员会。2018 年 4 月 8 日，中国银行保险监督管理委员会正式挂牌，长达 15 年的“一行三会”分业监管模式成为历史，“一委一行两会”新监管体系形成，标志着我国的金融监管理念从行业监管开始转向功能监管，是对英国双峰监管模式和美国监管模式的借鉴。

我国金融监管体系的不断完善，为金融安全的稳定和社会经济的发展提供了重要支撑。

本章重要概念

金融市场风险　金融监管　金融监管主体　金融监管客体　金融脆弱说　公共利益说　金融监管体制　金融监管体制模式

参考文献

1. 王兆星，吴国祥，张颖．金融市场学．第四版［M］．北京：中国金融出版社，2006.

2. 杜金富，等．金融市场学．第三版［M］．大连：东北财经大学出版社，2010.

3. 杜金富，等．金融市场学．第三版［M］．北京：中国金融出版社，2018.

4. 张亦春．现代金融市场学．第三版［M］．北京：中国金融出版社，2013.

5. 黄达，张杰．金融学．第四版［M］．北京：中国人民大学出版社，2017.

6. 朱新蓉．货币金融学．第四版［M］．北京：中国金融出版社，2015.

7. 吴少新．货币金融学［M］．北京：中国金融出版社，2011.

8. 张成思．现代金融学——货币银行、金融市场与金融定价［M］．北京：中国金融出版社，2019.

9. 彭兴韵．金融市场学［M］．上海：格致出版社，2018.

10. 中国证券业协会．证券市场基础知识［M］．北京：中国金融出版社，2012.

11. 霍文文．金融市场学教程．第二版［M］．上海：复旦大学出版社，2010.

12. 林华．金融新格局——资产证券化的突破与创新［M］．北京：中信出版社，2014.

13. 弗雷德里克·S. 米什金，斯坦利·G. 埃金斯．金融市场与金融机构．第八版［M］．北京：中国人民大学出版社，2017.

14. 黄亚均．现代投资银行的业务和经营［M］．上海：立信会计出版社，1996.

15. 彼得·S. 罗斯，米尔顿·H. 马奎斯．金融市场学．第十版［M］．北京：机械工业出版社，2017.

16. 扈企平．资产证券化理论与实务［M］．北京：机械工业出版社，2014.

17. 古川令治．资产证券化手册［M］．北京：中国金融出版社，2007.

18. 曹凤岐．改革和完善中国金融监管体系［J］．北京大学学报，2009（7）.

19. 包明友．英国金融监管体制改革［J］．中国金融，2016（15）.